7·9급 공무원 시험대비

# 박문각 공무원

## 예상문제

# 최욱진 행정학

최욱진 편저

고난도 예상문제 800제 정선

알차고 풍부한 해설로 이론 회독 효과

출제 빈도를 고려한 중요도 표시

# 단원별 예상문제집

동영상 강의 www.pmg.co.kr

# 이 책의 머리말
PREFACE

## ☆ 나의 소중한 시간을 아껴주는 강의: 최욱진 행정학

### Ⅰ. 들어가는 글

안녕하세요. 공무원 시험을 준비하는 수험생들에게 행정학을 전하고 있는 최욱진입니다. 2022년부터 행정학이 전문과목으로 지정되면서 행정학의 난이도가 높아졌습니다. 다양한 합격예측 프로그램 데이터는 이를 대변하고 있고요. 행정학 시험의 난이도는 '학습량과 선지변형'이 좌우합니다. 즉, 다양한 주제에 대한 공부 및 선지에 대한 응용력이 고득점을 결정합니다. 본서는 이러한 부분을 고려하여 만들어진 교재이며, 그 특징은 아래와 같습니다.

❶ 출제빈도를 고려한 중요도 표시

출제빈도를 고려하여 각 문항에 중요도 표시를 해두었습니다. 예를 들어, ★표시가 많을수록 출제빈도가 높은 주제입니다. 출제빈도가 높은 문제부터 그렇지 않은 문제까지 꼼꼼하게 공부하다 보면 넓은 주제와 더불어 낯선 선지를 경험할 수 있을 것입니다.

❷ 다수의 어려운 문제와 꼼꼼한 해설

본 교재에 수록된 문제는 일반적인 기출문제에 비해 어려운 편입니다. 편안하게 정답을 찾을 수 있는 문제보다 고민을 해야 하는 문항이 많다는 뜻이지요. 따라서 모든 선지에 대한 해설을 수록했으니 공부하면서 이를 꼭 참고하시길 바랍니다.

■ 최욱진 행정학 커리큘럼 체계

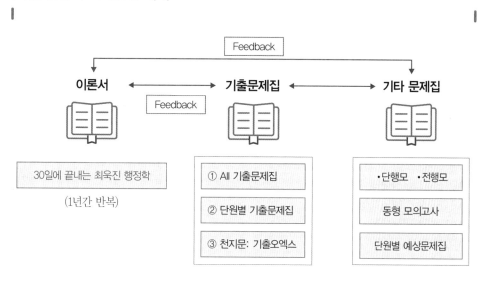

위의 커리큘럼 체계를 보세요. 여러분은 이론수업과 단원별 문제집 수업만 수강해도 최소 행정학을 5회 반복하게 되는바 시험에 붙을 수 있는 경쟁자가 될 수 있습니다. 행정학 점수가 나오지 않는 이유는 간단합니다. 기출주제를 제대로 공부하지 않았기 때문이지요. 총론부터 기타 제도 및 법령까지 중요한 부분을 중심으로 계속 반복하세요. 여러분을 합격으로 안내하는 지름길이 될 것입니다.

## Ⅱ. 마치는 글

다반향초(茶半香初)라는 말이 있습니다. 이는 차가 반이나 줄었으나 그 향은 처음과 같다는 뜻입니다. 힘든 수험생활이지만 초심을 잃지 않고 그 향을 이어간다면 어느새 합격의 문에 도달해 있을 거라 생각합니다. 그 과정에서 저 또한 처음의 마음을 잊지 않고 여러분과 함께 하겠습니다. 아무쪼록 저의 교재와 커리큘럼이 여러분의 소중한 시간을 아끼는 데 도움이 될 수 있기를, 여러분의 목표를 이루는 데 일조할 수 있기를 진심으로 소망하면서 짧은 글을 마치겠습니다. 궁금한 사항이 있을 때 언제든지 저의 블로그나 유튜브 채널에 문의주세요. 감사합니다.

Mr. Ku, 최욱진 드림

# 이 책의 차례
CONTENTS

PART

# 01

# 행정학 총론

# CHAPTER 01 행정과 행정학

♥기본서 p.14 – 26

## 01 ★

**행정에 대한 설명으로 가장 옳은 것은?**

① 행정은 넓은 의미로 공공단체, 기업체, 민간단체를 포함한 모든 조직에서 보편적으로 나타나는 활동이다.

② 공사행정이원론에서는 행정과 경영의 유사점과 함께 효율적 관리를 강조한다.

③ 윌슨은 행정연구(The Study of Administration, 1887)에서 정치와 행정의 통합을 주장한다.

④ 정치행정이원론은 행정에 내포되어 있는 정치적인 기능을 강조한다.

## 02 ★

**행정에 관한 설명으로 옳지 않은 것은?**

① 공익을 지향하며 공공문제의 해결이라는 공공 목적을 달성한다.

② 공공서비스를 생산하고 공급하며 배분하는 정부의 모든 활동을 의미한다.

③ 오늘날에는 정부가 공공서비스의 생산 및 공급을 독점한다.

④ 참여와 협력이라는 거버넌스 개념을 지향해가고 있다.

## 03 ★

**공공행정에 관한 설명으로 옳지 않은 것은?**

① 행정은 사회환경과 밀접한 관계를 갖고 있다.

② 행정국가는 정치행정일원론의 입장에서 설명할 수 있다.

③ 행정은 경영보다 엄격한 법적 규제를 받는다.

④ 국민의 권리를 제한하고 의무를 부과하는 것은 행정의 본질과 거리가 멀다.

### 정답 및 해설

**02** 오늘날은 정부가 시민, 시민사회와 함께 협동하는 파트너십 관계를 상정하는바 서비스의 생산 및 공급을 정부가 독점하지 않음

① 행정은 사회문제 해결을 통해 공익을 달성함

② 행정은 정부가 다양한 주체와 함께 공공서비스를 생산하고 공급하며 배분하는 모든 활동을 의미함

④ 현대 행정은 정부가 시민사회, 시장과 협력하는 거버넌스 개념을 지향해가고 있음

정답 ③

**03** 국민의 권리를 제한하고 의무를 부과하는 규제활동이 행정의 본질이며, 현실적으로 규제정책이 가장 많은 영역을 차지하고 있기도 함

① 행정은 일반적으로 개방체제 관점에서 이루어짐

② 정치행정일원론은 행정부의 활동이 증대되던 시절에 나타난 이론임

③ 행정의 특징 중 법치행정에 대한 내용임

정답 ④

### 정답 및 해설

**01** 광의로서 행정은 '협동'을 뜻하므로 모든 조직에서 보편적으로 발생함

② 선지는 공사행정일원론에 대한 내용임

③ 윌슨은 정치행정이원론을 주장함 → 정치와 행정의 분리

④ 정치행정이원론은 행정부의 행정적 기능을 강조함

정답 ①

## 04 ★

**행정학의 학문적 성격에 관한 설명으로 옳은 것은?**

① 행정학의 과학성을 강조하는 사람들은 행정현상의 보편적인 원칙을 인정하지 않는다.

② 행정학에서 기술성은 행태주의에 의해 중요하게 제기되었다.

③ 상대적으로 사이먼(H. A. Simon)은 기술성을, 왈도(D. Waldo)는 과학성을 더 강조하였다.

④ 행정학은 다른 학문으로부터 많은 이론과 지식을 받아들여 종합학문적인 성격을 지니고 있다.

## 05 ★

**행정학의 기술성과 과학성에 대한 설명으로 옳지 않은 것은?**

① 왈도(D. Waldo)가 'practice'란 용어로 지칭한 기술성은 정해진 목표를 어떻게 효율적으로 달성하는가 하는 방법을 의미한다.

② 윌슨(W. Wilson) 등 초기 행정학자들은 관리기술이나 행정의 원리 등을 발견하려는 데 초점을 두고 행정학의 기술성을 강조하였다.

③ 행태주의 학자들은 행정학 연구에서 처방보다는 학문의 과학화에 역점을 두고 가설의 경험적 검증 등을 강조했다.

④ 현실 문제의 해결은 언제나 과학에만 의존할 수 없으므로 행정학은 기술성과 과학성을 동시에 고려하여야 한다.

---

**정답 및 해설**

**05** 사이먼이 'practice'란 용어로 지칭한 기술성은 정해진 목표를 어떻게 효율적으로 달성하는가 하는 방법을 의미함 → 왈도(D. Waldo)는 기술성을 'art' 혹은 'professional'이란 용어로 지칭하며, 기술성은 특정 문제를 처방하고 치료하는 행위를 뜻함

② 윌슨(W. Wilson) 등 초기 행정학자들은 능률적인 관리를 위한 관리기술이나 행정의 원리 등을 발견하려는 데 초점을 두고 행정학의 과학성을 강조했으나, 이들이 언급한 법칙은 과학적 검증을 거치지 못한 원리인 까닭에 훗날 사이먼으로부터 원리가 아닌 격언이라는 비판을 받음 → 결과적으로 관리주의와 관련된 학자들은 과학성이 아닌 기술성에 가까운 특징을 지니는바 관리주의를 기술적 행정학으로 명명하기도 함

> **참고**
> 정치행정일원론은 통치기능설이라 불리는바 기능적 행정학으로 보는 견해도 있음

③ 행태주의 학자들은 현상에 대한 인과법칙을 발견하려는 과학성을 중시했기 때문에 행정학 연구에서 처방보다는 학문의 과학화에 역점을 두고 가설의 경험적 검증 등을 강조함

④ 현실 문제의 해결은 언제나 과학에만 의존할 수 없으므로 행정학은 문제해결(기술성)과 법칙의 발견(과학성)을 모두 고려하여야 함

**정답 ①**

---

**정답 및 해설**

**04** 행정학은 사회문제 해결을 위해 다양한 학문을 활용하는 특징이 있음

① 행정학의 과학성을 강조하는 사람들은 행정현상의 보편적인 원칙을 인정함

② 행정학에서 기술성은 후기행태주의 등에 의해 중요하게 제기되었음

③ 상대적으로 사이먼(H. A. Simon)은 과학성을, 왈도(D. Waldo)는 기술성을 더 강조하였음

**정답 ④**

# 06 ★★★

## 정책유형별 사례의 연결이 옳지 않은 것은?

① 구성정책 : 국경일의 제정, 정부기관 개편
② 규제정책 : 최저임금제, 환경오염규제
③ 재분배정책 : 최저생계비, 임대주택건설
④ 분배정책 : 사회간접자본, 국유지 불하 정책

# 07 ★★

## 공유지의 비극(tragedy of the commons)에 대한 설명으로 가장 옳은 것은?

① 순수공공재가 시장에서 공급되지 않음을 설명하는 것이다.
② 사적 이익의 극대화가 공적 이익의 극대화를 파괴해 구성원 모두가 공멸하는 비극을 말한다.
③ 정부실패를 설명하기 위한 것이다.
④ 인간은 모두 공동의 이익을 극대화하기 위해 활동한다고 전제하고 있다.

# 08 ★★★

## 다음의 분류에 해당하는 공공서비스의 유형에 대한 설명으로 가장 적절하지 않은 것은?

| 특성 | | 경합성 여부 | |
|---|---|---|---|
| | | 경합성 | 비경합성 |
| 배제성 여부 | 배제성 | ㉠ | ㉡ |
| | 비배제성 | ㉢ | ㉣ |

① ㉠ - 일반적으로 시장에 의한 서비스 공급이 활성화될 수 있어 공공부문의 개입이 최소화되는 영역이다.
② ㉡ - 서비스의 상당 부분이 정부에서 공급되는 이유는 자연독점으로 인한 시장실패에 대응해야 하기 때문이다.
③ ㉢ - 계층 간 수직적 형평성이 강조되면서 기본적인 수요조차도 충족하기 어려운 저소득층이나 영세민 배려를 위한 부분적인 정부개입이 발생한다.
④ ㉣ - 항상 과소 또는 과다공급의 쟁점을 야기시키는 만큼 원칙적으로 공공부문에서 공급해야 할 서비스이다.

### 정답 및 해설

**06** 구성정책은 공식적인 제도를 수정 및 신설하는 정책인데, 국경일의 제정은 국민의 자긍심을 제고하는 상징물을 지정하는 상징정책에 해당함

②③④

| 재분배<br>정책 | 계층간의 소득을 재분배하여 소득격차를 해소하는 정책(누진세, 세액공제나 감면, 근로장려금), 노령연금제도 등 사회보장정책, 임대주택의 건설, 최저생계비, 연방은행의 신용통제, 실업급여, 영세민 취로사업 등이 이에 해당함 |
|---|---|
| 분배<br>정책 | 도로·다리·항만·공항 등 사회간접자본을 구축하는 정책, 국·공립학교를 통한 교육서비스의 제공, 주택자금의 대출, 국고보조금, 택지분양, 국립공원의 설정, 국유지 불하(매입)정책, FTA 협정에 따른 농민피해 지원(재분배 정책으로 보는 견해도 있음), 중소기업을 위한 정책자금지원, 대덕 연구개발 특구 지원, 코로나 사태에 따른 자영업자 금융지원 등 |
| 규제<br>정책 | 환경오염과 관련된 규제(그린벨트 내 공장 건설을 금지하는 정책, 탄소배출권 거래, 오염물질 배출허가 기준), 독과점 규제, 공공요금 규제, 공공건물 금연, 기업활동 규제(부실기업 구조조정, 최저임금제도), 기업의 대기오염 방지시설 의무화 등 |

정답 ①

### 정답 및 해설

**07** 공유지 비극은 개인의 합리적 선택이 역설적으로 모두의 공멸을 야기하는 현상을 설명한 모형임
① 공유지 비극은 공유재에서 발생하는 현상임
③ 공유지 비극은 시장실패를 설명하고 있음
④ 공유지 비극은 공동의 이익을 추구하기보다는 사익을 추구하는 합리적 이기적 인간을 전제함

정답 ②

**08** ㉠은 사적재, ㉡은 요금재, ㉢은 공유재, ㉣은 공공재에 해당하며 기본적인 수요조차 충족하기 어려운 저소득층이나 사회적 약자를 위해 부분적인 정부개입이 필요한 경우는 ㉠인 사적재에 관한 설명임
① 사적재는 주로 시장에서 제공되어 공공부문 개입이 최소화되는 부분임
② 요금재는 공기업이 공급하기도 하지만 서비스의 상당 부분이 정부에서 공급되는 이유는 자연독점으로 인한 시장실패에 대응해야 하기 때문임
④ 공공재는 과소 또는 과다 공급을 초래하는 만큼 원칙적으로 공공부문에서 공급해야 함

정답 ③

## 09 ★

공공재에 관한 설명 중 옳지 않은 것은?

① 공공재는 비배제성, 비경합성을 띠는 서비스이다.
② 정부는 순수공공재만을 공급하는 것은 아니다.
③ 공공재의 예시로 국방, 치안 등이 있다.
④ 공공재에 수익자 부담원칙을 도입할 경우 무임승차의 문제는 발생하지 않는다.

## 10 ★★★

다음 중 재화와 서비스의 종류에 대한 사례의 연결이 가장 옳은 것은?

① 요금재 – 전기, 통신, 상하수도, 고속도로
② 시장재 – 음식점, 호텔, 택시, 지하수
③ 공공재 – 의료, 치안, 국방
④ 공유재 – 해저광물, 강, 호수, 등대

## 11 ★★

재화의 특성에 대한 설명으로 옳지 않은 것은?

① 공유재는 비배제성과 경합성으로 인해 공유지의 비극이라는 시장실패를 야기한다.
② 공공재는 시장에 맡겨 둘 경우 과소공급되는 문제를 초래하므로 정부가 개입하여 직접 공급하게 된다.
③ 요금재는 생산규모가 증가할수록 평균비용이 감소하는 규모의 경제로 인해 자연독점이 초래될 경우 이에 대한 정부대응으로 공적 유도가 이루어진다.
④ 민간재는 정부개입 필요성이 약한 편이나 국민의 건강·안전을 위해 시장에서의 민간재 공급·소비에 규제를 가하기도 한다.

---

**정답 및 해설**

**09** 공공재에 수익자 부담원칙을 적용하는 경우에도 무임승차를 완전히 통제할 수는 없음
① 공공재는 공짜로 이용할 수 있으면서, 이용시 경쟁이 없음
② 정부는 공공재, 공유재, 요금재, 사적재를 모두 공급할 수 있음
③ 공공재의 예시로 국방, 치안, 등대 등이 있음

정답 ④

**10** ② 지하수는 공유재, ③ 의료는 시장재, ④ 등대는 공공재로 보는 것이 일반적임

정답 ①

**정답 및 해설**

**11** 요금재는 배제성, 비경합성의 특성을 지니며 규모의 경제로 인하여 자연독점이 발생함(예 전기서비스) → 따라서 정부는 공기업을 설립하여 직접 공급(공적 공급)하거나 정부규제를 실시함
① 공유재는 비배제성과 경합성, 이기적 인간이라는 속성이 결합되어 공유지의 비극이라는 시장실패를 야기함
② 공공재는 시장에 맡겨둘 경우 무임승차 현상으로 인해 과소공급되는 문제를 초래하므로 정부가 개입하여 직접 공급함
④ 예를 들어, 급발진 차량 생산규제 등이 있음

정답 ③

# 12 ★★

경합성과 배제성을 기준으로 분류한 재화의 유형에 관한 설명으로 옳지 않은 것은?

① 공유재는 경합성과 비배제성을 지니고 있다.
② 유료재(Toll Goods)는 고속도로나 공원 같이 배제 원칙의 적용이 가능한 공공재를 포함한다.
③ 순수공공재의 공급은 정부가 담당하지만 그 비용은 수익자가 자신의 편익에 정비례하여 직접 부담한다.
④ 순수민간재는 경합성과 배제성을 동시에 지니고 있다.

# 13 ★★★

다음 [표]에 제시된 재화와 서비스의 유형에 관한 설명으로 옳지 않은 것은?

| 구분 | 경합성 | 비경합성 |
|---|---|---|
| 배제성 | ㉠ | ㉡ |
| 비배제성 | ㉢ | ㉣ |

① ㉠은 시장에서 소비되는 재화로서 수요와 공급에 의해 가격이 자동적으로 조절된다.
② ㉡은 공동으로 소비하지만 요금을 지불하지 않으면 배제가 가능하기 때문에 공기업 등이 주로 공급을 담당한다.
③ ㉢은 공유지의 비극을 초래하는 재화로서 지나친 남용으로 인한 자원고갈의 염려가 있다.
④ ㉣은 초기 구축비용이 막대하게 소요되고 규모의 경제효과가 크기 때문에 비용체감산업의 특성이 있다.

## 정답 및 해설

**12** 순수공공재의 비용은 불특정 다수(국민 전체)가 부담하지만 비배제성으로 인해 무임승차자가 발생함 → 이는 돈을 낸 사람 외의 주체가 혜택을 누릴 수 있다는 것으로써 수익자가 비용을 부담한 만큼 비례해서 편익을 향유하지 못하고 무임승차자와 편익을 나누어 갖는 현상이 발생할 수 있다는 것을 의미함

①④

| 구분 | 비경합성 | 경합성 |
|---|---|---|
| 비배제성 | 공공재(집합재·순수공공재)<br>무임승차 → 정부공급 가능 | 공유재<br>공유지 비극 → 정부공급 가능 |
| 배제성 | 요금재(유료재)<br>자연독점 → 정부공급 가능 | 사유재(민간재)<br>가치재 → 정부공급 가능 |

② 선지에서 언급된 공원은 소유권이 지정된 넓은 공원이라고 생각할 것

정답 ③

## 정답 및 해설

**13** 선지는 요금재에 대한 내용임

| 구분 | 경합성 | 비경합성 |
|---|---|---|
| 배제성 | 민간재 | 요금재 |
| 비배제성 | 공유재 | 공공재 |

① ㉠은 민간재이므로 수요와 다수의 공급에 의해 가격이 자동적으로 조절되는 면이 있음 → 그러나 가치재는 형평성 차원에서 정부가 공급함
② ㉡은 요금재임 → 따라서 정부가 공기업 등을 통해 직접 공급할 수 있음
③ ㉢은 공유재임 → 따라서 과잉소비가 발생할 수 있는바 이를 막기 위한 규칙이 필요함

정답 ④

## 14 ★★

다음 중 공유재(common-pool goods)에 대한 설명으로 가장 적절하지 않은 것은?

① 국공립 도서관, 국립공원, 국방, 치안 등을 그 예로 들 수 있다.
② 경합성을 지닌다.
③ 비배제성을 지닌다.
④ 과잉 소비의 문제가 발생할 수 있다.

## 15 ★

최근 쓰레기 수거와 같이 전통적으로 정부의 고유영역으로 간주되어 온 서비스를 민간에 위탁하는 경우가 있는데, 그 목적이라고 보기 힘든 것은?

① 행정의 효율성 향상
② 행정의 책임성 확보
③ 경쟁의 촉진
④ 작은 정부의 실현

## 16 ★

정책수단의 한 형태인 바우처(voucher)제도에 대한 설명 중 옳지 않은 것은?

① 공공서비스의 민영화를 위한 방식의 하나로 사용되고 있다.
② 종이바우처의 경우 바우처 전매 등으로 정책효과가 제대로 발생하지 않을 수 있다.
③ 전자바우처의 경우 관료와 서비스 제공자 간의 유착이 발생할 수 있다.
④ 저소득층에게 식품, 교육 등의 복지제공을 위해 종종 사용된다.

---

**정답 및 해설**

**14** 국방, 치안은 공공재임
②③
공유재는 경쟁성을 띠면서 공짜로 사용할 수 있는 재화임
④ 공유재는 이기적 인간, 경합성, 비재배성의 조합으로 인해 과잉 소비의 문제가 발생할 수 있음

정답 ①

**15** 민간위탁은 대리인에 의한 서비스 공급을 의미하므로 행정책임을 약화시킬 수 있음
①④
민간위탁은 작고 능률적인 정부 구현을 위한 방법임
③ 서비스를 제대로 공급하지 못하는 민간기업은 다른 기업으로 교체될 수 있음

정답 ②

**정답 및 해설**

**16** 선지는 묵시적 바우처에 대한 내용임
① 사바스에 따르면 바우처는 민간위탁의 종류 중 하나임
② 종이바우처의 경우 바우처 전매(샀던 물건을 다시 다른 사람에게 팔아넘김) 등으로 정책효과가 떨어질 수 있음
④ 바우처는 특정한 기준을 지닌 저소득층에게 식품, 교육 등의 복지제공을 위해 종종 사용됨

정답 ③

# 17 ★★

민간투자방식 중 민간자본으로 민간이 건설하여, 완공시 소유권을 정부에 이전한 후 직접 운용하여 투자비를 회수하는 방식은?

① BOO(Build-Own-Operate)
② BLT(Build-Lease-Transfer)
③ BTO(Build-Transfer Operate)
④ BTL(Build-Transfer-Lease)

# 18 ★

민자유치의 사업방식에 대한 설명으로 올바른 것은 모두 몇 개인가?

> ㉠ BTO방식 : 민간투자기관이 민간자본으로 공공시설을 건설하고 시설완공과 동시에 소유권을 정부에 이전하는 대신, 민간투자기관이 일정 기간 시설을 운영하여 투자비를 회수하는 방식
> ㉡ BOT방식 : 민간투자기관이 민간자본으로 공공시설을 건설하고 시설완공 후 일정기간 동안 민간투자기관이 소유권을 가지고 직접 운영하여 투자비를 회수하는 방식
> ㉢ BOO방식 : 민간투자기관이 민간자본으로 공공시설을 건설하고 시설완공 후 일정기간 동안 민간투자기관이 소유권을 가지고 직접 운영하여 투자비를 회수한 다음, 기간만료 시 소유권을 정부에 이전하는 방식

① 1개          ② 2개
③ 3개          ④ 없음

---

## 정답 및 해설

**17** BTO(Build-Transfer-Operate) 방식에 해당함
①②④
☑ 민간투자방식

| 방식 | 개념 |
|---|---|
| BOO (Build-Own-Operate) | • 민간자본으로 민간이 건설(Build)하여, <br>• 소유권을 가지며(Own), <br>• 직접 운용(Operate)하여 투자비 회수 |
| BOT (Build-Operate-Transfer) | • 민간자본으로 민간이 건설(Build)하여, <br>• 직접 운용(Operate)하여 투자비를 회수한 후, <br>• 소유권을 정부에 이전(Transfer) |
| BTO (Build-Transfer-Operate) | • 민간자본으로 민간이 건설(Build)하여, <br>• 완공 시 소유권을 정부에 이전(Transfer)하는 대신, <br>• 직접 운용(Operate)하여 투자비 회수 |
| BTL (Build-Transfer-Lease) | • 민간자본으로 민간이 건설(Build)하여, <br>• 완공 시 소유권을 정부에 이전(Transfer)하는 대신 일정기간 동안 시설의 사용·수익권한을 획득하고, <br>• 시설을 정부에 임대(Lease)하고 임대료로 투자비 회수 |
| BLT (Build-Lease-Transfer) | • 민간이 건설(Build)하여, <br>• 정부가 시설을 임대하여 운영하고(Lease), <br>• 운영종료 시 소유권을 이전(Transfer) |

정답 ③

## 정답 및 해설

**18**
☑ 틀린 선지
㉡ 소유권 이전에 대한 내용이 빠졌음
㉢ 선지는 BOT에 대한 내용임

> 참고
> BOO는 민간부문이 건설하고, 해당 시설의 소유권 및 운영권을 민간부문이 갖는 방식임

정답 ①

## 19

★

사회기반시설에 대한 민간투자사업에 있어서 사업시행자가 시설을 건설한 후 해당 시설의 소유권 및 운영권을 사업시행자가 가지는 방식은?

① BOO(Build-Own-Operate)
② BLT(Build-Lease-Transfer)
③ BTO(Build-Transfer-Operate)
④ BTL(Build-Transfer-Lease)

## 20

★

민영화에 관한 설명 중 가장 적절하지 않은 것은?

① 행정의 효율성 향상, 경쟁촉진, 작은 정부 실현에 기여하는 반면, 특혜, 정경유착 등의 부패가 발생할 수 있다.
② 보조금 방식은 공공서비스에 대한 요건을 구체적으로 명시하기 곤란하거나 서비스가 기술적으로 복잡한 경우에 적합하다.
③ 자조활동(self-help) 방식은 서비스의 생산과 관련된 현금지출에 대해서만 보상받고 직접적인 보수는 받지 않으면서 공익을 위해 봉사하는 사람들을 활용하는 것이다.
④ 정치적 관점에서는 관료제가 자기조직의 이익확대를 추구하는 목적으로 사용된 측면도 있다.

## 21

★

민영화에 대한 문제점으로 가장 옳지 않은 것은?

① 공공성의 침해
② 서비스 품질의 저하
③ 경쟁의 심화
④ 행정책임확보의 곤란성

**정답 및 해설**

**20** 선지는 자원봉사(volunteer) 방식에 대한 설명임 → 자조활동은 공공서비스 수혜자와 제공자가 같은 집단에 소속되어 서로 돕는 형식으로 활동하는 것을 의미함
① 민영화는 작은 정부에 기여할 수 있으나 민영화 과정에서 특혜 및 정경유착 등의 폐해가 나타나면 부패가 발생할 수 있음
② 보조금 방식 : 민간부문이 제공하는 공공서비스 활동에 대해 정부가 재정 또는 현물의 일부를 지원하는 방식 → 서비스가 기술적으로 복잡하여 서비스의 목적달성이 불확실한 경우, 공공서비스에 대한 요건을 구체적으로 명시하기 곤란한 경우에 활용
④ 예를 들어, 책임운영기관이 확대되는 현상이 있음

정답 ③

**21** 경쟁의 심화는 능률설을 촉진하는 까닭에 민영화의 장점에 해당함
① 민영화는 능률성을 중시하기 때문에 공공성의 침해로 이어질 수 있음
② 협의로써 민간위탁(군복생산 등)은 경우에 따라 서비스 품질을 저하시킬 수 있음
④ 민영화는 민간의 대리인을 통해 서비스를 공급하기 때문에 행정책임이 저하될 수 있음

정답 ③

**정답 및 해설**

**19** 민간투자사업에 있어서 민간이 건설 후 해당 시설의 소유권 및 운영권을 민간이 직접 가지는 방식은 BOO(Build-Own-Operate)에 해당함
② BLT(Build-Lease-Transfer) : 민간자본으로 민간이 건설하여 완공 시 민간이 일정기간 시설을 정부에게 임대하고, 정부로부터 임대료를 받아 투자비를 회수하는 방식으로서 기간만료 시 정부에 소유권이 귀속됨
③ BTO(Build-Transfer-Operate) : 민간자본으로 민간이 건설하여 완공 시 소유권을 정부에 이전하는 대신, 민간이 직접 운용하여 사용료 수입으로 투자비를 회수하는 방식
④ BTL(Build-Transfer-Lease) : 민간자본으로 민간이 건설하여 완공 시 소유권을 정부에 이전하는 대신, 일정 기간 시설에 대한 수익권 획득하여 시설을 정부에 임대하고 임대료로 투자비를 회수하는 방식

정답 ①

## 22 ★

행정과 경영은 속성상 유사하다고 주장하는 관점이 미친
영향으로 옳지 않은 것은?

① 미국 역사에서 엽관주의의 폐단을 극복하는 데 기여
하였다.
② 행정관리론과 신공공관리론을 통하여 행정에 사기업
관리방식을 도입하였다.
③ 행정학을 정치학으로부터 분리하여 독자적인 학문 분
야로 정착시켰다.
④ 직업공무원제를 옹호하는 행정재정립운동(Refounding
movement)을 촉발하였다.

## 23 ★

다음 중 행정과 경영의 유사성으로 가장 적절하지 않은
것은?

① 관리기술적 측면
② 관료제적 성격
③ 법적 규제
④ 협동 행위

### 정답 및 해설

**22** 행정재정립운동은 정부실패로 인해 발생한 관료후려치기를 비판
하면서 등장함 → 관리주의 혹은 신공공관리론이 촉발한 현상이 아님
① 정치행정이원론은 미국 역사에서 엽관주의의 폐단을 극복하는 데
기여하였음
② 행정관리론과 신공공관리론은 능률적인 정부를 지향하는바 행정에
사기업관리방식을 도입하였음
③ 정치행정이원론은 행정학을 정치학으로부터 분리하여 독자적인 학
문 분야로 정착시켰음

정답 ④

**23** 법적 규제는 행정과 경영의 차이점에 해당함 → 즉, 행정이 경영에
비해 법적 규제가 강함
① 관리기술적 측면 : 행정과 경영 모두 능률적 관리를 위해 다양한 관
리기술을 활용함
② 관료제적 성격 : 행정과 경영 모두 관료제 조직유형을 채택하고 있음
④ 협동 행위 : 행정과 경영 모두 목적을 달성하기 위해 여러 부서의
협력을 필요로 함

정답 ③

## 24 ★

행정과 경영의 유사점에 대한 설명으로 가장 옳지 않은
것은?

① 행정과 경영은 어느 정도 관료제적 성격을 지니고 있다.
② 행정과 경영은 관리기술이 유사하다.
③ 행정과 경영은 목표는 다르지만 목표달성을 위한 수
단으로 작동한다.
④ 행정과 경영은 비슷한 수준의 법적 규제를 받는다.

### 정답 및 해설

**24** 행정이 경영에 비해 강한 수준의 법적 규제를 받음
① 행정과 경영 모두 관료제를 기본적인 조직구조로 채택하고 있음
② 행정과 경영은 효율성 제고를 위한 관리(돈 · 사람 · 조직 관리)기법
등을 사용함
③ 행정과 경영은 목표는 다르지만 목표달성을 위한 수단으로 작동함
→ 행정은 공익을 위한 수단, 경영은 순이익 달성을 위한 수단임

정답 ④

# 25 ★★

## 정치와 행정의 관계에 대한 설명으로 옳은 것은?

① 윌슨(W. Wilson)은 '행정의 연구'에서 정치와 행정의 유사성에 초점을 두고 정부가 수행하는 업무들을 과학적으로 연구해야 한다고 주장하였다.

② 사이먼(H. Simon)은 '행정행태론'에서 정치적 요인과 가치문제를 중심으로 조직 내 개인들의 의사결정과정을 분석하였다.

③ 애플비(P. Appleby)는 '거대한 민주주의'에서 현실의 행정과 정치 간 관계는 연속적, 순환적, 정합적이기에 실제 정책형성 과정에서 정치와 행정을 구분하는 것은 적절하다고 주장하였다.

④ 굿노(F. Goodnow)는 '정치와 행정'에서 국가의 의지를 표명하고 정책을 구현하는 것이 정치이며, 이를 실행하는 것이 행정이라고 규정하였다.

# 26 ★

## 정치행정이원론에 관한 설명으로 가장 옳지 않은 것은?

① 정치행정이원론은 행정을 정치와 구별된 관리 또는 기술로써 인식하는 이론이다.

② 미국에서 1880년대의 공무원제도를 지지하는 이론으로 작용했다.

③ 이원론의 대표학자인 윌슨은 당시 미국의 진보주의와 유럽식 중앙집권국가의 관리이론에 영향을 받았다.

④ 공사행정이원론의 입장이다.

# 27 ★

## 다음 중 행정과 정치의 관계에 대한 시각이 나머지 셋과 가장 다른 것은?

① 정치행정이원론

② 발전행정론

③ 실적주의

④ 공사행정일원론

### 정답 및 해설

**25** 미국 행정학의 학문적 초석을 다진 사람 중 한 사람인 굿노는 비교행정법의 시각에서 서술한 〈정치와 행정〉(1900)에서 정치와 행정의 차이를 분명히 하였음 → 즉, 굿노는 정치는 국가의 의지를 표명하고 정책을 구현하는 것이며 행정은 이를 실천하는 것으로 정치와 행정의 차이를 명확히 구분함(정치행정이원론의 관점)

① 윌슨은 '행정의 연구'에서 경영과 행정의 유사성에 초점을 두고 정부가 수행하는 업무들을 과학적으로 연구해야 한다고 주장하였음

② 사이먼은 '행정행태론'에서 사실문제를 중심으로 조직 내 개인들의 의사결정과정을 분석하였음

③ 애플비는 '거대한 민주주의'에서 현실의 행정과 정치 간 관계는 연속적, 순환적, 정합적이기에 실제 정책형성 과정에서 정치와 행정을 구분하는 것은 부적절하다고 주장하였음

정답 ④

### 정답 및 해설

**26** 정치행정이원론은 행정을 능률적인 관리 및 집행으로 보는바 행정과 경영을 유사하다고 보는 공사행정일원론 관점임

① 정치행정이원론은 행정을 능률적인 관리 및 도구·기술로써 인식하는 이론임

② 정치행정이원론은 미국에서 1880년대의 공무원제도, 즉 실적주의를 지지하는 이론으로 작용했음

③ 이원론의 대표학자인 윌슨은 당시 미국의 진보주의(진보주의 운동)와 유럽식 중앙집권국가의 관리이론(관료제론)에 영향을 받았음

정답 ④

**27** 발전행정론은 정치행정새일원론, 나머지는 정치행정이원론과 연관된 개념임

①④
정치행정이원론과 공사행정일원론은 같은 개념임

③ 실적주의는 정치적 중립을 통한 능률적인 행정을 강조하므로 정치행정이원론과 연관된 개념임

정답 ②

## 28 ★

행정학의 발달에서 〈보기 1〉의 인물과 〈보기 2〉의 내용을 바르게 연결한 것은?

┌─────────────── 보기1 ┐
ㄱ. 굿노(Goodnow)    ㄴ. 애플비(Appleby)
ㄷ. 화이트(White)    ㄹ. 왈도(Waldo)
└──────────────────────┘

┌─────────────── 보기2 ┐
A. 통치는 정치와 행정으로 이루어지며 양자는 서로 협조적이어야 한다.
B. 최고관리층의 기능으로 POSDCoRB를 제시하였다.
C. 행정학 입문에서 행정이란 국가목적을 위한 사람과 물자의 관리라고 정의하였다.
D. 원리주의의 원리들은 엄밀한 검증을 거치지 않은 격언에 불과하다.
└──────────────────────┘

① ㄱ － A        ② ㄴ － B
③ ㄷ － C        ④ ㄹ － D

## 29 ★

사실과 가치에 대한 설명 중 옳은 것은?

① 사실에는 주관적인 판단이 들어간다.
② 사실은 있는 것에 대한 연구이고, 가치는 있어야 할 것에 대한 연구이다.
③ 사실이란 바람직한 것 내지는 옳고 그름에 대한 판단이다.
④ 과학은 사실과 가치를 통합적으로 모두 고려한다.

---

**정답 및 해설**

**28** 소거법을 통해 풀 수 있는 문제임
A. 디목(Dimock)이 주장한 내용임
B. 귤릭(Gulick)이 제시한 내용임
D. 사이먼(Simon)이 주장한 내용임

정답 ③

---

**정답 및 해설**

**29** 사실은 검증가능한 분야이고, 가치는 방향성에 대한 연구를 나타냄
①③
가치에 대한 내용임
④ 과학은 가치와 사실을 분리해서 사실만 고려함

정답 ②

## 30 ★★★

**과학적 관리론에 관한 설명으로 가장 적절하지 않은 것은?**

① 대표적 학자인 테일러는 1911년 「과학적 관리의 원리 (The Principles of Scientific Management)」를 출간하였다.

② 주먹구구식(rules of thumb) 방법을 지양하고, 작업수행에 대한 과학적 방법을 발전시키려 하였다.

③ 테일러는 노동자는 높은 임금을, 고용자는 낮은 노동비용을 추구하기 위한 조건으로, 과업은 일류의 노동자(a first class man)가 달성할 수 있게끔 충분한 것이어야 한다는 원칙을 제시하였다.

④ 스콧(Scott)의 조직이론 분류에 따르면 개방·합리적 조직이론으로 구분된다.

## 31 ★★★

**테일러(F. W. Taylor)의 과학적 관리론에 대한 설명으로 옳지 않은 것은?**

① 테일러는 과학적 관리의 핵심을 개인적 기술에 두고, 노동자가 발전된 과학적 방법에 따라 작업이 되도록 한다.

② 어림식 방법을 지양하고 작업의 기본 요소 발견과 수행방법에 대해 과학적 방법을 발전시킨다.

③ 테일러의 과학적관리론에서 관리자는 생산증진을 통해서 노·사 모두를 이롭게 해야 한다.

④ 노동자가 과업을 완수하는 경우 높은 보상, 실패하는 경우 손실을 받게 된다.

**정답 및 해설**

**30** 스콧의 조직이론 분류에 따르면 과학적 관리론은 폐쇄·합리론임

① 테일러는 1911년에 「과학적 관리」를 발표했음

② 테일러는 시간과 동작연구를 통해 능률적인 시스템을 발견하고자 했음

③ 테일러는 최고의 과업을 달성한 노동자에게 인센티브를 주고, 해당 과업을 표준과업량으로 설정하는 시스템을 정립했음

정답 ④

**정답 및 해설**

**31** 테일러(F. W. Taylor)는 과학적 관리의 핵심을 능률적인 시스템 정립(공식적 구조)으로 간주하고 노동자는 이러한 방법에 따라 훈련하고 생산해야 함을 강조

② 테일러는 능률적인 생산시스템을 강조하는 학자이므로 어림식 방법을 지양함

③ 테일러는 회사의 매출 극대화를 통해 사업자와 노동자 모두를 이롭게 해야 한다고 주장함

④ 테일러는 인간을 경제인으로 간주했기 때문에 노동자가 과업을 완수하는 경우 높은 보상, 실패하는 경우 손실을 받는 체계를 마련하였음

정답 ①

최욱진 행정학

# 32 ★★★

**다음 중 과학적 관리론에 대한 설명으로 옳지 않은 것은?**

① 과학적 분석을 통해 업무수행에 적용할 '유일 최선의 방법'을 발견할 수 있다고 보았다.
② 조직 내의 인간은 경제적 유인에 의해 동기가 유발되는 타산적 존재라고 보았다.
③ F. Taylor는 이러한 접근방법을 주창한 대표직 학자이다.
④ 호손공장의 연구가 이러한 접근방법의 실증적 근거가 되었다.

# 33 ★★★

**인간관계론에 관한 설명으로 옳지 않은 것은?**

① 비공식적 집단의 역할을 강조한다.
② 메이요의 호손실험은 인간관계론의 형성에 영향을 주었다.
③ 인간을 생존에 대한 기본적인 욕구에 의해 동기 부여되는 것으로 본다.
④ 과학적 관리론과 마찬가지로 생산성 향상을 추구한다.

# 34 ★★★

**학자별 행정이론과 그 특징에 대한 다음 설명 중 옳지 않은 것은?**

① Taylor의 과학적 관리론 – 능률성의 향상
② E. Mayo의 호손실험 및 인간관계론 – 궁극적으로 행정의 민주화
③ Simon의 행태론 – 계량적 분석과 과학성의 제고
④ Gaus의 생태론 – 환경과 조직의 상호작용

**33** 인간주의에서 인간은 사회심리적인 존재임 ; 즉, 능동적인 자아실현을 통해 심리적 만족감이 생기면 열심히 일할 수 있음 → 인간을 생존에 대한 기본적인 욕구에 의해 동기 부여되는 존재로 간주하는 것은 과학적 관리론임
① 인간주의는 조직 내 친한 집단 등, 즉 비공식적 집단의 역할을 강조함
② 메이요(E. Mayo)의 호손(Hawthorne) 실험은 조직관리에 있어서 비공식적 요인을 강조하는 계기가 되었으며, 이는 인간관계론의 형성에 영향을 주었음
④ 인간주의는 과학적 관리론과 마찬가지로 생산성 향상을 추구함 → 다만 양자는 생산성을 제고하기 위한 방법에 차이가 있음

정답 ③

**34** 인간주의는 궁극적으로 행정의 생산성을 강조함
① Taylor의 과학적 관리론 – 관리주의에 포함되므로 능률과 절약을 강조함
③ Simon의 행태론 – 사실연구, 논리실증주의, 계량화 등을 통해 과학성을 추구함
④ Gaus의 생태론 – 현상을 야기하는 환경요인을 탐구함

정답 ②

**정답 및 해설**

**32** Mayo의 호손실험은 조직의 성과를 향상시키는 것은 비공식적 요인임을 밝힘 → 그러나 과학적 관리론은 생산성 제고를 위해 공식적 구조(명문화된 규칙설계)를 강조함
① 테일러는 시간과 동작 연구를 통해 업무수행에 적용할 '유일 최선의 방법'을 발견할 수 있다고 보았음
② 과학적 관리론에서 인간은 돈에 의해 동기가 유발되는 존재임
③ F. Taylor는 과학적 관리론을 1911년에 발표함

정답 ④

20 Part 01 행정학 총론

# 35 ★

다음 중 고전적 인간관계론에서 자주 언급되는 호손실험에 관한 설명으로 옳지 않은 것은?

① 생산성 향상에 비공식적 집단이 중요한 영향을 미친다는 것을 발견하였다.
② 생산성 향상은 작업환경의 변화보다도 근로자들이 특별한 존재로 인식되었기 때문에 일어났다.
③ 작업환경의 변화에 근로자들이 조직적으로 대응하는 문화가 존재한다는 것을 발견하였다.
④ 이 실험은 애초에 생산성 향상보다는 근로자들에 대한 인간적 대우가 중요하다는 것을 증명하기 위해서 설계되었다.

# 36 ★★★

행태주의(behavioralism)의 특성에 대한 설명으로 가장 적절하지 않은 것은?

① 인간의 행태를 중심으로 한 사회현상 속에서 일정한 규칙성을 찾고자 한다.
② 모든 연구가 실천적 수준에서 즉각적으로 정책에 응용되거나 반영되어야 한다.
③ 과학적 탐구는 객관성을 유지하기 위해 가치의 개입을 철저하게 배제한다.
④ 복잡한 사회현상으로부터 분명하고 정확한 지식을 얻기 위해, 때로는 모호한 질적 정보를 양적 정보로 전환할 필요가 있다.

# 37 ★★

행태론에 대한 설명으로 가장 옳지 않은 것은?

① 논리실증주의를 중시하였기 때문에 행정현상 중 가치판단적인 요소의 존재를 인정하지 않는다.
② 현상과 현상 사이에 존재하는 인과관계 법칙을 규명하는 것이 연구의 목적이 된다.
③ 법칙 발견을 위해 인과관계에 대한 가설을 설정하고 이를 검증하여야 하는데, 설정되는 가설은 이미 확립된 기존의 이론으로부터 연역적으로 도출되어야 한다.
④ 가설검증을 위해 현상들을 경험적으로 관찰하여야 하고, 관찰할 수 없는 현상은 연구대상에서 제외한다.

**정답 및 해설**

**36** 연구의 실천성·기술성을 강조한 것은 후기행태주의임
① 행태주의는 인간행동에 영향을 미치는 원인을 탐구하여 보편적 법칙을 찾고자 함
③ 행태주의는 과학성을 강조하며, 이를 위해 가치연구를 배제함
④ 행태주의는 조작적 정의를 통해 계량적인 연구를 지향함

정답 ②

**37** 행태론은 가치와 사실을 분리하는 정치행정이원론에 해당하지만, 행정에서의 가치판단요소나 정치적 요소의 존재를 부정하지는 않았음
② 논리실증주의에 입각하여 인과관계를 규명하고자 하였음
③ 행태론은 전반적으로 귀납적 성격의 연구이지만 가설의 도출은 기존의 이론으로부터 연역적으로 도출되어야 한다고 주장하였음
④ 행태론은 사실, 즉 '있는 것'에 대한 연구를 지향함

정답 ①

**정답 및 해설**

**35** 호손실험은 애초에 근로자들에 대한 인간적 대우가 중요하다는 것을 증명하기보다는 생산성 향상을 위해서 설계되었음
① 호손실험은 생산성 향상에 조직 내 친한 동료집단과 같은 비공식적 집단이 중요한 영향을 미친다는 것을 발견하였음
② 생산성 향상은 조직 내 공식적 구조인 작업환경의 변화보다도 근로자들이 특별한 존재로 인식(동료애 등)되었기 때문에 일어났음
③ 호손실험은 작업환경의 변화에 근로자들이 조직적으로 대응하는 비공식적 요인, 즉 문화가 존재한다는 것을 발견하였음

정답 ④

## 38 ★★★

다음 중 행태주의와 제도주의에 대한 기술로 옳은 것은?

① 행태주의에서는 인간의 자유와 존엄과 같은 가치를 강조한다.
② 제도주의에서는 사회과학도 엄격한 자연과학의 방법을 따라야 한다고 본다.
③ 행태주의에서는 시대적 상황에 적합한 학문의 실천력을 중시한다.
④ 각 국에서 채택된 정책의 상이성과 효과를 역사적으로 형성된 제도에서 찾으려는 것은 제도주의 접근의 한 방식이다.

## 39 ★★★

다음 행정행태설에 관한 설명 중 바르지 못한 것은?

① 행정의 고전적 조직 원리를 강조하였다.
② 행정현상 중 가치판단적인 요소의 존재를 인정한다.
③ 집단의 협동적인 행동의 측면을 강조한다.
④ H. A. Simon이 대표적인 학자이다.

## 40 ★★★

행태주의 이론의 특징에 대한 설명으로 옳지 않은 것은?

① 논리실증주의를 인식론적 근거로 삼는다.
② 인간의 주관이나 의식을 배제하고자 한다.
③ 가치와 사실을 명확히 구분하며, 가치지향적 연구의 존재를 인정하지 않는다.
④ 사회현상도 자연현상처럼 과학적인 연구가 가능한 것으로 본다.

## 41 ★★★

행태론적 접근방법에 대한 설명으로 옳은 것은?

① 인간행태의 규칙성을 전제하지 않는다.
② 행정과 경영을 분리하는 경향이 강하다.
③ 가치와 사실을 일치시킨다.
④ 인간이 환경의 변화를 유도하는 상황을 설명하기에는 적합하지 않다.

---

**정답 및 해설**

**40** 행태주의는 가치(value)와 사실(fact)의 분리하고, 과학성을 제고하고자 '사실'에 대한 연구에 초점을 둠 → 단, 가치에 대한 연구를 인정함
①④
행태주의는 자연과학에서 활용하는 연구방법인 논리실증주의를 기초로 사회현상에서 발생하는 인간행태의 규칙성과 인과성을 경험적으로 입증함
② 행태주의는 가치의 영역에 대한 연구는 인간의 주관이나 의식을 포함하는 까닭에 주관적인 연구가 될 수 있으므로 연구에서 배제하는 입장임

정답 ③

**41** 행태론적 접근법은 인간의 행동을 설명하는 데 있어서 환경적 요인을 고려하지 못한 폐쇄체제적 관점임
① 행태론은 인간행동을 야기하는 원인을 탐구하므로 규칙성 혹은 상관성을 탐구함
② 행태론을 주장한 사이먼은 협동이라는 현상만 있으면 행정이라는 관점을 취하고 있음 → 따라서 행정과 경영을 동일시시키는 경향이 강함
③ 행태론은 가치와 사실을 분리시킴

정답 ④

---

**정답 및 해설**

**38** 신제도주의는 행태주의가 추구하는 보편적 법칙발견에 대해 비판하면서 각 국의 특수한 현상을 설명함
① 행태주의에서는 가치연구를 배제함
② 행태주의는 자연과학의 연구방식은 논리실증주의를 사회현상에 적용할 수 있다고 보았음
③ 행태주의는 과학성을 강조함

정답 ④

**39** 사이먼(H. Simon)은 행정의 고전적 조직 원리를 검증되지 않은 격언에 불과하다고 비판했음
② 행태론은 가치판단적인 요소의 존재를 인정했으나 연구에서 배제함
③ 행태론은 광의의 행정을 정의한 학자임

정답 ①

# 42 ★★★

1960년대 말 이스턴(D. Easton)이 주장한 후기행태주의의 내용에 대한 설명으로 옳지 않은 것은?

> 가. 1960년대 전반까지 미국 행정학계를 지배해온 행태주의(Behavioralism) 사조는 지나치게 논리실증주의 연구방법만을 강조하여 당면한 사회문제 해결에 한계를 드러냈다.
> 나. 후기행태주의는 행태주의 연구방법론을 모두 부정하였다.
> 다. 후기행태주의는 과학적 연구도 중요하지만 가치의 문제도 함께 연구해야 한다고 주장하였다.
> 라. 후기행태주의자들이 중점적으로 다룬 연구주제는 '투표행동'이다.

① 가, 나 　　　　　② 다, 라
③ 가, 다 　　　　　④ 나, 라

# 43 ★★★

아래 기술된 항목 중 후기행태주의적 접근 방법에 관한 설명으로 짝지어진 것은?

> ㄱ. 배경은 1960년대 흑인에 대한 인종차별, 월남전에 대한 반전데모 및 강제징집에 대한 저항 등 미국사회의 혼란이라고 볼 수 있다.
> ㄴ. 1960년대 중반부터 존슨 행정부가 위대한 사회의 건설이라는 기치를 내걸고 하류층-소외계층의 복지향상을 위하여 사회복지 정책을 추진하면서 이의 추진에 지적자원을 제대로 제공하지 못했던 정치학에 대한 비판에서 대두되었다.
> ㄷ. 인간을 경제적 이윤을 추구하는 합리적 존재로 가정하고 행정의 원리들을 발견하는데 주된 관심을 기울였다.
> ㄹ. 사회과학자들은 그 사회의 급박한 문제를 연구대상으로 삼아서 사회의 개선에 기여하기보다는 과학적 방법을 적용할 수 있는 것을 연구대상으로 삼아야 한다.
> ㅁ. 가치평가적인 정책연구보다 가치중립적인 과학적 연구를 지향하고 있으며 정책학의 발전과는 무관하다.

① ㄱ, ㄴ 　　　　　② ㄴ, ㄷ
③ ㄹ, ㅁ 　　　　　④ ㄱ, ㄴ, ㅁ

---

**정답 및 해설**

**42** 가, 다는 맞고, 나, 라는 틀린 선지임

**☑ 틀린 선지**
나. 후기행태주의는 행태주의 연구방법론을 부정한 것이 아니라 과학적 지식을 사회문제 해결에 사용하자고 주장함
라. 선지는 공공선택론에 대한 내용임

**☑ 올바른 선지**
가. 행태주의는 방향성에 대한 연구를 배제한 까닭에 사회문제 해결에 한계를 드러냈음
다. 후기행태주의는 과학적 연구도 중요하지만 사회문제 처방을 위해서는 가치와 규범의 문제도 함께 연구해야 한다고 주장함 → 가치연구 강조

정답 ④

---

**정답 및 해설**

**43**
**☑ 올바른 선지**
ㄱ. 후기행태주의는 사회문제가 많던 격동기에 등장한 사조임
ㄴ. 후기행태주의는 사회문제를 해결하지 못하는 행태주의를 비판하면서 60년대에 등장함 → 즉, 후기행태주의는 행동의 원인탐구가 아니라 정부의 방향성을 제시할 수 있는 가치연구를 강조

**☑ 틀린 선지**
ㄷ. 고전적 조직론인 원리접근법에 대한 설명임
ㄹ. 후기행태주의는 논리실증주의에 반발하여 사회과학자들은 과학적 방법을 적용할 수 있는 것을 연구대상으로 삼는 것보다는 그 사회의 급박한 문제를 연구대상으로 삼아서 사회의 개선에 기여해야 한다고 보았음
ㅁ. 후기행태주의는 가치중립적인 과학적 연구보다 가치평가적인 정책연구를 지향하고 있으며 정책학의 발전에 기여하였음

정답 ①

# 44 ★★

행정학의 접근 방법과 주요 이론에 관한 내용으로 가장 타당하지 못한 것은?

① 체제적 접근 방법은 행정현상에서 중요한 권력, 의사 전달, 정책결정 등의 문제나 혹은 행정의 가치문제를 중요한 변수로 고려하지 못한다.

② 생태론적 접근은 행정이 추구해야 한 목표나 방향을 명확하게 제시하지 못한다.

③ 후기행태주의는 행태론가들의 과학적 연구를 반대하고, 사회문제 해결을 강조하였다.

④ 행태론적 접근은 특정 질문에 따른 반응을 통해 파악해 볼 수 있는 태도, 의견, 개성 등도 행태에 포함하였다.

# 45 ★★

행정학에서 가치에 관한 연구가 본격적으로 관심을 끌기 시작한 학문적 계기로 옳은 것은?

① 신행정론의 시작

② 발전행정론의 대두

③ 뉴거버넌스 이론의 등장

④ 공공선택론의 태동

# 46 ★★★

신행정학에 관한 설명으로 가장 적절하지 않은 것은?

① 행정이 사회적 형평성의 증진을 위해 앞장설 것을 주장했다.

② 행정과 행정이론의 현실적합성 또는 적실성 제고를 우선적 과제로 주장했다.

③ 논리실증주의를 근거로 행정현상에 대한 경험적 연구와 방법론적 엄격성을 강조했다.

④ 조직발전에 있어 분권화를 지향하는 구조설계를 처방하고 조직구성원의 참여를 강조했다.

# 47 ★★★

행정이론에 대한 설명으로 옳은 것은?

① 과학적관리론은 최고관리자의 운영원리로 POSDCoRB를 제시하였다.

② 행정행태론은 가치와 사실을 구분하고 가치에 기반한 행정의 과학화를 시도하였다.

③ 신행정론은 실증주의적 방법론을 비판하고 사회적 형평성과 적실성을 강조하였다.

④ 인간관계론은 인간을 경제인으로 간주한다.

### 정답 및 해설

**44** 후기행태주의자들이 과학적 연구를 반대한 것은 아님 → 후기행태주의는 과학적 연구를 통해 이론을 정립하되, 이론이 사회문제 해결에 기여할 수 있어야 한다는 관점에서 사회적 적실성과 실천성을 중시하였음

① 체제적 접근은 국가를 생명체로 간주했기 때문에 가치, 목적, 연구에서 조직운영과 연관된 부분을 고려하지 못함

② 생태론적 접근은 과학성을 중시하므로 가치연구를 간과함

④ 행태론적 접근에서 행동은 의견, 태도, 개성 등 범위가 넓은 개념임

정답 ③

**45** 행정학에서 가치의 연구, 즉 사회문제 해결을 위한 방향성에 대한 고민은 격동기에 등장한 후기행태주의로부터 시작되어 신행정학에 영향을 주었음 → 따라서 선지에서는 ①이 가장 답에 가까운 내용임

정답 ①

### 정답 및 해설

**46** ③은 행태론에 대한 내용임 → 신행정학은 행태론을 비판하면서 기술성을 강조함

① 신행정학은 인종차별로 인한 흑인폭동을 해결하고자 사회적 형평성을 추구함

② 신행정학은 사회문제 해결을 위해 기술성(현실적합성·적실성·처방성)을 강조함

④ 신행정학은 시민참여를 위해 관료제를 비판하는 입장임

정답 ③

**47** 신행정학은 사회문제를 해결하기 위해 과학성을 강조하는 행태주의를 비판하고 형평성과 현실에 적합한 연구를 강조함

① POSDCoRB는 어윅과 귤릭이 주장한 내용임

② 행정행태론은 가치와 사실을 구분하고 사실에 기반한 행정의 과학화를 시도함

④ 인간관계론은 인간을 사회심리적 존재로 간주함

정답 ③

## 48 ★

### 현상학에 대한 특징으로 옳지 않은 것을 모두 고르면?

> ㄱ. 인간의 의도된 행위와 표출된 행위를 구별하고, 관심 분야는 의도된 행위에 두어야 한다.
> ㄴ. 행위의 목적성과 의도성을 어떻게 찾아낼 것인가에 대한 방법과 기술이 명확하다는 평가를 받는다.
> ㄷ. 객관적 존재의 서술을 위해서는 현상을 분해하여 분석할 필요가 있다.
> ㄹ. 인간을 수동적 자아가 아닌 능동적 자아로 상정한다.
> ㅁ. 현실을 이해하는 데 해석학적 방법보다는 과학적 방법을 선호한다.

① ㄱ, ㄴ, ㄷ      ② ㄴ, ㄷ, ㄹ
③ ㄴ, ㄷ, ㅁ      ④ ㄴ, ㄹ, ㅁ

## 49 ★★

### 현상학과 관련된 설명 중 옳은 것으로만 짝지어진 것은?

> ㄱ. 해석학적 방법
> ㄴ. 가치와 사실의 구분
> ㄷ. 행위(action)연구
> ㄹ. 표출된 행위(behavior)
> ㅁ. 논리실증주의
> ㅂ. 반실증주의

① ㄱ, ㄴ, ㄷ      ② ㄱ, ㄷ, ㅂ
③ ㄴ, ㄹ, ㅁ      ④ ㄷ, ㄹ, ㅂ

## 50 ★

### 공공선택이론모형에 대한 설명으로 잘못된 것은?

① 거시적 연구
② 경제학적 연구
③ 파레토의 최적점 추구
④ 방법론적 개체주의

### 정답 및 해설

**48**

🔲 **틀린 선지**

ㄴ. 행위의 목적성과 의도성을 어떻게 찾아낼 것인가에 대한 방법과 기술에 대해서는 기술이 없다는 비판을 받음

ㄷ. 객관적 존재의 서술을 위해서는 현상을 분해하여 분석하는 것은 논리실증주의에 가깝다. 현상학적 접근방법은 사회현상에 대한 이해를 위해 외면에 대한 경험적 관찰보다는 일상생활의 상식적 생각 속에서 인간행위를 이해하고, 그 이면에 내재된 동기나 의도에 대한 해석을 중요시하는 접근법임

ㅁ. 현실을 이해하는 데 과학적 방법보다는 해석학적 방법을 선호함

🔲 **올바른 선지**

ㄱ. 행정학에 현상학적 접근방법을 처음 도입한 것은 하몬으로 인간행위에는 표출된 행태와 별도로 '의도된 행위'가 있기 때문에 표출된 행태를 대상으로 인간행동을 분석하고 판단하는 실증주의는 오류를 낳을 수 있다고 함

ㄹ. 인간을 수동적 자아가 아닌 능동적 자아로 상정함

정답 ③

### 정답 및 해설

**49**

🔲 **올바른 선지**

ㄱ,ㄷ,ㅂ.
현상학은 논리실증주의를 강조한 행태주의를 비판한 이론임 → 현상학은 인간의 행위(action)를 연구대상으로 삼고, 인간이 부여한 행동의 '의미'를 맥락을 고려하여 해석해야 한다는 입장임

🔲 **틀린 선지**

ㄴ,ㄹ,ㅁ.
행태주의에 대한 내용임

정답 ②

**50** 공공선택론은 경제학에 근거해서 인간의 의사결정을 설명하므로 미시적 모형에 해당함

③ 공공선택론은 민중이 원하는 서비스 공급을 강조하므로 능률성을 추구함(파레토의 최적점 추구)

④ 공공선택론은 인간에 대한 분석으로부터 분권적 구조의 필요성을 강조함 → 방법론적 개체주의 적용

정답 ①

# 51 ★★★

공공선택론(public choice theory)에 대한 설명으로 옳은 것은?

① 관할권이 다른 지방정부로 이주하는 것은 개인의 지방정부에 대한 선호 표시와는 관련이 없다.
② 집권적이며 계층제적 구조를 강조하는 정부관료제가 시민의 요구에 민감하게 반응한다고 주장한다.
③ 공공선택론의 대표적인 학자들 중에는 뷰캐넌, 오스트롬, 니스카넨이 있다.
④ 개인이 아닌 공공조직을 분석의 기초단위로 채택함으로써 방법론적 개체주의에 반대한다.

# 52 ★★★

다음 중 공공선택이론에 대한 설명으로 가장 적절하지 않은 것은?

① 중위투표자 이론은 중간선호자만을 만족시킨 모형으로서 모든 투표자의 선호를 고려하지 않기 때문에 자원배분의 효율성을 보장하지 못한다.
② 티부(Tiebout)에 의하면, 지역주민의 완전한 이동성이라는 시장 배분적 과정을 통하여 지방공공재의 적정규모 공급이 가능하다.
③ 공공선택이론은 소비자인 개인의 선호를 존중하고, 경쟁을 통하여 공공서비스를 생산하고 공급함으로써 행정의 대응성을 높일 수 있다고 주장한다.
④ 고위직 관료들의 관청형성전략(bureau-shaping strategy)은 소속 조직을 보다 집권화된 대규모의 계서적 관료조직으로 개편시키게 된다.

---

### 정답 및 해설

**51** 공공선택론을 창시한 학자는 뷰캐넌, 니스카넨과 같은 경제학자이며, 공공선택론을 행정학에 도입한 학자는 오스트롬임
① 주민이 관할권이 다른 지방정부로 이주하는 것은 해당 지방정부에서 제공하는 서비스를 받고 싶기 때문이므로 지방정부에 대한 선호 표시와 관련이 있음
② 공공선택론자들은 집권적이며 계층제적 구조를 강조하는 정부관료제가 사익추구 현상으로 인해 시민의 요구에 민감하게 반응할 수 없음을 지적함
④ 공공선택론은 개인을 분석의 기초단위로 채택함으로써 방법론적 개체주의 입장을 취함

정답 ③

---

### 정답 및 해설

**52** 공공선택론에 따르면 인간은 이기적 존재이므로 공공선택론 학자들은 집권적 구조보다 분권적 구조를 선호함
① 중위투표자 이론은 중간 선호의 투표자를 만족시키기 위해 보수 혹은 진보정당을 선호하는 투표자의 선호를 고려하지 못하는 각 정당의 행동을 설명하고 있음
② 티부(Tiebout)가설에 따르면 다양한 지방정부가 존재하고 지역 주민의 이동성이 보장되면, 주민의 선호에 맞는 효율적 공공재 공급이 가능함
③ 공공선택이론은 국민의 서비스 선택권을 보장하기 위해 분권과 경쟁을 강조함 → 따라서 행정의 대응성을 제고할 수 있음

정답 ④

# 53 ★★★

**다음 중 공공선택론의 특징으로 가장 적절하지 않은 것은?**

① 뷰캐넌과 털럭이 창시하였으며, 의사결정과정에 경제학적 논리를 적용한다.

② 시장실패와 정부실패를 모두 인정한다.

③ 이기적인 인간을 상정하는 이론이다.

④ 시장영역에서 발생하는 의사결정을 경제학적으로 연구한 이론으로서 분권화를 강조한다.

# 54 ★★

**티부(C. Tiebout)모형의 가정으로 옳지 않은 것은?**

① 지방정부의 재원에 국고보조금은 포함되지 않아야 한다.

② 지방정부의 공공서비스에 외부효과가 발생하지 않아야 한다.

③ 소수의 대규모 지방자치단체가 존재해야 한다.

④ 고용기회와 관련된 제약조건은 거주지 의사결정에 왜곡을 초래할 수 있으므로 고려하지 않아야 한다.

### 정답 및 해설

**53** 공공선택론은 비시장영역에서 발생하는 의사결정을 경제학적으로 연구한 이론으로서 분권적인 의사결정구조를 통해 시민의 선호를 반영할 수 있다고 주장함

① 뷰캐넌과 털럭이 창시하였으며, 현상의 분석에 경제학적 논리를 적용함

② 공공선택론은 오스트롬이 1973년에 행정학에 도입하였는데, 이 시기는 정부가 시장실패 및 정부실패를 겪은 상태이기 때문에 공공선택론은 정부실패를 고려했다고 보아야 함 → 이러한 이유로 공공선택론은 수익자 부담주의와 같은 시장기제를 활용하였음

③ 공공선택론은 의원, 공무원 등이 모두 이기적인 인간이라고 가정함

정답 ④

**54** 티부가설은 지방정부에 의한 행정의 효율성을 강조한 이론으로 선택가능한 다수의 소규모 지방자치단체가 존재해야 한다고 전제함

① 지방정부의 재원에 외부에서 유입되는 국고보조금 등은 포함되지 않아야 한다고 전제함

② 지방정부의 공공서비스에 외부효과가 발생하지 않아야 한다. 즉, 당해 자치단체의 서비스 혜택은 당해 자치단체 지역주민들만 누려야 한다고 전제함

④ 고용기회와 관련된 제약조건은 거주지역 결정에 왜곡을 초래할 수 있으므로 모든 지역에서 동일하다고 가정하고 이를 고려하지 않아야 한다고 전제함

정답 ③

# 55 ★★

**티부(Tiebout)의 '발로 하는 투표(voting with feet)' 가설에 대한 설명으로 옳지 않은 것은?**

① 지방정부 간 주민의 자유로운 이동을 전제로 한다.

② 분권화된 체제에서 효율적인 자원배분이 이루어진다.

③ 지방정부가 공공서비스를 생산할 때 규모의 경제가 나타날 수 있다.

④ 지역 재정프로그램의 혜택은 그 지역주민만이 누릴 수 있어야 한다.

# 56 ★★

**티부가설(Tiebout Hypothesis)의 기본가정 및 전제조건에 대한 설명으로 틀린 것은?**

① 공공재와 조세에 대한 정보가 공개되어 주민이 알 수 있을 것

② 지방정부를 주민 스스로 선택하여 자유롭게 이동할 수 있을 것

③ 공공서비스로 인한 외부효과가 클 것

④ 모든 정부는 최적규모를 추구할 것

### 정답 및 해설

**55** 티부가설은 규모의 경제현상이 발생하지 않는다는 것을 가정함 → 만약 지방공공재를 생산하는 데 규모의 경제가 발생한다면 지자체의 규모가 커짐에 따라 비용상 이득이 발생하여 결국 규모가 큰 소수의 지자체만 남게 될 가능성이 높아지기 때문임

① 티부가설은 발로하는 투표, 즉 지방정부 간 주민의 자유로운 이동을 전제로 함

② 티부가설은 공공선택론의 영향을 받은 이론이므로 분권화된 체제를 강조함

④ 티부가설은 외부효과가 없음을 가정하는바 지역 재정프로그램의 혜택은 그 지역주민만이 누릴 수 있어야 함

정답 ③

**56** 외부효과가 존재할 경우 주민이동이 불필요하기 때문에 공공서비스로 인한 외부효과가 없어야 함

① 티부가설에서 지방정부는 행정에 대한 정보를 공개함

② 티부가설에서 지역 주민은 지방정부를 선택할 수 있고, 자유롭게 이동할 수 있는 권한을 보유하고 있음

④ 최적규모보다 작은 지방정부는 더 많은 주민을 유입시키려 할 것이고, 최적규모보다 큰 지방정부는 주민을 감소시키려 할 것이며, 최적규모인 지방정부는 현행 인구를 그대로 유지하려고 노력할 것임

정답 ③

## 57 ★★★

**공공선택론의 내용과 가장 거리가 먼 것은?**

① 경쟁원리에 입각한 서비스 제공 강조
② 행정의 독점성 비판과 자유경쟁원리의 강조
③ 방법론적 개체주의 전제
④ 공공행정의 가치배분권한의 강화 강조

## 58 ★★★

**공공선택론(public choice theory)에 대한 설명으로 가장 옳지 않은 것은?**

① Ostrom은, Wilson-Weberian 패러다임을 지지하면서 민주행정 패러다임을 주장하였다.
② 정치·행정현상을 경제학적 논리를 통해 분석하고자 한다.
③ 개인 선호를 중시하여 공공서비스 관할권을 중첩시킬 수도 있다.
④ 중위투표자이론(median vote theorem)도 공공선택론의 일종이다.

## 59 ★★

**관청형성이론에 대한 내용으로 가장 옳지 않은 것은?**

① 일반적으로 정부의 조직구조는 집권화된 형태로 변화하는 성향을 갖는다.
② 니스카넨의 '관료예산극대화가설'을 비판하면서 등장한 모형이다.
③ 전달기관은 관청예산을 전달하는 조직이다.
④ 던리비에 따르면 공무원 조직 내 집단행동의 딜레마 현상은 예산극대화를 저해하는 요인이다.

---

**정답 및 해설**

**57** 공공선택론은 공공행정에 경제학 관점을 도입하려는 시도로, 방법론적 개체주의(개인주의)와 인간을 합리적 이기주의자를 전제로 함 → 또한 정부관료제에 의한 행정의 독점적 공급을 비판하고 소비자 선호나 경쟁의 원리를 중시하며, 정부에 의한 일방적이고 주도적인 가치배분을 경계함

정답 ④

**58** Ostrom은, Wilson-Weberian 패러다임의 집권성을 비판하면서 민주행정 패러다임을 주장함
② 공공선택론은 정치행정현상을 경제학적 논리를 통해 분석하는바 경제수학을 활용하고, 경제학적 인간관을 적용함
③ 공공선택론은 국민의 선호를 반영하기 위해 분권화, 즉 공공서비스 관할권의 중첩을 인정함
④ 중위투표자이론은 공공선택론을 활용한 모델임

정답 ①

---

**정답 및 해설**

**59** 던리비에 따르면 관청형성이 관료의 효용을 극대화하며, 이러한 과정에서 조직이 전체적으로 분권화되는 경향이 발생함
② 던리비는 니스카넨이 제도적 요인 등을 고려하지 못한 점을 비판했음
③ 전달기관은 예산의 증액현상이 발생하는 관청예산을 전달하는 조직임
④ 던리비에 따르면 예산극대화 전략은 관료들의 개인적인 전략(예 승진, 업무평가에서 높은 점수획득 등)이 아니라 집단적인 전략(부서의 예산극대화)에 속함 → 즉, 합리적인 관료는 부서의 예산증대 보다 개인의 승진 등이 중요하다고 생각할 뿐만 아니라 노력 대비 실현 가능성이 크다고 여김

정답 ①

## 60 ★★

다음 중 '작지만 효율적인 정부'에 대한 설명으로 가장 적절하지 않은 것은?

① 큰 정부에 반발하여 규모와 역할을 축소하는 외형적인 측면에 중점을 둔 개혁을 의미한다.
② 관료제형 정부관리방식을 개혁하기 위해 1980년대부터 진행된 개혁프로그램의 산물이다.
③ 기본적으로 시장지향적 경쟁원리를 효율성 제고의 중요한 수단으로 삼는다.
④ 성과 중심 관리를 강조하며, 재량 부여와 결과에 대한 분명한 책임을 묻는 관리방식이다.

## 61 ★★★

신공공관리론의 특성에 대한 설명으로 옳은 것은?

① 성과보다는 과정 중심의 관리를 강조한다.
② 시장주의와 신관리주의를 결합한 이론이다.
③ 정부의 방향잡기(steering)의 역할을 시장에 맡겨야 한다고 주장한다.
④ 국민만족도를 제고하기 위하여 공급자 중심의 정부서비스를 제공할 것을 주장한다.

## 62 ★★★

신공공관리론에 대한 설명으로 가장 적절하지 않은 것은?

① 공공선택이론, 주인대리인이론, 거래비용경제학 등을 이론적 기반으로 한다.
② 정책의 집행과 분리, 책임운영기관 등 행정의 분절화를 강조한다.
③ Hayek의 '노예로의 길'은 신공공관리론의 철학적 기초가 되었다.
④ 관리자의 재량권을 축소시켜 행정의 신축성을 저해한다는 비판을 받고 있다.

### 정답 및 해설

**60** 신공공관리는 정부의 규모를 줄이는 외형적 측면과 더불어 공무원에 대한 내부규제를 완화하는 내형적 측면도 고려한 행정개혁임
② 신공공관리의 등장배경 : 1970년대 말 정부실패의 경험 이후 영연방제국에 의하여 정부의 감축과 시장기제의 도입을 기조로 하는 1980년대 행정개혁운동 발생함 → 이는 1980년대 이후부터 2000년대 초반까지 영·미 등 주요 선진국 행정개혁의 기반이 되었음
③ 신공공관리는 분권과 경쟁, 능률적 국가관리를 추구함
④ 신공공관리는 자율성 부여 및 성과책임을 강조함

**정답** ①

**61** 신공공관리론은 시장주의(고객주의 및 민간위탁 등)와 신관리주의(성과관리)를 결합한 이론임
① 신공공관리론은 과정보다 산출 혹은 성과를 강조함
③ 정부 역할은 노젓기(rowing)보다 방향잡기(steering)에 중점을 둠
④ 공급자(정부) 중심보다는 고객 중심의 서비스 제공을 주장함

**정답** ②

### 정답 및 해설

**62** 신공공관리론은 유연한 정부에 의하여 관리자에게 많은 권한과 재량을 부여함으로써 신축성과 유연성이 높은 행정을 강조함
① 신공공관리론은 시장주의와 신관리주의를 결합하여 개발된 이론이지만, 정부실패를 지적하고 그 대응책을 제시한 공공선택이론, 주인대리인이론, 거래비용경제학 등을 이론적 기반으로 함
② 신공공관리론은 정책과 집행의 분리, 책임운영기관 등 행정의 분절화를 강조함
③ Hayek의 '노예에로의 길'(1944)은 시장에 대한 국가의 개입이나 국가기획을 반대한 입장으로 신자유주의나 대처리즘, 신공공관리론의 철학적 기초가 됨

**정답** ④

# 63 ★

**행정재정립운동(refounding movement)에 대한 설명으로 옳은 것은?**

① 직업공무원의 재량권을 축소하고 정치적으로 임명하는 공무원의 수를 상대적으로 증가시키는 것이다.

② 기존의 정치행정이원론을 재해석하여 정책 과정에서 공무원의 적극적인 역할을 옹호하였다.

③ 정부를 재구축하고 민간부분이 공공서비스 공급에 참여할 필요가 있다고 강조하였다.

④ 행정재정립운동은 정부를 재발견하기보다는 재구축해야 한다고 주장했다.

# 64 ★★★

**다음의 내용이 설명하는 것은 무엇인가?**

> 공공서비스의 내용과 수준, 그리고 제공 방법에 대해 계약방식으로 제시하고 이를 이행하지 못할 경우 시정조치와 보상을 쌍방향적으로 약속하는 장치이다. 1991년 영국 메이저(J. Major) 행정부가 도입했다. 구체적이고 명시적인 조건과 내용을 포함하고, 계약 불이행시 제재 조치를 명문화하고 있어 이행가능성이 높다.

① 시민헌장　　　　　② 성과계약

③ 책임운영기관　　　④ Next Steps

---

**정답 및 해설**

**63** 스바라는 기존의 정치행정이원론을 재해석하여 정책과정에서의 공무원의 적극적인 역할을 옹호했음 → 다만, 인사행정에 있어서 엽관주의에 반대하는 것은 정치행정이원론과 유사함

① 행정재정립 운동은 직업공무원의 재량권을 증대시키는 것에 찬성하고(공무원의 적극적 역할 옹호) 엽관주의를 반대함 → 따라서 정치적으로 임명하는 공무원의 수를 증가시키는 정책에 반대하는 입장임

③ 1990년대 Osborne과 Gaebler가 주장한 정부재창조론 내용임

④ 행정재정립운동은 정부를 재구축하기보다는 재발견해야 한다고 주장함

**정답** ②

**정답 및 해설**

**64** 보기는 시민헌장제도에 관한 설명임

② 성과계약 : 우리나라는 4급 이상의 공무원에게 소속 장관과 성과계약을 맺고 이를 평가하는 성과계약등 평가제도를 적용하고 있음

③④

Next Steps은 책임운영기관 제도를 의미함(대처 정권에서 도입)

**정답** ①

# 65 ★★★

신공공관리론과 뉴거버넌스의 특징을 비교한 것으로 옳지 않은 것을 모두 고르면?

|   | 구분 | 신공공관리론 | 뉴거버넌스론 |
|---|---|---|---|
| ㄱ | 인식론적 기초 | 신자유주의 | 공동체주의 |
| ㄴ | 관료역할 | 조정자 | 공공기업가 |
| ㄷ | 관리방식 | 임무중심 | 고객지향 |
| ㄹ | 분석수준 | 조직 내 | 조직 간 |
| ㅁ | 관리기구 | 연계망 (network) | 시장 |
| ㅂ | 작동원리 | 경쟁 (시장메커니즘) | 협력체제 (partnership) |

① ㄱ, ㄴ, ㄷ  ② ㄴ, ㄷ, ㄹ
③ ㄴ, ㄹ, ㅂ  ④ ㄴ, ㄷ, ㅁ

# 66 ★★★

신공공관리론에 대한 설명으로 틀린 것은?

① 신공공관리론에서는 행정의 생산성을 강조한다.
② 신공공관리론은 개인의 이익보다 집단의 이익을 중시하여 도덕적 해이, 역선택의 문제를 발생시킬 수 있다.
③ 신공공관리라는 용어는 1991년 영국 학자 Christopher Hood가 사용한 용어로서 그 이후 NPM이라는 이름으로 일반화되기 시작하였다.
④ 신공공관리론은 작고 능률적인 정부를 구현하고자 민간기업 등과의 계약에 따라 민간기업이 행정서비스를 제공하는 것을 추구한다.

---

**정답 및 해설**

**65** ㄴ, ㄷ, ㅁ [×]

☑ 신공공관리과 뉴거버넌스의 비교

| 기 준 | 신공공관리 | 뉴거버넌스 |
|---|---|---|
| 인식론적 기초 | 신자유주의 | 공동체주의 |
| 관리기구 | 시장 | 연계망(network) |
| 관리가치 | 결과 | 신뢰 |
| 관료역할 | 공공기업가 | 조정자 |
| 작동원리 | 경쟁(시장메커니즘) | 협력체제 |
| 서비스 | 민영화, 민간위탁 등 | 공동공급(시민, 기업 등 참여) |
| 관리방식 | 고객지향 | 임무중심 |
| 경영성 | 강함(공·사행정일원론) | 약함(공·사행정이원론) |
| 분석수준 | 조직 내 | 조직 간 |

정답 ④

**정답 및 해설**

**66** 신공공관리론은 공공선택론을 이론적인 배경으로 하고 있음 → 따라서 신공공관리론에서 인간은 집단의 이익보다 개인의 이익을 중시하며, 이에 따라 대리인의 기회주의적 행동으로 인해 도덕적 해이, 역선택의 문제를 발생시킬 수 있음
① 신공공관리론에서는 정부실패 현상을 극복하고자 행정의 생산성을 강조함
③ 신공공관리라는 용어는 1991년 영국 학자 Christopher Hood가 선진국의 행정개혁을 표현한 것이며, 그 이후 NPM이라는 이름으로 일반화되기 시작하였음
④ 신공공관리론은 작고 능률적인 정부를 구현하기 위해 민간위탁 등의 제도를 활용함

정답 ②

# 67 ★★★

## 행정이론에 관한 설명으로 옳지 않은 것은?

① 신행정론은 관료들이 정책결정을 해야만 한다는 적극적 정치행정일원론을 주장한다.

② 신제도주의 이론은 제도가 개인행위를 제약하지만, 개인 간 상호작용의 결과로 제도가 변화될 수도 있다고 본다.

③ 포스트모더니즘 행정이론은 사회적 맥락에 대한 고려 없이 보편적 이론을 발견하고자 하는 실증주의를 배격한다.

④ 신공공관리론은 고객의 개인적 이익이 아닌 시민 전체로서의 공익에 대한 책임성과 대응성을 강조한다.

# 68 ★★★

## 행정이론에 관한 설명으로 옳지 않은 것은?

① 신행정론은 관료들이 정책결정을 해야만 한다는 정치행정일원론을 주장한다.

② 공공선택이론은 집권적 관료제가 공공서비스를 제공하는데 있어서 유일한 최선의 방안은 아니라고 한다.

③ 포스트모더니즘 행정이론은 사회적 맥락에 대한 고려 없이 보편적 이론을 발견하고자 하는 모더니즘을 배격한다.

④ 신공공관리론은 고객의 개인적 이익이 아닌 시민 전체로서의 공익에 대한 책임성과 대응성을 강조한다.

# 69 ★★★

## 최근 신공공관리론적 개혁의 한계를 보완하기 위한 조치들이 탈신공공관리(post-NPM)에서 제시되고 있다. 다음 중 탈신공공관리론의 내용을 볼 수 없는 것은?

① 구조적 통합을 통한 분절화의 축소

② 분권화 및 탈규제의 주장

③ 총체적 정부 또는 합체된 정부의 주도

④ 중앙의 정치·행정적 역량의 강화

**정답 및 해설**

**68** 신공공관리론은 시민이 아닌 고객의 만족을 위한 대응성을 강조함

① 신행정론은 사회문제 해결을 위해 관료들이 정책결정을 해야만 한다는 적극적 정치행정일원론을 주장함

② 공공선택이론은 집권적 관료제가 사익 추구를 촉진하는바 공공서비스를 제공하는데 있어서 유일한 최선의 방안은 아니라는 입장임

③ 포스트모더니즘 행정이론은 다양성을 강조하는 까닭에 사회적 맥락에 대한 고려 없이 보편적 이론을 발견하고자 하는 모더니즘을 배격함

정답 ④

**69** 선지는 신공공관리론에 대한 내용임

①③

탈신공공관리는 지나친 분절화를 반대하기 때문에 통합적 관리를 강조함

④ 탈신공공관리론은 통합적 관리를 위해 중앙의 정치·행정적 역량의 강화를 중시함

정답 ②

**정답 및 해설**

**67** 신공공관리론은 시민이 아닌 고객의 만족을 위한 대응성을 강조함

① 신행정론은 사회문제해결을 위해 정치행정일원론의 입장을 견지함

② 신제도주의 이론에서 제도는 독립변수이자 종속변수임

③ 포스트모더니즘은 모더니즘을 비판하면서 맥락의존적 진리를 강조함

정답 ④

## 70 ★★★

신공공관리론에 대한 설명으로 옳은 것은 모두 몇 개인가?

> ㄱ. 기업경영의 논리와 기법을 정부에 도입·접목하려는 노력이다.
> ㄴ. 정부 내의 관리적 효율성에 초점을 맞추고, 규칙 중심의 관리를 강조한다.
> ㄷ. 거래비용이론, 공공선택론, 주인대리인이론 등을 이론적 기반으로 한다.
> ㄹ. 중앙정부의 감독과 통제의 강화를 통해 일선공무원의 책임성을 강화시킨다.
> ㅁ. 효율성을 지나치게 강조하는 과정에서 민주성이 결여될 수 있는 한계가 있다.

① 1개      ② 2개
③ 3개      ④ 없음

## 71 ★★★

신공공관리론에 대비한 신공공서비스의 특징에 대한 다음 설명이 틀린 것은?

① 합리성 모형 : 전략적 합리성
② 공익관 : 공유가치에 대한 담론의 결과
③ 책임관 : 다면성·복잡성
④ 조직관 : 기본적 통제만을 수행하는 분권화된 구조

## 72 ★★★

신공공관리론과 뉴거버넌스론에 관한 설명으로 가장 적절하지 않은 것은?

① 작동원리로 신공공관리론은 경쟁을, 거버넌스론은 협력체계를 강조한다.
② 정부역할로 신공공관리론은 방향잡기를, 거버넌스론은 노젓기를 강조한다.
③ 관료역할로 신공공관리론은 공공기업가를, 거버넌스론은 조정자를 강조한다.
④ 관리기구로 신공공관리론은 시장을, 거버넌스론은 공동체에 의한 공동생산을 강조한다.

---

**정답 및 해설**

**71** 분권화된 구조는 NPM과 관련되며, 신공공서비스는 조직 내외적으로 공유된 리더십을 갖는 협동적 구조를 중시함
① 신공공서비스론은 장기적 관점에서 시민과의 협력을 중시함
② 신공공서비스론에서 공익은 시민 간 담론의 결과물임
③ 신공공서비스론에서 공무원은 입체적 책임성을 지님

정답 ④

**72** 신공공관리론과 거버넌스론이 상정하는 정부의 역할은 방향잡기임
①③④
☑ **신공공관리론과 거버넌스 비교**

| 구분 | 신공공관리 | (뉴)거버넌스 |
|---|---|---|
| 관리기구(공급주체) | 시장 | 공동체에 의한 공동생산 |
| 정부역할 | 방향잡기 | 방향잡기 |
| 관료역할 | 공공기업가 | (중립적)조정자 |
| 작동원리 | 경쟁(시장메커니즘) | 협력체제(신뢰) |

정답 ②

---

**정답 및 해설**

**70**
☑ **올바른 선지**
ㄱ, ㄷ, ㅁ.
신공공관리는 기업의 운영방식을 정부에 도입하려는 시도로서 신제도주의 경제학(공공선택론, 거래비용이론, 주인대리인이론)을 바탕으로 함 → 아울러 신공공관리는 작은정부를 구현하는 과정에서 능률성을 중시하는바 다른 가치를 경시할 수 있음

☑ **틀린 선지**
ㄴ. 신공공관리는 규칙중심이 아닌 성과중심 관리를 지향함
ㄹ. 신공공관리론은 분권화를 선호하므로 규제완화를 통해 일선공무원의 성과 책임을 제고함

정답 ③

# 73 ★★

탈신공공관리론(Post-NPM)에 대한 설명으로 가장 적절하지 않은 것은?

① 교정하고 통치역량을 강화하며, 정치·행정의 통제와 조정을 개선하기 위해 재집권화와 재규제를 주창하는 것이다.
② 탈신공공관리는 신공공관리의 조정이 아니라 신공공관리의 주요 아이디어들을 대체하는 것이다.
③ 탈신공공관리는 구조적 통합을 통해 분절화의 축소를 추구한다.
④ 중앙의 정치·행정적 역량 강화를 추구한다.

# 74 ★★★

거버넌스(governance)에 대한 설명으로 옳지 않은 것을 〈보기〉에서 모두 고르면?

ㄱ. 파트너십과 유기적 결합관계를 중시한다.
ㄴ. 성공적 거버넌스 구축을 위해서는 사회적 자본(social capital)이 축적되어야 한다.
ㄷ. 거버넌스 체제가 적절히 작동하기 위해서는 수도적 집단에 의한 룰(rule)이 정립되어야 한다.
ㄹ. 거버넌스는 사회가 안정되고 불확실성이 감소하는 사회에서 보다 성공적으로 작동한다.
ㅁ. 국민을 국정의 파트너로 본다.

① 2개  ② 3개
③ 4개  ④ 5개

**정답 및 해설**

**74**
☑ **틀린 선지**
ㄷ. 거버넌스 체제가 적절히 작동하기 위해서는 동등한 권한을 가진 참여자들의 협상에 의한 룰이 정립되어야 함
ㄹ. 거버넌스는 사회의 신뢰가 높고, 시장 혹은 시민사회가 발전한 사회에서 보다 성공적으로 작동함; 즉 거버넌스의 성공은 사회의 안정과 불확실성의 정도에 따라 결정되는 것이 아니라 신뢰와 시민사회 및 시장의 발전수준에 따라 결정됨

☑ **올바른 선지**
ㄱ. 거버넌스는 정부, 시장, 시민사회 간의 파트너십, 즉 유기적 결합관계를 중시함
ㄴ. 성공적 거버넌스 구축을 위해서는 주체 간의 신뢰, 즉 사회적 자본(social capital)이 축적되어야 함
ㅁ. 거버넌스는 국민을 고객으로만 보는 것을 넘어 국정의 파트너로 간주함

**정답 및 해설**

**73** 탈신공공관리는 구공공관리와 신공공관리를 절충하는 성격을 지님(주요 아이디어 대체×)
①③④
탈신공공관리는 적절한 분절화를 추구하므로 구조적 통합, 분절화 축소, 정치행정적 역량 강화, 재집권화 및 재규제를 주장함

정답 ②

정답 ①

# 75 ★★★

피터스(B. Guy Peters)가 제시한 시장모형의 구조개혁 방안으로 옳은 것은?

① 계층제
② 분권화
③ 평면조직
④ 가상조직

# 76 ★★

피터스(B. Guy Peters)가 제시한 참여 모형의 구조 개혁 방안으로 옳은 것은?

① 계층제
② 분권화
③ 평면조직
④ 가상조직

# 77 ★★★

행정개혁론에 대한 설명으로 옳지 않은 것은?

① 신공공관리론(New Public Management)은 관료의 재량을 확대하고 경쟁원리를 강화할 것을 주장한다.
② 신공공관리론(New Public Management)은 관료의 기업가 정신과 기업형 정부로의 혁신을 강조한다.
③ 신국정관리론(New Governance)의 이념적 기반은 공동체주의이다.
④ 신공공서비스론(New Public Service)은 행정책임은 시민에 대해 단면적 책임에 불과하다고 본다.

## 정답 및 해설

**75** 구공공관리에 대한 시장모형의 구조개혁 방안은 분권화임 → 아래의 표 참고
①③④⑤
☑ **피터스의 미래국정관리 모형**

| 틀잡기 | 관리주의(구공공관리) ◀ (비) 피터스모형 : 피시신탈참 | | | | |
|---|---|---|---|---|---|
| 구분 | 전통적 정부에 대한 문제인식 | 구조개혁 | 관리개혁 | 정책결정 개혁 | 공익의 기준 |
| 시장 모형 | 독점 | 분권화 | 민간부문의 관리기법 (성과급) | 시장적인 동기 | • 저렴한 공공 서비스<br>• 소비자의 선택권 보장 |
| 참여 모형 | 계층제 | • 수평적 조직구조<br>• 다양한 참여자 | TQM, MBO 및 팀제 | 참여 및 협의 | 참여 및 협의 |
| 신축 모형 | 불변성 및 영속성 | 가상조직 : 유기적 구조 (임시조직) | 신축적 (임시적) 관리 | 실험 | 저비용과 조정 |
| 탈규제 모형 | 내부규제 | 없음 | 자율적인 관리 방식 | 기업가적 정부 | 창의성 및 능동성 (활동주의) |

정답 ②

**76** 참여정부모형은 계층제를 문제삼으며 계층형태를 띠지 않는 평면조직을 대안으로 제시하였음
① 참여정부모형에서 문제로 진단한 것이 계층제임
② 피터스(B. Guy Peters)가 제시한 거버넌스모형 중 시장모형의 구조 개혁 방안은 분권화된 조직임. 시장모형은 독점성을 정부실패의 원인으로 보고 중앙정부의 독점이 아닌 분권화된 조직을 구조개혁의 처방으로 제시하였음
④ 가상조직은 항구성을 문제삼는 신축적 정부모형의 조직개혁방안임

정답 ③

**77** 신공공서비스론(New Public Service)은 행정책임의 복합성(법률·공동체·시민에 대한 책임 등), 다원적 책임을 강조함
① 신공공관리론(New Public Management)은 기업의 운영방식을 강조하는바 관료의 재량을 확대하고 경쟁원리를 강화할 것을 주장함
② 신공공관리론(New Public Management)은 기업형 정부, 즉 수익 창출을 지향함
③ 신국정관리론(New Governance)은 민관협력을 지향하는 까닭에 공동체주의를 강조함

정답 ④

# 78 ★★★

**신공공서비스론(New Public Service)에 관한 설명으로 가장 적절하지 않은 것은?**

① 공무원들은 고객이 아니라 시민에게 봉사해야 한다고 본다.

② 민주주의이론, 비판이론, 포스트모더니즘 등이 인식론적 토대이다.

③ 공익은 시민의 광범한 참여와 담론을 통해 도출되어야 하고, 정부는 이를 도와야 한다고 주장한다.

④ 규범적 가치에 관한 이론 제시뿐만 아니라, 이러한 가치들을 구현하는 데 필요한 구체적 처방을 제시하고 있다는 점에서 의미가 있다.

# 79 ★★★

**신공공서비스론(NPS)에 대한 설명 중 옳은 것으로 짝지어진 것은?**

가. 덴하르트(J. Denhardt & R. Denhardt)의 신공공서비스론은 신공공관리론(NPM)에 대한 비판적 시각에서 등장하였다.

나. 정부는 시장의 힘을 활용하는데 있어 방향잡기의 역할을 해야 한다고 본다.

다. 이론적 토대는 민주주의 이론, 실증주의, 해석학, 비판이론 등 복합적이다.

라. 공익은 공유하고 있는 가치에 대해 대화와 담론을 통해 얻은 결과물이 아닌 개인 이익의 단순한 합산으로 보고 있다.

마. 민주적 시민정신이나 공익과 같은 가치들을 구현하는 데 필요한 구체적 처방을 제시하지 못한다는 비판을 받는다.

① 가, 나, 다, 마  ② 나, 다, 라
③ 가, 다, 마  ④ 다, 라, 마

---

**정답 및 해설**

**79**

📌 **틀린 선지**

나. 정부는 시장의 힘을 활용하는 데 있어 방향잡기의 역할을 해야 한다고 본다는 것은 신공공관리론의 내용임

라. 공익은 공유하고 있는 가치에 대해 대화와 담론을 통해 얻은 결과물이 아닌 개인 이익의 단순한 합산으로 보는 관점은 신공공관리론임

📌 **올바른 선지**

가. 덴하르트(J. Denhardt & R. Denhardt)의 신공공서비스론은 지나치게 능률성만 강조하고 국민을 고객으로 간주하는 신공공관리론(NPM)에 대한 비판적 시각에서 등장하였음

다. 신공공서비스론의 이론적 토대는 민주주의 이론, 실증주의, 해석학, 비판이론 등 복합적이기 때문에 이론적인 독창성이 부족하다는 비판을 받음

마. 신공공서비스론은 민주적 시민정신이나 공익과 같은 가치들을 구현하는 데 필요한 제도적 처방을 제시하지 못한다는 비판을 받음

---

**정답 및 해설**

**78** 신공공서비스론은 신공공관리론에 비해 내용이 추상적이어서 구체적 처방을 제시하지 못한다는 비판을 받고 있음

① 신공공서비스론은 시민을 주권자로 인식하면서 시민에 대한 봉사를 강조함

② 신공공서비스론의 다양한 이론을 활용하고 있음(단, 공공선택론 제외)

③ 신공공서비스론에서 공익은 시민 간 담론의 결과물이며, 관료는 이러한 공익을 드러내기 위해 협상과 중재 기능을 담당함

정답 ④

정답 ③

## 80 ★★★

신공공서비스론(NPS)의 7대 원칙과 가장 거리가 먼 것은?

① 고객이 아닌 시민에 대해 봉사하라.
② 기업주의 정신을 받아들여라.
③ 방향잡기보다는 봉사하라.
④ 공익을 찾으려고 노력하라.

## 81 ★★★

다음 중 신공공서비스론에 대한 설명으로 가장 적절하지 않은 것은?

① 고객이 아닌 시민에게 봉사하라고 주장한다.
② 행정이 가치갈등상황에 직면하게 되면 시민참여와 토론을 통해 결정할 것을 주장한다.
③ 다양한 단체와 조직의 이익을 조정하는 정부역할을 과소평가한다는 비판을 받는다.
④ 민주적 목표의 성취를 위해서 수단적·기술적 전문성을 중시한다.

## 82 ★★

행정학 이론에 관한 설명으로 옳은 것만을 〈보기〉에서 있는 대로 고른 것은?

> ㉠ 정치행정일원론에서는 행정의 가치판단적 역할을 인정한다.
> ㉡ 생태론은 행정이 추구해야 할 목표나 방향을 명확히 제시하고 있다.
> ㉢ 신행정학에서는 "행정은 정책을 가치중립적으로 집행한다."라는 주장이 근본적으로 잘못되었다고 비판하였다.
> ㉣ 신공공서비스론에서는 정부부문에 민간기업의 관리기법과 시장의 경쟁원리의 도입을 주장하였다.

① ㉠, ㉡
② ㉠, ㉢
③ ㉡, ㉢, ㉣
④ ㉠, ㉢, ㉣

### 정답 및 해설

**80** 기업주의 정신을 받아들이는 것은 신공공관리론의 내용임
① 신공공서비스론에서 시민은 고객이 아닌 주권자이며, 공무원은 시민에게 봉사해야 함
③ 신공공서비스론에서 공무원은 담론의 장을 형성하고 시민참여를 유도해야 함
④ 신공공서비스론에서 공익은 부산물이 아니라 궁극적 목표이며, 담론을 통해 도출됨

정답 ②

**81** 신공공서비스론에서 공익은 담론의 결과이므로 기술적 전문성보다 시민참여와 토론을 강조함
① 신공공서비스론에서 공무원은 담론의 장을 형성하고 시민참여를 유도하는 봉사를 해야 함
③ 신공공서비스론에서 권력은 시민에게 편중되어 있음

정답 ④

### 정답 및 해설

**82**
☑ 올바른 선지
㉠ 정치행정일원론에서 행정부는 정책결정권을 지니고 있는바 정치행정일원론은 행정의 가치판단적 역할을 인정함
㉢ 신행정학, 후기행태주의는 가치에 대한 연구를 강조함

☑ 틀린 선지
㉡ 생태론은 행정현상을 환경과 연관시켜 진단과 설명은 잘해 주었지만 행정이 추구해야 할 목표나 방향, 가치 등을 명확히 제시하지 못하고 있다는 비판을 받음
㉣ 신공공관리론의 주장임

정답 ②

## 83 ★★

**행정학의 접근방법에 대한 설명으로 옳은 것은?**

① 생태론적 접근방법은 행정조직을 개방체제로서 파악하는 입장이며, 발전도상국의 행정현상을 설명하는 데 유용하게 도입되었다.
② 행태론적 접근방법은 인접과학의 협동연구를 중시하는 입장에서 인간행태의 의도에 관심을 가진다.
③ 공공선택론적 접근방법은 방법론적 개체주의 입장에서 공공재의 수요자들 간의 공평한 자원 배분에 관심을 가진다.
④ 역사적 접근방법은 각종 행정제도의 성격과 그 형성에 있어서 보편적인 방법을 인식하는 수단을 제공한다.

## 84 ★

**리그스의 프리즘적 모형(Prismatic Model)에 관한 설명으로 옳지 않은 것은?**

① 개발도상국의 행정체제를 설명하기 위한 이론적 모형이다.
② 프리즘적 사회는 농업사회에서 산업사회로 넘어가는 과도기적 사회를 말한다.
③ 프리즘적 사회의 특징은 형식주의, 이질혼합성을 들 수 있다.
④ 농업사회에서 지배적인 행정 모형을 사랑방 모형(Sala Model)이라 한다.

---

**정답 및 해설**

**83** 생태론자들은 서구 행정제도가 후진국(발전도상국)에서 제대로 작동하지 않는 이유를 사회·문화적 환경에서 찾음(개방체제적 관점) → 생태론은 후진국의 행정현상을 설명하는 데 크게 기여했으며, 행정의 보편적 이론보다는 중범위이론(특수성 인정)의 구축에 자극을 주어 행정학의 과학화에 기여함

② 행태론적 접근방법은 인접과학의 협동연구를 중시하는 입장에서 인간행태에 대해 연구함 ; 그러나 인간 행위의 의도에 관심을 두는 학문은 현상학임
③ 공공선택론적 접근방법은 방법론적 개체주의 입장에서 공공재의 효율적인 공급에 관심을 가지면서 수익자부담원칙을 중시함 → 이로 인해 가진 자를 옹호하는 이론이라는 비판을 받음
④ 역사적 접근방법은 각 나라의 어떤 사건·기관·제도·정책 등의 역사적 기원과 발전과정을 설명하는 연구 방법임 → 이는 사례연구를 통해 각종 행정제도의 성격과 그 형성에 있어서 특수성을 인식하는 수단을 제공함

정답 ①

**정답 및 해설**

**84** 사랑방은 개도국의 관료제를 상징하는 표현이며, 이는 공과 사가 혼재된 부정적인 관료제를 뜻함 → 이러한 정부관료제가 자리잡혀 있는 프리즘적 사회는 형식주의(복잡한 절차), 이질혼합성(농업사회와 선진국의 특징이 혼재) 등의 특징을 보임

① 프리즘 모형은 개발도상국의 행정체제를 설명하기 위한 이론적 모형임
② 프리즘적 사회는 농업사회에서 산업사회로 넘어가는 과도기적 사회를 뜻함

정답 ④

# 85
★★★

다음 중 신제도주의에 대한 설명으로 가장 적절하지 않은 것은?

① 신제도주의는 구제도주의와 동일하게 합리적 행동모형에 대해 회의적이다.

② 역사적 신제도주의는 제도가 경로의존성을 가지며 현재의 정책선택을 제약한다고 본다.

③ 사회학적 신제도주의는 방법론적 개체주의에 의해서 분석한다.

④ 합리적 선택 신제도주의는 개인의 선택 결과에 대해 연역적 예측을 할 수 있다고 본다.

# 86
★★★

신제도주의에 대한 설명으로 가장 적절하지 않은 것은?

① 신제도주의는 제도를 연구의 중심개념으로 사용하고 합리적 행동모형에 회의적이라는 점에서 구제도주의와 차이점이 있다.

② 역사적 신제도주의는 역사적 조망과 거시적 분석을 결합하여 정책에 대한 맥락적 접근을 강조한다.

③ 합리적 선택 신제도주의는 개인의 선호는 안정적이며 선험적으로 주어진 것으로 가정한다.

④ 사회학적 신제도주의는 경제적 효율성이 아니라 사회적 정당성 때문에 새로운 제도적 관행이 채택된다고 주장한다.

**정답 및 해설**

**85** 사회학적 신제도주의에서 제도는 문화이므로 방법론적 총체주의의 입장임

① 신제도주의는 구제도주의와 동일하게 현상을 설명할 때 제도를 고려하지 않는 합리적 행동모형에 대해 회의적임

② 역사적 신제도주의에 따르면 제도는 한 번 형성되면 경직성을 지니는 까닭에 현재의 정책선택을 제약한다고 봄

④ 합리적 선택 신제도주의에서 인간은 이기적 존재임 → 따라서 이해관계자는 이익이 될 수 있도록 제도를 설계함

정답 ③

**정답 및 해설**

**86** 신제도주의는 제도를 연구의 중심개념으로 사용하고 인간의 어떠한 제도적 제약 없이 행동한다는 합리적 행동모형에 대해 회의적이라는 점에서 구제도주의와 유사함

② 역사적 신제도주의에서 제도는 각 나라의 역사적·거시적 맥락 속에서 형성된 정책임

③ 합리적 선택 신제도주의에서 개인은 이기적인 존재이며, 이는 변하지 않는 속성을 지님

④ 사회학적 신제도주의는 사회적 정당성을 인정받은 문화가 동형화 과정에 따라 확산되는 현상을 설명함

정답 ①

# 87 ★★★

신제도주의에 대한 설명으로 옳은 것만을 다음에서 모두 고르면?

> ㉠ 사회학적 제도주의가 제도의 종단면적 측면을 중시하면서 국가 간의 차이를 강조한다면, 역사적 제도주의는 횡단면적으로 서로 다른 국가나 조직에서 어떻게 유사한 제도가 나타나는지에 관심을 갖는다.
> ㉡ 역사적 제도주의에 의하면, 제도는 환경의 변화가 크지 않으면 안정적인 균형상태를 유지하다가 외부의 충격을 겪으면서 근본적 변화를 경험하고 새로운 경로에서 다시 균형상태를 이루는 단절적 균형의 특성을 보인다.
> ㉢ 사회학적 제도주의에서는 개인이나 조직의 제도적 환경에 대한 적응력이 강조되고, 사회적으로 표준화된 규칙 또는 규범에 적절하게 순응하는 개인이나 조직은 사회로부터 정당성을 부여받는다.
> ㉣ 사회학적 제도주의는 제도의 변화에서 개인의 역할을 인정하지 않고, 개인은 자신의 의도에 따라 제도를 만들거나 변화시킬 수 없으며 제도에 종속될 뿐이라고 본다.

① 1개      ② 2개
③ 3개      ④ 4개

# 88 ★★★

행정학의 접근방법 중 신제도주의에 대한 설명으로 옳지 않은 것은 모두 몇 개인가?

> 가. 신제도주의는 구제도주의에 비해 정태적인 연구를 지향한다.
> 나. 신제도주의는 제도를 내생변수로 간주한다.
> 다. 역사적 신제도주의에서 개인의 선호는 내생적으로, 즉 정치체제가 개인의 선호를 형성하고 제약한다.
> 라. 사회학적 신제도주의에서 제도는 개인의 합리적 선택에 기반한 제도적 동형화 과정의 결과물로 본다.
> 마. 사회학적 신제도주의에서의 접근법은 방법론적 전체주의와 연역적 접근법이 사용된다.

① 1개      ② 2개
③ 3개      ④ 4개

## 정답 및 해설

**87**

📝 **올바른 선지**
㉡ 역사적 제도주의에 의하면, 제도는 환경의 변화가 크지 않으면 안정적인 균형상태를 유지하다가 우연한 사건이 발생할 경우(외부의 충격) 근본적 변화를 경험하고 새로운 경로에서 다시 균형상태를 이루는 단절적 균형의 특성을 보임
㉢ 사회학적 제도주의에서는 사회적 정당성을 인정받은 제도에 적절하게 순응하는 개인이나 조직이 사회로부터 존재의 정당성을 부여받음
㉣ 사회학적 제도주의는 합리선택적 신제도주의와 다르게 제도의 변화에서 개인의 역할을 인정하지 않고, 개인은 자신의 의도에 따라 제도를 만들거나 변화시킬 수 없으며 단지 제도에 종속될 뿐이라고 간주함

📝 **틀린 선지**
㉠ 역사적 제도주의가 제도의 종단면적 측면을 중시하면서 국가 간의 차이를 강조한다면, 사회학적 제도주의는 횡단면적으로 서로 다른 국가나 조직에서 어떻게 유사한 제도가 나타나는지에 관심을 둠

정답 ③

## 정답 및 해설

**88** 가, 라, 마가 틀린 선지임

📝 **틀린 선지**
가. 신제도주의는 제도의 변화를 인정하는바 동태적인 연구를 지향함
라. 제도가 개인의 합리적 선택에 따라 변할 수 있다는 관점은 합리선택적 신제도주의임
마. 사회학적 신제도주의에서의 접근법은 방법론적 전체주의와 '귀납적' 접근법이 사용됨

📝 **올바른 선지**
나. 신제도주의는 제도를 변할 수 있는 변수, 즉 내생변수로 간주함
다. 역사적 신제도주의에서 개인의 선호는 제도에 의해 형성됨 → 내생적 선호

정답 ③

## 89 ★★

**신제도주의에 대한 다음 설명 중 가장 옳지 않은 것은?**

① 신제도주의는 행태주의에서 규명하고자 했던 개인의 선호체계와 행위결과 간의 직선적 인과관계에 의문을 제기한다.

② 합리적 선택 신제도주의 계열에는 거래비용경제학, 공공선택이론, 공유재이론 등이 있다.

③ 사회학적 신제도주의는 경제적 효율성이 아니라 사회적 정당성 때문에 새로운 제도적 관행이 채택된다고 주장한다.

④ 역사적 신제도주의는 경로의존성을 강조하므로 특정 제도가 급격한 변화에 의해 중단될 수 있는 가능성을 부정한다.

## 90 ★★

**신제도주의에 대한 설명으로 가장 적절한 것은?**

① 정부조직의 체계와 구조에 대해 공식적·법적 차원에서 접근하며 제도의 영향력은 인정하지 않는다.

② 사회학적 제도주의에서는 적절성의 논리보다 도구성(결과성)의 논리가 강조된다.

③ 역사적 제도주의에서는 제도적 동형화가 강조되고 제도의 연속성을 설명하는 경로의존성이 과소평가된다.

④ 합리적 선택 신제도주의에서는 집단행동의 딜레마를 해결해 주는 역할을 제도가 수행하는 것으로 본다.

### 정답 및 해설

**89** 역사적 신제도주의는 경로의존성을 중시하므로 제도의 지속성(제도가 좀처럼 변화하지 않음)을 강조하지만, 급격한 충격 변화(결절된 충격)에 의하여 변화될 수 있는 가능성을 인정함

① 신제도주의는 행동에 영향을 미칠 수 있는 제도의 영향력을 강조함 → 한편, 행태주의는 제도에 대한 분석을 하지 않았음

② 이기적인 인간, 제도의 중요성 등을 주요 특징으로 하는 공공선택론은 합리적 선택 신제도주의가 형성되는 데 영향을 주었음

③ 사회학적 신제도주의는 사회적 정당성을 획득한 문화의 동형화 과정에 따라 새로운 제도적 관행이 채택된다고 주장함

정답 ④

### 정답 및 해설

**90** 합리선택적 신제도주의에서 제도는 인간의 이기적 행동, 즉 집단행동의 딜레마를 해결해 주는 역할을 수행함

① 신제도주의는 정부조직의 체계와 구조에 대해 공식적·비공식적 차원에서 접근하며 제도의 영향력을 인정함

② 사회학적 제도주의에서는 적절성의 논리를 강조함

③ 역사적 제도주의에서는 제도의 연속성을 설명하는 경로의존성을 강조함 → 제도적 동형화는 사회학적 신제도주의에 대한 내용임

정답 ④

# 91 ★★★

〈보기〉에서 옳은 것만을 고른 것은?

┌─ 보기 ┐
ㄱ. 합리선택적 신제도주의 학파는 경제학의 거래비용 개념을 토대로 제도변화의 동태적 과정을 중점적으로 연구한다.
ㄴ. 신제도주의는 구제도주의보다 제도의 범위를 넓게 해석한다.
ㄷ. 뉴거버넌스는 참여와 네트워크보다는 시장 중심의 가격이나 경쟁에 기초한 조정방식을 강조한다.
ㄹ. 뉴거버넌스에서 네트워크는 불확실성을 줄이기 위하여 시민단체에 의한 문제해결을 지양하는 방식으로 작동한다.
ㅁ. 신제도주의는 개인의 행위결과가 개인의 선호체계의 직선적인 연장선상에 있다고 가정한다.

① ㄱ, ㄴ
② ㄱ, ㄹ
③ ㄴ, ㅁ
④ ㄷ, ㄹ

# 92 ★★

신제도주의 접근법에 관한 설명으로 옳지 않은 것은?

① 신제도주의는 행태주의와는 달리 제도를 사람의 행태에 영향을 미치는 상위 독립변수로 본다.
② 합리적 선택 제도주의는 사례중심의 귀납적 연구방법을 주로 사용한다.
③ 역사적 제도주의는 제도가 일단 형성되면 방향성과 안정성을 유지하는 경로의존성을 주장한다.
④ 사회학적 제도주의는 인간의 표준화된 행동 코드가 제도 내에 배태되어(embedded) 있다고 본다.

## 정답 및 해설

**91**

☑ 올바른 선지
ㄱ. 거래비용이론(합리선택적 신제도주의)은 거래비용을 기준으로 조직의 합리적 선택을 설명함
ㄴ. 구제도주의는 공식적 제도만을 인정하였으나, 신제도주의는 공식적 제도와 더불어 비공식적 제도를 인정함

☑ 틀린 선지
ㄷ, ㄹ.
뉴거버넌스는 정부, 시장, 시민사회 간 협치체계임 → 따라서 '참여와 상호 협력적인 네트워크'를 강조함
ㅁ. 신제도주의는 개인의 행위결과가 제도의 직선적인 연장선상에 있다고 가정함

정답 ①

## 정답 및 해설

**92** 합리적 선택 제도주의는 공공선택론의 영향을 받은 이론이므로 연역적 연구방법을 주로 사용함
① 신제도주의는 제도의 중요성을 간과하는 행태주의를 비판하는 입장임
③ 역사적 제도주의는 비합리적인 제도가 꾸준히 유지되는 현상, 즉 경로의존성을 주장함
④ 사회학적 제도주의는 인간의 표준화된 행동 코드가 제도 내에 내재되어 있다는 배태성을 인정함

정답 ②

## 93 ★★★

행정이론에 대한 설명으로 옳은 것은?

① 신공공관리론과 달리 뉴거버넌스론은 신자유주의를 사상적 기초로 삼는다.

② 신공공관리론의 수정과 보완을 주장하는 탈신공공관리론에서는 시장 활성화를 위해 정부의 적극적인 규제 완화를 주장한다.

③ 공공선택이론에서는 시민을 공공재의 생산자로, 관료를 공공재의 소비자로 간주한다.

④ 합리적 선택 제도주의의 연장선상에서 오스트롬(E. Ostrom)은 '공유재의 비극'의 해결방안으로 공동체 중심의 자치제도를 제시한다.

## 94 ★★

신제도주의에 대한 설명으로 가장 적절하지 않은 것은?

① 신제도주의는 그동안 내생변수로만 다루어 오던 정책 등을 외생변수와 같이 직접적인 분석대상에 포함시켜 종합·분석적인 연구에 기여하고 있다.

② 역사적 제도주의는 각국에서 채택된 정책의 상이성과 효과를 역사적으로 형성된 각국의 제도에서 찾고자 한다.

③ 합리적 선택 제도주의는 경제학에 이론적 배경을 두고 있다.

④ 사회학적 제도주의는 적절성의 논리를 강조한다.

---

**정답 및 해설**

**93** 공유지 비극을 막기 위한 자발적 규칙설정은 합리선택적 신제도주의의 예시로 볼 수 있음

① 뉴거버넌스론은 공동체주의를 사상적 기초로 함

② 신공공관리론의 수정과 보완을 주장하는 탈신공공관리론에서는 구공공관리론을 인정하면서 정부의 재집권화와 재규제를 주장함

③ 공공선택이론에서는 시민을 공공재의 소비자로 관료를 공공재의 생산자로 간주함

정답 ④

---

**정답 및 해설**

**94** 신제도주의는 정책 등 제도를 내생변수로 간주함(외생변수로 포함×)

② 역사적 제도주의는 각국에서 채택된 정책의 상이성과 효과를 역사적으로 형성된 각국의 특수한 정책이나 법 등에서 찾고자 함

③ 공공선택이론, 주인대리인이론, 거래비용이론 등(조직경제학)이 합리선택적 신제도주의가 형성되는 데 많은 영향을 미쳤음 → 언급된 이론은 모두 경제학에 기초함

④ 사회학적 제도주의에서 개인은 문화에 적합한 행동을 해야 함 → 적절성의 논리

정답 ①

## 95
★★★

행정이론에 관한 설명으로 옳은 것만을 〈보기〉에서 있는 대로 고른 것은?

┌─────────── 보기 ┌──
ㄱ. 정치행정일원론에서는 행정책임과 행정에 대한 민주적 통제를 강조하였다.
ㄴ. 행태주의 행정학에서는 철저한 논리실증주의적 방법에 따라 가치문제를 연구내상에서 제외하였다.
ㄷ. 신행정학에서는 '행정은 정책을 가치중립적으로 집행한다'라는 주장이 근본적으로 잘못되었다고 비판하였다.
ㄹ. 신공공관리론에서는 정부부문에 민간기업의 관리 기법과 시장의 경쟁원리의 도입을 주장하였다.
└──────────────────

① ㄱ, ㄴ
② ㄱ, ㄴ, ㄹ
③ ㄴ, ㄷ, ㄹ
④ ㄱ, ㄴ, ㄷ, ㄹ

## 96
★

딜레마 상황이 갖는 논리적 구성 요건의 내용 연결이 옳은 것은?

┌────────────────────
A. 분절성              B. 상충성
C. 균등성              D. 선택불가피성
└────────────────────

┌────────────────────
ㄱ. 대안의 상충으로 인해 하나의 대안만 선택해야 한다.
ㄴ. 대안이 가져올 결과가치가 균등해야 한다.
ㄷ. 대안 간 절충이 불가능하다.
ㄹ. 최소한 하나의 대안을 반드시 선택해야 한다.
└────────────────────

|   | A | B | C | D |
|---|---|---|---|---|
| ① | ㄱ | ㄴ | ㄷ | ㄹ |
| ② | ㄷ | ㄱ | ㄴ | ㄹ |
| ③ | ㄱ | ㄹ | ㄷ | ㄴ |
| ④ | ㄷ | ㄴ | ㄹ | ㄱ |

---

**95** 모두 올바른 선지임
ㄱ. 정치행정일원론에서는 행정의 사회목적의 실현과 인간가치를 중시하면서 행정책임과 행정에 대한 민주적 통제를 강조하였음
ㄴ. 행태주의 행정학에서는 철저한 논리실증주의적 방법에 따라 가치문제를 연구대상에서 제외하였음
ㄷ. 신행정학에서는 행태주의를 비판하면서 후기행태주의에 입각하여 등장한 이론으로서, '행정은 정책을 가치중립적으로 집행한다'라는 주장이 근본적으로 잘못되었다고 비판하였음
ㄹ. 신공공관리론에서는 정부부문에 민간기업의 관리 기법과 시장의 경쟁원리의 도입을 주장하였음

정답 ④

---

**96** ㄷ - ㄱ - ㄴ - ㄹ 순서임

☑ 딜레마 발생조건

| 구분 | 내용 |
|---|---|
| 명료성 | 정책대안들이 구체적이고 명료해야 함 |
| 상충성 | 특정 대안을 선택할 경우 비용부담자와 수혜자가 명확하게 구분됨 |
| 분절성(단절성) | 대안 간 절충도 불가능한 상황 |
| 균등성 | 정책대안들이 초래할 결과가 비슷함 |
| 선택불가피성 | 반드시 하나의 대안을 선택해야 함 |

정답 ②

## 97 ★

딜레마 이론 중 '대안 간 절충이 불가능하다'는 내용에 해당하는 것은?

① 분절성(discreteness)
② 상충성(trade-off)
③ 균등성(equality)
④ 선택 불가피성(unavoidability)

## 98 ★

레짐이론의 유형 중 '지역의 성장을 추구하는' 것으로 관련 행위주체들 간의 갈등이 심한 레짐유형은?

① 개발레짐
② 하층기회확장레짐
③ 현상유지레짐
④ 중산계층진보레짐

## 99 ★

시차이론에서 설명하는 시차적 요소와 거리가 먼 것은?

① 제도 도입의 순서
② 제도 도입의 선후 관계의 변화
③ 시간적 리더십
④ 정태적 시간

**정답 및 해설**

**98** 아래의 표 참고

☑ 스톤의 레짐유형

| 비고 | 현상유지레짐 | 개발레짐: 대규모 도시재개발 | 중산계층 진보레짐 | 하층기회 확장레짐 |
|---|---|---|---|---|
| 추구하는 가치 | 친밀한 소규모 지역의 현상유지 | • 지역개발 및 성장<br>• 공공시설 확충 | • 삶의 질 개선<br>• 자연 및 생활 환경보호<br>• 정주환경 개선 | 저소득층 보호 |
| 특징 | • 갈등 적음<br>• 일상적인 서비스 공급 | • 갈등 심함<br>• 보조금, 세제 혜택 | • 기업에 대한 정부규제<br>• 시민참여와 감시 강조 | • 작업교육 확대<br>• 대중동원 중시 |
| 생존능력 | 강함 | 비교적 강함 | 보통 | 약함 |

정답 ①

**정답 및 해설**

**97** 문제는 분절성에 관한 내용임
②③④
☑ 딜레마가 발생하는 조건

| 구분 | 내용 |
|---|---|
| 명료성 | 정책대안들이 구체적이고 명료해야 함 |
| 상충성 | 특정 대안을 선택할 경우 비용부담자와 수혜자가 명확하게 구분됨 |
| 분절성(단절성) | 대안 간 절충도 불가능한 상황 |
| 균등성 | 정책대안들이 초래할 결과가 비슷함 |
| 선택 불가피성 | 반드시 하나의 대안을 선택해야 함 |

정답 ①

**99** 시차이론은 정태적 시간보다는 동태적 시간개념을 적용하며, 변수들의 숙성기간을 고려함
① 제도 도입의 순서: 시차이론에 따르면 제도의 도입시기에 따라 결과가 달라질 수 있음
② 제도 도입의 선후 관계의 변화: 시차이론은 정책을 도입하기 전과 후의 변화를 관찰함
③ 시간적 리더십: 리더에게 시차를 고려하는 시간적 리더십을 요구

정답 ④

# 100 ★

아래 제시된 비판들은 행정학의 접근방법 중 어떤 접근방법에 대한 비판인가?

> • 행정과 환경의 교호작용을 강조하지만, 개발도상국과 같이 변화하는 행정현상을 연구하는 데 한계를 지닌다.
> • 거시적인 접근방법을 취함으로써 구체적인 운영의 측면을 다루지 못한다.
> • 현상유지적 성향으로 인해 정치, 사회적 변화를 설명하지 못한다.

① 생태론적 접근방법
② 행태론적 접근방법
③ 현상학적 접근방법
④ 체제론적 접근방법

# 101 ★★

파머가 주장한 포스트모더니티 행정이론의 내용으로 가장 옳은 것은?

① 행정에서도 지식과 학문의 영역 간 경계가 사라지는 탈영역화가 나타난다.
② 관점에 따라 다양한 가능성이 허용되는 상상(imagination)보다는 과학적 합리성(rationality)이 더 중요하다.
③ 나 아닌 다른 사람은 인식적 객체로서만 인정한다.
④ 행정은 객관적으로 연구될 수 있다는 설화는 해체(deconstruction)를 통해서는 이해할 수 없다.

---

**정답 및 해설**

**100** 아래의 내용 참고

☑ 체제이론

> ㉠ 체제이론은 개방체제 관점이지만, 선진국처럼 안정된 사회가 균형을 유지하는 현상을 설명함
> ㉡ 체제이론은 조직의 구성요소를 설명하기 보다 조직과 환경의 관계를 다루고 있음

① 생태론적 접근방법 : 현상을 결정하는 환경적 요인을 규명하려는 접근
② 행태론적 접근방법 : 인간행동의 원인을 실험 통해 밝히려는 접근
③ 현상학적 접근방법 : 인간행동에 내재된 의미를 해석하려는 접근

정답 ④

**정답 및 해설**

**101** 선지는 파머의 포스트모더니즘 중 영역해체에 대한 내용임
② 과학적 합리성은 모더니즘에 대한 내용임
③ 포스트모더니즘에서는 나 아닌 다른 사람을 인식적 타인(epistemic other)이 아닌 도덕적 타인(moral other)으로 간주함
④ 포스트모더니즘은 다양성을 강조하므로 행정은 객관적으로 연구될 수 있다는 설화는 해체(deconstruction)를 통해 더 잘 이해할 수 있다는 입장임

정답 ①

## 102 ★

다음 행정이론들을 시기 순으로 나열한 것은?

> (가) 최소의 노동과 비용으로 최대의 능률을 올릴 수 있는 표준적 작업절차를 정하고 이에 따라 예정된 작업량을 달성하기 위한 가장 좋은 방법을 발견하려는 이론이다.
> (나) 기존의 거시적인 제도나 구조가 아닌 개인의 표출된 행태를 객관적·실증적으로 분석하는 이론이다.
> (다) 조직구성원들의 사회적·심리적 욕구와 조직 내 비공식 집단 등을 중시하며, 조직의 목표와 조직구성원들의 목표 간의 균형유지를 지향하는 민주적·참여적 관리방식을 처방하는 이론이다.
> (라) 시민적 담론과 공익에 기반을 두고 시민에게 봉사하는 정부의 역할을 강조하는 이론이다.
> (마) 가치중립적인 관리론보다는 민주적 가치 규범에 입각한 정책 연구를 지향한다.

① (가) − (나) − (다) − (라) − (마)
② (가) − (다) − (나) − (마) − (라)
③ (가) − (다) − (마) − (라) − (나)
④ (나) − (다) − (가) − (라) − (마)

## 103 ★★★

다음 행정이론을 시대순으로 배열한 것은?

> ㉠ 경제학적 분석도구를 관료행태, 투표자 행태, 정당정치, 이익집단 등의 비시장적 분석에 적용한다.
> ㉡ 가치중립적인 연구보다는 가치평가적 연구를 강조한다.
> ㉢ 사회적 인간관을 바탕으로 하고 비공식집단을 중시한다.
> ㉣ 시민적 담론과 공익에 기반을 두고 시민에게 봉사하는 정부의 역할을 강조하는 이론이다.
> ㉤ 가치와 사실을 분리하여 사실중심적인 연구를 강조한다.

① ㉡ − ㉢ − ㉠ − ㉣ − ㉤
② ㉡ − ㉢ − ㉤ − ㉠ − ㉣
③ ㉢ − ㉤ − ㉠ − ㉣ − ㉡
④ ㉢ − ㉤ − ㉡ − ㉠ − ㉣

## 104 ★

행정이론의 발달을 오래된 순서대로 바르게 나열한 것은?

> (가) 정치와 행정 − 굿노(Goodnow)
> (나) 신공공관리론 − 오스본과 게블러(Osborne & Gaebler)
> (다) 신행정론 − 왈도(Waldo)
> (라) 행정행태론 − 사이먼(Simon)

① (가) − (다) − (라) − (나)
② (가) − (라) − (다) − (나)
③ (라) − (가) − (나) − (다)
④ (라) − (다) − (나) − (가)

---

**정답 및 해설**

**103** ㉢ 인간관계론(1930년대), ㉤ 행태론(1940년대 중반), ㉡ 후기행태주의(1960년대 말), ㉠ 공공선택론(1980년대), ㉣ 신공공서비스론(1990년대)임

정답 ④

**104** 발달순서를 정리하면 아래와 같음
(가) 정치와 행정 − 굿노 → 1900년
(라) 행정행태론 − 사이먼 → 1945년
(다) 신행정론 − 왈도 → 1968년
(나) 신공공관리론 − 오스본과 게블러 → 1990년대

정답 ②

---

**정답 및 해설**

**102** (가)는 과학적 관리론, (나)는 행태론, (다)는 인간관계론, (라)는 신공공서비스론, (마)는 신행정론임
✚ 발달순서는 과학적 관리론 → 인간관계론 → 행태론 → 신행정론 → 신공공서비스론 순서임

정답 ②

# 105 ★

미국의 규범적 관료제모형 가운데 지방분권에 의한 민주적인 행정이 최선임을 강조하는 모형은?

① 메디슨주의
② 제퍼슨주의
③ 해밀턴주의
④ 잭슨주의

# 106 ★★★

다음 학자에 대한 설명으로 옳지 않은 것은?

① 굿노(F. Goodnow)는 행정은 국가의지의 표현이라고 주장하였다.
② 윌슨(W. Wilson)은 정치와 행정의 분리를 주장하였다.
③ 사이먼(H. Simon)은 고전적 조직원리들을 검증되지 않은 속담이나 격언에 불과하다고 비판하였다.
④ 테일러(F. Taylor)는 시간과 동작에 관한 연구를 통해 효율적 관리를 위한 최선의 방법을 찾고자 하였다.

---

**정답 및 해설**

**105** 미국의 규범적 관료제모형에는 다음과 같은 것이 있음
• 해밀턴주의 : 중앙집권적 연방주의 → 능동적이고 능률적인 행정과 국가기능의 확대를 강조하고, 중앙집권화에 의한 능률적인 행정 방식이 최선임을 강조
• 제퍼슨주의 : 지방분권화를 통한 민주주의의 실현과 지방분권주의를 강조
• 메디슨주의 : 다원주의 → 이익집단 간 견제와 균형 중시
• 잭슨주의 : 엽관주의 → 정당충성도에 기초한 공무원 임명
• 윌슨주의 : 정치행정이원론 강조

정답 ②

**정답 및 해설**

**106** 굿노(F. Goodnow)는 정치행정이원론의 입장을 견지하면서 정치를 국가의지의 표명으로, 행정을 국가의지의 집행으로 정의하였음
② 윌슨(W. Wilson)은 행정의 연구(1887)에서 정치행정이원론을 주창하였음
③ 사이먼(H. Simon)은 원리주의자가 제시한 고전적 조직원리들은 검증되지 않은 속담이나 격언(Proverb)에 불과하다고 비판하였음
④ 테일러(F. Taylor)는 과학적 관리론에서 시간 및 동작연구(time & motion study) 등을 통해 생산의 극대화를 가져올 수 있는 유일 최선의 길(one best way)을 찾고자 하였음

정답 ①

# CHAPTER 03 행정의 목적

📍기본서 p.74 - 82

## 107 ★★★

행정이 추구하는 가치에 대한 설명으로 옳은 것을 〈보기〉에서 모두 고른 것은?

> ㄱ. 효과성을 추구하는 과정에서 능률성의 희생이 발생될 수 있다.
> ㄴ. 민주성은 국민과의 관계뿐만 아니라 정부관료제 내부의 의사결정 과정의 두 가지 측면에서 논의된다.
> ㄷ. 절차적 합리성은 목표에 비추어 적합한 행동이 선택되는 정도를 의미한다.
> ㄹ. 투명성은 정보공개뿐만 아니라 정보에 대한 접근권까지 포함하는 개념이다.
> ㅁ. 제도적 책임성은 자율적이고 적극적인 행정책임을 의미한다.

① ㄱ, ㄷ, ㅁ
② ㄴ, ㄷ, ㅁ
③ ㄱ, ㄴ, ㄹ
④ ㄴ, ㄷ, ㄹ

## 108 ★★★

다음 중 행정이 추구하는 가치에 대한 설명으로 가장 적절한 것은?

① 기계적 효율성은 금전적 효율관을 비판하면서 제기된 효율관이다.
② 사이먼이 주장하는 실질적 합리성은 최선의 대안을 선택하는 것과 관련된다.
③ 효과성은 투입 대비 산출의 비율로 표현된다.
④ 신행정론에서는 특히 합법성을 강조하였다.

### 정답 및 해설

**107**

**☑ 올바른 선지**

ㄱ. 효과성은 목표달성도를 뜻하므로 효과성을 추구하는 과정에서 능률성의 희생이 발생될 수 있음

ㄴ. 민주성은 대외적 민주성과 대내적 민주성으로 구분됨

ㄹ. 투명성은 정부가 보유한 정보를 공개하는 것이므로 정보에 대한 접근권까지 포함하는 개념임

**☑ 틀린 선지**

ㄷ. 목표에 비추어 적합한 행동이 선택되는 정도를 의미하는 것은 Simon이 제시한 내용적 합리성(실질적 합리성)임 → 참고로 절차적 합리성은 인지능력의 한계 안에서 논리적인 사유과정을 강조하는 합리성임

ㅁ. 자율적이고 적극적인 행정책임을 의미하는 것은 자율적 책임성이며, 제도적 책임성은 외부로부터 부과되는 기준에 따라야 할 공무원의 의무를 의미함

정답 ③

### 정답 및 해설

**108** 실질적 합리성은 내용적 합리성과 같은 개념임 → 따라서 선지는 올바른 내용임

① 기계적 효율성은 가성비이므로 금전적 효율성과 같은 개념임

③ 능률성은 투입 대비 산출의 비율로 표현됨 → 효과성은 목표의 달성도를 나타냄

④ 신행정론에서는 특히 형평성을 강조하였음

정답 ②

## 109 ★★★

행정이념에 대한 설명으로 가장 적절하지 않은 것은?

① 민주성이 강조될 때, 효과성은 저하될 수 있다.

② 국가공무원법과 지방공무원법 제1조에서 공통적으로 규정하고 있는 우리나라 인사행정의 기본가치는 공정성과 민주성이다.

③ 행정의 공평성은 '같은 사람을 같게' 취급해야 한다는 수평적 공평성과 '다른 사람을 다르게' 취급해야 한다는 수직적 공평성으로 나누어 볼 수 있다.

④ 행정의 능률성은 투입 대비 산출의 비율을 의미하는 것이다.

## 110 ★★★

공익을 보는 관점에 대한 설명으로 가장 적절하지 않은 것은?

① 실체설은 공익을 사익을 초월한 개념으로 파악한다.

② 과정설은 공익이 사익 간의 타협과 조정의 과정에서 도출된다고 본다.

③ 실체설은 개개인의 이익은 공동체의 공동선에 종속되며, 공익과 사익 간의 갈등은 있을 수 없다고 한다.

④ 과정설은 공익을 도출하는 과정에서 정부의 독자적·적극적 역할을 강조한다.

## 111 ★★★

행정가치 중 본질적 가치와 가장 거리가 먼 것은?

① 정치적 자유

② 가치의 평등한 배분

③ 민주적 의사결정

④ 사회적 형평

### 정답 및 해설

**109** 국가공무원법과 지방공무원법 제1조에서 공통으로 규정하고 있는 우리나라 인사행정의 기본가치는 능률성과 민주성임

> **국가공무원법 제1조 【목적】** 이 법은 각급 기관에서 근무하는 모든 국가공무원에게 적용할 인사행정의 근본 기준을 확립하여 그 공정을 기함과 아울러 국가공무원에게 국민 전체의 봉사자로서 행정의 민주적이며 능률적인 운영을 기하게 하는 것을 목적으로 한다.
>
> **지방공무원법 제1조 【목적】** 이 법은 지방자치단체의 공무원에게 적용할 인사행정의 근본 기준을 확립하여 지방자치행정의 민주적이며 능률적인 운영을 도모함을 목적으로 한다.

① 민주성과 효과성은 일반적으로 상충관계임

③ 행정의 공평성은 수평적 공평성과 수직적 공평성으로 나누어 볼 수 있으며, 형평성은 일반적으로 공평성과 같은 의미로 사용됨

④ 행정의 능률성은 가성비, 즉 투입 대비 산출의 비율을 의미함

정답 ②

**110** 과정설은 국민 간 합의에 따라 공익이 결정된다는 관점이므로 정부의 소극적 역할을 강조함

① 실체설은 공익을 사회 내 개인의 견해를 초월한 실체적·규범적·도덕적 개념으로 파악함

② 과정설은 공익이 사회 내 개인 간의 타협과 조정의 과정에서 도출된다고 봄

③ 실체설은 공익을 집단공동체의 이익으로 간주하므로 개개인의 이익은 공동체의 공동선에 종속되며, 공익과 사익 간의 갈등은 있을 수 없다고 봄

정답 ④

**111** 본질적 행정가치는 행정을 통해 이루고자 하는 궁극적 가치로서 공익, 정의, 복지, 형평, 평등, 자유가 있음

정답 ③

# 112 ★

공익개념에 대한 과정설의 비판으로 타당성이 없는 것은?

① 도덕적·규범적 요인이 경시된다.
② 대립적 이익에 관한 사전평가기준을 제시하지 않고 있다.
③ 집단이기주의를 야기할 수 있다.
④ 사회의 기본가치를 소수인이 결정하므로 민주사회의 평등이념에 배치된다.

# 113 ★★★

공익의 본질에 관한 설명 중 가장 적절하지 않은 것은?

① 과정설에 의하면 협상과 조정과정에서 약자가 희생되는 결과를 초래할 수 있다.
② 과정설에 의하면 사익을 초월한 별도의 공익이란 존재하지 않으며, 공익이란 사익의 총합이거나 사익 간의 타협 또는 집단 간의 상호작용의 산물이라고 보는 입장이다.
③ 실체설에 의하면 공익이 사익을 초월한 실체적·규범적·도덕적 개념으로서 공익과 사익의 갈등을 인정하지 않는 입장이라고 할 수 있다.
④ 실체설에 의하면 공익 결정은 다수에 의해 민주적으로 이루어지는 것으로 본다.

---

**정답 및 해설**

**112** 선지는 실체설에 대한 비판내용임 → 과정설은 공익이 실질적으로 과정적·제도적·절차적 국면을 통하여 형성되며 여러 사회집단이 대립·투쟁·협상·타협을 벌이는 과정에서 결과적으로 다수의 이익에 일치되는 것이 도출된다고 보므로 민주사회의 평등이념에 부합함
①② 과정설에서 공익은 국민의 타협에 따라 수시로 변할 수 있음
③ 과정설에서 공익은 사람 간 견해를 조정한 결과이므로 해당 과정에서 집단이기주의가 발생할 수 있음

정답 ④

---

**정답 및 해설**

**113** 실체설이 아니라 과정설에 대한 설명임
① 과정설은 다양한 사람의 견해를 절충하는 과정에서 약자가 희생되는 결과를 초래할 수 있음
② 과정설에서 공익은 사익을 조정한 결과임 → 따라서 사익을 초월한 별도의 공익이란 존재하지 않음
③ 실체설에 의하면 공익은 국가 전체를 위한 이익임 → 실체설에서 국가 전체를 위한 이익은 개인에게도 이익이므로 공익과 사익의 갈등을 인정하지 않음

정답 ④

# 114 ★★★

〈보기〉의 공익에 대한 설명들을 두 가지 상반되는 이론으로 적절하게 묶은 것은?

> 가. 공익은 고정된 것이 아니어서 행정에 구체적인 기준으로 적용하기 어렵다.
> 나. 공익은 다수의 이익들이 조정·타협되는 과정에서 얻어지는 결과이다.
> 다. 공익의 실체는 도덕적 절대가치이다.
> 라. 민주적 절차의 준수에 의해서 공익이 보장된다.
> 마. 공익은 사회구성원들이 보편적으로 공유하는 공동의 이익이다.

① (가, 나) / (다, 라, 마)
② (가, 라) / (나, 다, 마)
③ (가, 나, 다) / (라, 마)
④ (가, 나, 라) / (다, 마)

# 115 ★★★

롤즈(J. Rawls)의 정의론(Justice Theory)에 대한 설명으로 옳은 것은?

① 정의는 개인의 사회경제적 상태를 인지한 원초적 상태에서 합의를 통해 도출된다.
② 정의의 제 1원리는 불평등의 기원이 되는 직위와 직무는 모든 사람에게 균등하게 개방되어야 한다는 것이다.
③ 롤즈의 정의론은 사회적 형평성(Equity)을 추구하기 위하여 자유보다 평등을 우선시하여야 한다고 보았다.
④ 기본적 자유의 평등원리가 차등조정의 원리에 우선하고, 차등조정의 원리 내에서는 기회균등의 원리가 차등의 원리에 우선한다.

---

**정답 및 해설**

**114**

☑ **과정설 관점의 선지**
가, 나, 라.
과정설에서 공익은 국민 간 타협에 의한 결과물임 → 따라서 실체설에 비해 고정된 것이 아니어서 행정에 구체적인 기준으로 적용하기 어려움

☑ **실체설 관점의 선지**
다, 마.
실체설 관점에서 공익은 사회 전체를 위한 이익임 → 그 예로써 도덕적 절대가치 등이 있음

정답 ④

---

**정답 및 해설**

**115** 롤즈에 따르면 1원칙, 즉 기본적 자유의 평등원리가 2원칙(차등조정의 원리)에 우선하고, 차등조정의 원리 내에서는 2-1원칙(기회균등의 원리)이 2-2원칙(차등의 원리)에 우선함
① 원초적 상태(Original Position)는 자신의 사회경제적 상태를 알지 못하는 무지의 베일(Veil of Ignorance)에 가리워진 상황임
② 정의의 제 1원리는 기본적 자유의 평등 원리(Principle of Equal Liberty)임
③ 정의의 제 1원리는 자유를 추구하는 것으로 평등을 자유보다 우선시한 것이 아님 → 참고로 롤즈의 정의론은 자유와 평등의 조화를 추구하는 중도주의적 입장임

정답 ④

# 116 ★★★

행정가치에 대한 설명으로 옳은 것만을 〈보기〉에서 모두 고르면?

┌─────────── 보기 ───────────┐
ㄱ. 공익의 과정설은 집단이기주의의 폐단이 발생할 수 있다는 한계가 있다.
ㄴ. 롤스의 사회정의 원칙에 따르면, 기회균등의 원리와 차등의 원리가 충돌할 때 기회균등의 원리가 차등의 원리에 우선한다.
ㄷ. 공익의 실체설은 현실주의 혹은 개인주의적으로 공익 개념을 주장한다.
ㄹ. 롤스의 정의관은 자유방임주의에 의거한 전통적 자유주의와 생산수단의 사회적 소유를 주장하는 사회주의의 양극단을 지향한다.
└────────────────────────────┘

① ㄱ, ㄴ  ② ㄱ, ㄷ
③ ㄴ, ㄷ  ④ ㄱ, ㄴ, ㄹ

# 117 ★★★

롤스가 주장한 사회정의의 기본원리에 대한 설명으로 가장 적절하지 않은 것은?

① '기본적 자유의 평등 원리'란, 다른 사람의 유사한 자유와 상충되지 않는 범위 내에서 최대한의 기본적 자유에의 평등한 권리가 인정되어야 한다는 것이다.
② '차등 원리'란, 저축원리와 양립하는 범위 내에서 가장 불우한 사람들의 편익을 최대화해야 한다는 것이다.
③ '공정한 기회 균등의 원리'란, 사회·경제적 불평등은 그 모체가 되는 모든 직무와 지위에 대한 기회 균등이 공정하게 이루어진 조건하에서 존재해야 한다는 것이다.
④ '공정한 기회 균등의 원리'와 '차등원리'가 충돌할 때에는 후자가 우선되어야 한다.

---

**정답 및 해설**

**116**

☑ 올바른 선지
ㄱ. 공익 과정설은 개인이나 집단의 견해를 제시하는 과정에서 집단이기주의가 나타날 수 있음
ㄴ. 기회균등 원리, 즉 2−1원칙은 2−2원칙인 차등의 원리(최소극대화 원칙)에 우선함

☑ 틀린 선지
ㄷ. 과정설에 대한 선지임 → 과정설은 현실에서 각 개인의 견해에 따라 공익이 변할 수 있다는 현실주의적이고 개인주의적인 공익 개념임
ㄹ. 롤스의 정의관은 자유방임주의에 의거한 전통적 자유주의와 생산수단의 사회적 소유를 주장하는 사회주의의 양극단을 지양하는 중도주의적 입장임

정답 ①

---

**정답 및 해설**

**117** 기회균등의 원리는 2−1원칙이므로 2−2원칙, 즉 차등 원리에 우선함
① '기본적 자유의 평등 원리'란, 평등한 자유를 강조하는 원칙임
② 롤스는 사회의 잉여 자원을 모두 현세대를 위해 분배하면 다음 세대의 삶이 보장되기 어려우므로 과거 세대가 창출한 문명의 가치는 다음 세대로 일부만 이전해야 한다는 저축원리를 주장함 → 그리고 이러한 저축의 원리는 최소극대화의 원리(최대최소 원칙)와 양립 가능해야 함
③ '공정한 기회 균등의 원리'란, 직업 선택에 대한 기회 등이 모든 사람에게 공정하게 부여되어야 한다는 원칙임

정답 ④

# 118 ★★★

롤스(Rawls) 정의(Justice)론에 관한 설명으로 옳지 않은 것은?

① 정의란 권리와 자유, 부담과 혜택을 공정하게 배분하는 것을 의미한다.
② 가치의 불평등한 배분은 그것이 사회의 최대 수혜자에게 유리한 경우에만 정당하다고 본다.
③ 기본적 자유의 평등 원리가 차등 조정의 원리보다 우선한다.
④ 자유와 평등의 조화를 추구하는 중도적 입장을 취하고 있다.

# 119 ★★★

공익의 핵심을 정의(justice)로서 인식한 롤스(John Rawls)의 사회정의론의 내용이 아닌 것은?

① 정의를 공정성(fairness)으로서 보았다.
② 가설적 상황으로서 원초적 상태를 설정하였다.
③ 무지의 베일(veil of ignorance)의 개념을 통해서 계급·계층·신분·직업이 고려되어야 한다는 입장을 취하였다.
④ 다른 사람의 자유와 상충되지 않는 한도 내에서 기본적 자유의 평등이 인정되어야 한다고 보았다.

# 120 ★★

가외성(Redundancy)에 대한 설명으로 적절한 것을 모두 고른 것은?

> ㉠ 조직구성원의 정보 수용범위의 한계 극복
> ㉡ 대통령의 거부권, 만장일치제, 계층제
> ㉢ 능률성과 상충
> ㉣ 제제의 창조성에 기여
> ㉤ 정책결정의 불확실성에 대한 적극적 대처방안
> ㉥ 라이벤슈타인이 제시한 개념

① ㉠, ㉡, ㉥
② ㉠, ㉢, ㉣
③ ㉡, ㉣, ㉤
④ ㉢, ㉤, ㉥

---

**정답 및 해설**

**118** 사회의 '최소'수혜자에게 유리한 경우에만 정당함(Maximin 원리)
① 롤즈 정의론에서 정의란 공정한 분배를 뜻함
③ 롤즈 정의론에서 1원칙(기본적 자유의 평등 원리)은 2원칙(차등 조정의 원리)에 우선함
④ 롤즈는 1원칙과 2−2원칙을 인정한다는 점에서 자유와 평등의 조화를 추구하는 중도적 입장을 취하고 있음

정답 ②

**119** 무지의 베일(veil of ignorance)이란 자신과 자신의 소속된 사회의 특수한 사정에 무지한 상태를 의미함
① 롤즈는 정의를 공정한 분배가 이루어진 상태로 보았음
② 롤즈는 사고실험을 통해 공정한 배분을 위한 원칙을 논증했음
④ 정의의 제1원리에 대한 내용임

정답 ③

---

**정답 및 해설**

**120** ㉠, ㉢, ㉣만 옳음

☑ **올바른 선지**
㉠ 가외성은 불확실성에 대비한 잉여장치이므로 조직구성원의 정보 수용범위의 한계를 극복할 수 있음
㉢ 가외성은 잉여장치이므로 능률성과 상충함
㉣ 예를 들어, 가외성 중 반복성은 제체의 창조성에 기여함

☑ **틀린 선지**
㉡ 대통령의 거부권은 가외성의 예에 해당하나 만장일치, 계층제는 가외성 장치가 아님
㉤ 가외성은 불확실한 것을 확실하게 해주기보다는 불확실성을 인정하는 소극적 대처방안임
㉥ 가외성은 란다우가 제시함 → 라이벤슈타인은 X비효율성을 제시함

정답 ②

# 121 ★★

**행정가치 중 하나인 효율성(efficiency)에 관한 설명으로 가장 적절하지 않은 것은?**

① 효율성은 투입 대비 산출의 비율을 나타내는 개념으로, 산출에 대한 비용의 관계라는 조직 내의 조건으로 이해된다.

② 파레토 최적(Pareto optimum) 상태는 효율성을 이론적으로 뒷받침하는 기준으로, 이는 자원 배분의 효율성을 의미한다.

③ 기계적 효율성은 효율을 수량적으로 파악한 개념으로, 과거 정치행정일원론의 시대에 행정학에 도입되면서 중요시된 효율관이다.

④ 사회적 효율성은 구성원의 인간적 가치의 실현 등을 내용으로 하는 효율관으로, 민주성의 개념으로 이해되기도 한다.

# 122 ★

**행정의 민주성에 대한 설명으로 틀린 것은?**

① 민주성은 사회적 능률성으로 이해되기도 한다.

② 행정의 대내적 민주성을 확보하기 위해서는 국민이 부당한 침해를 받았을 때 이를 구제할 수 있는 제도적 장치가 확보되어야 한다.

③ 행정의 대내적 민주성을 위해서는 계급과 권한에 구속되지 않은 충분하고 자유로운 의사전달이 가능해야 한다.

④ 조직 내의 민주화를 위해서는 노동조합 등의 설립이 필요하다.

# 123 ★★★

**행정가치에 관한 설명으로 옳지 않은 것은?**

① 합법성은 시민권의 신장과 자유권의 옹호가 중요했던 입법국가 시대의 주요 가치이다.

② 신공공관리론에서는 시장 책임성을 강조한다.

③ 효과성은 1960년대 발전행정의 사고가 지배적일 때 주된 가치판단 기준이었다.

④ 사회적 능률성은 민주성의 개념으로 이해되는 데 신행정론에서 처음 주장된 가치이다.

## 정답 및 해설

**122** 부당한 침해에 대한 구제는 행정의 대외적 민주성을 확보하기 위한 것임

① 사회적 능률성은 장기적 관점에서 국민의 바람을 수용하는 것을 강조함

③ 대내적 민주성은 조직구성원의 견해를 수용하는 것임 → 따라서 계급과 권한에 구속되지 않은 충분하고 자유로운 의사전달이 가능해야 함

④ 공무원 노조는 정부와 관료 간 소통의 통로임

정답 ②

**123** 사회적 능률성은 민주성의 개념으로 이해되며, 1930년대 기능적 행정학에서 중시된 이념임 → 1970년대 신행정론에서 처음 주장된 가치는 형평성임

① 합법성은 입법부의 권력이 강한 시대의 주요 가치임

② 신공공관리론은 고객만족을 강조함

③ 효과성은 발전행정론에서 강조한 가치임

정답 ④

## 정답 및 해설

**121** 돈이나 수치를 기준으로 능률을 측정하는 기계적 효율성은 과학적 관리론, 관료제이론 등에서 주장한 효율성으로, 정치행정이원론의 시대에 행정학에 도입된 효율관이므로 틀린 설명임 → 하지만 양적 능률을 뜻하는 앞 부분의 설명은 옳은 설명임

① 효율성과 능률성은 엄밀히 따지면 다른 개념이나, 요즘 시험에서 양자는 동일한 의미로 사용되는 경향이 있음

② 파레토 최적은 능률성을 대변하는 개념임 → 파레토 최적은 어떤 사람이 이익을 보기 위해서는 반드시 다른 사람이 손해를 봐야 하는 최적의 자원배분 상태임

④ 사회적 효율성은 돈이나 수치만으로 판단하는 기계적 효율성과 달리 사회문제의 해결이나 구성원의 인간적 가치의 실현 등을 포함하는 개념임

정답 ③

# 124 ★★

행정이념 간의 관계에 대한 설명이 잘못된 것은?

① 능률성은 목표에 중점을 두며, 효과성은 수단에 중점을 둔다.

② 능률성과 효과성이 병행하는 경향이 있으나 항상 일치하지는 않는다.

③ 능률성과 가외성은 여유분의 인징 어부를 두고 상충된다.

④ 능률성과 형평성은 성장과 배분이라는 차원에서 상충관계이다.

**124** 능률성은 수단에 중점을 두며, 효과성은 목표에 중점을 둠

② 능률성과 효과성은 양자 모두 능률성과 관련된 가치이나 항상 조화관계는 아님

③ 가외성은 잉여장치이므로 능률성과 상충함

④ 능률성은 절약, 형평성은 배분이므로 상충관계임

정답 ①

# 125 ★★

효과성 평가모형 중 퀸과 로보그(Quninne & Rohrbaugh)의 경합가치모형에 관한 다음의 설명의 연결이 옳은 것은?

| | |
|---|---|
| A. 내부과정모형 | B. 합리적 목표모형 |
| C. 개방체제모형 | D. 인간관계모형 |

ㄱ. 조직의 내부에 초점을 두고 통제를 강조한다.
ㄴ. 인적자원 개발을 목표로 한다.
ㄷ. 조직의 외부에 초점을 두며 융통성을 강조한다.
ㄹ. 생산성, 능률성을 목표로 한다.

| | A | B | C | D |
|---|---|---|---|---|
| ① | ㄱ | ㄴ | ㄷ | ㄹ |
| ② | ㄴ | ㄹ | ㄱ | ㄷ |
| ③ | ㄱ | ㄹ | ㄷ | ㄴ |
| ④ | ㄴ | ㄷ | ㄹ | ㄱ |

**125** ㄱ - ㄹ - ㄷ - ㄴ 순으로 옳음

☑ Quinn & Rohrbaugh의 경쟁가치모형

| 구분 | 조직(외부) | 인간(내부) |
|---|---|---|
| 통제 | ① 모형: 합리목표 모형<br>② 단계: 공식화 단계<br>③ 목적: 생산성·능률성<br>④ 수단: 기획, 목표설정, 합리적인 평가 등 | ① 모형: 내부과정 모형<br>② 단계: 공식화 단계<br>③ 목적: 안정성·균형 및 통제와 감독<br>④ 수단: 정보관리 및 의사소통 (조정) |
| 유연성 | ① 모형: 개방체제 모형<br>② 단계: 창업 단계·정교화 단계<br>③ 목적<br>　㉠ 자원획득을 통한 성장<br>　㉡ 환경적응<br>④ 수단: 조직의 유연성·신속성 유지 | ① 모형: 인간관계 모형<br>② 단계: 집단공동체 단계<br>③ 목적<br>　㉠ 인적자원발달<br>　㉡ 구성원의 만족<br>④ 수단: 응집력 및 사기 |

정답 ③

# 126 ★★

경쟁가치모형에 대한 설명으로 옳지 않은 것은?

① 조직에서 효과성 평가모형으로 사용된다.

② 조직이 내부와 외부 중 어디에 초점을 두는가, 조직구조가 통제(안정)와 유연(융통성) 중 무엇을 강조하는가에 따라 효과성 측정 모델을 구분한다.

③ 경쟁가치모형 중에서 합리목표모형은 혁신지향 문화와 관계가 있다.

④ 퀸과 로보그가 제시한 모델이다.

# 127 ★★

경합가치모형에 대한 설명으로 옳지 않은 것은?

① 내부과정모형은 구성원에 대한 통제 및 감독을 강조한다.

② 합리목표모형은 조직의 환경적응을 목표로 하며, 민간회사의 효과성을 측정하는데 활용된다.

③ 인간관계모형은 조직구성원들의 응집력과 사기를 높이는 것을 중시한다.

④ 개방체제모형은 조직 중심적이고 유연성을 추구하는 조직에서 사용되는 효과성 측정모델이다.

**정답 및 해설**

**127** 합리목표모형은 조직의 생산성 제고를 목표로 하며, 민간회사의 효과성을 측정하는 데 활용됨

①③④

☑ **Quinn & Rohrbaugh의 경쟁가치모형**

| 구분 | 조직(외부) | 인간(내부) |
|------|-----------|-----------|
| 통제 | ① 모형: 합리목표 모형<br>② 단계: 공식화 단계<br>③ 목적: 생산성 · 능률성<br>④ 수단: 기획, 목표설정, 합리적인 평가 등 | ① 모형: 내부과정 모형<br>② 단계: 공식화 단계<br>③ 목적: 안정성 · 균형 및 통제와 감독<br>④ 수단: 정보관리 및 의사소통(조정) |
| 유연성 | ① 모형: 개방체제 모형<br>② 단계: 창업 단계 · 정교화 단계<br>③ 목적<br>　㉠ 자원획득을 통한 성장<br>　㉡ 환경적응<br>④ 수단: 조직의 유연성 · 신속성 유지 | ① 모형: 인간관계 모형<br>② 단계: 집단공동체 단계<br>③ 목적<br>　㉠ 인적자원발달<br>　㉡ 구성원의 만족<br>④ 수단: 응집력 및 사기 |

**정답 및 해설**

**126** 합리목표모형은 생산지향 문화를 추구함 → 혁신지향 문화는 개방체제 모형과 관련된 내용임

① 경쟁가치모형은 조직의 효과성을 판단하는 네 가지 모델을 제시하고 있음

② 경쟁가치모형은 경쟁관계에 있는 가치들, 즉 조직 혹은 인간, 통제 및 유연성 등에 따라 효과성 평가 모델을 구분함

④ 경쟁가치모형은 퀸과 로보그가 고안한 모델임

정답 ③

정답 ②

# 128 ★★

퀸과 로보그는 조직이 초점을 어디에 두는가와 조직구조의 성격에 따라 네 가지 효과성가치모형을 제시하였다. (ㄱ)~(ㄹ) 모형에 대한 설명으로 옳은 것은?

| 초점 \ 구조 | 안정성(통제) | 유연성(융통성) |
|---|---|---|
| 내부 | (ㄱ) | (ㄴ) |
| 외부 | (ㄷ) | (ㄹ) |

① (ㄱ) 모형은 조직의 생산성, 능률성, 수익성을 달성하는 것이 목표가치이며, 그 수단으로서 계획과 목표 설정이 강조된다.
② (ㄴ) 모형의 목표가치는 인적자원 개발이며, 그 수단으로서 조직구성원의 응집성, 사기 등이 강조된다.
③ (ㄷ) 모형의 목표가치는 성장과 자원 획득 등이며, 그 수단으로서 준비성과 외부평가 등이 강조된다.
④ (ㄹ) 모형은 조직의 균형을 확보하는 것이 목표가치이며, 그 수단으로서 정보관리와 의사소통 등이 강조된다.

# 129 ★★★

행정이념에 대한 설명으로 옳지 않은 것은?

① 사이먼(Simon)은 의식적인 사유과정을 통해 보다 나은 수단을 찾는 내용적 합리성을 중시하였다.
② 베버(Weber)는 형식적 합리성을 중시하면서 관료제를 형식적 합리성의 극치로 보았다.
③ 랜도우(Landau)에 의해 행정학에 도입된 가외성은 행정기능의 중복을 의미하며, 조직의 신뢰성과 안정성 증진을 목적으로 한다.
④ 디목(Dimock)은 사회적 능률성 개념을 제시하여 민주성과 능률성의 조화를 추구하였다.

**128** (ㄴ)은 인간관계 모형으로서 효과성 목표가치는 인적자원 개발이며, 그 수단으로서 조직구성원의 응집성, 사기 등을 강조함
① 조직의 생산성, 능률성, 수익성을 달성하는 것이 목표가치이며, 그 수단으로서 계획과 목표 설정이 강조되는 것은 합리목표모형임 → ㄷ에 해당함
③ 목표가치는 성장과 자원 획득 등이며, 그 수단으로서 준비성과 외부평가 등이 강조되는 것은 개방체제모형임 → ㄹ에 해당함
④ 조직의 균형을 확보하는 것이 목표가치이며, 그 수단으로서 정보관리와 의사소통 등이 강조되는 것은 내부과정모형임 → ㄱ에 해당함

정답 ②

**129** 사이먼(Simon)은 의식적인 사유과정을 통해 보다 나은 수단을 찾는 절차적 합리성을 중시하였음
② 베버(Weber)의 형식적 합리성은 합법성과 유사함 → 따라서 베버는 관료제를 형식적 합리성의 극치로 보았음
③ 랜도우(Landau)에 의해 행정학에 도입된 가외성은 잉여장치이므로 불확실성에 대한 조직안정성 및 신뢰성을 제고할 수 있음
④ 디목(Dimock)은 정치행정일원론에서 사회적 능률성 개념을 제시하여 민주성과 능률성의 조화를 추구하였음

정답 ①

## 130 ★★★

행정이념에 대한 설명으로 가장 옳지 않은 것은?

① 행정이념은 절대적인 것이 아니라 시대적 상황과 정치체제에 따라 변할 수 있다.
② 능률성은 투입 대비 산출의 비율을, 효과성은 목표의 달성도를 나타내는 개념이다.
③ 행정의 민주성은 대외적으로 국민 의사를 존중하고 수렴하며 대내적으로 행정조직을 민주적으로 운영한다는 두 가지 측면을 가지고 있다.
④ 수평적 형평성이란 동등하지 않은 것을 서로 다르게 취급하는 것, 수직적 형평성이란 동등한 것을 동등하게 취급하는 것을 의미한다.

## 131 ★★

헹정이념에 대한 설명으로 옳지 않은 것은?

① 기계적 효율성은 정치행정이원론 시대에 경영학의 과학적 관리론이 행정학에 도입되면서 중시되었다.
② 예산의 분배과정에 있어 선택과 집중을 하는 것은 행정의 형평성을 강조하는 것이다.
③ 사회적 효율성은 행정의 사회목적 실현과 다원적 이익들 간의 통합조정 및 구성원의 인간가치의 실현 등을 강조한다.
④ 발전행정론은 효과성을 강조한 행정이론이다.

## 132 ★★★

다음 중 공공행정에서 가외성에 대한 설명으로 가장 적절하지 않은 것은?

① 법원의 삼심제는 일종의 가외성 현상의 반영이라고 볼 수 있다.
② 가외성은 행정의 경제성과 능률성의 관점에서 충분한 근거를 찾을 수 있다.
③ 다양한 정책대안들이 요구되는 것도 가외성의 개념으로 설명할 수 있다.
④ 가외성은 행정 체제 운영의 안정성을 확보하고 신뢰성을 높여주는 기능을 한다.

### 정답 및 해설

131 예산의 분배과정에 있어 선택과 집중을 하는 것은 행정의 능률성을 강조하는 것임
① 기계적 효율성은 정치행정이원론 시대에 경영학의 과학적 관리론이 행정학에 도입되면서 중시되었음
③ 사회적 효율성은 행정의 사회목적 실현(합목적성)과 다원적 이익들 간의 통합조정 및 구성원의 인간가치의 실현(인간적 능률) 등을 강조함
④ 발전행정론은 행정우위론이며 효과성을 강조한 행정이론임

정답 ②

132 가외성은 잉여장치를 뜻하므로 능률성과 상충함
① 삼심제, 비행기 보조엔진, 직무대행 등은 가외성 장치에 해당함
③ 가외성은 중복적 기능을 의미하므로 특정 목표를 달성하기 위한 다양한 정책대안들이 요구되는 것도 가외성으로 볼 수 있음
④ 가외성은 여분을 의미하므로 가외성 장치를 통해 예측하지 못한 실패를 줄여 신뢰성과 안정성을 제고할 수 있음

정답 ②

### 정답 및 해설

130 수직적 형평성이란 동등하지 않은 것을 서로 다르게 취급하는 것, 수평적 형평성이란 동등한 것을 동등하게 취급하는 것을 의미함
① 행정이념은 시대적 상황과 정치체제에 따라 변할 수 있음 → 예를 들어, 정부실패 시기에는 능률성을 중시함
② 능률성은 투입 대비 산출의 비율(가성비)을, 효과성은 목표의 달성도를 나타내는 개념임
③ 행정의 민주성은 대외적으로 국민 의사를 존중하고 수렴하며(대외적 민주성) 대내적으로 행정조직을 민주적으로 운영(대내적 민주성)한다는 두 가지 측면을 가지고 있음

정답 ④

# 133 ★★★

가외성(redundancy)에 대한 설명으로 가장 옳지 않은 것은?

① 동등잠재성은 동일한 기능을 여러 기관이 독자적 상태에서 수행하는 것이다.
② 란다우는 권력분립, 계선과 참모, 양원제와 위원회제도를 가외성 현상이 반영된 제도로 본다.
③ 창조성 제고, 적응성 증진 등에 효용이 있다.
④ 한계로는 비용상의 문제와 조직 내 갈등 유발 등이 지적된다.

# 134 ★

행정이념에 관한 설명 중 적절하지 않은 것은?

① 민주화의 과정에서 발생하는 지나친 집단이기주의를 대응하기 위해 공익에 대한 과정설적인 입장을 반영하는 판례가 늘고 있는 특징이 있다.
② 미국의 경우 1960년대 신행정학이 등장하면서 사회적 형평성이 중요한 이념으로 제기되있다.
③ 체제 운영의 안정성과 신뢰성을 확보하려는 가외성은 능률성의 개념과 충돌될 우려가 있다.
④ 적합성(appropriateness)이 목표의 개념이라고 한다면 적정성(adequacy)은 수단의 개념에 해당한다.

## 정답 및 해설

**133** 가외성은 불확실성에 대비하기 위한 잉여장치이며, 그 유형에는 중첩, 중복, 동등잠재력이 있음 ; 이 중에서 동등잠재성은 어떤 기관 내에서 주된 조직 단위의 기능이 작동하지 않을 때 동일한 잠재력을 지닌 보조적인 단위기관이 그 기능을 수행하는 것을 의미함

> **참고**
> 동일한 기능을 여러 기관이 독자적 상태에서 수행하는 것은 중복 또는 반복(duplication)에 해당함

② 란다우는 권력분립을 위한 제도 즉, 계선과 참모, 양원제와 위원회제도 등을 가외성 현상이 반영된 제도로 간주함
③ 가외성은 불확실성을 어느 정도 극복할 수 있기 때문에 적응성을 증진할 수 있으며, 독립된 기관이 중복되는 일을 수행하는 과정에서 창의성을 제고할 수 있음
④ 가외성은 기능의 중복으로 인해 능률성을 감소시키며, 직내 갈등을 유발할 수 있음

## 정답 및 해설

**134** 과정설은 사회 내 개인의 견해를 조정한 결과가 공익이라는 관점이므로 집단이기주의가 발생할 수 있음
② 신행정학은 흑인폭동 시기에 등장했으므로 사회적 형평성을 강조함
③ 가외성은 잉여장치이므로 능률성과 상충함
④ 적합성은 정책목표가 사회신념을 반영하는가를 나타내며, 적정성은 정책목표가 사회문제해결에 기여하는 정도를 뜻함

정답 ①

정답 ①

# 행정의 구조 : 관료제

♀기본서 p.83 - 91

## 135 ★★★

베버(Weber)가 주장했던 이념형 관료제의 특징으로 옳은 것만을 〈보기〉에서 모두 고르면?

> ㄱ. 지도자 개인의 카리스마가 아니라 성문화된 법령이 조직 내 권위의 원천이 된다.
> ㄴ. 엄격한 계서제에 따라 상대방의 지위를 고려하여 법규를 적용한다.
> ㄷ. 관료는 업무 수행에 대한 대가로 정기적으로 일정한 보수를 받는다.
> ㄹ. 모든 직무수행과 의사전달은 구두가 아니라 문서로 이루어지는 것이 원칙이다.
> ㅁ. 권한은 사람이 아니라 직위에 부여되는 것이다.

① ㄱ, ㄴ
② ㄴ, ㅁ
③ ㄱ, ㄷ, ㄹ
④ ㄱ, ㄷ, ㄹ, ㅁ

## 136 ★★

다음 중 베버(Weber)가 제시한 이념형 관료제에 대한 설명으로 옳은 것은?

① 관료의 충원 및 승진은 정치적 충성도에 따라 이루어진다.
② 하급자는 상급자의 지시나 명령에 복종하는 계층제의 원리에 따라 조직이 운영된다.
③ 민원인의 만족 극대화를 위해 업무처리 시 관료와 민원인과의 긴밀한 감정교류가 중시된다.
④ 조직의 목표를 효율적으로 달성하기 위해서 순환근무를 강조한다.

---

**정답 및 해설**

**135** ㄴ만 틀리고 모두 올바른 선지임

☑ **올바른 선지**
ㄱ. 베버의 관료제는 개인의 카리스마가 아니라 합법적 권력을 그 원천으로 함
ㄷ. 규칙적으로 급료를 지불받는 직업관료제를 전제로 함
ㄹ. 권한과 책임한계를 분명히 하기 위해 문서주의 행정을 원칙으로 함
ㅁ. 권한은 사람이 아니라 직위에 부여됨. 따라서 직위를 점한 사람이 바뀌어도 그 직위에 부여된 권한은 변함이 없음

☑ **틀린 선지**
ㄴ. 상대방(민원인)의 지위나 신분, 여건 등을 무시하고 법규와 규정에 따라 업무를 객관적으로 처리하는 비개인성(impersonalism)을 특징으로 함

**정답** ④

---

**정답 및 해설**

**136** 관료제는 계층제로 운영되는바 상명하복을 중시함
① 관료의 충원 및 승진은 전문적인 자격과 능력을 기준으로 함
③ 베버의 관료제론은 임무수행의 비정의성, 즉 공정한 집행을 특징으로 함
④ 관료제는 조직의 목표를 효율적으로 달성하기 위해서 분업과 전문화를 중시함

**정답** ②

# 137 ★★★

정부조직의 가장 일반적인 특징은 관료제이다. 이러한 관료제에 대한 설명으로 옳지 않은 것은?

① 관료제를 구성하는 관료란 법규가 부여하는 공식 임무를 적법 절차에 따라 수행하는 공식 직위이다.
② 관료는 객관적·중립적 입장보다는 민원인의 입장에서 판단하고 결정한다.
③ 관료는 임무수행에 필요한 권한을 법률이 정하는 바에 따라 부여받고, 권한 범위 내에서만 권한을 행사한다.
④ 관료제에서 업무는 법규·규칙으로 정해진 공식적인 문서에 의해 운영된다.

# 138 ★★★

베버(M. Weber)가 주장한 이념형(ideal type)으로서의 근대 관료제에 대한 설명으로 옳지 않은 것은?

① 권한의 계층이 뚜렷하게 구획되는 계서제 속에 모든 직위들이 배치된다.
② 모든 직위의 권한과 관할범위는 법규에 의하여 규정되며 권한은 직위가 아니라 사람에 부여되는 것이다.
③ 직무수행은 구두가 아니라 문서에 의해 이루어진다.
④ 임무수행에 필요한 전문적 훈련을 받은 사람들이 관료로 채용된다.

# 139 ★★★

관료제 비판에 관한 설명으로 가장 적절하지 않은 것은?

① 베블런(Veblen)은 한 가지 기술만 훈련받고 법규를 준수하도록 길들여진 관료가 다른 업무에 대해서는 문외한이 되거나 다른 대안을 생각하지 못하는 것을 '훈련된 무능(trained incapacity)'이라 하였다.
② 피터의 원리(Peter Principle)는 폐쇄적으로 관리되는 계층제 조직의 구성원이 각자의 능력을 넘는 수준까지 승진하게 되어, 무능한 사람들로 채워지는 현상을 설명한다.
③ 굴드너(Gouldner)는 관료들이 정해진 규칙 내에서 최소한의 행태만 추구하며 안주하는 무사안일주의를 초래한다고 본다.
④ 머튼(Merton)은 업무의 분업구조로 인하여 하위조직의 특수이익을 우선시하는 부처할거주의에 대해 집중적으로 논의하였다.

## 정답 및 해설

**137** 관료는 민원인의 입장보다는 객관적·중립적 입장에서 판단하고 결정함
① 관료제를 구성하는 관료는 공식적인 직위를 보유하고 있음
③ 관료는 규칙 내에서 권한을 행사할 수 있음
④ 문서주의에 대한 내용임

정답 ②

**138** 관료제에서 모든 직위의 권한과 관할범위는 법규에 의하여 규정되며 권한은 사람이 아니라 직위에 부여됨
① 관료제는 피라미드 형태의 계서적 구조이며, 조직 내에는 다양한 직위들이 있음
③ 문서주의에 대한 내용임
④ 능력주의에 대한 내용임

정답 ②

**139** 선지는 셀즈닉의 부서할거주의에 대한 내용임 → 머튼은 관료에 대한 최고 관리자의 지나친 통제가 관료들의 경직성을 초래할 수 있음을 주장함
① 베블런(Veblen)은 조직의 한정된 부분 속에서 정해진 일만 반복한 결과 발생한 무능을 명명함
② 피터는 연공서열 승진체계의 문제점을 비판함
③ 굴드너는 공무원이 법으로 규정한 수준까지 일을 하려는 무사안일을 지적함

정답 ④

# 140 ★★★

**다음 중 관료제 병리현상에 대한 설명으로 가장 옳은 것은?**

① 동조과잉과 형식주의로 인해 '전문화로 인한 무능' 현상이 발생한다.
② 피터의 원리(Peter Principle)가 지적하듯이 무능력자가 승진하게 되는 경우가 생긴다.
③ 상관의 권위에 의존하면서 소극적으로 일을 처리하려는 할거주의가 나타난다.
④ 목표가 아닌 수단으로서의 규칙과 절차에 지나치게 집착하는 번문욕례(red tape)현상이 나타난다.

# 141 ★★★

**관료제의 특징과 병리 현상의 연결이 잘못된 것은?**

① 법규의 준수 – 동조과잉
② 비정의성 – 개별적 특수성 무시
③ 전문화 – 번문욕례
④ 계서제적 구조 – 무사안일

# 142 ★★★

**베버(M. Weber)가 제시한 관료제의 특징과 가장 관련이 없는 것은?**

① 관료 간의 관계는 계서제(hierarchy)적 원칙에 따라 규율되며, 하급자는 상급자의 엄격한 감독과 통제하에 임무를 수행한다.
② 모든 직위의 권한과 임무는 문서화된 규칙으로 규정된다.
③ 관료들은 고객과의 일체감을 중시하며, 구체적인 경우의 특별한 사정을 충분히 고려하여 임무를 수행한다.
④ 관료의 채용기준은 전문적·기술적 능력이며, 관료는 원칙적으로 상관이 임명한다.

## 정답 및 해설

**140** 피터의 원리는 연공서열 폐해로 인해 무능력자가 승진하는 현상을 설명하고 있음
① 훈련된 무능은 관료의 전문화과 지나친 분업화로 인해 발생함
③ 선지는 무사안일에 대한 내용임 → 할거주의는 부서이기주의를 뜻함
④ 선지는 동조과잉에 대한 내용임 → 번문욕례는 불필요한 문서처리가 늘어나는 현상을 의미함

**정답 ②**

**141** 전문화는 할거주의나 훈련된 무능을 야기하고, 문서주의는 번문욕례의 문제를 야기함
① 법규의 준수는 규칙에 대한 집착, 즉 동조과잉을 야기함
② 비정의성은 공정한 집행을 강조하는 과정에서 개별적 특수성을 무시할 수 있음
④ 계서제적 구조는 상명하복을 특징으로 하는 까닭에 무사안일을 초래할 수 있음

**정답 ③**

## 정답 및 해설

**142** 관료들은 고객과의 일체감이나, 특별한 사정을 충분히 고려하기보다 몰인격성을 바탕으로 행정을 집행함
① 관료 간의 관계는 계서제(hierarchy)적 원칙에 따라 규율되는바 상명하복이 적용됨
② 관료제 내 모든 직위의 권한과 임무는 합법적 권위, 즉 문서화된 규칙으로 규정됨
④ 관료의 채용기준은 전문적·기술적 능력이며, 관료는 임명권을 부여 받은 상관이 임명함

**정답 ③**

## 143 ★★★

관료제 조직의 폐단을 극복하기 위한 대안에 대한 설명으로 가장 적절하지 않은 것은?

① 업무의 명확한 구분에서 야기되는 문제점은 기계적 구조로 처방한다.
② 집권화의 문제점은 참여관리와 조직민주주의로 처방한다.
③ 공식화의 문제점은 테스크포스(taskforce) 구조로 처방한다.
④ 계층제 조직의 문제점을 극복하기 위해서는 위원회조직을 고려한다.

## 144 ★★★

다음 중 탈관료제의 특징으로 가장 적절하지 않은 것은?

① 비계서 구조
② 임무와 능력 중시
③ 분업화에 의한 문제해결
④ 상황적응성 강조

## 145 ★★★

다음 중 애드호크라시(Adhocracy)의 특징으로 거리가 먼 것은?

① 애드호크라시는 표준화된 작업으로 인해 조직구성원들 간의 책임한계가 분명하게 나타난다.
② 환경의 변화에 신속하게 대응할 수 있고 다양한 전문가들의 조정이 중시된다.
③ 구성원의 능력을 최대한 발휘할 수 있고 조직혁신의 촉진이 용이하다.
④ 의사결정의 속도를 빠르게 하고 유연성을 확보하기 위해서 의사결정 권한을 분권화한다.

### 정답 및 해설

**143** 업무의 명확한 구분에서 야기되는 문제점, 예를 들어 통합의 어려움 등은 유기적 구조로 처방해야 함
② 소수의 견해만 반영되는 집권화의 문제점은 참여관리와 조직민주주의로 처방할 수 있음
③ 공식화로 인한 경직성 등을 해결하기 위해 테스크포스(taskforce) 구조(유기적 구조)로 처방할 수 있음
④ 계층제 조직(집권적 조직)의 문제점을 극복하기 위해서 다수의 견해를 수용하는 위원회조직을 고려할 수 있음

정답 ①

**144** 분업화는 관료제의 특징에 해당함 → 탈관료제는 조정과 통합성을 강조함
① 비계서 구조 : 탈관료제는 관료제에 비해 수평적 관계를 지향함
② 임무와 능력 중시 : 탈관료제는 규칙보다 임무를 중시함
④ 상황적응성 강조 : 탈관료제는 유연한 구조이므로 환경변화에 잘 적응할 수 있음

정답 ③

### 정답 및 해설

**145** 애드호크라시의 구조적인 특징은 낮은 수준의 복잡성, 공식화, 집권화임 ; 따라서 애드호크라시는 표준화된 작업이 별로 없기에 구성원 간의 책임관계가 분명하지 않음
②③④
애드호크라시는 평등한 권한을 지닌 다양한 전문가의 조정이 가능하며, 이를 통해 환경의 변화에 대한 적응 및 조직혁신을 촉진할 수 있음

정답 ①

# 146 ★★

학습조직(Learning Organization)에 대한 설명으로 옳지 않은 것은?

① 유기적 조직의 한 유형으로 탈관료제의 속성을 가진다.
② 조직구성원의 충분한 학습 기회를 제공할 수 있는 훈련을 강조한다.
③ 효율성이 우선시되는 관료제와는 달리 문제의 해결이 필수적 가치이다.
④ 전체보다 부분이 중요하고 경계를 강화하는 조직문화가 필요하다.

# 147 ★

다음은 다양한 탈관료제 모형에 대한 설명이다. 옳지 않은 것끼리 잘 연결된 것은?

> ㉠ 화이트(White)의 변증법적 조직 − 정반합의 논리를 통해 끊임없이 창조 및 발전하는 조직
> ㉡ 커크하트(Kirkhart)의 연합적 이념형 − 구조의 잠정성
> ㉢ 맥커디(McCurdy)의 후기관료제 모형 − 고용관계의 안정성과 영속성
> ㉣ 골렘비스키(Golembiewski)의 견인이론 − 기능의 동질성에 따른 조직의 분화

① ㉠, ㉡  　　　　　　② ㉠, ㉢
③ ㉡, ㉣  　　　　　　④ ㉢, ㉣

---

**146** 진정한 학습조직이 되기 위해서는 강한 조직문화를 가져야 함 → 특히 부분보다 전체가 중요하고 부서 간 경계는 최소화하는 조직문화가 필요함

> 참고
>
> Senge는 학습조직을 ㉠ 조직 구성원들이 진정으로 원하는 결과를 창출할 능력을 지속적으로 신장할 것, ㉡ 새롭고 개방적인 사고방식이 육성될 것, ㉢ 공동의 갈망이 자유롭게 분출될 수 있게 할 것, ㉣ 조직 구성원들이 함께 배우는 방법으로 계속적으로 배울 것 등의 조건을 구비한 조직으로 정의하고 있으며, 개방체제와 자기실현적 인간관을 전제로 ㉠ 자기완성, ㉡ 사고의 틀, ㉢ 공동의 비전, ㉣ 집단적 학습, ㉤ 시스템 중심의 사고 등을 강조함

정답 ④

---

**147**

📝 올바른 선지

㉠ 화이트(White)의 변증법적 조직 − 정반합의 논리(SOP수정)를 통해 끊임없이 창조 및 발전하는 조직
㉡ 커크하트(Kirkhart)의 연합적 이념형 − 조직 간 자유로운 인력이동(고도의 분업화 수정) → 상황적응 강조

📝 틀린 선지

㉢ 맥커디의 후기관료제 모형은 관료제의 고용관계의 안정성과 영속성을 비판하고 직업상의 이동성이 중시되는 조직을 지향함
㉣ 골렘비스키의 견인이론은 관료제의 기능 동질성에 따른 조직의 분화를 비판하고 일의 흐름에 따른 조직의 분화를 지향함

정답 ④

최욱진 행정학

# 148 ★★

학습조직(learning organization)의 특성인 것만을 모두 고르면?

⊙ 공통된 비전의 강조
ⓒ 수평적이며 분권화된 조직구조
ⓒ 개인적 숙련의 강조
ⓔ 조직의 안정성 강조
ⓜ 팀 학습보다 개인 학습을 통한 개인 간 경쟁 촉진

① 2개  ② 3개
③ 4개  ④ 5개

# 149 ★

다음 중 위원회조직에 대한 설명으로 옳지 않은 것은?

① 자문위원회는 의사결정의 구속력이 없고, 의결위원회는 의사결정의 구속력과 집행력을 가진다.
② 토론과 타협을 통해 운영되기 때문에 상호 협력과 조정이 가능하다.
③ 위원 간 책임이 분산되기 때문에 무책임한 의사결정이 발생할 수 있다.
④ 다양한 정책전문가들의 지식을 활용할 수 있으며, 이해관계자들의 의견 개진이 비교적 용이하다.

# 150 ★

위원회의 유형과 우리나라 정부조직의 연결이 옳지 않은 것은?

① 자문위원회 – 공정거래위원회
② 조정위원회 – 경제관계장관회의
③ 행정위원회 – 방송통신위원회
④ 의결위원회 – 징계위원회

## 정답 및 해설

**148**
☑ 올바른 선지
⊙ 공통된 비전의 강조 : 학습조직은 변화의 지향점, 즉 비전을 모든 구성원들이 공유함
ⓒ 수평적이며 분권화된 조직구조 : 학습조직은 유기적 구조임
ⓒ 개인적 숙련의 강조 : 변화를 위해 필요한 지식을 학습해야 함
☑ 틀린 선지
ⓔ 학습조직은 조직의 안정성을 강조하는 것이 아니라 변화를 중시함
ⓜ 학습조직은 개인 학습을 통한 개인 간 경쟁보다는 팀 학습을 통한 협력을 중시함

정답 ②

## 정답 및 해설

**149** 의결위원회는 의결만 담당하는 위원회이므로 의사결정의 구속력은 지니지만 집행력은 가지지 않음
② 위원회는 합의제 기구임
③ 위원회는 관료제에 비해 위원 간 책임이 분산되기 때문에 무책임한 의사결정이 발생할 수 있음
④ 위원회 조직은 각 부서의 다양한 정책전문가들이 수평적 관계 속에서 상호 지식을 교류함

정답 ①

**150** 공정거래위원회는 행정위원회에 해당함
② 조정위원회 – 경제관계장관회의, 언론중재위원회, 환경분쟁조정위원회 등
③ 행정위원회 – 방송통신위원회, 금융위원회, 국민권익위원회, 공정거래위원회, 중앙선거관리위원회, 소청심사위원회 등
④ 의결위원회 – 징계위원회, 공직자윤리위원회 등

정답 ①

# 151 ★

행정조직에 관한 설명으로 옳은 것은?

① 위원회 조직은 결정권한의 최종 책임이 기관장 한 사람에게 집중되어 있는 조직이다.

② 방송통신위원회, 공정거래위원회와 같은 행정위원회는 결정권한을 갖고 있으며 집행까지 책임을 진다.

③ 책임운영기관은 중앙통제 중심의 관료제적 성격을 갖는 조직으로 실제 일을 맡아 집행하는 사람들에게 재량권을 부여하지 않는다.

④ 애드호크라시는 현대의 복잡하고 불확실한 환경에서 발생하는 문제에 신속하게 대응하지 못한다.

---

**정답 및 해설**

**151** 방송통신위원회, 공정거래위원회, 금융위원회와 같은 행정위원회는 결정권한을 갖고 있으며 집행까지 책임짐
① 위원회 조직은 분권적인 조직이므로 결정권한의 최종 책임이 기관장 한 사람에게 집중되어 있지 않음
③ 책임운영기관은 책임운영기관장에게 운영상의 자율성을 부여하되, 성과에 대한 책임을 지우는 조직임
④ 애드호크라시는 유기적인 구조이므로 현대의 복잡하고 불확실한 환경에서 발생하는 문제에 신속하게 대응할 수 있음

정답 ②

## 152 ★★★

시장실패에 따른 정부개입에 대한 설명으로 가장 적절하지 않은 것은?

① 외부효과 발생 시 정부는 규제와 보조금 등을 사용한다.
② 불완전경쟁에 대해서는 보조금 혹은 공적 공급으로 대응할 수 있다.
③ 순수공공재의 경우 정부가 직접 공급한다.
④ 정보의 불완전성을 해결하기 위해 정보 공개를 유도하거나 규제한다.

## 153 ★★★

시장실패를 야기하는 요인에 대한 정부의 대응방식으로 가장 적절한 것은?

① 공공재의 존재에 대한 정부 보조금
② 외부효과의 발생에 대한 직접적인 공적(公的) 공급
③ 자연독점에 대한 정부 규제
④ 정보의 비대칭성에 대한 직접적인 공적(公的) 공급

---

**정답 및 해설**

**152** 불완전 경쟁(과점)에 대해서는 정부규제로 대응할 수 있음
①③④

☑ 시장실패와 정부대응

| 원인/대응 | 공적 공급<br>(직접 공급) | 공적 유도<br>(보조금) | 공적 규제<br>(정부개입↑) |
|---|---|---|---|
| 공공재 공급 | ○ | | |
| 불완전한 정보 | | ○ | ○ |
| 외부경제 | | ○ | |
| 외부불경제 | | | ○ |
| 독점 | ○ | | ○ |
| 과점 | | | ○ |

정답 ②

**153** 자연독점에 대한 정부대응방식은 공적 공급 혹은 규제임
①②④

☑ 시장실패 원인과 정부대응방식

| 원인/대응 | 공적 공급<br>(직접 공급) | 공적 유도<br>(보조금) | 공적 규제<br>(정부개입↑) |
|---|---|---|---|
| 공공재 공급 | ○ | | |
| 불완전한 정보 | | ○ | ○ |
| 외부경제 | | ○ | |
| 외부불경제 | | | ○ |
| 독점 | ○ | | ○ |
| 과점 | | | ○ |

정답 ③

## 154 ★★★

시장실패의 원인에 대응하는 정부의 방식에 대한 설명으로 가장 옳지 않은 것은?

① 외부불경제에 대해서는 보조금으로 대응할 수 있다.
② 자연독점에 대해서는 공적 공급 혹은 정부규제로 대응할 수 있다.
③ 정보의 비대칭성에 대해서는 보조금 혹은 정부규제로 대응할 수 있다.
④ 불완전경쟁에 대해서는 정부규제로 대응할 수 있다.

## 155 ★★★

시장실패 및 정부실패의 원인과 대응방식의 연결이 옳지 않은 것은?

① 외부효과의 발생 – 공적 규제
② 권력의 편재 – 규제완화
③ 규모의 경제 – 정부보조 삭감
④ 사적목표의 설정 – 민영화

**정답 및 해설**

**154** 외부경제에 대해서는 정부가 보조금 지급과 같은 공적 유도 방식을 통해 장려하는 것이 바람직하며, 외부불경제에 대해서는 정부규제로 대응할 수 있음

☑ 시장실패와 정부의 대응방식

| 원인/대응 | 공적 공급 (직접 공급) | 공적 유도 (보조금) | 공적 규제 (정부개입↑) |
|---|---|---|---|
| 공공재 공급 | ○ | | |
| 불완전한 정보 | | ○ | ○ |
| 외부경제 | | ○ | |
| 외부불경제 | | | ○ |
| 독점 | ○ | | ○ |
| 과점 | | | ○ |

정답 ①

**정답 및 해설**

**155** 규모의 경제에 대한 대응은 공적 공급과 정부규제임

☑ 시장실패와 정부의 대응방식

| 구분 | 공적 공급 (조직) | 공적 유도 (보조금) | 공적 규제 (정부개입↑) |
|---|---|---|---|
| 공공재의 존재 | ○ | | |
| 외부효과의 발생 | | ○ | ○ |
| 자연독점 | ○ | | ○ |
| 불완전경쟁 | | | ○ |
| 정보의 비대칭성 | | ○ | ○ |

☑ 정부실패와 정부의 대응방식

| 구분 | 민영화 | 정부보조삭감 | 규제완화 |
|---|---|---|---|
| 사적 목표의 설정(내부성) | ○ | | |
| X-비효율·비용체증 | ○ | ○ | ○ |
| 파생적 외부효과 | | ○ | ○ |
| 권력의 편재 | ○ | | ○ |
| 비용과 편익의 절연 | ○ | | |

정답 ③

# 156 ★★★

정부실패에 대한 정부의 대응 방식의 연결이 올바른 것은?

① 사적 목표와 설정 – 민영화, 정부보조 삭감
② X-비효율성(비용체증) – 민영화, 정부보조삭감, 규제완화
③ 파생적 외부효과 – 민영화, 규제완화
④ 권력의 편재 – 정부보조 삭감, 규제완화

# 157 ★★★

정부실패의 요인에 대한 설명으로 옳지 않은 것은?

① 'X-비효율성'은 정부가 가진 권력을 통해 불평등한 분배가 이루어지는 현상이다.
② '지대추구'는 정부개입에 따라 발생하는 인위적 지대를 획득하기 위해 자원을 낭비하는 활동이다.
③ '파생적 외부효과'는 시장실패를 해결하기 위해 정부가 개입하지만 의도하지 않은 부작용을 초래하는 것이다.
④ '내부성(internalities)'은 공공조직이 공익적 목표보다는 관료 개인이나 소속기관의 이익을 우선적으로 고려하는 것이다.

## 정답 및 해설

**157** 정부실패 요인 중 'X-비효율성'은 정부의 독점적 성격으로 인해 경쟁자가 없고, 이러한 경쟁의 부재로 인해 발생하는 정부의 낭비현상임 → 정부가 가진 권력의 편중으로 인해 가치배분에 불평등한 분배가 이루어지는 정부실패 요인은 '권력의 편재' 요인임

> **참고**
>
> X-비효율성은 규정 등으로 설명할 수 없기 때문에 이러한 비효율성을 'X'(알 수 없다)로 명명됨

② Tullock의 지대추구론은 정부규제로 발생하는 피규제자의 독점적·반사적 이득을 지대(rent)로 규정하고, 피규제자들이 지대를 확보하기 위해 정부에 로비활동을 전개하는 현상을 지대추구활동이라 설명함 → 사회 전체적으로 볼 때 정부규제에 따른 규제 비용만 지불하는 것이 합리적이지만, 불필요한 지대추구비용(로비비용)이 추가로 발생하기 때문에 사회적 낭비와 손실이 발생함
③ 파생적 외부효과는 정부개입이 야기한 잠재적·비의도적 확산효과나 부작용을 의미하는 것으로, 지대추구 현상도 파생적 외부효과 중 하나임
④ 내부성(internalities)은 정부 내부의 공무원들이 국민과 사회가 요구하는 공익적 목표보다는 개인이나 소속기관의 사적 목표를 우선으로 추구하는 목표의 대치 현상임

## 정답 및 해설

**156**

☑ 정부실패에 대한 정부의 대응 방식

| 구분 | 민영화 | 보조금 삭감 | 규제완화 |
|---|---|---|---|
| X-비효율성 | ○ | ○ | ○ |
| 내부성 | ○ | | |
| 파생적 외부효과 | | ○ | ○ |
| 권력의 편재 | ○ | | ○ |
| 비용·편익의 괴리 | ○ | | |

정답 ②

정답 ①

# 158 ★

## 다음의 내용이 설명하는 개념은 무엇인가?

> 모든 활동기간들은 자신들의 행동에 대한 어떤 명백한 기준 설정을 요구한다. 이러한 기준 설정은 그 기관의 활동을 대외적으로 정당화하기 위한 필요성에서가 아니라, 그 기관의 일상적 관리와 관련된 실무적 필요성에서 이루어진다. 문제는 이것이 그 기관이 부여받은 책무 속에 규정된 공적(公敵) 목표보다는 그 기간 구성원의 개인적 또는 집단적 행위 이면에 있는 동기 부여를 제공한다는 데 있다.

① 내부성(Internality)
② 외부성(Externality)
③ 파생적 외부효과
④ 파킨슨의 법칙

# 159 ★★★

## 시장실패와 정부실패에 대한 설명으로 옳지 않은 것은?

① 시장은 배타성과 경쟁성을 모두 갖지 않는 재화를 충분히 공급하기 어렵다.
② 정부는 시장 활동이 초래하는 환경오염과 같은 부정적 외부효과를 막기 위해 규제 등의 수단을 가지고 시장에 개입한다.
③ 공유지의 비극은 개인의 합리적인 행동으로 인해 공동자원이 훼손되는 현상을 설명하는 용어이다.
④ 관료의 외부성은 관료가 부서의 확장에만 집착하는 것을 의미한다.

---

**정답 및 해설**

**158** 내부성이 존재하면서 사적 또는 조직 내의 비용이나 편익이 공적 의사결정자들의 계산을 지배하게 됨 → 그래서 시장실패이론에서 외부성이 중요한 것처럼, 공공관료제에서는 내부성이 정부실패의 핵심적인 개념이 됨
② 외부성(Externality) : 외부경제 혹은 외부불경제 → 시장실패 원인
③ 파생적 외부효과 : 정부정책으로 인해 예상하지 못한 현상이 발생하는 것
④ 파킨슨의 법칙 : 파생적 업무량과 심리적 요인으로 인해 공무원의 수가 증가하는 현상을 설명한 모형

정답 ①

---

**정답 및 해설**

**159** 관료의 내부성은 사익추구, 즉 관료가 부서의 확장에만 집착하는 것을 의미함
① 시장은 무임승차 문제로 인해 공공재를 공급하기 어려움
② 부정적 외부효과는 정부의 규제를 통해 해결할 수 있음
③ 공유지의 비극은 개인의 합리적 행동으로 인해 전체가 공멸하는 현상을 설명한 개념임

정답 ④

# 160 ★★★

다음 중 정부 실패의 원인으로만 묶인 것은?

> ㉠ 비용과 수익의 절연
> ㉡ 행정 관료의 도덕적 해이
> ㉢ 소득분배의 불평등성
> ㉣ 정부부문의 공공서비스 공급 독점

① ㉠, ㉡, ㉢

② ㉠, ㉡, ㉣

③ ㉠, ㉢, ㉣

④ ㉠, ㉡, ㉢, ㉣

# 161 ★★★

다음 중 정부실패 원인인 행정조직의 내부성과 관련된 것은 몇 개인가?

> ㄱ. 관료는 경쟁적 자기확대와 공공사업 편익의 과대포장, 핵심조직원의 소득과 영향력 극대화, 조직이기주의, 할거주의 등의 성향을 지니므로 자기조직의 예산을 필요 이상으로 확대하려는 경향이 있고, 이로 인해 불필요한 예산증가와 재정낭비를 초래한다.
> ㄴ. 시장실패를 시정하려는 정부개입이 정책결정자의 장기적 사고방식 없이 이루어질 경우 예기치 않은 비의도적 잠재적 효과나 부작용을 초래할 수 있다.
> ㄷ. 정부산출물에는 시장산출물에서 적용되는 손익계산서와 같은 업적평가를 위한 분기점이 없다. 따라서, 정부활동이 성공적이지 못할 때 그것을 종결시킬 수 있는 신뢰할 만한 종결 메커니즘도 존재할 수 없게 되어, 그 정책적 목적이 지났음에도 계속 그대로 유지되는 경우가 많다.
> ㄹ. 관료는 정부산출물의 질에 대한 평가가 곤란하므로 인해 '새롭고 복잡한 것'에 집착하는 경향이 있다. 정부기관들은 높은 기술수준의 유지를 자신들이 추구해야 할 목표로 설정하고, 필요 이상으로 복잡한 최신 첨단기술을 선호하게 된다. 원가의식이 결여되고, 첨단기술 확보를 위한 추가적 경비의 지불여부를 검토할 유인을 갖지 못해 실제로 활용되지 못하고 사장되는 첨단장비가 구입되는 사례가 많다.
> ㅁ. 소득분배의 불공평을 시정하기 위한 정부개입이 공공서비스 제공과정에서 권력과 특혜에 따른 분배적 불공평을 초래할 수 있다.

① 1개

② 2개

③ 3개

④ 4개

---

**160**

**☑ 틀린 선지**

㉢ 소득분배의 불평등성, 즉 소득의 양극화 현상은 일반적으로 시장실패의 원인에 해당함

**☑ 올바른 선지**

㉠ 비용과 수익의 절연 : 정부정책으로 인해 손해를 보는 자와 이익을 누리는 세력이 분리되는 현상 → 이는 정책대상자의 지대추구를 초래할 수 있음

㉡, ㉣

정부의 독점은 관료의 도덕적 해이, 즉 태만을 일으킬 수 있으며 이는 X비효율성을 야기함

**161** ㄱ, ㄹ이 행정조직의 내부성과 관련됨 → 해당 문제는 울프의 비시장실패론에 대한 내용이며, 울프가 언급한 정부의 내부성은 ① 최신 기술에 집착 ② 더 많은 예산의 확보 ③ 정보와 지식의 독점 등이 있음

**☑ 올바른 선지**

ㄱ. 더 많은 예산의 확보

ㄹ. 최신기술에의 집착

**☑ 틀린 선지**

ㄴ. 파생적 외부효과로 행정조직의 내부성과 무관

ㄷ. 최종선(종결메커니즘)의 결여로 행정조직의 내부성과 무관

ㅁ. 권력의 편재에 대한 내용임

## 162 ★★★

시장실패의 요인으로 옳은 것을 모두 고른 것은?

> ㉠ 불완전한 경쟁
> ㉡ 비용과 수입의 절연
> ㉢ 정보의 불충분성
> ㉣ 내부조직목표와 사회적 목표의 괴리
> ㉤ 파생적 외부효과
> ㉥ 외부효과

① ㉠, ㉢, ㉥
② ㉠, ㉣, ㉤
③ ㉠, ㉣, ㉥
④ ㉡, ㉢, ㉤

## 163 ★

환경오염과 관련된 외부효과에 대한 설명으로 가장 적절하지 않은 것은?

① 어떤 사람의 경제활동으로 인해 의도하지 않게 대가나 비용의 교환 없이 다른 주체에게 불이익을 주는 것을 외부불경제라 한다.
② 외부불경제의 경우 사회적으로 바람직한 수준 이상으로 과다하게 생산하는 문제를 야기한다.
③ 환경오염의 경우 외부불경제를 줄이기 위해 정부는 과세, 행정규제 등의 수단을 주로 활용한다.
④ 이해관계자 간의 자발적인 협상에 의해 문제를 해결할 수 있다고 보는 코오즈 정리는 거래비용이 크게 존재할 것을 전제로 한다.

**정답 및 해설**

**163** 이해관계자 간의 자발적인 협상에 의해 문제를 해결할 수 있다고 보는 코오즈 정리(Coase's Theorem)는 거래비용이 적게 존재할 것을 전제로 함 → 당사자 간의 거래비용이 적을 때 원활한 협상이 이루어질 수 있음
① 외부불경제는 의도치 않게 다른 사람에게 피해를 주는 현상임
② 외부불경제는 '나만 좋은 일'이므로 사회적으로 바람직한 수준 이상으로 과다하게 생산하는 문제를 야기함
③ 외부불경제를 줄이기 위해서는 공적인 규제가 필요함 → 과세, 행정규제 등

정답 ④

**정답 및 해설**

**162** 일반적인 시장실패 원인은 공공재 생산, 불완전한 정보, 외부효과, 독과점 등이 있음 → 파생적인 외부효과, 내부조직목표와 사회적인 목표의 괴리(내부성), 비용과 수입의 절연 등은 정부실패 원인에 해당함

정답 ①

# 164 ★★★

다음은 월슨의 규제정치 유형에 대한 설명이다. 각 유형별 사례를 옳게 짝지은 것은?

> ㉠ 정부규제로 인해 발생하게 될 비용은 상대적으로 적지만 이질적인 불특정 다수인에게 부담되고, 편익은 대단히 크지만 동질적인 소수인에게 귀속되는 상황
> ㉡ 정부규제에 대한 감지된 비용과 편익이 모두 이질적인 불특정다수에게 미치나, 개개인으로 보면 그 크기가 작은 상황
> ㉢ 규제로부터 예상되는 비용과 편익이 모두 소수의 동질적인 집단에 국한되고, 쌍방이 모두 조직적인 힘을 바탕으로 이익 확보를 위해 첨예하게 대립하는 상황
> ㉣ 피규제집단에게는 비용이 좁게 집중되지만, 일반 시민들에게는 편익이 넓게 분포되는 상황

| 구분 | ㉠ | ㉡ | ㉢ | ㉣ |
|---|---|---|---|---|
| ① | 환경오염 규제 | 수입규제 | 한·약 규제 | 음란물 규제 |
| ② | 수입규제 | 음란물 규제 | 한·약 규제 | 환경오염 규제 |
| ③ | 한·약 규제 | 환경오염 규제 | 수입규제 | 음란물 규제 |
| ④ | 수입규제 | 한·약 규제 | 음란물 규제 | 환경오염 규제 |

# 165 ★★★

월슨(J. Wilson)의 규제정치이론에 관한 설명으로 가장 적절하지 않은 것은?

① '고객정치' 상황에서는 불특정 다수의 논리가 투영될 가능성이 높다.
② 식품에 대한 위생규제, 산업안전규제, 환경오염규제는 '기업가적 정치' 상황에 해당한다.
③ 비용과 편익이 분산되는 경우보다 비용과 편익이 집중되는 경우에 정치활동이 활발해진다.
④ 규제의 편익과 비용이 모두 이질적인 불특정 다수에게 분산되는 것은 '대중적 정치' 상황에 해당한다.

**165** 규제로 인한 이익 혹은 손해가 불특정 다수에게 분산되는 경우에는 '집단행동의 딜레마'가 발생하는 까닭에 지대추구 현상이 발생하지 않음
② 식품에 대한 위생규제, 산업안전규제, 환경오염규제는 거시적 절연, 즉 '기업가적 정치' 상황에 해당함
③ 비용 혹은 편익이 소수에게 집중되면 담합 가능성이 커지므로 지대추구 현상이 발생할 수 있음
④

☑ **월슨의 규제정치모형**

| 구분 | | 편익 | |
|---|---|---|---|
| | | 집중 | 분산 |
| 비용 | 집중 | 이익집단정치 | 기업가정치 |
| | 분산 | 고객정치 | 대중정치 |

정답 ①

**164** ㉠은 고객정치 상황에 해당하는 것으로서, 농산물에 대한 최저가격규제, 수입규제, 각종의 직업면허, 각종의 사업인가 등과 같은 대부분의 경제적 규제가 이 범주에 포함됨
㉡은 대중적 정치 상황에 해당하는 것으로서, 독과점 및 불공정거래에 대한 규제, 신문·방송·출판물의 윤리규제, 사회적 차별에 대한 규제, 낙태에 대한 규제, 음란물규제 등이 이 범주에 포함됨
㉢은 이익집단정치 상황에 해당하는 것으로서, 의약분업 및 한약규제 등이 포함됨
㉣은 기업가적 정치 상황에 해당하는 것으로서, 환경오염규제, 자동차안전규제, 산업안전규제, 유해성물품규제 등과 같은 대부분의 사회적 규제가 이 범주에 속함

정답 ②

# 166 ★★★

J. Wilson의 규제정치이론에서 고객정치상황에 대한 설명으로 틀린 것은?

① 규제의 수혜자는 잘 조직되어 있어서 규제기관의 정책형성 및 집행에 강력한 영향력을 행사한다.

② 농산물에 대한 최저가격규제, 수입규제, 각종의 직업면허, 각종의 사업인가등과 같은 경제적 규제가 이 범주에 포함된다.

③ 규제기관이 공익보다는 피규제산업의 이익을 대변하고 이들의 이익에 봉사하는 존재로 전락하는 현상이 나타난다.

④ 정부규제가 도입되기 위해서는 특별한 계기(경제·사회적 위기, 재난, 정권의 변동)나 공익집단의 활동이 필요하다.

# 167 ★★★

윌슨의 규제정치 모형 중에서 보기의 내용과 가장 가까운 것을 고르시오.

> 의사단체가 정부의 의과대학 입학정원 확대에 반발하면서 '총파업' 등 집단행동에 돌입하기 위한 분위기를 달구고 있다. 그동안 의료계 집단행동의 파급력을키우는 역할을 했던 주요 상급종합병원 전공의들도 참여하겠다는 의사를 보이는 가운데, 필수의료 분야 공백해소를 위해 정부 역시 상황을 예의주시하고 있다.

① 이익집단 정치
② 대중정치
③ 고객정치
④ 기업가 정치

---

**정답 및 해설**

**166** ④는 기업가적 정치상황과 관련된 설명임 → 기업가 정치상황은 의제채택이 가장 어려운 편이기 때문에 극적인 사건·재난, 위기발생이나 공익집단·운동가 등의 활동에 의하여 규제가 채택되는 경우가 있음

① 고객정치상황에서 규제의 수혜자는 응집성이 높기 때문에 지대추구를 할 수 있음

② 일반적으로 고객정치는 경제규제, 기업가정치는 사회규제에 해당함

③ 선지는 포획현상을 설명하고 있음

정답 ④

**정답 및 해설**

**167** 보기의 내용에 가장 가까운 것은 비용부담이 특정 집단에게 집중되고, 편익은 국민에게 분산되는 기업가 정치임

☑ **윌슨의 규제정치 모형**

| 구분 | | 편익 | |
|---|---|---|---|
| | | 집중 | 분산 |
| 비용 | 집중 | 이익집단정치 | 기업가정치 |
| | 분산 | 고객정치 | 대중정치 |

정답 ④

# 168 ★★★

월슨(Wilson)은 규제정치를 아래 표와 같이 4가지 유형으로 구분했다. (ㄱ)~(ㄹ)에 들어갈 유형에 대한 설명으로 옳은 것은 모두 몇 개인가?

| 구분 | | 편익 | |
|---|---|---|---|
| | | 집중 | 분산 |
| 비용 | 집중 | ㄱ | ㄴ |
| | 분산 | ㄷ | ㄹ |

가. (ㄱ)은 쌍방이 막강한 정치조직적 힘을 바탕으로 첨예하게 대립되는 경우로 규제기관이 어느 한쪽에 장악될 가능성이 약하다.
나. (ㄱ)에 해당하는 사례로는 수입규제, 농산물 최저가격 규제가 해당된다.
다. (ㄴ)은 의제채택이 가장 어려우며 극적인 사건이나 재난, 위기발생이나 운동가의 활동에 의하여 규제가 채택된다.
라. (ㄴ)에 해당하는 사례로는 음란물규제, 낙태규제, 차별규제가 해당된다.
마. (ㄷ)은 조직화된 소수가 포획 등 강력한 로비활동으로 다수를 압도·이용하는 미시적 절연이 발생한다.

① 1개    ② 2개    ③ 3개    ④ 4개

# 169 ★

외부효과를 교정하기 위해 사용하는 방법에 대한 설명으로 옳지 않은 것은?

① 교정적 조세(피구세 : Pigouvian tax)는 부정적 외부효과를 유발하는 경우에 조세로써 비용을 부담하게 하는 것이다.
② 긍정적 외부효과를 유발하는 기업에 보조금을 지급하여 사회적으로 최적의 생산량을 유지하려 한다.
③ 코즈는 소유권을 명확하게 확립하는 것이 부정적 외부효과를 줄이는 방법이라고 주장했다.
④ 코즈의 정리에서는 부정적 외부효과의 해결을 위한 정부의 규제정책을 강조한다.

---

**정답 및 해설**

**168** 나와 라를 제외하고 모두 옳은 선지임

| 구분 | | 편익 | |
|---|---|---|---|
| | | 집중 | 분산 |
| 비용 | 집중 | 이익집단정치 | 기업가정치 |
| | 분산 | 고객정치 | 대중정치 |

**▣ 올바른 선지**
가. (ㄱ)은 이익집단 정치이며, 쌍방이 막강한 정치조직적 힘을 바탕으로 첨예하게 대립하는바 규제기관이 어느 한쪽에 장악될 가능성이 약함 → 따라서 정부포획이 발생하지 않음
다. (ㄴ)은 기업가 정치상황으로서 기업인의 저항으로 인해 의제채택이 가장 어려움 → 따라서 극적인 사건이나 재난, 위기발생이나 운동가의 활동에 의하여 규제가 채택됨
마. (ㄷ)은 고객정치 상황(미시적 절연)으로서 편익을 누리는 특정 집단의 로비로 인해 정부포획 현상이 발생함

**▣ 틀린 선지**
나. 수입규제, 농산물 최저가격 규제는 고객정치의 사례임
라. 음란물규제, 낙태규제, 차별규제는 대중정치 사례임

정답 ③

---

**정답 및 해설**

**169** 코즈의 정리에서는 부정적 외부효과의 해결을 위해 정부의 규제정책이 아니라 시장 내 당사자 간의 자발적인 협상을 강조함
① 피구세는 부정적 외부효과를 일으키는 주체에게 비용을 부담함으로서 외부화된 사회적 비용을 내부화하는 세금을 의미함
② 긍정적 외부효과는 '남 좋은 일'이므로 외부경제를 일으키는 기업에게 보조금을 지급해야 사회적으로 바람직한 생산량을 유지할 수 있음
③ 코즈는 소유권의 명확한 확립과 적은 거래비용 등이 갖추어질 경우 시장 내 주체들의 자발적 협상에 의해 외부효과를 교정할 수 있다고 주장함

정답 ④

## 170 ★

지식행정관리의 효과에 관한 설명으로 옳지 않은 것은?

① 지식공유를 통한 지식가치의 향상
② 조직의 업무능력 향상
③ 학습조직의 기반 구축
④ 조직 내 정보 및 지식의 분절화

## 171 ★

전자정부 구현사례에 대한 설명으로 옳지 않은 것은?

① 'G2B'의 대표적 사례는 '나라장터'이다.
② 'G2C'는 조달 관련 온라인 서비스를 통합적으로 제공하는 것이다.
③ UN이 제시한 전자정부의 단계는 전자정보화, 전자자문, 전자결정의 순서이다.
④ 'G2G'는 정부 내 업무처리의 전자화를 내용으로 하고 있으며 대표적 사례로는 '온-나라시스템'이 있다.

### 정답 및 해설

**170** 조직 내 정보 및 지식의 분절, 파편화는 기존 행정관리의 특징임 → 지식행정관리는 공유를 통한 지식가치의 향상 및 확대 재생산이 특징임
①②③

#### ☑ 지식행정관리

| 구분 | 기존 행정관리 | 지식 행정관리 |
|---|---|---|
| 조직 구성원 능력 | 조직구성원의 기량과 경험이 일회성으로 소모 | 개인의 전문적 자질 향상 |
| 지식공유 | 조직내 정보 및 지식의 분절, 파편화 | 공유를 통한 지식가치 향상 및 확대 재생산 |
| 지식소유 | 지식의 개인 사유화 | 지식의 조직 공동재산화 |
| 지식활용 | 정보·지식의 중복 활용 | 조직의 업무 능력 향상 |
| 조직성격 | 계층제적 조직 | 학습조직 기반 구축 |

정답 ④

**171** 조달관련 온라인 서비스(나라장터)는 G2B의 사례에 해당함
① 'G2B'의 대표적 사례는 조달청의 '나라장터'임
③ UN이 제시한 전자정부의 단계는 전자정보화(정보공개), 전자자문(상호소통), 전자결정(시민의 결정)의 순서임
④ 'G2G'는 정부 내 인트라넷을 뜻하며, 대표적 사례로는 '온-나라시스템'이 있음

정답 ②

## 172 ★

정보화와 전자정부에 관한 설명으로 가장 적절하지 않은 것은?

① 대정부 대국민 서비스 차원인 G2C(Government to Citizen)의 관계 변화를 통해 시민요구에 부응하는 질 높은 행정서비스를 제공하고 시민참여를 촉진할 수 있지만 공공서비스 수요에 대한 대응성이 낮아진다.
② 전자정부법은 2001년 김대중 정권에서 제정되었다.
③ 전자민주주의는 주권자로서 국민이 정보통신기술을 이용해서 정치과정에 직접 참여하는 것이라 할 수 있다.
④ 전자정부법은 행정업무의 전자적 처리를 위한 기본원칙, 절차 및 추진방법 등을 규정함으로써 전자정부를 효율적으로 구현하고, 행정의 생산성, 투명성 및 민주성을 높여 국민의 삶의 질을 향상시키는 것을 목적으로 한다.

### 정답 및 해설

**172** G2C는 정부가 국민을 상대로 전자상거래 내지는 소통을 하는 것으로 업무의 정확성과 효율성이 증대되고 거래비용을 감소시킴 → 대응성 또한 높아지므로 대응성이 낮아진다는 부분이 틀렸음
② 전자정부법은 2001년 김대중 정권에서 제정되었음
③ 전자민주주의에 대한 설명으로 옳은 설명임 → 정보화는 전자민주주의를 통하여 시민참여와 직접민주주의를 강화함
④ 전자정부법 목적 조항에 대한 내용임

정답 ①

# 173 ★

전자정부법에 규정된 전자정부의 원칙으로 행정기관 등이 전자정부의 구현·운영 및 발전을 추진할 때 우선적으로 고려해야 할 사항으로 옳은 것은 모두 몇 개인가?

- 대민서비스의 전자화 및 국민편익의 증진
- 행정업무의 혁신 및 생산성·효율성의 향상
- 정보시스템의 안전성·신뢰성의 확보
- 개인정보 및 사생활의 보호
- 행정정보의 공개 및 공동이용의 확대

① 2개　　② 3개
③ 4개　　④ 5개

# 174 ★

현행 「전자정부법」에 명시된 전자정부의 원칙이 아닌 것은?

① 대민서비스의 전자화 및 국민편익의 증진
② 행정업무의 혁신 및 생산성·효율성의 향상
③ 중복투자의 방지 및 상호운용성 증진
④ 전자정부의 국제협력

## 정답 및 해설

**173** 모두 옳음

**전자정부법 제4조【전자정부의 원칙】** ① 행정기관등은 전자정부의 구현·운영 및 발전을 추진할 때 다음 각 호의 사항을 우선적으로 고려하고 이에 필요한 대책을 마련하여야 한다.
1. 대민서비스의 전자화 및 국민편익의 증진
2. 행정업무의 혁신 및 생산성·효율성의 향상
3. 정보시스템의 안전성·신뢰성의 확보
4. 개인정보 및 사생활의 보호
5. 행정정보의 공개 및 공동이용의 확대
6. 중복투자의 방지 및 상호운용성 증진

정답 ④

## 정답 및 해설

**174** 아래의 조항 참고

**전자정부법 제4조【전자정부의 원칙】** ① 행정기관등은 전자정부의 구현·운영 및 발전을 추진할 때 다음 각 호의 사항을 우선적으로 고려하고 이에 필요한 대책을 마련하여야 한다.
1. 대민서비스의 전자화 및 국민편익의 증진
2. 행정업무의 혁신 및 생산성·효율성의 향상
3. 정보시스템의 안전성·신뢰성의 확보
4. 개인정보 및 사생활의 보호
5. 행정정보의 공개 및 공동이용의 확대
6. 중복투자의 방지 및 상호운용성 증진

정답 ④

# 175 ★

「전자정부법」상 전자정부 추진에 대한 설명으로 옳지 않은 것은?

① 「고등교육법」상 사립대학은 적용받지 않는다.
② 행정기관 등의 장은 해당기관의 전자정부의 구현·운영 및 발전을 위한 기본계획을 5년마다 수립하여야 한다.
③ 전자정부의 날이 지정되었다.
④ 필요한 경우 둘 이상의 지방 자치단체가 공동으로 지역정보통합센터를 설립·운영할 수 있다.

# 176 ★★★

다음은 우리나라 전자정부법에 대한 내용이다. 괄호 안에 들어갈 내용이 올바르게 나열된 것은?

> • 제5조 【전자정부기본계획의 수립】 ① (　　)은 전자정부의 구현·운영 및 발전을 위하여 (　　)년마다 행정기관 등의 기관별 계획을 종합하여 전자정부기본계획을 수립하여야 한다.
> • 제5조의3 【전자정부의 날】 ① 전자정부의 우수성과 편리함을 국민에게 알리고 국제적 위상을 제고하는 등 지속적으로 전자정부의 발전을 촉진하기 위하여 매년 6월 (　　)일을 전자정부의 날로 한다.
> • 제24조 【전자적 대민서비스 보안대책】 ① 행정안전부장관은 전자적 대민서비스와 관련된 보안대책을 (　　)과 사전 협의를 거쳐 마련하여야 한다.

① 중앙사무관장기관장 - 5년 - 24일 - 국가정보원장
② 중앙사무관장기관장 - 5년 - 23일 - 경찰청장
③ 행정안전부장관 - 3년 - 24일 - 국가정보원장
④ 기획재정부장관 - 3년 - 23일 - 대통령비서실장

---

### 정답 및 해설

**175** 전자정부법 적용 대상 기관에 사립대학도 포함됨

#### ☑ 전자정부법 적용대상 기관

> (1) 행정기관 : 국회·법원·헌법재판소·중앙선거관리위원회의 행정 사무를 처리하는 기관, 중앙행정기관 및 그 소속 기관, 지방자치단체 등
> (2) 공공기관 : 공공기관(「공공기관의 운영에 관한 법률」), 지방공사 및 지방공단, 특수법인, 각급 학교(「초·중등교육법」, 「고등교육법」 및 그 밖의 다른 법률에 따라 설치된 각급 학교) 등

② 중앙사무관장기관의 장(중앙행정기관과 지방자치단체는 행정안전부장관, 국회는 국회사무총장)은 전자정부의 구현·운영 및 발전을 위하여 5년마다 행정기관 등의 기관별 계획을 종합하여 전자정부기본계획을 수립하여야 함 → 그리고 행정기관 등의 장은 5년마다 해당 기관의 전자정부의 구현·운영 및 발전을 위한 기본계획(기관별 계획)을 수립하여 중앙사무관장기관의 장에게 제출하여야 함
③ 전자정부법은 전자정부의 발전을 촉진하기 위하여 매년 6월 24일을 전자정부의 날로 한다고 규정하고 있음
④ 지방자치단체는 정보자원을 효율적으로 관리하고 지역정보화를 통합적으로 추진하기 위하여 지역정보통합센터를 설립·운영할 수 있고, 필요한 경우 국가와 지방자치단체 또는 둘 이상의 지방자치단체가 공동으로 지역정보통합센테 설립·운영할 수 있음

정답 ①

### 정답 및 해설

**176** 아래의 조항 참고

**제5조 【전자정부기본계획의 수립】** ① 중앙사무관장기관의 장은 전자정부의 구현·운영 및 발전을 위하여 5년마다 행정기관등의 기관별 계획을 종합하여 전자정부기본계획을 수립하여야 한다.

**제5조의3 【전자정부의 날】** ① 전자정부의 우수성과 편리함을 국민에게 알리고 국제적 위상을 제고하는 등 지속적으로 전자정부의 발전을 촉진하기 위하여 매년 6월 24일을 전자정부의 날로 한다.

**제24조 【전자적 대민서비스 보안대책】** ① 행정안전부장관은 전자적 대민서비스와 관련된 보안대책을 국가정보원장과 사전 협의를 거쳐 마련하여야 한다.

정답 ①

# 177 ★

## 전자정부법상 내용으로 옳지 않은 것은?

① 정보자원이란 행정기관등이 보유하고 있는 행정정보, 전자적 수단에 의하여 행정정보의 수집·가공·검색을 하기 쉽게 구축한 정보시스템, 정보시스템의 구축에 적용되는 정보기술, 정보화예산 및 정보화인력 등을 말한다.

② 행정기관이란 국회·법원·헌법재판소·중앙선거관리위원회의 행정사무를 처리하는 기관, 중앙행정기관 및 그 소속 기관 등을 의미하고 지방자치단체는 제외된다.

③ 전자화문서란 종이문서와 그 밖에 전자적 형태로 작성되지 아니한 문서를 정보시스템이 처리할 수 있는 형태로 변환한 문서를 말한다.

④ 정보시스템이란 정보의 수집·가공·저장·검색·송신·수신 및 그 활용과 관련되는 기기와 소프트웨어의 조직화된 체계를 말한다.

# 178 ★

## 지식관리에 관한 설명으로 가장 적절하지 않은 것은?

① 조직구성원은 지식의 활용자로서 조직에 공유된 형식지식(explicit knowledge)을 자신의 암묵지식(tacit knowledge)으로 변환시킴으로써 업무의 생산성을 높일 수 있다.

② 지식관리는 계층제적 조직보다는 학습조직을 기반으로 한다.

③ 업무 매뉴얼, 정부 보고서 등은 대표적 암묵지식에 해당한다.

④ 지식관리를 통해 개인의 전문적 자질이 향상되는 효과를 기대할 수 있다.

---

**정답 및 해설**

**177** 지방자치단체도 포함됨

> **전자정부법 제2조 【정의】** 이 법에서 사용하는 용어의 뜻은 다음과 같다.
> 2. "행정기관"이란 국회·법원·헌법재판소·중앙선거관리위원회의 행정사무를 처리하는 기관, 중앙행정기관 및 그 소속 기관, 지방자치단체를 말한다.

①③④
**☑ 전자정부법 제2조에 명시된 기타 용어**

| | |
|---|---|
| 정보자원 | 행정기관등이 보유하고 있는 행정정보, 전자적 수단에 의하여 행정정보의 수집·가공·검색을 하기 쉽게 구축한 정보시스템, 정보시스템의 구축에 적용되는 정보기술, 정보화예산 및 정보화인력 등 |
| 정보시스템 | 정보의 수집·가공·저장·검색·송신·수신 및 그 활용과 관련되는 기기와 소프트웨어의 조직화된 체계 |
| 전자화문서 | 종이문서와 그 밖에 전자적 형태로 작성되지 아니한 문서를 정보시스템이 처리할 수 있는 형태로 변환한 문서 |

정답 ②

---

**정답 및 해설**

**178** 암묵지에는 노하우, 경험, 숙달된 기능, 조직문화 등이 있음 → 업무 매뉴얼, 정부 보고서 등은 암묵지가 아니라 형식지에 속함
① 지식관리시스템의 성공을 위해서는 형식지(객관화된 지식)를 암묵지(주관적 지식, 노하우, 숙련도 등)로 변환시켜 공유하여야 하므로 옳은 설명임
② 기존 행정관리는 계층제적 조직을 기반으로 하는 데에 반해, 지식행정관리에서는 학습조직 등 탈관료조직을 기반으로 하므로 옳은 설명임
④ 지식관리를 통해 구성원간 지식이 공유되면 개인의 전문적 자질이 향상되는 효과를 기대할 수 있음

정답 ③

# 179 ★★

다음 중 사회적 자본(social capital)에 대한 설명으로 가장 옳지 않은 것은?

① 사회적 자본은 경제적 자본에 비해 형성 과정이 불투명하고 불확실하다.
② 신뢰와 같은 사회적 자본은 사회구성원의 협력을 촉진시키며, 혁신적 조직의 발전을 가능하게 만들어준다.
③ 집단규범과 같은 사회적 자본은 동조성(conformity)을 요구하면서 개인의 행동이나 사적 선택을 적극적으로 촉진시킨다.
④ 사회적 자본은 집단 결속력으로 인해 다른 집단과의 관계에 있어서 부정적 효과를 나타낼 수도 있다.

# 180 ★★

다음 중 사회적 자본(social capital)에 대한 설명으로 옳지 않은 것은?

① 부르디외는 서로 알고 지내는 사이에 지속적으로 존재하는 관계의 네트워크를 통하여 얻을 수 있는 잠재적인 자원의 합계로 정의하였다.
② 사회자본은 공공재의 성격이 강하다.
③ 사회적 자본은 거래비용을 감소시키는 순기능이 있다.
④ 동조성(conformity)을 요구하면서 개인의 행동이나 사적선택을 적극적으로 촉진시킨다.

# 181 ★★

다음 중 사회적 자본에 대한 설명으로 가장 적절하지 않은 것은?

① 사회적 자본은 경제적 자본에 비하여 형성과정이 불투명하지만 보다 확실하다.
② 사회적 자본의 형성은 단기간에 이루어지기 힘들다.
③ 사회적 자본은 공동체주의적 지향성을 갖는다.
④ 사회적 자본은 측정이 용이하지 않다는 지적을 받는다.

**정답 및 해설**

**180** 사회적 자본은 사회적 규범 및 사회적 제재력을 가지고 있는 호혜적 규범이므로 구성원에게 동조성을 요구하는 과정에서 사적 선택이 제약받을 수 있음
① 선지는 부르디외가 정의한 사회자본의 내용임
② 사회자본은 구성원 간 공유하는바 공공재의 성격이 강함
③ 사회자본은 신뢰관계이므로 구성원 간 거래비용을 감소시킬 수 있음

정답 ④

**181** 사회적 자본, 즉 신뢰관계 등은 경제적 자본에 비하여 형성과정이 불투명하고 불확실함
② 사회자본은 신뢰를 의미하므로 단기간에 형성되지 않음
③ 사회적 자본은 거버넌스의 조건에 해당하는바 공동체주의적 지향성을 지님
④ 사회적 자본은 금전적 자본에 비해 측정이 용이하지 않다는 지적을 받음

정답 ①

**정답 및 해설**

**179** 사회적 자본은 집단적 규범을 바탕으로 구성원 간 동조성(conformity)을 요구함 → 따라서 개인의 행동이나 사적 선택을 제약함
① 신뢰, 규범, 네트워크와 같은 사회적 자본의 형성과정은 명확하게 설명하기 어려움
② 사회적 자본은 상호 신뢰, 규범, 네트워크를 통해 사회 구성원의 협력적 행태를 촉진함 → 이는 혁신적 조직의 발전을 가능케 함
④ 특정 집단의 내부적인 결속과 신뢰는 다른 집단에 대한 부정적인 인식을 초래하여 갈등과 분열 등을 야기할 수 있음

정답 ③

# 182 ★

## 오늘날 시민사회조직에 대한 설명으로 가장 적절하지 않은 것은?

① 비정부조직이 생산하는 공공재나 집합재의 생산비용을 정부가 지원하는 경우에는 정부와 대체적 관계를 형성한다.

② 정부와 비정부조직 간에 적대적 관계보다는 서로의 존재를 인정하는 동반자적 관계가 점차 확산되고 있다.

③ 비영리조직이 지닌 특징으로는 자발성, 비정부성, 이익의 비배분성 등이 있다.

④ 정부가 지지나 지원의 필요성을 위해 특정한 비정부조직 분야의 성장을 유도하여 형성된 의존적 관계는 개발도상국에서 많이 나타난다.

---

**정답 및 해설**

**182** 선지는 보완적 관계에 대한 내용임 → 대체재 관계는 국가가 다양한 정치적·기술적 한계로 인해, 시민에게 제공해야 할 공공재나 집합재의 공급역할을 비영리단체가 담당하는 경우를 의미함

② 최근에는 정부와 시민사회의 협력적 통치를 강조하므로 동반자적 관계가 확산되고 있음

③ 비정부성, 비영리성, 자율성, 이익의 비배분성은 비정부기구의 특징에 해당함

④ 의존적 관계의 예시: 시민단체가 보조금을 받아 특정 정당을 지지하거나 반대하는 목적으로 단체를 운영하는 경우 등

정답 ①

# 정부관 : 큰 정부와 작은 정부

♀ 기본서 p.110 - 114

PART 01 행정학 총론

## 183 ★★

다음 가운데 진보주의 정부관의 특징으로 볼 수 없는 항목은?

① 낙태 금지를 위해 정부권력을 사용하는 것을 반대한다.
② 좀 더 많은 정부지출과 규제를 선호한다.
③ 소외집단을 돕기 위한 정책을 선호한다.
④ 효율성과 공정성, 번영 및 진보에 대한 자유시장의 잠재력을 부인한다.

## 184 ★★

다음 중 큰 정부와 작은 정부에 대한 설명 중 옳지 않은 것은?

① 작은 정부를 실천하는 수단의 기초는 공공서비스의 생산과 공급책임을 통합하고 민간화와 민간위탁을 활성화하는 것이었다.
② 민주주의 국가에서 진보적 정치집단이 집권을 하면 복지정책의 확대, 정부지출 및 조세 증대, 그리고 공공부문의 확대 정책을 추진한다.
③ 정부가 적극적으로 사회경제 문제에 개입해야 한다는 주장들은 진보주의 관점에서 제기된다.
④ 방만한 정부 재정의 낭비와 비효율성 문제에 대한 사회적 비판과 신자유주의 정책 주장이 결합하면서 1980년대부터 작은 정부는 당연히 추구해야 할 정책지향이 되었다.

### 정답 및 해설

**183** 진보주의는 자유시장의 잠재력을 인정함 → 하지만 시장의 기능에 문제가 발생했을 경우에는 정부의 개입이 있어야 한다고 봄
① 보수주의는 청교도인이므로 낙태 금지를 위해 정부권력을 사용하는 것에 찬성함 → 진보주의는 그 반대임
②③
진보주의는 큰 정부를 지향함

정답 ④

### 정답 및 해설

**184** 작은 정부를 실천하는 수단의 기초는 공공서비스의 생산과 공급을 '분리'하고 민간화와 민간위탁을 활성화하는 것이었음
②③
진보주의는 큰 정부를 지향함
④ 선지는 신공공관리론의 등장배경에 대한 내용임

정답 ①

# 185

★★

정부의 역할에 대한 입장을 바르게 설명하는 것만 모두 고른 것은?

> ㄱ. 진보주의 정부관에 따르면 정부에 대한 불신이 강하고 정부실패를 우려한다.
> ㄴ. 공공선택론의 입장은 정부를 공공재의 생산자로 규정하고 대규모 관료제에 의한 행정의 효율성을 높이는 것이 중요하다고 본다.
> ㄷ. 보수주의 정부관은 자유방임적 자본주의를 옹호한다.
> ㄹ. 신공공서비스론 입장에 따르면 정부의 역할은 시민들로 하여금 공유된 가치를 창출하고 충족시킬 수 있도록 봉사하는 데 있다.
> ㅁ. 행정국가 시대에는 '최대의 봉사가 최선의 정부'로 받아들여졌다.

① 1개 ② 2개
③ 3개 ④ 4개

# 186

★★

진보주의 정부에서 선호하는 정책으로 가장 적절하지 않은 것은?

① 조세 감면 확대
② 정부규제 강화
③ 소득재분배 강조
④ 소수민족 기회 확보

# 187

★

다음 중 공공재의 공급 규모에 대한 설명으로 가장 적절하지 않은 것은?

① 니스카넨(Niskanen)의 예산극대화모형에 따르면 공공재는 과다 공급된다.
② 파킨슨(Parkinson)의 법칙이 적용되면 공공재는 과다 공급된다.
③ 보몰(Baumol)의 효과로 인하여 정부의 지출규모가 감소하여 공공재는 과소 공급된다.
④ 다운스(Downs)에 의하면, 국민의 합리적 무지 내지 무관심은 공공재의 과소 공급을 가져온다.

---

**정답 및 해설**

**186** 진보주의 정부는 정부의 규제와 활동을 증대하는 정부관에 해당함 → 따라서 진보주의 정부에서는 조세 감면이 이루어지는 게 아니라 더 많은 조세를 거두고(정부규제 강화) 이를 바탕으로 소득재분배와 같은 소수민족의 기회확대를 지향함

정답 ①

**187** 니스카넨, 파킨슨, 보몰은 모두 과다 공급설에 포함됨

☑ 다운스의 합리적 무지

> ㉠ 공공서비스는 정보수집 비용을 고려할 때 개인은 정보를 수집하지 않는 것이 오히려 합리적임 → 합리적 무지
> ㉡ 바쁜 일상생활 속에서 정부가 제공하는 공공서비스에 대해 면밀하게 살펴보지 않는 게 일반적인 일이라는 것
> ㉢ 따라서 국민은 공공서비스의 공급의 편익과 비용에 대해 정확하게 인지하지 못하게 되고, 이는 공공서비스(조세) 확대에 저항하는 현상을 발생시킴

정답 ③

---

**정답 및 해설**

**185**

☑ 올바른 선지
ㄷ. 보수주의 정부관은 자유방임적 자본주의를 선호하는 작은 정부를 지지함
ㄹ. 신공공서비스론에서 정부의 역할은 봉사임
ㅁ. 행정국가는 큰 정부의 시대임 → 따라서 존슨 행정부는 '최대의 봉사를 최선의 정부'로 인식함

☑ 틀린 선지
ㄱ. 선지는 보수주의 정부관에 대한 내용임 → 진보주의 정부관은 큰 정부를 옹호하는바 정부에 대해 신뢰함
ㄴ. 공공선택론은 분권적 의사결정구조를 선호하므로 대규모 관료제를 비판하는 입장임

정답 ③

# 188 ★

## 다음 중 연결된 서명으로 옳지 않은 것은?

① 집단사고(group think) : 의사결정의 민주성과 타당성 훼손

② Galbraith의 의존효과(dependence effect) : 공공재 과다공급으로 인한 정부실패 강조

③ 대리정부(government by proxy) : 공공서비스 제공의 책임과 공공성 훼손

④ 피터의 원리 (the Peter Principle) : 무능력자 승진이 조직 효율성 훼손

---

**정답 및 해설**

---

**188** Galbraith의 의존효과(dependence effect)는 공공재의 과소공급으로 인한 정부실패와 관련됨

✚ 의존효과 : 공공재는 사적재에 비해 광고나 선전이 이루어지지 않아 국민의 소비 욕구를 자극하지 못함 → 이에 따라 공공서비스에 대한 투자를 소홀히 하는바 정부가 축소됨

① 집단사고 : 폐쇄적인 집단의 오판현상

③ 대리정부 : 대리정부는 대리인을 통해 공공서비스를 제공하는 것인데, 이로 인해 공공서비스 제공의 책임과 공공성이 훼손될 수 있음

④ 피터의 원리 : 능력과는 무관하게 연공서열(오래 근무한자 우선)로 승진시키는 관료제의 전통적인 병리현상 중 하나임

**정답** ②

최욱진 행정학
단원별 예상문제집

PART

# 02

# 정책학

# 정책학의 기초

📍기본서 p.118 - 132

## 01 ★★★

**정책유형의 분류에 대한 설명으로 옳은 것을 모두 고르면?**

ㄱ. 분배정책에서는 이해당사자들 상호 간 이익이 되는 방향으로 협력하는 로그롤링(log rolling) 현상이 나타난다.
ㄴ. 재분배정책의 비용부담자는 자신의 비용부담에 무관심한 반면, 수혜집단만 배분을 요구하기 때문에 갈등보다는 상호불간섭의 형태로 종결된다.
ㄷ. 구성정책은 조세, 병역, 물자수용, 노력동원 등과 관련된 정책이다.
ㄹ. 규제정책은 정책결정시에 정책으로부터 혜택을 보는 자와 피해를 보는 자를 선택한다.
ㅁ. Ripley & Franklin의 분배정책, 보호적 규제정책, 경쟁적 규제정책, 재분배정책의 순서로 반발이 심하다고 하였다.

① 2개      ② 3개
③ 4개      ④ 없음

## 02 ★★★

**로위(Lowi)의 정채유형에 관한 설명으로 가장 적절한 것은?**

① 분배정책은 정책목표에 의해 국민에게 인적·물적 자원을 부담시키는 정책이다.
② 규제정책은 이해당사자 간 제로섬 게임이 벌어지고 참여자들 간에 갈등이 발생할 가능성이 높다.
③ 재분배정책에서는 로그롤링(log rolling)이나 포크배럴(pork barrel)과 같은 정치적 현상이 나타난다.
④ 구성정책은 고소득층으로부터 저소득층으로의 소득 이전을 목적으로 한다.

---

### 정답 및 해설

**01**
☑ **올바른 선지**
ㄱ. 분배정책은 편익을 제공하는 정책이므로 편익을 누리기 위해 노력하는 현상, 즉 로그롤링이 발생함
ㄹ. 선지의 대표적인 예로 환경오염규제가 있음

☑ **틀린 선지**
ㄴ. 선지는 분배정책에 대한 내용임 → 재분배정책은 계급대립적인 성격으로 인해 사회 내 갈등이 발생함
ㄷ. 조세, 병역, 물자수용, 노력동원 등은 추출정책임
ㅁ. 리플리와 프랭클린은 분배정책, 경쟁적 규제정책, 보호적 규제정책, 재분배정책 순서로 정책집행에 대한 논쟁의 정도가 높아진다고 주장함

정답 ①

### 정답 및 해설

**02** 규제정책은 특정인의 자유를 제한하는 정책임 → 아울러 환경오염규제의 경우 비용부담자와 수혜자 간 제로섬 게임이 발생하며, 규제자와 피규제자 간 갈등이 나타남
① 추출정책에 대한 내용임
③ 분배정책에 대한 내용임
④ 재분배정책에 대한 내용임 → 구성정책은 정부의 공식적 제도를 수정하거나 신설하는 정책임

정답 ②

## 03 ★★★

**정책유형에 대한 설명으로 옳은 것은?**

① 알몬드(Almond)와 파웰(Powell)은 정책을 구성정책, 추출정책, 재분배정책, 규제정책으로 유형화했다.

② 로위(Lowi)는 정책유형에 따라 정책을 둘러싼 이해당 사자들 사이의 상호작용 양식이 달라진다고 주장한다.

③ 초기 로위(Lowi)의 정책유형론은 정책유형 간의 높은 상호배타성을 특징으로 한다.

④ 로위(Lowi)에 따르면 규제정책에서는 포크배럴(pork-barrel)이나 로그롤링(log-rolling) 현상이 빈번하게 발생한다.

## 04 ★★

**분배정책과 재분배정책에 대한 설명으로 옳지 않은 것은?**

① 분배정책은 특정 지역 등에 편익을 제공하는 정책이 며, 재분배정책은 부의 이전을 도모하는 정책이다.

② 분배정책은 정책순응도가 높은 반면에 재분배정책은 정책순응도가 낮다.

③ 분배정책은 불특정 다수가 비용부담자라면 재분배정 책은 고소득층이 비용부담자이다.

④ 분배정책은 대통령이 주요 행위자라면 재분배정책은 하위정부가 주요 행위자이다.

### 정답 및 해설

**03** 로위(Lowi)는 정책유형론(정책이 현상을 결정함)을 주장한 학자이 므로 정책유형에 따라 정책을 둘러싼 이해당사자들 사이의 상호작용 양식이 달라진다고 주장함

① 알몬드(Almond)와 파웰(Powell)은 정책을 상징정책, 추출정책, 분 배정책, 규제정책으로 유형화했음

③ 초기 로위(Lowi)의 정책유형론은 정책유형 간의 상호배타성이 낮아 각 유형에 중복적으로 속할 수 있는 정책사례가 있다는 비판을 받음

④ 포크배럴(pork-barrel)이나 로그롤링(log-rolling) 현상은 분배정 책에서 빈번하게 발생함

정답 ②

**04** 분배정책은 상임위원회 위원, 부처 관료, 이익집단 등 하위정부 수 준에서 결정됨 → 이에 반해 재분배정책은 일반적으로 지도자의 국정 철학이 많은 영향을 미치는 까닭에 재분배정책의 주요 행위자는 대통 령임

정답 ④

## 05 ★★★

**로위(Lowi)는 강제력의 행사방법과 강제력의 적용영역 에 따라 정책을 유형화하였다. 이에 대한 설명으로 옳은 것은?**

| 강제력의 행사방법 \ 강제력의 적용영역 | 개별적 행위 | 행위의 환경 |
|---|---|---|
| 간접적 | ㉠ | ㉡ |
| 직접적 | ㉢ | ㉣ |

① ㉠ − 다원주의적 정치관계가 나타나며, 법률로 정하 는 것이 원칙인 정책이다.

② ㉡ − 헌정수행에 필요한 게임의 규칙(rules of game) 을 설정해주는 정책이다.

③ ㉢ − 포크배럴과 로그롤링이 발생하는 정책유형이다.

④ ㉣ − 제로섬 게임이 펼쳐지며, 다원주의적 결정이 나 타난다.

### 정답 및 해설

**05** ㉠은 배분정책, ㉡은 구성정책, ㉢은 규제정책, ㉣은 재분배정책 임 → 구성정책은 헌법에 정해진 기능 수행에 필요한 정책으로 정부 내 이해관계자들에 의해 게임의 규칙이 설정됨

① 선지는 규제정책에 대한 내용임

③ 선지는 분배정책에 대한 내용임

④ 재분배정책은 제로섬 게임과 엘리트론으로 설명됨

정답 ②

## 06 ★★★

로위(T. Lowi)의 정책분류에 대한 설명으로 가장 적절하지 않은 것은?

① 미국식 다원론자들의 주장과 엘리트주의자들의 주장을 통합하려는 의도에서 정책을 분류하였다.
② "정치가 정책을 결정한다(politics determines policies)"라고 하였다.
③ 1972년 논문에서 강제력의 행사방법(직접 또는 간접)과 적용대상(개별적 행위 또는 행위의 환경)이라는 두 가지 분류기준을 제시하였다.
④ 1964년 논문에서 배분정책, 규제정책, 재분배정책의 세 가지 범주로 구분하였으나, 1972년에 구성정책을 추가하였다.

## 07 ★★★

리플리와 프랭클린의 경쟁적 규제정책에 대한 설명으로 옳지 않은 것은?

① 국가가 소유한 희소한 자원에 대해 다수의 경쟁자 중에서 지정된 소수에게만 서비스나 재화를 공급하도록 규제한다.
② 선정된 승리자에게 공급권을 부여하는 대신에 이들에게 규제적인 조치를 하여 공익을 도모할 수 있다.
③ 경쟁적 규제정책의 예로는 주파수 할당, 항공노선 허가 등이 있다.
④ 정책집행 단계에서 규제받는 자들은 규제기관에 강하게 반발하거나 저항하기도 한다.

### 정답 및 해설

**06** 로위는 정책유형론의 관점에서 "정책이 정치를 결정한다"고 주장함
① 로위는 미국식 다원론자들의 주장과 엘리트주의자들의 주장을 통합하려는 의도에서 정책을 분류하였음 → 로위에 따르면 재분배정책은 엘리트주의, 규제정책은 다원주의 관점에서 설명할 수 있음
③ 1972년 논문에서 강제력의 행사방법(직접 또는 간접)과 적용대상(개별적 행위 또는 행위의 환경)이라는 두 가지 분류기준을 제시함

#### 로위의 정책유형

| 구분 | | 강제력 적용영역 | |
|---|---|---|---|
| | | 개별적 행위 | 행위의 환경 : 사회 |
| 강제력 행사 방법 | 간접 | • 분배정책<br>• 예 : 보조금 | • 구성정책<br>• 예 : 선거구 조정, 기관신설 |
| | 직접 | • 규제정책<br>• 예 : 불공정 경제, 사기광고 배제 등 | • 재분재정책<br>• 예 : 누진세, 사회보장, 연방은행의 신용통제 |

④ 로위는 1964년 논문에서 배분정책, 규제정책, 재분배정책의 세 가지 범주로 구분하였으나, 1972년에 정부기관의 신설 및 변경 등을 나타내는 구성정책을 추가하였음

정답 ②

### 정답 및 해설

**07** 보호적 규제 정책 또는 재분배정책 대한 설명임 → 경쟁적 규제정책은 분배적 성격을 포함하고 있기 때문에, 규제 대상자들의 반발 정도가 보통이지만, 보호적 규제 정책 또는 재분배정책의 경우 다수의 대중 보호 또는 부의 이전을 위해 소수의 기업가나 부유층에게 비용을 전가하기 때문에 규제기관에 대한 반발과 갈등의 정도가 높음
① 경쟁적 규제정책은 배분정책의 성격과 규제정책의 성격을 동시에 가지고 있는 양면적 정책임 → 정부가 대상자를 선정하고, 그 선정자에게 배타적인 공급 권한을 부여하는 배분정책적 성격을 다루고 있으므로 옳은 설명임
② 경쟁적 규제정책에서 정부는 선정된 대상자에게 배타적 사업권을 부여함과 동시에 추가적으로 사업이 공익 목적에 맞게 이루어지도록 감시·통제(규제정책)를 할 수 있음
③ 경쟁적 규제정책의 대표적인 예로 TV 또는 라디오의 방송권, 주파수 할당, 항공노선 허가 등이 있음

정답 ④

# 08 ★

정부규제(행정규제)에 대한 설명으로 옳은 것만을 모두 고르면?

> ㄱ. 정부규제는 파생적 외부효과를 해결한다는 장점이 있다.
> ㄴ. 경제적 규제에서는 피규제산업에 의한 규제기관의 포획현상이 나타날 수 있다.
> ㄷ. 리플리와 프랭클린은 규제정책의 유형을 경쟁적 규제와 보호적 규제로 구분하였다.
> ㄹ. 시장유인 규제는 직접적 규제효과를 담보할 수 있다는 장점이 있으나 기업에 불필요한 비용부담을 주는 단점이 있다.

① ㄱ, ㄴ  ② ㄴ, ㄷ
③ ㄴ, ㄹ  ④ ㄷ, ㄹ

# 09 ★★★

정책유형에 관한 설명으로 옳은 것은?

① 리플리와 프랭클린의 경쟁적 규제정책은 배분정책과 규제정책의 성격을 동시에 지니고 있다.
② 리플리와 프랭클린의 보호적 규제정책은 소수를 보호하기 위해 다수를 규제하는 정책이다.
③ 로위가 주장하는 배분정책의 가장 큰 특징은 계급 대립의 성격을 지닌다는 것이다.
④ 로위의 재분배정책은 수혜자와 비용 부담자 간의 갈등이 없다는 점이 특징이다.

**정답 및 해설**

**08** ㄴ, ㄷ만 올바른 선지임

**✍ 올바른 선지**
ㄴ. 경제적 규제는 특정 기업을 규제하므로 피규제산업에 의한 포획현상이 나타날 수 있음
ㄷ. 리플리와 프랭클린은 규제정책의 유형을 경쟁입찰, 즉 경쟁적 규제와 일반대중을 보호하는 보호적 규제로 구분하였음

**✍ 틀린 선지**
ㄱ. 파생적 외부효과를 해결하기 위해서는 정부규제를 완화해야 함
ㄹ. 명령지시적 규제에 대한 내용임 → 시장유인적 규제는 간접적 효과를 담보할 수 있으며, 명령지시적 규제에 비해 피규제자에게 불필요한 비용부담을 주지 않음

정답 ②

**정답 및 해설**

**09** 경쟁적 규제정책은 서비스를 공급할 수 있는 경쟁력 있는 주체에게 서비스 공급권을 부여하고 이들을 규제하는바 배분정책과 규제정책의 성격을 모두 지니고 있음
② 리플리와 프랭클린의 보호적 규제정책은 다수를 보호하기 위해 소수를 규제하는 정책임
③ 로위가 주장하는 재분배정책은 계급 대립의 성격을 지님
④ 로위의 분배정책은 수혜자와 비용 부담자 간의 갈등이 없다는 점이 특징임 → 재분배정책은 계급대립적인 성향을 지니는 까닭에 부자와 빈자 간에 많은 갈등이 발생함

정답 ①

## 10 ★★

**다음 중 정부규제에 대한 설명으로 가장 적절하지 않은 것은?**

① 경쟁적 규제란 재화나 용역을 제공할 수 있는 권리를 수많은 잠재적 또는 실재적 경쟁자들 중에서 선택·지정된 소수의 전달자에게만 제한시키는 규제를 말한다.

② 보호적 규제란 최대 노동시간의 제한, 최저임금제와 등과 같이 일반 국민을 보호하기 위하여 기업이나 개인의 행위를 제한하는 규제를 말한다.

③ 보호적 규제는 재분배 정책, 경쟁적 규제는 분배정책과 규제정책의 성격을 지닌다.

④ 포지티브(positive) 규제란 어떤 행위를 원칙적으로 허용하되, 금지되는 행위만 예외적으로 규정하는 방식을 말한다.

## 11 ★

**정부규제에 대한 설명으로 가장 적절하지 않은 것은?**

① 규제는 정부가 공권력을 이용하여 개인이나 기업의 활동을 정부가 원하는 바람직한 상태로 유도하기 위한 정책수단이다.

② 규제는 개인이나 기업의 자유로운 활동을 금지하거나 제한하고 이를 위반한 경우에 불이익이 가해지기 때문에 엄격한 법적 근거가 요구된다.

③ 경제규제는 기업의 본원적 활동을 제한하는 것은 아니고 정부와의 관계에 관한 규제이다.

④ 사회적 규제는 소비자, 환경, 노동자 등을 보호할 목적으로 안전, 위생, 오염, 고용 등에 관한 규제가 주를 이룬다.

---

**정답 및 해설**

**10** 포지티브 규제는 원칙 금지, 예외 허용의 형태를 띠는 방식임

① 경쟁적 규제란 경쟁입찰과 유사한 제도이며, TV·라디오 방송권 부여 등이 있음

② 보호적 규제는 환경오염규제 등 국민을 보호하기 위해 특정 소수를 규제함

③ 보호적 규제는 약자를 보호하는 측면에서 재분배 정책, 경쟁적 규제는 서비스공급권 부여 후 규제한다는 면에서 분배정책과 규제정책의 성격을 지님

정답 ④

**정답 및 해설**

**11** 경제규제는 기업의 본래 활동(진입, 퇴거 등)에 대한 규제를 의미함

①② 규제는 법에 근거해서 특정인의 자유를 제한하는 성격을 지님

④ 사회규제는 일반국민을 보호하기 위해 불특정 다수를 규제하는 방식임

정답 ③

# 12 ★

규제의 유형에 대한 설명이다. 옳은 것을 모두 고르면?

> ㄱ. 성과규제는 투입규제라고도 하며, 정부의 규제 정도의 피규제자의 순응 정도를 파악하는 데 용이하다.
> ㄴ. 수단규제는 정부의 목표를 달성하기 위해 필요한 기술이나 행위에 대해 사전적으로 규제하는 것이다.
> ㄷ. 대기오염을 방지하기 위해 공기 중 이산화탄소 농도를 일정 수준으로 유지하라는 것은 관리규제의 예이다.
> ㄹ. 관리규제는 피규제자에게 많은 자율성을 준다는 점에서 수단규제보다는 나은 수단이다.

① ㄱ, ㄴ, ㄷ  
② ㄴ, ㄷ, ㄹ  
③ ㄴ, ㄹ  
④ ㄱ, ㄹ

# 13 ★★

정부규제에 관한 설명으로 가장 적절하지 않은 것은?

① 규제피라미드는 피규제자의 규제 불응에 대해 정부가 새로운 규제를 도입해 피규제자의 규제 부담이 증가하는 현상을 말한다.
② 포지티브(positive)규제가 네거티브(negative)규제보다 피규제자에 더 많은 자율성을 보장해준다.
③ 사회적 규제는 개인 및 기업의 사회적 행동에 대한 규제로서, 사회적 규제의 역사는 경제적 규제의 역사보다 짧다.
④ 규제의 역설이란 규제가 의도하지 않은 부작용을 초래하여 규제가 가진 본래 목적과 상반된 결과를 초래하는 현상을 말한다.

---

**정답 및 해설**

**12**

☑ 올바른 선지
ㄴ. 수단규제: 사전적으로 투입물에 대해 규제하므로 규제대상의 자율성을 가장 많이 제한함 → 따라서 명령지시적 규제처럼 피규제자에게 불필요한 부담이나 비용이 발생
ㄹ. 관리규제: 수단과 성과가 아닌 과정을 통제하는 규제

☑ 틀린 선지
ㄱ. 수단규제의 내용임 → 성과규제는 정부가 특정한 사회문제 해결에 대한 목표 달성 수준을 정하고 피규제자에게 이를 달성할 것을 요구하는 것임
ㄷ. 성과규제의 예임

정답 ③

**정답 및 해설**

**13** 네거티브규제는 원칙적으로 허용, 예외적으로 금지하는 방식이고, 포지티브규제는 원칙적으로 금지, 예외적으로 허용하는 규제방식이므로 네거티브규제가 규제대상자에게 더 많은 자율성을 보장함
① 규제피라미드란 규제가 또 다른 규제를 낳은 결과 피규제자의 비용이 점점 늘어나게 되는 현상임
③ 경제규제는 오랜 역사를 가지고 있으나 사회적 규제는 짧은 역사를 가지고 있으므로 옳은 표현임
④ 규제의 역설이란 과도한 규제가 오히려 과소한 규제를 초래하거나, 기업의 상품정보 공개가 의무화될수록 소비자의 실질적인 정보량이 줄어드는 현상 등 규제가 초래하는 의도치 않은 부작용을 뜻하는 용어로 정부실패의 원인이 되기도 함

정답 ②

# 14 ★★

리플리와 프랭클린(Ripley & Franklin)은 정책유형에 따라 집행과정의 특징이 다르다고 주장한다. 다음과 같은 특징이 있는 정책유형은?

---

- 집행과정의 안정성과 정형화의 정도가 높다.
- 집행에 대한 갈등의 정도가 낮다.
- 집행을 둘러싼 이념적 논쟁의 정도가 낮다.
- 참여자 간 관계의 안정성이 높다.
- 작은 정부에 대한 요구와 압력의 정도가 낮다.

---

① 분배정책
② 경쟁적 규제정책
③ 보호적 규제정책
④ 재분배정책

# 15 ★

정부규제에 관한 설명으로 옳은 것을 〈보기〉에서 고른 것은?

┌─────── 보기 ┌─────

ㄱ. 관리규제란 정부가 피규제자가 만든 목표달성계획의 타당성을 평가하고 그 이행을 요구하는 방식으로, 식품위해요소 중점관리기준(HACCP)이 대표적 예이다.
ㄴ. 포지티브규제는 원칙 허용, 예외 금지를 의미하는 것으로, 명시적으로 금지하는 것 이외에는 모든 것이 자유롭다.
ㄷ. 포획이론은 정부가 피규제자에게 포획됨으로써 일반 시민이 아닌 특정 집단의 사익을 옹호한다고 말한다.
ㄹ. 윌슨(Wilson)의 규제정치이론에 따르면, 고객정치 상황에서는 응집력이 강한 소수의 편익 수혜자와 소수의 비용부담자가 격렬하게 충돌할 가능성이 있다.
ㅁ. 규제피라미드는 규제를 지키지 않는 행위를 막기 위해 또 다른 새로운 규제가 반복해서 생기는 현상을 말한다.

① ㄱ, ㄴ, ㄷ
② ㄱ, ㄷ, ㅁ
③ ㄱ, ㄹ, ㅁ
④ ㄴ, ㄷ, ㄹ

---

**정답 및 해설**

**14** 분배정책은 비용부담자와 수혜자 간의 갈등이 없기 때문에 집행과정의 안정성 및 정형화 정도, 참여자 간 관계의 안정성이 높음 → 이는 곧 정부정책에 대해 저항이 없다는 뜻이므로 작은 정부에 대한 요구와 압력의 정도가 낮다고 할 수 있음
② 경쟁적 규제정책 : 다수의 경쟁자 중 경쟁력이 있는 특정 개인이나 집단에게 서비스 제공권을 부여하고 이들의 활동을 규제하는 정책
③ 보호적 규제정책 : 국민을 보호하기 위한 정책
④ 재분배정책 : 부의 이전과 관련된 정책

정답 ①

---

**정답 및 해설**

**15**
☑ 올바른 선지
ㄱ. 관리규제란 정부가 피규제자가 만든 목표달성계획, 즉 과정의 타당성을 평가하고 그 이행을 요구하는 규제임 → 식품위해요소 중점관리기준(HACCP)은 관리규제의 예시에 해당함
ㄷ. 포획이론은 정부가 피규제자의 지대추구에 포획됨으로써 일반 시민이 아닌 특정 집단의 사익을 옹호하는 현상을 설명하고 있음
ㅁ. 규제피라미드는 규제가 규제를 낳는 현상임

☑ 틀린 선지
ㄴ. 선지는 네거티브 규제에 대한 내용임
ㄹ. 선지는 이익집단 정치상황에 대한 내용임

정답 ②

## 16 ★

행정수단은 '강제성'의 정도에 따라 효과가 다를 수 있다. 다음 중 '강제성'의 정도가 가장 높은 것은?

① 사회적 규제
② 공기업
③ 정보제공
④ 조세지출

## 17 ★★★

무의사결정(non-decision making)에 관한 설명 중 가장 적절하지 않은 것은?

① 이해관계자들의 타협과 조정에 의하여 의사결정을 한다.
② 넓은 의미의 무의사결정은 정책의제설정 과정뿐만 아니라 정책결정 과정, 그리고 정책집행 과정에서도 발생한다.
③ 기득권세력은 무의사결정이라는 수단을 써서 기존의 특권·이익배분상태에 대한 변동요구를 봉쇄한다.
④ 정책문제를 기각·방치하여 결과적으로 정책대안이 만들어지지 못하도록 한다.

### 정답 및 해설

16  살라몬에 따르면 사회규제와 경제규제는 강제성이 높은 정책수단임
② 공기업 : 직접성이 높은 정책수단
③ 정보제공 : 직접성이 높은 정책수단
④ 조세지출 : 간접적인 정책수단

정답 ①

17  ①은 다원주의적 과정을 의미함 → 무의사결정은 신엘리트이론으로 엘리트들의 기득권이나 이해관계를 침해하지 않는 의제들만 채택된다는 이론임
② 바흐라흐와 바라츠에 따르면 무의사결정은 모든 정책과정에서 발생할 수 있음
③ 무의사결정에 대한 개념을 다루고 있음
④ 의제설정과정에서 무의사결정이 발생하는 현상을 설명하고 있음

정답 ①

## 18 ★★★

정책의제가 어떻게 형성되는지를 설명하는 것으로 관점이 다른 하나는?

① 바흐라흐와 바라츠(Bachrach & Baratz)의 무의사결정이론
② 벤틀리와 트루먼(Bentley & Truman)의 이익집단론
③ 밀스(Mills)의 지위접근법
④ 미헬스(Michels)의 과두제의 철칙

## 19 ★★★

정책과정의 권력관계 이론에 대한 설명으로 옳지 않은 것은?

① 바흐라흐(P. Bachrach)등이 제시한 무의사결정론은 달(R. Dahl)의 다원주의를 비판하며 등장한 신엘리트론에 해당한다.
② 헌터(F. Hunter)는 미국의 주요 정책에 군산복합체(Military-Industry Complex)라는 권력엘리트(Power Elite)가 강력한 영향력을 행사했다고 보았다.
③ 조합주의에 따르면 국가는 중립적·수동적이 아니라 자신의 이익을 위해 행동하는 주도적·능동적 실체이며 이익집단의 활동을 규정하고 포섭 또는 억압하는 권위주의적이고 독립적 실체로서 의사결정에 참여한다고 본다.
④ 달(R. Dahl)은 미국사회에서 공식적으로는 소수가 정책과정을 좌우하고 있지만, 실질적으로는 다수에 의한 정치(polyarchy)가 이루어지고 있다고 보았다.

### 정답 및 해설

18  무의사결정이론, 밀스의 지위접근법, 과두제의 철칙은 엘리트론이고, 이익집단론은 다원론에 해당함

정답 ②

19  ②는 밀스(C. Mils)의 지위접근법에 대한 내용임 → 헌터는 시장경제체제 관련 인물이 지역사회 엘리트임을 지적함
① 바흐라흐(P. Bachrach)등이 제시한 무의사결정론은 엘리트의 어두운 얼굴을 보지 못한 달(R. Dahl)의 다원주의를 비판하며 등장한 신엘리트론임
③ 해당 내용은 국가조합주의에 대한 내용임
④ 달(R. Dahl)은 50년대 다원론에 해당함

정답 ②

## 20 ★★★

〈보기〉의 밑줄 친 내용 중 옳지 않은 것은?

┌─ 보기 ┐

달(R. Dahl)은 미국 ① New Haven 시에 대한 조사를 기초로 민주주의에서 권력이 특정한 사회집단에게 ② 독점되고 있음을 지적했다. 바크라흐(P. Bachrach)와 ③ 바라츠(M. Baratz)는 핵심적 권력을 갖는 집단이나 사람들에게 부정적 영향을 끼치는 정책의제는 의사결정의 대상이 되지 않는 현상을 강조하면서 ④ 무(無)의사결정이론을 주장하였다.

└──────────────────────────┘

## 21 ★★★

정책결정의 장에 대한 이론과 주장하는 내용을 짝지은 것으로 가장 옳지 않은 것은?

① 다원주의 – 정부는 중립적 조정자 및 심판자 역할을 할 것으로 기대한다.
② 조합주의 – 정부는 이익집단 간 이익의 중재에 머물지 않고 국가이익이나 사회의 공공선을 달성하기 위한 주도적인 역할을 할 것으로 기대한다.
③ 엘리트주의 – 엘리트들은 사회의 다원화된 이익을 대변하는 것이 아니라 자신들의 이익을 추구한다.
④ 철의 삼각 – 입법부, 사법부 그리고 행정부 3자가 강철과 같은 장기적이고 안정적이며 우호적인 삼각관계의 역할을 형성하면서 정책결정을 지배하는 것으로 본다.

### 정답 및 해설

**20** 다알은 뉴헤븐시에 대한 연구에서 다원론의 관점을 취했음
③④
바흐라흐와 바라츠는 신엘리트론, 즉 무의사결정을 주장하였음

정답 ②

**21** 철의 삼각에 관여하는 참여자는 관료와 의회의 상임위원회, 이익집단임 → 이들은 장기적이고 안정적이며 우호적인 삼각관계의 역할을 형성하면서 배분정책 분야에서의 정책결정을 지배함
① 다원주의에서 정부는 다양한 견해를 중립적 입장에서 판단하는 소극적 조정자 역할에 치중함
② 조합주의는 국가주의로 불리기도 하며 정부는 이익집단 간 이익의 중재에 머물지 않고 국가이익이나 사회의 공공선을 달성하기 위한 주도적인 역할을 수행함
③ 엘리트론에서 엘리트는 사회의 다원화된 이익을 대변하는 것이 아니라 자신들의 이익을 고려하여 정책을 결정함

정답 ④

## 22 ★★★

바흐라흐와 바라츠의 무의사결정론에 관한 설명으로 옳은 것은 모두 몇 개인가?

┌────────────────────┐

ㄱ. 무의사결정은 엘리트의 가치나 이익에 대한 잠재적이거나 현재적인 도전을 억압하거나 방해하는 결과를 초래하는 결정을 의미한다.
ㄴ. 무의사결정은 정책의제 채택과정에서 일어날 뿐 정책결정과 집행과정에서는 일어나지 않는다.
ㄷ. 무의사결정을 추진하기 위하여 폭력이 동원되기도 한다.
ㄹ. 엘리트론을 비판하면서 다원론을 계승 발전시킨 신다원론적 이론이다.

└────────────────────┘

① 없음 ② 1개
③ 2개 ④ 3개

### 정답 및 해설

**22**
☑ 올바른 선지
ㄱ. 무의사결정은 엘리트의 이해관계를 침해할 수 있는 비기득권 세력의 도전을 억압·봉쇄하는 현상임
ㄷ. 무의사결정을 추진하기 위하여 폭력 및 테러 등이 동원될 수 있음

☑ 틀린 선지
ㄴ. 무의사결정은 정책과정 전반에 걸쳐서 발생할 수 있음
ㄹ. 무의사결정론은 다원론을 비판하면서 등장한 신엘리트임

정답 ③

## 23 ★★★

신엘리트론 또는 무의사결정론(Non-decision Making)에 대한 설명으로 가장 적절하지 않은 것은?

① 무의사결정이란 엘리트들이 자신들에게 불리한 사회문제를 거론조차 못하게 봉쇄하는 것을 의미한다.

② 바흐라흐와 바라츠(P. Bachrach & M. Baratz)는 달(R. Dahl)의 다원주의를 비판하며 신엘리트론을 형성하였다.

③ 넓은 의미에서 무의사결정은 정책과정 전반에 걸쳐 일어난다.

④ 밀스(C. W. Mills)는 지위접근법을, 헌터(F. Hunter)는 명성적 접근법을 통해 엘리트의 실체를 규명하였다.

## 24 ★★★

정책결정의 장에 대한 이론 설명으로 가장 옳지 않은 것은?

① 다원주의는 소수의 개인이나 집단이 아니라 다수의 집단이 정책결정의 장을 주도하고 이들이 정치적 조정과 타협을 거쳐 도달한 합의가 정책이 된다고 본다.

② 엘리트주의는 대중에게 영향력을 행사할 수 있는 위치에 있는 소수의 리더들에 의해서 정책결정이 지배된다고 본다.

③ 정책결정에서 정부의 역할을 줄이고 이익집단과의 상호협력을 보다 중시하는 이론이 조합주의이다.

④ 철의 삼각(iron triangle) 논의는 정부관료, 선출직 의원, 그리고 이익집단의 3자가 장기적이고 안정적이며 우호적인 연합을 형성하면서 정책결정을 지배하는 것으로 본다.

---

**정답 및 해설**

**23** 밀즈와 헌터는 신엘리트론이 아니라 1950년대 엘리트론을 주장한 학자임

① 선지는 무의사결정에 대한 정의를 다루고 있음

② 바흐라흐와 바라츠(P. Bachrach & M. Baratz)는 달(R. Dahl)이 의제설정과정에서 엘리트가 은밀하게 영향력을 행사할 수 있음을 간과했다고 비판함

③ 무의사결정은 모든 정책과정에서 발생할 수 있음

정답 ④

---

**정답 및 해설**

**24** 조합주의는 정부의 적극적인 역할 속에서 이익집단과의 상호협력을 중시함

① 다원주의는 국민 혹은 다수의 이익집단 간 정치적 조정과 타협을 거쳐 도달한 합의가 정책이 된다고 간주하는 모형임

② 엘리트주의는 사회 내 소수의 엘리트가 정책결정을 주도하는 현상을 설명함

④ 철의 삼각은 정부관료, 선출직 의원, 그리고 이익집단 간 상호작용에 의해 배분정책 등이 결정되는 현상을 묘사하고 있음

정답 ③

# 25 ★★★

**엘리트론과 다원론에 대한 다음 설명 중 옳지 않은 것은?**

① 밀스(Mills)는 지위접근법을 전개하면서 중요한 결정은 권력 엘리트에 의해 결정되며, 사소한 국내외 문제만이 의회에 의해 국민의 관심을 받으면서 결정된다고 보았다.

② 헌터(Hunter)는 지역 차원의 엘리트를 기업인·변호사 등 사회적으로 명성 있는 소수로 보고 이들의 의사에 의해 지역의 정책이 형성된다고 보았다.

③ 뉴헤븐(New Haven)를 연구한 달(Dahl)은 사회 내에 엘리트가 존재하며, 특정 엘리트가 모든 정책영역에서 지배적인 영향력을 행사한다고 보았다.

④ 신다원론은 다원주의와 달리 이익집단 간 대체적 동등성의 개념을 수정하여 특정집단이 다른 집단보다 더욱 강력할 수 있다는 점을 인정하였다.

# 26 ★★★

**다원주의(Pluralism)에 대한 다음 설명 중 옳지 않은 것끼리 연결된 것은?**

> ㉠ 권력은 다양한 이익집단에게 균등하게 분산되어 있다고 본다.
> ㉡ 이익집단들 간의 정책형성에 대한 영향력의 차이가 있음을 인정한다.
> ㉢ 이익집단들 간의 영향력 차이는 정부의 차별적 접근허용에 기인한다.
> ㉣ 엘리트의 존재를 인정하며 정책영역별로 영향력을 행사하는 엘리트는 각기 다르다고 본다.

① ㉠, ㉡          ② ㉠, ㉢
③ ㉡, ㉢          ④ ㉢, ㉣

# 27 ★★★

**하위정부모형(subgovernment model)을 구성하는 주체에 해당하지 않는 것은?**

① 의회의 상임위원회
② 이익집단
③ 관료
④ 시민단체

---

**25** 달(Dahl)에 따르면 사회 내에 엘리트가 존재하지만 특정 엘리트가 모든 정책영역에 지배적인 영향력을 행사하는 것이 아니라 각 정책영역별로 엘리트가 분산되어 있음

① 밀스(Mills)는 지위접근법을 전개하면서 중요한 결정은 권력 엘리트, 즉 군대장성, 군산업체, 정치인 등에 의해 결정되며, 사소한 국내외 문제만이 의회에 의해 국민의 관심을 받으면서 결정된다고 보았음 → 엘리트론 입장

② 헌터(Hunter)는 명성접근을 통해 애틀랜타시 엘리트를 기업인·변호사 등으로 보고 이들의 의사에 의해 지역의 정책이 형성된다고 보았음

④ 신다원론은 자본주의 사회에서 기업가 집단이 다른 집단보다 더 많은 권력을 지니고 있음을 인정함

정답 ③

---

**26**

☑ **틀린 선지**
㉠ 다원주의에 의하면 권력은 다양한 세력에게 분산되어 있으나 균등하게 배분되어 있는 것이 아니라 분산된 불평등의 형태를 띠고 있음
㉢ 다원론에서 각 이익집단은 정책과정에 대한 접근기회가 동등함

☑ **올바른 선지**
㉡ 다원론에 따르면 이익집단 간 영향력의 차이는 있으나 정책과정에 대한 접근기회는 동등함
㉣ 다알의 다원론에 대한 내용임

정답 ②

**27** 하위정부모형(철의 삼각)의 구성은 관료, 의회 위원회, 이익집단임

정답 ④

## 28 ★★★

이슈네트워크(Issue Network)와 비교한 정책공동체(Policy Community)의 상대적 특성으로 옳은 것은?

① 참여자들의 공동체의식은 약하다.
② 참여자들 사이의 권력배분은 불균등하다.
③ 참여자의 범위가 넓고 경계의 개방성이 높다.
④ 정책결정을 둘러싼 권력게임은 공동의 이익을 추구하는 정합게임의 성격을 띤다.

## 29 ★★★

하위정부, 이슈네트워크, 정책공동체에 대한 설명을 바르게 나열한 것은?

> ㄱ. 실질적인 정책결정력을 가진 관료집단, 의회위원회, 이익집단의 3자 연합체가 존재한다.
> ㄴ. 정책전문가가 참여하는 장기적이고 안정적인 공동체이다.
> ㄷ. 윈윈게임 현상이 발생한다.
> ㄹ. 철의 삼각(Iron-Triangle)을 의미하는 것으로, 폐쇄적 연합이다.
> ㅁ. 헤클로(Heclo)가 제시한 것으로 1970년대 등장하였다.

| 구 분 | 하위정부 | 이슈네트워크 | 정책공동체 |
|---|---|---|---|
| ① | ㄱ | ㅁ | ㄷ |
| ② | ㄹ | ㅁ | ㄱ |
| ③ | ㄱ | ㄴ | ㅁ |
| ④ | ㄹ | ㄷ | ㄴ |

**정답 및 해설**

**28** 정책공동체는 정책전문가의 개입으로 인해 참여자 간 윈윈게임 현상이 발생함
①②③
이슈네트워크에 대한 내용임

정답 ④

**29** 하위정부에 대한 설명은 ㄱ, ㄹ 이며, 이슈네트워크에 대한 설명은 ㅁ, 정책공동체에 대한 설명은 ㄴ, ㄷ임

정답 ①

## 30 ★★★

다음 정책환경의 상황에 적용할 수 있는 모형으로 옳은 것은?

> • 참여자들 간의 제로섬 게임의 형태가 나타나고 있다.
> • 참여자 간의 자원과 접근의 불균형이 발생하며 권력에서도 불평등을 초래하고 있다.
> • 참여자들의 진입 및 퇴장이 비교적 자유롭게 이루어지며 참여자 수가 매우 광범위하게 늘어나고 있다.

① 조합주의
② 정책공동체
③ 하위정부모형
④ 이슈네트워크

**정답 및 해설**

**30** 이슈네트워크는 권력의 크기가 상이한 다양한 행위자들이 참여하는 개방적인 모형임 → 또한, 이슈네트워크의 행위자들 간 관계는 매우 유동적이고 불안정하기 때문에 그들 간의 관계는 제로 섬(zero sum) 게임 또는 네거티브 섬(negative sum) 게임의 양태를 띰

정답 ④

# 31 ★★★

**정책네트워크이론(모형)에 대한 설명으로 가장 옳지 않은 것은?**

① 정책과정에 대한 국가중심 접근방법과 사회중심 접근방법이라는 이분법적 논리를 극복하지 못하고 있다.

② 정책공동체의 경우 모든 참여자가 자원을 가지며 참여자 사이의 관계는 교환관계이다.

③ 헤클로(Heclo)는 하위정부모형을 비판적으로 검토하면서 정책이슈를 중심으로 유동적이며 개방적인 참여자들 간의 상호작용 현상을 묘사하기 위한 대안적 모형을 제안하였다.

④ 하위정부는 모든 정책분야에 걸쳐서 가능한 것이 아니라 대통령의 관심이 덜하거나 영향력이 비교적 적은 분배정책 분야에서 주로 형성되고 있다.

# 32 ★★★

**다음 중 정책네크워크의 유형에 대한 설명으로 가장 적절하지 않은 것은?**

① 정책공동체는 대체로 제로섬게임(zero-sum game)의 성격을 띠지만, 정책문제망은 상대적으로 공동의 이익을 추구하는 포지티브섬 게임(positive-sum game)이다.

② 정책문제망은 주로 특정한 정책 문제별로 형성되며 그 경계는 모호하고 개방성이 높은 편이다.

③ 정책공동체는 주로 정책 분야별로 형성되며 그 참여자의 범위가 하위정부의 경우보다 비교적 넓은 편이다.

④ 하위정부 모형에서 '철의 3각 동맹관계'는 주로 정책 분야별로 형성되며 그들 간에 상호 활발한 교류를 한다.

---

**정답 및 해설**

**31** 정책네트워크모형은 기존의 국가중심이론(조합주의)과 사회중심이론(다원론)에 대한 대안으로 등장함 → 즉, 국가와 사회의 이분법적 논리를 극복하고자 했음

② 정책공동체의 경우 모든 참여자가 자원을 가지며 참여자 사이의 관계는 비교적 평등한 교환관계임

③ 헤클로(Heclo)는 하위정부모형을 비판적으로 검토하면서 정책이슈를 중심으로 유동적이며 개방적인 참여자들 간의 상호작용 현상을 묘사하기 위한 대안적 모형인 이슈네트워크를 제안하였음

④ 하위정부는 모든 정책분야에 걸쳐서 가능한 것이 아니라 대통령의 관심이 덜하거나 영향력이 비교적 적어서 안정적인 집행이 가능한 분배정책 분야에서 주로 형성되고 있음

**정답 및 해설**

**32** 정책공동체는 윈윈게임, 이슈네트워크는 제로섬게임의 양태가 발생함

② 정책문제망은 사회문제를 중심으로 구성된 네트워크이며, 다양한 정책참여자가 관여함

③ 하위정부 참여자가 정부부처, 의회의 상임위원회, 이익집단, 전문가집단이 참여하는 정책공동체보다 제한적임

④ 하위정부모형은 정책영역별로 입법부, 행정기관 및 이익집단이라는 세 종류의 행위자 간 견고한 협력을 설명하고 있음

정답 ①

정답 ①

# 33 ★★★

다음 중 정책네트워크에 대한 내용으로 적절한 것을 모두 고른 것은?

> ㉠ 정책네트워크는 분산적 정치체제를 전제로 한다.
> ㉡ 하위정부 모형에서는 경계가 모호하며 개방성이 높다고 본다.
> ㉢ 이슈네크워크 모형에서는 참여자 간의 안정성이 높다고 본다.
> ㉣ 정책공동체 모형에서는 참여자 간의 권력이 균형을 이루지 못하고 있다고 본다.

① ㉠
② ㉠, ㉡
③ ㉠, ㉢, ㉣
④ ㉠, ㉡, ㉢, ㉣

# 34 ★

정책결정요인론에 대한 설명으로 옳은 것은?

① 정책의 내용에 영향을 미치는 요인이 무엇인가를 밝히는 이론으로, 사회경제적 요인의 중요성을 과소평가했다는 비판을 받고 있다.

② 도슨-로빈슨(Dawson-Robinson) 모형은 사회경제적 변수가 정치체제와 정책 모두에 영향을 미친다는 모형으로, 사회경제적 변수로 인해 정치체제와 정책의 상관관계가 유발된다고 설명한다.

③ 키-로카드(Key-Lockard) 모형은 사회경제적 변수가 정책에 직접적으로 영향을 미친다는 모형으로, 예를 들면 경제발전이 복지지출 수준에 직접 영향을 준다고 본다.

④ 루이스-벡(Lewis-Beck) 모형은 사회경제적 변수가 정책에 영향을 주는 직접효과가 있고, 정치체제가 정책에 독립적 영향을 주지 않는다고 설명한다.

## 33

☑ **올바른 선지**
㉠ 정책네트워크는 다양한 정책참여자 간 상호작용을 설명하는 모형임 → 분산적 정치체제

☑ **틀린 선지**
㉡ 하위정부 모형에서는 정책행위자들의 관계가 안정적·폐쇄적·동맹적임
㉢ 이슈네크워크 모형에서는 유동적이고 불안정한 참여자 관계가 발생함
㉣ 정책공동체 모형에서는 참여자들이 균등한 권력을 보유하고 있음

정답 ①

**34** 도슨-로빈슨(Dawson-Robinson) 모형은 정책을 좌우하는 요인은 정치적 요인이 아니라 소득과 같은 사회경제적 요인(정책환경)이라는 결론은 제기하여 정치체제와 정책의 관계는 허위의 상관관계임을 입증했다.

① 정책결정요인론은 계량화가 가능한 사회경제적 변수만 과대평가하고 계량화가 곤란한 정치적 변수는 과소평가했다는 비판을 받고 있음

③ 키-로커트 모형(참여경쟁모형)은 정치적 변수가 정책에 영향을 미치는 변수임을 강조했음

④ 루이스-벡모형은 Key-Lockard모형(참여경쟁모형)과 Dawson-Robinson모형을 혼합한 모형으로 사회경제적 변수가 정책에 영향을 주는 직접효과가 있고, 정치체제도 정책에 독립적인 영향을 미친다고 봄

정답 ②

## 35 ★

정책결정요인론 중 도슨과 로빈슨이 주장한 '경제적 자원모형'의 내용으로 옳지 않은 것은?

① 소득, 인구 등의 사회·경제적 요인이 정책내용을 결정한다.

② 정치적 변수는 정책에 단독으로 영향을 미치지 못한다.

③ 정치체제는 환경변수와 정책내용 간의 매개변수가 아니다.

④ 사회경제적 변수, 정치체제, 정책은 순차적인 관계에 있다.

## 36 ★

정책변수에 대한 설명으로 틀린 것은?

① 매개변수 – 독립변수의 결과인 동시에 종속변수의 원인이 되는 제3의 변수

② 조절변수 – 독립변수가 종속변수에 미치는 영향력을 조절하는 변수

③ 억제변수 – 독립변수와 종속변수 간에 상관 관계가 없는데도 있는 것으로 나타나게 하는 제3의 변수

④ 허위변수 – 독립변수와 종속변수 모두에게 영향을 미치며 이들 사이의 공동변화를 설명하는 제3의 변수

---

**정답 및 해설**

**35** 사회경제적 변수, 정치체제, 정책이 순차적인 관계에 있는 것은 Key와 Lokard의 연구(참여경쟁모형)의 내용임 → 경제적 자원모형은 허위관계모형으로서 정치변수는 정책변수와 아무런 관련이 없음을 밝혔음

①②③

경제적 자원모형은 사회경제 변수가 정치변수 혹은 정책변수에 영향을 미치는 것을 인정함 → 즉, 사회경제변수의 영향으로 인해 정치변수와 정책변수가 모두 변화하게 되는데, 실질적으로 두 변수(정치변수와 정책변수) 간에는 상관성이 없다는 것을 주장하는바 정치변수는 매개변수도 아니고 독립변수도 아님

정답 ④

**정답 및 해설**

**36** 선지는 허위변수에 대한 내용임 → 억제변수는 독립변수와 종속변수 간에 상관관계가 있는데, 이를 약화시키거나 없는 것으로 나타나게 하는 제3의 변수임

① 매개변수는 독립변수와 종속변수 사이에서 연결고리 역할을 하는 변수임 → 환승역

② 예를 들어, 자원봉사활동이 정신건강에 주는 영향을 조사할 때 성별에 따라 결과가 달라질 수 있다면 성별이 조절변수에 해당함

④ 허위변수는 독립변수와 종속변수 간에 상관관계가 없는데도 있는 것으로 나타나게 하는 제3의 변수로서, 허위변수는 독립변수와 종속변수 모두에게 영향을 미치며 이들 사이의 공동변화를 설명하는 변수에 해당함

정답 ③

# CHAPTER 02 정책의제설정

## 37 ★

정책 수단이 효과가 없는데 채택하는 오류를 무엇이라고 하는가?

① 제1종 오류
② 제2종 오류
③ 제3종 오류
④ 메타오류(Meta-error)

## 38 ★

문제의 구조화 과정에서 범하는 오류에 관한 설명으로 옳지 않은 것은?

① 1종 오류: 틀린 대립가설을 선택하는 것
② 2종 오류: 올바른 대립가설을 기각하는 것
③ 1-α: 1종 오류가 발생하지 않을 확률이며, 통계학에서는 이를 '검정력'이라 한다.
④ 3종 오류: 문제 선택이 잘못된 오류

## 39 ★

다음 정책문제 구조화의 기법에 대한 설명 중 옳지 않은 것은?

① 경계분석은 문제상황의 가능성 있는 원인을 식별하기 위한 기법이다.
② 시네틱스(유추분석)는 유사한 문제의 인식을 촉진하기 위하여 고안된 방법이다.
③ 브레인스토밍(Brainstorming)은 문제상황을 식별하고 개념화하는 데 도움을 주는 아이디어, 목표, 전략을 끌어내기 위한 방법이다.
④ 분류분석은 문제상황을 정의하고 분류하기 위하여 사용되는 개념을 명백하게 하기 위한 기법이다.

---

**정답 및 해설**

**37** 제1종 오류에 대한 설명임
② 제2종 오류는 정책 수단이 효과가 있는데 채택하지 않는 오류를 말함
③④
제3종 오류와 메타오류는 동일한 의미임 → 이는 정책문제의 정의와 목표설정을 잘못한 근본적 오류를 의미함

정답 ①

**38** 1-α는 1종 오류가 발생하지 않을 확률이며, 통계학에서는 이를 '신뢰수준'이라 함 → 검정력은 2종 오류가 발생하지 않을 확률을 뜻함
① 1종 오류는 틀린 연구자의 주장을 선택하는 것임
② 2종 오류는 올바른 연구자의 주장을 배제하는 것임
④ 3종 오류는 해결할 문제를 잘못 선택하는 것임

정답 ③

---

**정답 및 해설**

**39** 경계분석은 문제의 위치, 그 문제가 존재했던 기간, 문제를 형성해 온 역사적 사건들을 구체화하는 것임 → ①은 계층분석에 대한 설명임
②③④

| | |
|---|---|
| 유추분석 | ㉠ 과거에 다루어 본 적이 있는 유사한 문제에 대한 관계(유사성)를 분석하여 당면한 문제를 정의하는 방법<br>㉡ 예: 과거 사스해결을 바탕으로 우한폐렴 문제를 살펴보는 것 |
| 분류분석 | ㉠ 문제의 구성요소를 식별하기 위한 방법<br>㉡ 즉, 추상적인 정책문제를 논리적인 추론을 통해 구체적인 대상으로 구분하여 당면한 문제가 어떤 구성요소들로 되어 있는지 확인하는 기법<br>㉢ 예: 기초생활보장 수급가구를 분할하여 노인, 소년소녀가장, 장애인 등으로 구분하는 것 |
| 브레인스토밍 | ㉠ 전문가 등이 모여 제약없는 자유토론을 실시하는 것 → 창의적인 아이디어를 도출하는 기법<br>㉡ 양우선 원칙을 강조하며, 편승기법을 적용함 |

정답 ①

# 40 ★★

정책의제설정에 관한 설명으로 옳지 않은 것은?

① 사회문제 중에서 정책문제로서 채택되는 것은 정책의
제설정이라 한다.

② 사회의 수많은 문제를 정부가 모두 해결할 수는 없다.

③ 정책의제설정에는 별다른 갈등이 존재하지 않는다.

④ 많은 문제 중 정부가 개입하여 해결할 필요성이 있는
문제가 정책문제로 채택되어야 한다.

# 41 ★★★

정책의제설정모형에 관한 설명 중 가장 타당한 것은?

① 외부주도형은 공중의제가 공식의제가 되는 데에 많은
시일을 요하지 않는다.

② 사회가 평등할수록 외부주도모형에 의존할 가능성이
낮아지며, 사회구조가 복잡해지고 경제수준이 높아질
수록 어느 한 모형이 지배할 가능성이 높아진다.

③ 동원형에서는 성공적인 집행을 위하여 공중의제가 공
식의제로 전환된다.

④ 내부접근형은 정부 내·외의 집단이 제기하여 정부
의제화되는 것으로 확산의 과정이 없다.

**41** 내부접근형은 국민에게 의제설정을 알리지 않는바 음모형이라 불
리기도 함

①③

| 구분 | 의제<br>설정<br>과정 | 주도 집단 | 국가 | 행정PR<br>(정책<br>홍보) | 허쉬만 | 콥과<br>로스<br>등 |
|---|---|---|---|---|---|---|
| 외부<br>주도형 | 사이<br>공정 | 국민 | 선진국 | − | 강요된<br>정책<br>문제 | 진입 |
| 동원형 | 사정공 | 최고 혹은<br>고위 관료 | 후진국 | ○ | 채택된<br>정책<br>문제 | 주도 |
| 내부<br>주도형<br>(음모형) | 사정 | 동원형에<br>비해<br>낮은<br>직위의<br>관료 | ① 국민을 무시<br>하는 정부<br>② 권력집중형<br>국가<br>③ 불평등 사회<br>(부와 권력이<br>편중된 사회) | × | − | 주도 |
|  |  | 외부 이해<br>관계자 |  |  |  |  |

② 콥과 로스 등에 따르면 사회가 평등할수록 외부주도형에 의존할 가
능성이 많으나 사회구조가 복잡화할수록 세 가지 모형 중 어느 하
나가 지배할 가능성이 희박해짐

**40** 정책의제설정은 정부가 정책적 해결을 위하여 사회문제를 정책의
제로 채택하는 과정임 → 이러한 과정에서 다양한 이해관계자들의 갈
등이 수반될 수 있음

② 시간과 돈의 제약 등으로 인해 사회의 수많은 문제를 정부가 모두
해결할 수는 없음

④ 일반적으로 정부는 사회적 합의가 이루어진 상태의 사회문제를 해
결함

# 42 ★★★

## 정책의제설정모형에 대한 설명으로 가장 옳은 것은?

① 동원형은 공중의제화 과정을 거치기 때문에 행정부의 영향력이 작고 민간부문이 발전된 선진국에서 많이 나타나는 모형이다.
② 올림픽이나 월드컵 유치 등 국민들이 적극적인 관심을 보인 사례는 외부집단이 주도한 외부주도형이다.
③ 포자모형은 정책문제가 제기되어 정의되는 환경보다는 정책문제 자체의 성격이 갖는 중요성에 주목한다.
④ 동형화모형은 정부 간 정책전이(policy transfer)가 모방, 규범, 강압을 통해 이뤄진다고 본다.

# 43 ★★

## 킹던의 정책창 모형과 관련된 내용으로 옳은 것만을 〈보기〉에서 모두 고르면?

┌─────────────── 보기 ┌─
ㄱ. 다중합리성모형
ㄴ. 쓰레기통 모형
ㄷ. 정치의 흐름
ㄹ. 점화장치
ㅁ. 의제설정
└──────────────────────

① 2개            ② 3개
③ 4개            ④ 5개

---

PART 02 정책학

## 정답 및 해설

**42** 동형화모형은 동형성의 원리에 의한 정부간 정책전이를 강조하는 모형으로 동형화의 근거를 강압적 동형화, 모방적 동형화, 규범적 동형화로 구분하고 있음
① 동원형은 공중의제화과정을 거치지 않고 정부의제가 먼저 채택되는 모형으로 정부의 힘이 강하고 민간부문의 힘이 약한 후진국에서 많이 나타나는 모형임
② 올림픽이나 월드컵 유치는 외부주도형이 아니라 정부가 의제 설정을 주도한 내부주도형(동원형)의 사례에 해당함
③ 포자모형은 버섯균사체가 적당한 온도와 습도 등 환경이 조성될 때 퍼져나갈 수 있듯이 정책문제 자체보다는 문제가 제기되어 정의되는 환경을 중시하는 모형임

정답 ④

## 정답 및 해설

**43**

☑ 올바른 선지
ㄱ. 정책창 모형은 루빈의 실시간 예산운영모형과 더불어 서메이어와 월로비의 다중합리성 모형에 영향을 미침
ㄴ. 킹던(John Kingdon)의 정책창 모형은 마치(J. G. March) 등이 제시한 쓰레기통 모형을 발전시킨 것임
ㄷ. 킹던(John Kingdon)의 정책창 모형은 상호 분리되어 독립적으로 흐르는 정책문제의 흐름, 정책대안의 흐름, 정치의 흐름(여론의 변화, 정권의 교체 등)이 어떤 계기로 서로 결합함으로써 새로운 정책의제로 형성된다는 점을 강조함
ㄹ. 우연한 사건을 점화장치(triggering device)로 표현한 것임
ㅁ. 정책창 모형은 의제설정모형임

정답 ④

# 44

★★★

**정책의제설정에 관한 설명으로 가장 적절하지 않은 것은?**

① 정책의제설정이란 정부가 사회문제를 공식적으로 해결하기 위해 이를 정책문제로 전환하는 행위이다.

② 외부주도형은 이익집단의 활동이 활발하고 정부가 외부의 요구에 민감하게 반응하는 다원화된 정치체제에서 많이 나타난다.

③ 내부접근형은 외부집단이 정책결정자에게 접근하여 정책의제를 설정하고, 적극적인 정부 PR활동을 통해 공중의제화한다.

④ 동원형은 정부 내부의 정책결정자가 주도적으로 정책의제를 설정하고, 대중의 지지와 순응을 확보하기 위한 노력이 이어진다.

# 45

★★

**메이가 분류한 정책의제설정과정의 유형에 대한 설명으로 옳지 않은 것은?**

| 대중적지지<br>주도자 | 높음 | 낮음 |
|---|---|---|
| 민간 | ㉠ | ㉡ |
| 정부 | ㉢ | ㉣ |

① ㉠의 경우 정책과정 전반을 외부집단이 주도하며, 올림픽이나 월드컵 유치 등이 그 예라 할 수 있다.

② ㉡의 경우 국방이나 외교 등 비밀 유지가 필요한 정책이나 시간이 급박할 때 주로 활용된다.

③ ㉢의 경우 이미 민간집단의 광범위한 지지가 형성된 이슈에 대하여 정책결정자가 지지의 공고화를 추진한다.

④ ㉣의 경우 행정 PR이 중시되며, 전문가의 영향력이 커 정책의 내용이 합리적이고 분석적이다.

**정답 및 해설**

**44** 내부접근형은 음모형이므로 행정PR을 하지 않음

① 정책의제설정이란 정부가 사회문제를 공식적으로 선택하는 것임

② 외부주도형은 국민이 의제선택을 주도하는 유형이므로 선진국에서 많이 나타남

④ 동원형은 정부 내부의 정책결정자가 주도적으로 정책의제를 설정 후 행정PR을 통해 대중을 설득하는 현상을 설명함

정답 ③

**정답 및 해설**

**45** ㉠은 외부주도형, ㉡은 내부접근형, ㉢은 굳히기형, ㉣은 동원형임 → 외부주도형의 경우 정책과정 전반을 외부집단이 주도하지만 올림픽이나 월드컵 유치 등은 외부주도형의 예가 아니라 동원형의 예시에 해당함

② 내부접근형은 사회문제가 의제로 설정된 후, 국민에게 알리지 않는 음모형임

④ 동원형은 정책의 정당성을 인정받기 위해 행정 PR이 중시되며, 정책홍보를 위해 전문가의 역할이 중요함

정답 ①

# 46 ★★★

## 정책의제설정에 관한 설명으로 옳지 않은 것은?

① 공중의제는 사회문제 혹은 사회적 쟁점이 한 단계 더 나아가 일반 공중의 주목을 받게 된 의제를 말한다.

② 외부주도형은 공중의제화를 억제하기 때문에 일종의 음모형에 해당한다.

③ 동원형은 사회문제가 정부의제로 먼저 채택되고, 정부의 의도적인 노력에 의해서 공중의제로 확산되는 경우를 말한다.

④ 내부접근형은 선진국의 경우, 특수 이익집단이 비밀리에 정부의 혜택을 보려는 외교·국방정책 등에서 주로 나타난다.

# 47 ★★

## 킹던의 정책창 모형과 관련된 내용으로 옳은 것은 〈보기〉에서 모두 몇 개인가?

┌─────── 보기 ┌─────
ㄱ. 방법론적 개인주의
ㄴ. 쓰레기통 모형
ㄷ. 정치의 흐름
ㄹ. 점화장치
ㅁ. 표준운영절차
└─────────────────────

① 1개            ② 2개
③ 3개            ④ 4개

---

**정답 및 해설**

**46** 내부접근형은 공중의제화를 억제하기 때문에 일종의 음모형에 해당함 → 외부주도형은 국민에 의해 정책의제가 채택되는 현상을 설명한 모형임

① 공중의제는 사회문제 혹은 사회적 쟁점이 한 단계 더 나아가 일반 공중의 주목을 받게 되어 정부가 해결할 수 있는 정당성을 얻은 의제임

③ 동원형은 사회문제가 정부의제로 먼저 채택되고, 정부의 의도적인 노력, 즉 행정PR을 통해 공중의제로 확산되는 경우를 말함

④ 내부접근형은 일반적으로 국민을 무시하는 정부에서 발생함 ; 그러나 선진국의 경우, 특수 이익집단이 비밀리에 정부의 혜택을 보려는 외교·국방정책 등에서 나타날 수 있음

정답 ②

**정답 및 해설**

**47** 킹던의 정책창 모형은 마치(J. G. March) 등이 제시한 쓰레기통 모형을 발전시킨 것이며, 상호 독립적인 정책흐름, 정책흐름, 정치흐름(정권의 교체 등)이 어떤 계기(점화장치)로 서로 결합함으로써 새로운 정책의제가 형성되는 현상을 설명하고 있음

☑ 틀린 선지

ㄱ, ㅁ.

방법론적 개인주의와 표준운영절차는 킹던의 정책의 창 모형과 관계없는 내용임

정답 ③

# 48 ★

슈나이더와 잉그램의 사회구성주의에서 정책대상집단에 대한 설명으로 옳은 것을 모두 고르면?

> ㉠ 수혜집단(Advantaged) – 과학자, 퇴역한 군인, 중산층이 대표적이다.
> ㉡ 경쟁집단(Contender) – 권력은 상대적으로 많지만 이미지는 부정적이다.
> ㉢ 의존집단(Dependents) – 권력은 상대적으로 적지만 이미지는 긍정적이다.
> ㉣ 이탈집단(Deviants) – 강력한 제재가 허용되지만 제재에 대하여 강력히 저항한다.

① ㉠, ㉡          ② ㉡, ㉢
③ ㉠, ㉡, ㉢       ④ ㉡, ㉢, ㉣

# 49 ★★★

정책의제설정모형에 대한 다음 설명 중 옳은 것으로 잘 연결된 것은?

> ㉠ 동원형은 정책의제가 정책 환경 속으로 확산되는 과정을 중시하므로 행정PR활동을 강조한다.
> ㉡ 동원형은 주로 최고통치자가 정책의제 설정을 주도하며, 전문가의 분석보다는 통치자의 직관에 의존한다.
> ㉢ 외부주도형은 동원형이나 내부주도형보다 의사결정비용이 낮다.
> ㉣ 외부주도형은 환경으로부터 집단 간의 진흙탕 싸움이 발생하며, 집행비용이 많이 든다.

① ㉠          ② ㉠, ㉡
③ ㉠, ㉡, ㉢   ④ ㉠, ㉡, ㉢, ㉣

---

## 정답 및 해설

### 48

**☑ 올바른 선지**

㉠㉡㉢ → 아래의 표 참고

| 구분 | | 집단에 대한 사회적 이미지 | |
|---|---|---|---|
| | | 긍정적 | 부정적 |
| 사회적 권력: 투표에 있어서 강한 영향력 보유 | 강함 | 수혜집단<br>• 퇴역 군인<br>• 과학자<br>• 노인<br>• 중산층 등 | 투쟁집단(경쟁집단)<br>• 부유층<br>• 거대노동조합<br>• 문화 상류층 |
| | 약함 | 의존집단<br>• 아동<br>• 장애인<br>• 부녀자 | 일탈집단(이탈집단)<br>• 범죄자<br>• 약물중독자<br>• 공산주의자 |

**☑ 틀린 선지**

㉣ 이탈집단(Deviants)은 사회적 권력이 약하며 사회적 인식도 부정적인 집단임 → 따라서 정책결정자들은 이탈집단에 대해 부담을 주는 정책(강력한 제재 등)을 실시하는 경우가 많지만, 이탈집단은 권력이 약하기 때문에 정부 제재에 강력히 저항하기가 어려움

정답 ③

### 49

**☑ 올바른 선지**

㉠ 동원형은 국민을 설득하는 과정을 중시하므로 행정PR활동을 강조함

**☑ 틀린 선지**

㉡ 동원형은 정부가 의제를 일방적으로 채택한 후 행정PR을 통해 공중의제화 하는 것으로 주로 최고통치자가 정책의제 설정을 주도하며, 전문가의 합리적 결정에 의존함

㉢ 외부주도형은 일반 국민이 의제를 주도하므로 의사결정에 많은 시간이 필요함

㉣ 외부주도형은 다양한 사람의 견해를 반영하는 과정에서 집단 간의 진흙탕싸움이 발생하지만, 의사결정시 많은 사람이 관여했으므로 집행은 신속하게 진행됨

정답 ①

# 50 ★★

정책의제설정모형에 대한 다음 설명 중 옳은 것을 모두 고르시오.

> ㉠ 포자모형은 정책문제가 제기되는 환경보다는 정책문제의 성격이 정책의제설정에 큰 영향을 미친다고 보았다.
> ㉡ 이슈관심주기모형에 따르면 공공의 관심을 끌기 위한 개별 이슈들은 치열한 경쟁관계에 있으며, 각각의 이슈들은 생명 주기가 있다고 보았다.
> ㉢ 동형화모형은 동형화현상으로 인한 정부 간 정책 전이로 인해 특정 사회문제가 정책의제화 된다고 보았다.
> ㉣ 이익은 분산되고 비용은 집중되는 정책문제는 정책의제화가 용이하다.
> ㉤ 킹던(Kindon)의 '정책창 모형'은 상호 분리되어 독립적으로 흐르는 문제의 흐름, 정책의 흐름, 정치의 흐름이 어떤 계기로 서로 우연히 결합했을 때 정책의 창이 열려 정책의제화된다고 보았다.

① 1개  ② 2개
③ 3개  ④ 4개

## 정답 및 해설

**50**

**☑ 올바른 선지**

㉡ 이슈관심주기모형에 따르면 공공의 관심을 끌기 위한 개별 이슈들은 치열한 경쟁관계에 있으며, 각각의 이슈들은 국민의 관심도에 따른 생명 주기가 있음

㉢ 동형화이론은 모방적 동형화, 강압적 동형화, 규범적 동형화 등을 통한 정부 간 정책전이로 특정 사회문제가 정부의제화 된다고 보았음

㉤ 킹던의 정책창 모형은 문제흐름, 정책흐름, 정치흐름이 상호 독립적인 경로를 따라 진행되다가 점화계기에 의해 각 흐름이 결합되면서 정책창이 개방되는 현상을 설명함

**☑ 틀린 선지**

㉠ 포자모형은 곰팡이의 포자가 적당한 환경이 조성되어야 비로소 균사체로 성장하듯이, 사회문제도 유리한 환경이 조성되어야 정책의제화 된다고 봄 → 즉, 의제설정과정에서 환경의 중요성을 강조함

㉣ 이익은 분산되고 비용은 집중되는 경우, 비용을 부담하는 집단의 저항이 발생하는 까닭에 의제화가 어려움

정답 ③

## 51 ★

조직목표 변동에 관한 설명으로 옳지 않은 것은?

① 원래의 목표가 다른 목표로 전환되는 것이 목표의 대치 또는 전환이다.
② 목표가 달성되었거나 달성이 불가능한 경우 본래의 목표를 새로운 목표로 교체하는 것이 목표의 승계이다.
③ 동종목표의 수 또는 이종목표가 늘어나는 것이 목표의 추가이다.
④ 미헬스의 과두제 철칙은 목표의 승계를 설명한 것이다.

## 52 ★

다음 보기 내용에 해당하는 개념을 고르시오.

> 미헬스(Michels)는 제1차 세계대전 이전 여러 유럽 국가들의 사회주의 정당과 노동조합 지도자들의 활동에 대한 연구를 통해 '과두제의 철칙(iron law of oligarchy)' 개념을 설명하였다. 그는 연구에서 사회주의 정당과 노동조합 지도자들이 지도자로서의 지위를 획득한 후 본래의 목표인 사회변혁이나 노동자의 권익을 추구하기보다는 자신들의 지위유지에 급급하는 모습을 발견하였다.

① 목표의 확대(goal expansion)
② 목표의 승계(goal succession)
③ 목표의 추가(goal multiplication)
④ 목표의 대치(goal displacement)

### 정답 및 해설

**51** 미헬스의 과두제 철칙에 따르면 많은 의사결정 권한이 조직의 상층부에 집중되면, 이를 바탕으로 사익추구를 할 수 있는바 본래의 목표가 아닌 다른 목표를 추구할 수 있음 → 따라서 미헬스의 과두제 철칙은 목표의 대치 혹은 전환을 설명할 수 있음
① 원래의 목표가 다른 목표(사익추구 등)로 전환되는 것이 목표의 대치 또는 전환·왜곡임
② 목표가 달성되었거나 달성이 불가능한 경우 본래의 목표를 새로운 목표(중립적인 목표)로 교체하는 것이 목표의 승계임
③ 선지는 목표의 다원화, 즉 추가에 대한 내용임 → 예 대학교가 교육목표 외에 사회봉사목표를 추가하는 것

정답 ④

### 정답 및 해설

**52** 목표의 대치는 미헬스(Michels)의 '과두제의 철칙(iron law of oligarchy)' 현상에 가장 부합하는 조직목표 변동 유형임
➕목표의 대치 : 조직의 본래 목표를 망각하고 목표를 달성하기 위한 수단이 목표로 바뀌거나 본래 목표를 새로운 목표(예 : 사익추구)로 전환하는 현상
①②③

| 목표의 승계 | 본래의 목표를 이루거나 표방한 목표를 달성할 수 없을 때, 새로운 목표를 설정 후 조직이 존속하는 것 ; 혹은 본래 표방한 목표를 달성할 수 없거나 조직목표를 달성하였을 때, 새로운 목표(같은 유형의 다른 목표)를 발견하여 선택하는 것 |
|---|---|
| 목표의 추가 (다원화) | ① 기존의 목표 + 새로운 목표 → 동종목표의 수 또는 이종목표가 늘어나는 것 <br> ② 예 대학교가 교육목표 외에 사회봉사목표를 추가하는 것 |
| 목표의 확대 | ① 목표의 범주를 확대하거나 목표의 수준을 높이는 것 <br> ② 예 월드컵 16강 → 월드컵 8강 |

정답 ④

# 53 ★★

조직목표 변동의 한 유형으로 조직이 추구하고자 하는 원래의 목표가 다른 목표로 뒤바뀌어 조직의 목표가 왜곡되는 현상을 일컫는 용어는?

① 목표의 대치  ② 목표의 추가
③ 목표의 승계  ④ 목표의 비중변동

# 54 ★★★

비용편익분석에 관련한 설명 중 옳지 않은 것은?

① 미래에 발생할 비용과 편익을 화폐적 단위로 표시하고 계량적인 환산을 한다.
② 순현재가치가 0보다 크면 경제적 타당성이 있다고 판단한다.
③ 높은 시간적 할인율은 장기투자에 유리하다.
④ 내부수익률은 공공프로젝트를 평가하는 데 적절한 할인율이 알려져 있지 않을 경우 유용하게 사용할 수 있다.

# 55 ★★

비용효과분석에 대한 설명으로 옳은 것은?

① 모든 관련 요소를 공통의 가치 단위로 측정한다.
② 경제적 합리성과 정책대안의 효과성을 강조한다.
③ 시장가격에 대한 의존도가 낮으므로 민간부문의 사업대안 분석에 적용가능성이 낮다.
④ 무형적 가치 분석에 적합하지 않다.

# 56 ★★★

비용편익분석에 대한 설명으로 옳지 않은 것은?

① 비용은 금전적 가치로, 효과는 측정가능한 산출물단위로 산정하여 분석하는 방식이다.
② 동종 사업뿐만 아니라 이종 사업 간에도 정책 우선 순위를 비교할 수 있다.
③ 비용편익비가 1보다 큰 사업은 경제적으로 타당성이 있다고 볼 수 있다.
④ 높은 할인율을 적용하면 장기간에 걸쳐 편익이 발생하는 장기 투자에 불리하다.

## 정답 및 해설

**53** 조직이 추구하고자 하는 원래의 목표가 다른 목표(사익추구 혹은 규칙에 대한 집착)로 뒤바뀌어 조직의 목표가 왜곡되는 현상은 목표의 대치 혹은 목표의 전환임
② 목표의 추가 : 기존 목표에 새로운 목표를 추가하는 것
③ 목표의 승계 : 본래 표방한 정책목표를 달성하였거나 표방한 목표를 달성할 수 없을 경우 새로운 목표를 재설정하는 것
④ 목표의 비중변동 : 목표의 우선순위가 변화하는 현상 ; IMF시기에 민주성보다 능률성을 우선적으로 추구하는 현상

정답 ①

**54** 현재가치는 할인율이 높을수록 그 가치는 작아짐 → 따라서 높은 시간적 할인율은 장기투자에 불리하고 낮은 할인이 단기투자에 유리함
① 비용편익분석은 비용과 편익의 비교를 위해 양자를 화폐가치로 환산함
② 순현재가치 : 편익의 현재가치 − 비용의 현재가치 → 순현재가치가 0보다 큰 사업은 사업의 타당성이 있다는 것
④ 내부수익률은 할인율이 알려져 있지 않을 경우 연구자가 순현재가치를 0으로 만드는 할인율을 예상수익률로 간주하는 방식임

정답 ③

**55** 비용효과분석은 효과를 금전으로 표시하지 않아도 되므로 시장가격에 대한 의존도가 낮아 민간부문의 사업대안 분석보다는 상대적으로 무형적 가치 등을 분석해야 하는 공공부문의 사업분석에 더 유용한 기법임
① 모든 관련 요소를 공통의 가치단위인 금전으로 측정하는 것은 비용효과분석이 아니라 비용편익분석임
② 비용효과분석은 정책대안의 기술적 합리성(효과성)을 강조하며, 경제적 합리성(능률성)은 비용편익분석에서 강조됨
④ 비용효과분석은 효과를 금전으로 표시하지 않아도 되므로 무형적 가치 분석에 적합함

정답 ③

**56** 선지는 비용효과분석에 대한 내용임 → 비용편익분석은 비용과 편익을 화폐적 가치로 표현하고 장기적인 시각에서 분석함
② 비용편익분석은 비용과 편익을 화폐가치로 바꿀 수만 있다면 동종 사업뿐만 아니라 이종 사업 간에도 정책 우선 순위를 비교할 수 있음
③ 비용편익비 기준에 따르면 비용과 편익의 비를 따졌을 때, 1보다 큰 사업은 경제적으로 타당성이 있음
④ 할인율이 높을 경우 단기 투자에 유리함

정답 ①

## 57 ★

비용편익분석에서 가장 먼저 전제되어야 하는 것은?

① 화폐가치로 환산이 가능해야 한다.
② 편익비용비율이 1보다 커야 한다.
③ 이자율보다 투자수익률이 높아야 한다.
④ 현재가치로 나타낼 수 있어야 한다.

## 58 ★★★

비용편익분석에 대한 다음 설명 중 옳은 것은?

① 비용편익분석시 미래가치를 계산할 때 단리법을 사용한다.
② 순현재가치(NPV)가 1보다 크거나 비용편익비(B/C ratio)가 0보다 크면 사업의 타당성이 있다.
③ 내부수익율(IRR)이 기준할인율보다 크다면 일단 사업의 타당성이 있다고 판단할 수 있다.
④ 순현재가치(NPV)와 내부수익율(IRR) 값이 상이할 경우 내부수익율(IRR)을 우선적으로 적용하는 것이 바람직하다.

## 59 ★

할인율에 대한 다음 설명 중 옳지 않은 것은 모두 몇 개인가?

> ㉠ 할인율이 동일하다면 비용과 편익이 발생하는 시점이 멀수록 현재가치는 높아진다.
> ㉡ 높은 할인율을 적용하면 단기투자보다는 장기투자에 유리하다.
> ㉢ 자본의 기회비용은 할인율 결정의 기준이 될 수 없다.
> ㉣ 비용에 비해 효과가 장기적으로 발생한다면, 할인율이 높을수록 현재가치가 커져 경제적 타당성이 높게 나타난다.
> ㉤ 적절한 할인율이 주어져 있지 않을 때는 내부수익율 기준을 사용하며, 내부수익율이 작을수록 사업의 우선순위가 있다.

① 5개   ② 4개
③ 3개   ④ 2개

### 정답 및 해설

**57** 비용편익분석은 먼저 비용과 편익의 화폐가치 표시가 가능해야 함
② 편익비용비는 편익을 비용으로 나눈 값이 1보다 커야 사업의 타당성이 있다고 보는 개념임
③ 이자율보다 투자수익률이 낮다면 투자금을 은행에 맡기는 게 합리적임
④ 비용과 편익을 비교하려면 미래에 발생할 편익 등을 현재 시점으로 전환해야 함

정답 ①

**58** 내부수익율(IRR)은 투자의 예상수익률로 기준할인율보다 크다면 일단 사업의 타당성이 있다고 판단할 수 있음 → 선지에서 기준할인율은 시중금리를 나타냄
① 비용편익분석시 미래가치를 계산할 때 복리법을 적용함
② 순현재가치가 0보다 크거나 비용편익비가 1보다 크면 사업의 타당성이 있음
④ 순현재가치와 내부수익율 값이 상이할 경우 순현재가치를 우선적으로 적용하는 것이 바람직함

정답 ③

### 정답 및 해설

**59** 모두 틀린 지문임

☑ 틀린 선지
㉠ 할인율이 동일하다면 비용과 편익이 발생하는 시점이 멀수록 현재가치가 낮아짐
㉡ 높은 할인율을 적용하면 장기투자보다는 단기투자에 유리함
㉢ 자본의 기회비용은 할인율 결정의 기준이 될 수 있음 → 자본의 기회비용: 자원이 공공사업에 사용되지 않고 민간사업에 사용되었을 때 획득할 수 있는 수익률을 공공사업의 할인율로 정하는 방법
㉣ 비용에 비해 효과가 장기적으로 발생한다면, 할인율이 높을수록 현재가치가 작아져 경제적 타당성이 낮게 나타남
㉤ 적절한 할인율이 주어져 있지 않을 때는 내부수익율 기준을 사용하며, 내부수익율이 클수록 사업의 우선순위가 있음

정답 ①

## 60 ★★★

다음 비용효과분석에 대한 설명 중 틀린 것은?

① 화폐단위로 측정하는 문제를 피하기 때문에 비용편익분석보다 훨씬 쉽게 적용할 수 있다.
② 비용효과분석은 시장가격에 기초하여 효과를 측정한다.
③ 비용효과분석은 외부효과나 무형적인 것의 분석에 용이하다.
④ 고정비용의 문제나 고정효과의 문제를 다루는 데 적합하다.

## 61 ★

A사업을 집행하기 위하여 소요된 총비용은 50억 원이고, 1년 후의 예상총편익은 60억 원일 경우에, 내부수익률은 얼마인가?

① 60%  ② 50%
③ 20%  ④ 10%

## 62 ★★

미래예측기법 중 브레인스토밍에 대한 설명으로 가장 적절하지 않은 것은?

① 누구나 자유롭게 발언할 수 있으며, 다른 아이디어에 편승한 창안을 적극 유도하는 주관적·질적 분석기법이다.
② 각각의 제안되는 아이디어에 대한 평가가 현장감 있게 진행되어야 한다.
③ 광범위하고 복잡한 문제보다는 주제가 한정된 경우에 적합한 회의방식이다.
④ 우스꽝스럽거나 비현실적인 아이디어의 제안도 허용해야 한다.

---

### 정답 및 해설

**60** 아래의 내용 참고

**🗎 비용효과분석**

> • 비용효과분석은 화폐가치로 환원하기 어려운 개념, 즉 범죄율 등을 활용하므로 시장가격의 메커니즘에 전적으로 의존하지 않으며, 사회적 후생(사회구성원들의 복지 수준을 화폐가치로 표현한 개념)을 나타내기 어려움
> • 비용효과분석은 효과를 화폐가치로 환산하기 어려울 경우 이용함 → 공공분야에서 유용하게 활용
> • 비용효과 분석에서 비용은 화폐가치로 측정하나 효과는 결과 단위 자체로 측정하기 때문에 비용과 효과의 단위가 상이함 → 이로 인해 비용과 효과를 직접 비교할 수 없으며, 두 개 이상의 사업을 비교할 경우 동종사업 간에는 비교할 수 있지만, 단위가 다른 이종사업 간에는 비교하기 곤란하다는 단점을 지님

③ 비용효과분석은 정책효과, 즉 외부효과나 화폐로 환산하기 어려운 무형적인 것의 분석에 용이함
④ 비용효과분석에서 대안을 선택하는 방법은 아래와 같음
  ㉠ 효과 고정 : 범죄율을 20% 낮추는 것을 목표로 했을 때, 적은 비용이 소요되는 대안 선택
  ㉡ 비용 고정 : 20억을 각 비용에 투자한다고 했을 때, 범죄율을 더 낮출 수 있는 대안 선택

정답 ②

**61** 비용은 현재 발생하고 편익은 미래에 발생한다면 내부수익율은 총비용 = 총편익/$(1 + r)^n$으로 계산할 수 있음 → 따라서 $50 = 60 \times 1/1 + r$이므로, r은 0.2임

정답 ③

**62** 많은 아이디어를 얻는 것이 목적이므로 각각의 아이디어에 대한 비판과 평가는 최대한 자제되어야 함
①④
브레인스토밍은 양우선, 편승기법이며, 결과예측기법 중 주관적 기법에 해당함
③ 브레인스토밍은 한정된 주제에 대해 많은 아이디어를 수집하는 회의방식임

정답 ②

# 63 ★★

집단적 문제해결기법에 대한 설명으로 옳은 것은?

① 명목집단기법에서는 전통적인 회의방법과는 달리 의견교환을 하는 것이 항상 허용된다.

② 델파이기법을 쓰면 지배적 성향을 가진 사람의 독주와 다수의견의 횡포 등을 피할 수 있다.

③ 브레인스토밍에서는 다른 사람의 아이디어에 자기 의견을 첨가해 새로운 아이디어로 꾸미는 것이 제한된다.

④ 변증법적 토론기법은 토론집단을 의견이 유사한 두 개의 팀으로 나누어 토론을 진행하여 합의를 도출해내는 기법이다.

# 64 ★★

미래예측의 기법을 연장적 예측, 이론적 예측, 직관적 예측으로 분류하였다. 다음 중에서 이론적 예측 기법은 모두 몇 개인가?

| | |
|---|---|
| ㉠ 시계열분석 | ㉡ 선형경향추정 |
| ㉢ 구간추정 | ㉣ 회귀분석 |
| ㉤ 상관분석 | ㉥ 정책델파이 |
| ㉦ 교차영향분석 | ㉧ 브레인스토밍 |

① 2개  ② 3개
③ 4개  ④ 5개

---

**정답 및 해설**

**63** 델파이 기법은 철저한 익명성을 전제로 하는바 구성원 간의 성격 마찰, 감정대립, 지배적 성향을 지닌 사람의 독주, 다수의견의 횡포, 집단사고 등을 피할 수 있음

① 명목집단기법에서는 전통적인 방법과는 달리 모든 아이디어가 제시된 이후 제한된 토의를 거쳐 투표로 의사결정을 하는 기법임

③ 브레인스토밍에서는 다른 사람의 아이디어에 자기 의견을 첨가해 새로운 아이디어로 꾸미는 편승기법(piggy backing)이 가능함

④ 변증법적 토론기법은 토론집단을 의견이 상이한 두 개의 팀으로 나누어 토론을 진행하여 합의를 도출해내는 기법임

정답 ②

---

**정답 및 해설**

**64**

☑ **올바른 선지**

㉢㉣㉤

구간추정, 회귀분석, 상관분석은 이론적 예측 기법에 해당함

☑ **틀린 선지**

㉠㉡

시계열분석과 선형경향추정은 연장적 예측에 속함

㉥㉦㉧

정책델파이, 교차영향분석, 브레인스토밍은 직관적(주관적) 예측 기법임

정답 ②

# 65 ★★★

**델파이기법에 대한 설명으로 옳지 않은 것은?**

① 상호 토론 없이 각각 독자적으로 형성된 전문가들의 판단을 조합·정리하는 방법이다.
② 통계처리 등을 통한 통제된 환류과정을 반복한다는 점에서 객관적 예측기법이다.
③ 1948년 미국 랜드(RAND) 연구소의 연구진에 의해 개발되어 공공부문이나 민간부문의 예측 활동에 활용하고 있다.
④ 의견을 수렴하는 모든 단계에서 익명성이 보장된다.

# 66 ★

**다음 중 델파이 기법의 절차나 요소에 대한 설명으로 가장 적절하지 않은 것은?**

① 전문가 집단에게 예측하고자 하는 문제나 관련된 분야에 대하여 설문지를 배부한다.
② 설문지의 응답 내용을 통계 처리한 뒤에 결과물을 다시 동일 전문가에게 발송하여 처음의 의견을 수정할 것인지를 물어서 결과를 회신하도록 한다.
③ 변수 간의 상관성을 분석하는 기법이다.
④ 문제나 이슈에 대한 전문가를 선정한다.

# 67 ★★

**다음의 정책분석기법 중 주관적 예측기법을 옳게 연결한 것은?**

| ㉠ 델파이 기법 | ㉡ T-검정 |
|---|---|
| ㉢ 교차영향분석 | ㉣ 정책델파이 기법 |
| ㉤ 회귀분석 | ㉥ 시계열분석 |
| ㉦ 상관관계분석 | ㉧ 구간추정 |

① ㉠, ㉥, ㉦
② ㉡, ㉢, ㉦
③ ㉡, ㉣, ㉧
④ ㉠, ㉢, ㉣

**65** 델파이기법은 전문가들의 의견을 수용하므로 주관적 예측기법임
①④
델파이기법은 절대적 익명성을 유지하면서 전문가들의 판단을 조합·정리하는 방법임
③ 델파이기법은 그리스 현인들이 미래를 예견하던 아폴로 신전이 위치한 도시의 이름을 따서 붙여진 이름으로 1948년 미국 랜드(RAND) 연구소의 연구진에 의해 개발되어 공공부문이나 민간부문의 예측 활동에 활용하고 있음

정답 ②

**66** 선지는 상관분석에 대한 내용임 → 델파이 기법은 익명성이 보장된 상태에서 토론 없이 독자적으로 형성된 동일 영역의 일반 전문가들의 판단을 종합하여 정리하는 기법임
① 델파이기법은 구조화된 조사지를 구성 후, 우편 혹은 이메일 등을 통해 누가 조사에 참여하는지 알려지지 않고 각 참여자의 견해를 조사함
② 델파이기법에서 전문가는 연구자에게 견해를 제시하고 연구자는 이를 피드백하는 과정을 거침

정답 ③

**67** 델파이 기법(㉠), 교차영향분석(㉢), 정책델파이 기법(㉣)이 주관적 예측에 포함됨 → 시계열분석(㉥)은 투사에 의한 예측이며, T-검정(㉡), 회귀분석(㉤), 상관관계분석(㉦), 구간추정(㉧)은 이론(모형)에 의한 예측임

정답 ④

# 04 정책결정

CHAPTER

✔학습체크 ■ ■ ■

⚖

♀ 기본서 p.150 – 160

## 68 ★★★

다음은 정책결정모형 가운데 점증주의모형에 대한 설명이다. 가장 타당하지 않은 것은?

① 정책결정 과정이 소수 몇몇 집단에 의해 주도될 가능성이 있다.
② 사회가 불안정할 때에는 적용이 곤란하다.
③ 기존 정책이 잘못된 것이면 악순환이 초래된다.
④ 환경 변화에 대한 적응력은 강하나, 혁신이 저해될 가능성이 있다.

## 69 ★★★

다음 중 점증주의적 정책결정에 대한 설명으로 옳지 않은 것은?

① 점증주의는 현실에서 이루어지는 정책결정의 실상을 비교적 정확하게 기술하고 있다.
② 인간의 제한된 합리성과 다원주의의 정치적 정당성을 정교하게 결합시켰다.
③ 정치적 갈등을 줄이고 실현 가능성을 확보하여, 정책결정과 집행을 용이하게 한다.
④ 비가분적(indivisible) 정책의 결정에 적용하기 용이한 모형이다.

**정답 및 해설**

**68** 점증모형은 (급격한) 환경 변화에 대한 적응력이 취약하며, 혁신이 저해될 가능성이 있음
① 점증모형은 다양한 이해관계의 정치적 조정 및 정치적 합리성을 중시함 → 그러나 타협의 과정에서 집단이기주의가 발생할 가능성이 있음
② 점증모형은 사회가 불안정한 사회, 즉 개도국과 같은 국가에서는 적용이 곤란함
③ 기존 정책이 근본적으로 잘못된 경우, 가감식 결정을 통해 문제를 해결할 수 없음

정답 ④

**정답 및 해설**

**69** 점증모형은 점진적 결정을 추구하므로 가분적 정책결정에 적용하기 용이함
① 점증주의는 제한된 합리성을 인정하는바 현실적인 모델임
② 점증모형은 인간의 제한된 합리성과 정치적 합리성을 중시함
③ 점증모형은 제한된 합리성과 다양한 사람의 견해를 수용하므로 정치적 갈등을 줄이고 실현 가능성을 확보하여, 정책결정과 집행을 용이하게 함

정답 ④

정답 ④

정답 ④

Part 02 정책학

116

# 70 ★★★

## 의사결정모형에 대한 설명으로 가장 옳지 않은 것은?

① 합리모형은 대안을 포괄적으로 탐색하고 대안의 결과도 포괄적으로 고려한다.
② 합리모형은 국가권력이 사회 각 계층에 분산된 사회에서 주로 활용된다.
③ 점증모형은 다원화된 민주사회에 적합하다.
④ 합리모형은 연역적 분석에 기초한다.

# 71 ★★★

## 만족모형에 대한 비판으로 옳은 것만을 모두 고르면?

> ㄱ. 책임회피의식과 보수적 사고가 지배적인 상황에서 혁신을 이끄는 데 한계가 있다.
> ㄴ. 만족에 대한 기대수준을 지나치게 명확히 규정하여 획일적인 의사결정 구조가 나타난다.
> ㄷ. 조직 내 상하관계 등에서 나타나는 권력적 측면이 의사결정에 미치는 영향을 간과한다.
> ㄹ. 일반적이고 가벼운 의사결정과 달리 중대한 의사결정에 적용하기 어려울 수 있다.

① ㄱ, ㄴ    ② ㄱ, ㄹ    ③ ㄴ, ㄷ    ④ ㄷ, ㄹ

### 정답 및 해설

**70** 합리모형은 국가권력이 집중된 집권적 사회에서 주로 활용되고, 점증모형은 국가권력이 사회 각 계층과 집단에 분산된 분권적 사회에서 주로 활용됨
① 합리모형은 정책결정시 모든 정보를 탐색함
③ 점증모형은 다수 합의를 중시하는바 다원화된 민주사회에 적합함
④ 합리모형은 명료한 데이터를 기초로 명제를 추론함

정답 ②

**71**

📖 올바른 선지
ㄱ. 만족모형은 만족할만한 수준의 의사결정을 추구하므로 혁신적 결정을 저해할 수 있음
ㄹ. 만족모형은 모든 정보를 탐색하지 않는 까닭에 중대한 의사결정에 적용하기 어려울 수 있음

📖 틀린 선지
ㄴ. 만족할만한 수준은 '주관적인 표현'임
ㄷ. 선지는 회사모형에 대한 내용임

정답 ②

# 72 ★★★

## 정책결정모형의 하나인 쓰레기통모형에 관한 설명으로 옳지 않은 것은?

① 조직화된 무정부상태(organized anarchy)에서 이루어지는 의사결정을 설명한다.
② 상하위 계층적 관계를 지니지 않은 참여자들에 의하여 의사결정이 이루어지는 경우에 적용할 수 있다.
③ 의사결정의 네 가지 요소인 정책문제, 해결방안, 참여자, 선택기회가 초기부터 서로 강한 상호작용을 통하여 나타나는 의사결정이다.
④ 고도로 불확실한 조직상황에서 이루어지는 의사결정 과정을 기술하고 설명하는 모형이다.

### 정답 및 해설

**72** 쓰레기통 모형은 갖가지 쓰레기가 우연히 한 쓰레기통 속에 모이듯이 의사결정에 필요한 4가지 구성요소가 서로 관련없이 독자적으로 흘러 다니다가 우연히 통 안으로 들어와 한 곳에 모두 모일 때 비로소 의사결정이 이루어지는 현상을 설명함
①②④
쓰레기통모형은 결정자 간 수평적 관계에서 발생하는 조직화된 무정부상태(특징이 있는 혼란상태)에 기초한 비합리적 결정을 설명함

정답 ③

# 73

★★★

**쓰레기통 의사결정 모형에 대한 설명으로 옳지 않은 것은?**

① 결정에 참여하는 사람들의 선호는 불확정적이다.

② 점화계기(triggering event)는 의사결정의 네 가지 요소를 우연히 결합시키는 충격이나 중대한 사건이다.

③ 진빼기 작전은 조직화된 무정부 상태에서 인적·물적 자원의 여유가 있을 때 막후 실력자에게 의존하는 방식이다.

④ 날치기 작전은 조직화된 무정부 상태에서 중심적 문제의 해결을 재빨리 결정하는 방식이다.

# 74

★★★

**쓰레기통 모형에 대한 설명으로 틀린 것은?**

① 극도로 불합리한 집단적 의사결정을 설명하기 위한 이론이며, 결정의 우연성을 강조하는 모형이다.

② 대학사회나 친목단체와 같은 조직의 의사결정을 설명하는 데 적합한 모형이다.

③ 선호는 확정되어 있으나 인과관계를 의미하는 기술이 불명확한 조직의 의사결정을 설명하는데 적합한 모형이다.

④ 조직화된 무정부 상태에서는 의사결정에 필요한 문제, 해결책, 참여자, 의사결정기회가 상호연계성 없이 흘러 다닌다.

**정답 및 해설**

**73** 진빼기 결정(choice by flight)은 관련된 문제의 주장자들이 자신의 주장을 되풀이하다가 힘이 빠져 다른 기회를 찾을 때 의사결정을 하는 것임

① 불분명한 선호에 대한 설명임

② 점화계기(triggering event)는 의사결정의 네 가지 요소를 결합시키는 우연한 사건임

④ 날치기 작전은 대충결정하는 현상임

정답 ③

**정답 및 해설**

**74** 쓰레기통 모형은 불확정적 선호, 불명확한 기술, 일시적 참여자 등을 특징으로 하는 조직의 의사결정을 설명하는데 적합한 모형임

① 쓰레기통모형은 불확실성 하에서 우연히 발생하는 비합리적인 집단 의사결정을 설명함

② 쓰레기통모형은 위계질서가 불분명한 관계에서 발생하는 현상을 기술하고 있음

④ 쓰레기통모형에 따르면 의사결정에 필요한 조건은 문제, 해결책, 참여자, 의사결정 기회임 → 이는 우연한 사건이 발생하기 전에 상호연계성 없이 흘러 다님

정답 ③

## 75 ★★★

정책결정모형에 관한 설명 중 가장 옳지 않은 것은?

① 최적모형은 경제적 합리성보다는 직관적 판단을 기본 원리로 삼는다.
② 점증모형은 기존의 정책을 수정 보완해 약간 개선된 상태의 정책 대안을 채택한다.
③ 혼합모형은 점증모형과 합리모형의 절충을 시도한다.
④ 쓰레기통모형은 불확실성이 큰 상황에서 설명력이 높다.

## 76 ★★★

정책결정이론인 회사모형에 관한 설명으로 옳지 않은 것은?

① 사이어트(R. Cyert)와 마치(J. March)가 주장한 것으로 연합모형이라고 불리기도 한다.
② 결정과정에서는 집단 간에 요구가 모두 수용되지 않고 타협하는 수준에서 대안을 찾는다.
③ 문제의 흐름, 해결책의 흐름, 선택기회의 흐름, 참여자의 흐름이 만나서 의사결정을 하게 된다.
④ 정책결정 능력의 한계로 말미암아 관심이 가는 문제 중심으로 대안을 탐색한다.

## 77 ★★

정책결정의 혼합주사모형에 대한 설명으로 옳지 않은 것은?

① 합리모형과 점증모형을 절충한 모형이다.
② 점증적 결정은 기본적 결정의 테두리 안에서 행하여진다.
③ 행정이 위기적 상황에 놓여 있는 경우 점증주의적 결정을 취한다.
④ 정보의 수집·처리능력에 따라 정책결정자의 주사전략의 범위가 결정된다.

---

**정답 및 해설**

**75** 최적모형은 경제적 합리성을 기본원리로 하면서 직관적 판단을 가미함

☑ **최적모형(Dror)**

(1) 양적인 동시에 질적인 모형
(2) 기본적으로는 경제적 합리성을 중시하는 합리모형
(3) 경제적 합리성뿐만 아니라 직관, 판단, 창의 등 초합리성 중시
(4) 결정능력의 향상을 위해 정책집행의 평가와 환류기능 강조
(5) 정책결정 단계를 초(메타)정책결정단계, 정책결정단계, 후정책결정단계로 구분하고 초정책결정단계 중시

② 점증모형은 다양한 사람의 견해를 수용하여 기존의 정책을 수정 및 보완하는 결정을 추구함
③ 혼합모형은 세부적 결정에 활용되는 점증모형과 근본적 결정에 사용되는 합리모형을 혼용함
④ 쓰레기통모형은 조직화된 무정부상태, 즉 불확실성이 큰 상황에서 발생하는 비합리적 의사결정을 설명하고 있음

**정답** ①

---

**정답 및 해설**

**76** 선지는 쓰레기통 모형에 대한 내용임
① 회사모형은 사이어트(R. Cyert)와 마치(J. March)가 주장한 것으로 조직을 느슨하게 연결된 하위부서의 연합체로 간주함 → 연합모형
② 갈등의 준해결에 대한 내용임
④ 문제중심의 탐색에 해당함

**정답** ③

**77** 해결할 중요한 문제가 존재하는 위기적 상황에 행정이 놓여있는 경우 먼저 포괄적인 관찰·주사를 하여 기본적 결정을 내리게 되며, 사태가 안정되면 그 테두리 안에서 점증주의적 결정을 추구함 → 또한, 사태의 추이에 따라서 기본적 결정과 점증적 결정 간 신축성 있는 조정이 이루어짐
① 애치오니의 혼합주사모형은 합리모형(근본적 결정에 활용)과 점증모형(세부적 결정에 적용)을 절충한 모형임

**정답** ③

## 78 ★★

Allison의 의사결정모형 중 관료정치모형에 대한 설명으로 가장 타당한 것은?

① 정치게임에는 규칙적인 행동경로가 존재하지 않는다.
② 행위자들은 당장의 대안보다는 총체적인 정책분석에 보다 큰 관심을 갖는다.
③ 정책결정의 행위 주체는 독자성이 높은 다수 행위자들의 집합이다.
④ 행위자들 간의 목표공유 수준은 높은 편이다.

## 79 ★★★

다음 중 앨리슨(G. T. Allison)이 의사결정의 본질에 대해 주장한 내용으로 가장 적절하지 않은 것은?

① 정부 정책을 예측하고 설명하기 위한 합리모형은 심리적, 정치적 변수를 고려하지 않은 약점이 있다고 지적한다.
② 합리모형의 대안으로 조직과정모형과 관료정치모형을 제시한다.
③ 소련에 대한 미국의 쿠바 해안 봉쇄 대응사례를 통해 정책결정과정을 설명한다.
④ 분석가는 동일한 사건이나 현상에 대해 동일한 이론모형을 적용해야 한다고 주장한다.

### 정답 및 해설

**78** 관료정치모형은 정책결정의 행위 주체를 독자성이 높은 다수 행위자의 집합으로 봄
① 관료정치모형에서 발생하는 경쟁, 협상, 타협 등의 정치적 게임에는 어느 정도의 규칙적인 행동경로가 있음
② 각 행위자들은 국가 전체의 총체적인 정책분석보다 당장 활용할 수 있는 대안의 선택에 더 많은 관심을 갖음
④ 행위자들의 목표는 국가, 조직, 조직단위, 개인의 목표를 혼합한 것이며, 행위자들 사이의 목표공유 수준은 낮음

정답 ③

**79** 앨리슨은 1960년대 초 쿠바미사일 사건과 관련된 의사결정을 분석한 후 3가지 모형(합리적 행위자모형, 조직과정모형, 관료정치모형)을 혼합한 엘리슨 모형을 제시하였음 → 실제 정책결정에서는 어느 하나의 모형이 아니라 세 가지 모형 모두 적용될 수 있음
① 합리모형은 의사결정시 경제적 합리성을 중시함

정답 ④

## 80 ★

다음 〈보기〉에서 설명하는 정책결정모형으로 가장 적절한 것은?

이 모형은 수요와 공급의 관점에서 정부정책을 검토하는데, 정부가 공공재의 공급자이고 시민들은 수요자가 된다. 시민의 편익을 극대화할 수 있는 서비스의 공급과 생산은 공공부문의 시장경제화를 통해 가능하다는 것이다. 독점적 정부 관료제는 정부실패를 가져오기 때문에 시민 개개인의 선호와 선택을 존중하고 경쟁을 통해 서비스를 생산하고 공급하게 함으로써 행정의 대응성을 높일 수 있다는 것이다. 관료 이기주의를 방지하기 위해 외부계약(contracting-out), 민영화, 정부 부처 간 경쟁 등과 같은 시장 원리를 관료제에 적용시켜야 한다는 것도 이러한 맥락에서 나오는 것이다.

① 혼합주사모형
② 만족모형
③ 회사모형
④ 공공선택모형

### 정답 및 해설

**80** 보기는 집권적 구조를 비판하면서 분권화를 강조한 공공선택론에 대한 내용임
① 혼합주사모형 : 합리모형과 점증모형을 절충한 의사결정모형
② 만족모형 : 만족할 만한 정책결정을 설명하는 모형
③ 회사모형 : 민간회사의 의사결정을 설명한 모델(회사 = 인지적 존재)

정답 ④

# 81 ★★★

**정책결정모형에 관한 다음 설명 중 틀린 것은?**

① 쓰레기통모형은 복잡한 갈등이나 혼란이 존재한다는 전제에 입각한 모형이다.

② 최적모형은 직관적인 판단이나 육감 등의 초합리성을 강조한다.

③ 혼합주사모형에서 점증적 결정이란 나무보다는 숲을 개괄적으로 파악하는 유형의 결정을 말한다.

④ 점증모형은 다원주의 사회를 배경으로 하며 정치적 합리성을 중시하는 모형이다.

# 82 ★★★

**다음 중 정책결정 모형에 대한 설명으로 옳은 것은?**

① 점증주의 의사결정은 정치적 갈등을 높이기도 하지만 혁신적인 정책대안발굴에 도움이 된다.

② 드로어의 최적 모형에서 말하는 메타정책결정(meta-policy making)은 정책을 어떻게 평가할 것인가를 결정하는 '정책평가를 위한 정책결정'을 의미한다.

③ 혼합주사모형에서 거시적 맥락의 근본적 결정에 해당하는 부분에서는 합리모형의 의사결정방식을 따른다.

④ 회사모형의 특성 중 갈등의 준해결이란 시간과 능력의 제약 때문에 정책결정자들은 모든 상황을 고려하기보다 특별히 관심을 끄는 부분에 대해서만 고려한다는 것이다.

---

**정답 및 해설**

**81** 혼합주사모형에서 점증적 결정은 한정된 대안(나무)을 포괄적(자세히)으로 파악하는 유형의 결정임 → 나무보다는 숲을 개괄적으로 파악하는 결정은 합리적 결정임

① 쓰레기통모형은 조직화된 무정부상태를 전제한 모형임

② 최적모형은 직관적 판단(초합리성)과 합리성의 조화를 강조함

④ 점증모형은 민주주의 사회를 배경으로 하며, 제한된 합리성 및 정치적 합리성을 중시함

**정답** ③

---

**정답 및 해설**

**82** 혼합주사 모형은 근본적인 결정과 세부적인 결정으로 나누어 근본적인 결정의 경우 합리모형을, 세부결정의 경우 점증모형을 선별적으로 적용함

① 선지는 합리모형에 대한 내용임

② 메타정책결정단계는 정책결정에 대한 정책결정임

④ 선지는 문제중심의 탐색에 대한 설명임 → 갈등의 준해결은 조직 내 하위조직 사이의 상이한 목표로 인한 갈등을 부서 간 협상을 통해 해결하는 현상임

**정답** ③

# 83 ★★★

## 정책결정모형에 대한 설명으로 옳은 것은 모두 몇 개인가?

가. 만족모형에서 정책담당자는 제한된 합리성으로 인해 모든 대안을 탐색하지 않고 몇 개의 대안만을 무작위적이고 순차적으로 탐색한다.
나. 혼합주사모형은 합리모형과 점증모형의 두 요소를 절충한 것으로 근본적 정책결정은 점증모형을, 부분적 정책결정은 합리모형을 따른다.
다. 쓰레기통모형은 조직화된 무질서 상태에서의 정책결정을 설명하며 정책결정요소들이 우연히 만나 결정이 이루어진다고 본다.
라. 앨리슨(Allison)의 관료정치모형은 조직 하위 계층에 적용가능성이 높고, 앨리슨의 세 가지 모형은 실제 정책결정을 설명하는 데 모두 부분적으로 적용될 수 있다.

① 1개                    ② 2개
③ 3개                    ④ 4개

# 84 ★★★

## 의사결정모형에 대한 다음 설명 중 옳은 것은 모두 몇 개인가?

가. 회사모형은 집단차원의 의사결정모형이며, 갈등의 불완전한 해결을 전제로 한다.
나. 사이버네틱스모형은 완전합리성을 토대로 하는 집단적 의사결정모형이다.
다. 구성원의 응집성이 강하고 조직전체목표를 중시하는 의사결정은 앨리슨의 모형 Ⅰ에서 나타난다.
라. 쓰레기통모형은 문제, 선택기회, 참여자의 흐름이 만나 의사결정이 이루어진다고 보는 이론으로 합리적인 의사결정과정을 설명하려는 모형이다.
마. 정책딜레마는 대안들이 구체적이고 명료하지 못할 때에 주로 나타난다.

① 1개                    ② 2개
③ 3개                    ④ 4개

**정답 및 해설**

**83**
☑ **올바른 선지**
가. 만족모형에서 정책담당자는 인지능력의 한계로 인해 몇 개의 대안을 탐색 후 만족할만한 수준의 결정을 추구함
다. 쓰레기통모형은 조직화된 무정부상태에서 우연한 사건에 따라 발생하는 비합리적 결정을 설명하고 있음

☑ **틀린 선지**
나. 혼합주사모형에서 근본적 결정은 합리모형, 세부적 결정은 점증모형을 적용함
라. 앨리슨(Allison)의 관료정치모형은 조직 상위 계층에 적용가능성이 높음

정답 ②

**정답 및 해설**

**84**
☑ **올바른 선지**
가. 회사모형은 집단차원의 의사결정모형이며, 갈등의 준해결을 전제로 함
다. 앨리슨 모델 Ⅰ은 합리모형의 특징을 담고 있음

☑ **틀린 선지**
나. 사이버네틱스모형은 제한된 합리성을 토대로 하는 집단적 의사결정모형임
라. 쓰레기통모형은 문제, 해결책, 선택기회, 참여자의 흐름이 만나 의사결정이 이루어진다고 보는 이론으로 비합리적인 의사결정과정을 설명하려는 모형임
마. 정책딜레마는 대안들이 구체적이고 명료하지만 어느 하나의 대안을 선택하지 못하는 상황에서 주로 발생함

정답 ②

# 85 ★★★

다음 중 정책결정모형에 대한 설명으로 가장 적절하지 않은 것은?

① 혼합주사모형은 집단적 차원의 정책결정 모형이다.

② 점증모형은 수단에 의해서 목표가 수정될 수 있다고 본다.

③ 만족모형은 공무원의 보수주의와 책임회피를 심화시킬 수 있다.

④ 최적모형은 지속적 환류를 통하여 정책결정능력의 계속적 고양을 시도한다.

# 86 ★

하이예스(M. Hayes)는 정책결정 상황을 참여자들 간 목표 합의 여부, 수단적 지식 합의 여부에 따라 아래 표와 같이 구분한다. 다음 설명 중 옳지 않은 것은?

| 구분 | 목표 갈등 | 목표 합의 |
|---|---|---|
| 수단적 지식 갈등 | I | II |
| 수단적 지식 합의 | III | IV |

① 상황 I 에서는 점증주의적 결정이 불가피하며, 점증적이지 않은 대안은 입법과정에서 제외될 수밖에 없다.

② 상황 II 에서는 사이버네틱스(cybernetics) 모형에 따라 정책이 결정된다.

③ 상황 III에서는 수단에 대한 합의로 인하여 합리적 의사결정이 이루어진다.

④ 상황 IV에서는 비교적 기술적이고 행정적인 문제가 포함되어 큰 변화가 일어날 수 있다.

**85** 혼합주사모형은 개인적 차원의 정책결정 모형임

② 점증모형은 정책을 집행하면서 점진적 결정을 추구하므로 수단에 의해서 목표가 수정될 수 있다고 봄

③ 만족모형은 만족할 만한 수준의 의사결정을 추구하는바 공무원의 보수주의와 책임회피를 심화시킬 수 있음

④ 최적모형에 따르면 정책집행 후 지속적 환류를 통하여 결정자의 직관적 판단이 고양될 수 있음

정답 ①

**86** 순수한 가치갈등의 문제가 제기되는 (III)에서는 결과는 점증적이겠지만 그 과정에서 복잡한 갈등상황이 전개됨

①②④

☑ 하이예스의 정책결정 상황에 따른 의사결정

| 구분 | 목표 갈등 | 목표 합의 |
|---|---|---|
| 수단적 지식 갈등 | 점증주의 영역 | 수단적인 지식의 문제 → 사이버네틱스 모형 활용 |
| 수단적 지식 합의 | 목표에 대한 갈등의 문제 → 점증모형 활용 | 합리주의 영역 |

정답 ③

CHAPTER **05** 정책집행

♀ 기본서 p.161 - 166

## 87 ★★★

일선관료제(Lipsky)에 대한 다음 설명 중 가장 옳지 않은 것은?

① 집행현장의 다양성과 복잡성 때문에 직무의 자율성이 광범위하다.
② 경찰, 교사, 검사 등이 대표적인 일선관료이다.
③ 일선관료는 정부를 대신하여 시민에게 정책을 직접 전달하는 존재로, 특히 사회경제적 취약계층의 삶에 큰 영향력을 미친다.
④ 일선행정관료의 업무는 업무 간 분할과 경계가 분명하여 객관적 성과측정에 유리하다.

## 88 ★★★

상향적 정책집행에 대한 설명 중 옳지 않은 것은?

① 실제적인 집행과정을 상세히 기술하여 정책집행과정의 인과관계를 보다 잘 설명할 수 있다.
② 집행현장을 있는 그대로 파악하기 때문에 정부 및 민간 프로그램에서의 의도하지 않은 효과까지도 분석할 수 있다.
③ 참여자들의 문제인식에서 논의를 출발하기 때문에 민간조직 및 시장의 역할과 정부 프로그램의 상대적 중요도를 평가할 수 있다.
④ 정책결정자가 사전에 집행과정에서 발생할 수 있는 변수들을 미리 예견할 수 있도록 해 주는 유용한 체크리스트로서의 기능을 제시해 준다.

### 정답 및 해설

**87** 일선관료는 일부 업무의 경우 업무성과를 객관적으로 평가할 기준이 없기 때문에 성과측정이 용이하지 않음
① 지구대 경찰관 등은 일선 현장의 복잡성으로 인해 업무처리시 재량권을 보유하고 있음
② 일선관료 : 대민업무를 수행하면서 하위직급인 공무원
③ 예를 들어, 사회복지직 공무원 등이 있음

정답 ④

### 정답 및 해설

**88** ④는 하향적 접근방법의 특징임
① 상향식은 실제 현장을 상세히 기술하여 정책집행과정의 인과관계를 보다 잘 설명할 수 있음
② 상향식은 실제 집행현장에 맞게 집행하므로 프로그램에서의 의도하지 않은 효과까지도 분석할 수 있음
③ 상향식은 집행 현장의 특수성을 인정하는바 정부 프로그램의 상대적 중요도를 평가할 수 있음

정답 ④

# 89 ★★

다음 중 Lipsky가 주장하는 일선관료제의 특징이 아닌 것은?

① 일선관료는 고객접점으로서 시민들에 대하여 끼치는 영향력이 크다.
② 주민과의 대인적 접촉(face to face)을 통해 인간적 측면에서 업무를 수행한다.
③ 직무수행에 필요한 시간과 자원이 만성적으로 부족하다.
④ 조직 내에서 단순한 집행업무를 수행하기 때문에 직무의 자율성이 제약된다.

# 91 ★★★

립스키(M. Lipsky)의 일선관료제 이론에 대한 설명으로 가장 옳지 않은 것은?

① 일선관료들은 서비스 제공에 있어 상당한 재량권을 보유한다.
② 자원은 만성적으로 부족하며 서비스 수요는 증가하는 경향이 있다.
③ 객관적 성과평가의 기준이 명확하여 목표달성을 지향하는 성과의 측정이 용이하다.
④ 일선관료는 집행에 필요한 자원이 부족할 경우 대체로 부분적이고 간헐적으로 정책을 집행한다.

# 90 ★★★

다음 중 일선행정관료에 대한 설명으로 적절하지 않은 것은?

① 업무의 과다와 자원 부족에 직면한다.
② 고객에 대한 고정관념(stereotype)을 적용함으로써 복잡한 문제와 복잡한 상황에 대처한다.
③ 교사, 경찰, 복지요원, 자치단체장 등이 이에 해당한다.
④ 집행에 필요한 자원이 부족할 경우 대체로 부분적이고 간헐적으로 정책을 집행한다.

---

**정답 및 해설**

**89** 일선관료제는 일선교사, 교통경찰관처럼 주민과 직접 접촉하는 매우 복잡한 업무를 수행하며, 재량이 많기 때문에 주민에게 미치는 영향이 큼 → 또한, 직무 자율성은 있으나 시간과 자원이 부족하기 때문에 업무의 단순화와 정형화를 추구하며 이러한 과정에서 왜곡이 발생할 수 있음

정답 ④

**90** 자치단체장은 일선 관료가 아님 → 일선 관료는 대민업무를 수행하면서 하위직 공무원을 의미함
①②
일선 관료는 고객을 고정관념에 따라 유형화하여 각각의 집단에 대해 대응책을 달리함 예를 들어 고객을 흑인과 백인, 가난한 지역과 부유한 지역, 전과자와 그렇지 않은 사람을 구분하여 각각 대응한다는 것임
④ 일선 관료는 과다한 업무 등으로 인해 대체로 부분적이고 간헐적으로 정책을 집행함

정답 ③

---

**정답 및 해설**

**91** 선지는 하향식 접근에 대한 내용임
① 일선관료들은 불확실한 집행현장에서 공무를 담당하기 때문에 서비스 제공에 있어 상당한 재량권을 보유함
②④
일선관료의 복잡한 업무환경은 자원의 부족을 야기하며, 이는 공무원의 온전한 공무집행을 어렵게 함

정답 ③

# 92

★★★

집행모형 중 하향적 접근방법에 관한 다음 설명 중 가장 옳지 않은 것은?

① 정책은 성과를 측정할 수 있는 명확히 정의된 목표를 가지고 있으며, 정책은 구체적인 법령으로 표현된다.

② 정책집행의 객관적인 평가가 가능하지만, 다원화된 사회에서는 하향적 접근이 불가능한 경우가 많다.

③ 단계주의적 모형이며, 집행영향요인의 발견과 이를 기반으로 한 집행이론의 구축을 연구목표로 삼는다.

④ 유능하고 헌신적인 관료가 정책집행을 담당하며, 정책집행 현장을 연구하면서 공식적 정책목표 외에도 의도하지 않았던 효과를 분석할 수 있다.

# 93

★★★

정책집행 연구의 하향식 접근에서 효과적인 정책집행의 조건으로 옳은 것은?

① 대상 집단의 범위가 광범위하고 활동이 다양해야 한다.

② 정책목표와 정책수단 사이에 타당한 인과관계가 있어야 한다.

③ 정책 희생 집단의 규모가 크고 조직화 정도가 강해야 한다.

④ 정책목표의 집행 과정에서 우선순위를 탄력적이고 신축적으로 조정할 수 있어야 한다.

## 정답 및 해설

**92** 상향적 접근방법은 정책집행현장을 연구하면서 공식적 정책목표 외에도 의도하지 않았던 효과를 분석할 수 있음

① 하향식 접근에서 결정자는 집행현장에 대한 정보를 수집 후 구체적인 목표 및 정책을 집행자에게 제시함

② 하향식은 명료한 정책을 전달하는 까닭에 객관적인 정책평가를 할 수 있으나 다양한 요구가 표출되는 다원화된 사회에서는 하향적 접근이 불가능한 경우가 많음

③ 하향식 접근은 집행과정에서 발생할 수 있는 정책실패요인을 모두 파악한 후에 뚜렷한 정책목표와 수단을 발견한다는 점에서 단계주의적 모형이며, 집행영향요인의 발견과 이를 기반으로 한 집행이론의 구축을 연구목표로 함

## 정답 및 해설

**93** 하향식은 합리모형과 유사한 집행모형이므로 정책목표와 정책수단 사이에 타당한 인과관계가 있어야 함

① 대상집단의 규모가 작고, 대상 집단 행태(활동)의 다양성이 크지 않아야 함

③ 정책 희생집단의 규모가 크고 조직화 정도가 강한 경우 집행이 어려움

④ 추구하는 목표 및 목표 간 우선순위가 구체적으로 규정되어야 함

정답 ②

정답 ④

# 94 ★★★

**다음 중 정책집행의 접근법에 대한 설명으로 가장 적절하지 않은 것은?**

① 상향적 접근법은 정책목표의 명확성과 그 실현을 위한 수단의 필요성을 강조한다는 점에서 합리모형에 입각한 이론이다.

② 엘모어(Elmore)의 통합적 접근법에 따르면, 정책집행에 있어서 정책목표는 하향적으로 접근하여 설정하고, 정책수단은 상향적으로 접근하여 집행 가능성이 가장 높은 수단을 선택한다.

③ 하향적 접근법은 정책결정에 대한 집행과정의 피동적 순응을 강조한다.

④ 상향식 접근을 주장한 대표적인 학자는 립스키이다.

# 95 ★★★

**립스키(Lipsky)의 일선관료제에 대한 설명으로 옳지 않은 것은?**

① 집행현장의 다양성과 복잡성 등 비정형적인 업무환경에 처해 있어 상당한 재량권과 자율성을 갖는다.

② 권위에 대한 위협 및 도전은 일선 관료의 업무환경 중 하나이다.

③ 복잡하고 불확실한 상황에 대처하는 적응 메커니즘으로 단순화(simplification)와 정형화(routines)가 활용된다.

④ 편견이나 선입견 등으로 인한 고정관념을 타파하고 시민의 요구와 필요에 민감하게 반응해 나간다.

---

**정답 및 해설**

**94** 선지는 하향식 접근에 대한 내용임 → 상향식은 점증모형에 입각한 이론임

② 엘모어는 통합모형을 주장한 학자이므로 하향식과 상향식의 절충을 시도함 → 따라서 목표를 달성하기 위한 정책수단은 집행과정에서 적응적으로 변형될 수 있음

③ 하향적 접근법에서 정책을 집행하는 공무원은 결정에 대한 기계적으로 순응해야 함

④ 립스키는 재량권을 지닌 일선 경찰관에 대한 고찰을 통해 집행현장을 묘사함

**정답** ①

**정답 및 해설**

**95** 립스키에 따르면 일선관료들은 편견, 선입견 등 고정관념을 통해 고객을 재량적으로 범주화하여 선별하고 단순화, 정형화하여 문제를 해결함 → 따라서 시민의 요구와 필요에 민감하지 않은 반응을 보임

① 일선 관료는 복잡한 집행현장에 있기 때문에 집행과정에서 상당한 재량권을 보유함

② 일선 관료는 집행 현장에서 집행대상의 관료에 대한 위협 및 도전에 직면함

③ 일선공무원은 복잡한 업무환경으로 인해 정책현장이나 대상을 상황별로 단순화함

**정답** ④

# 96 ★★

옹호연합모형(Advocacy Coalition Framework)에 대한 설명으로 옳은 것은 모두 몇 개인가?

> ㄱ. 정책하위체제에 초점을 두어 정책변화를 이해한다.
> ㄴ. 정책지향학습은 옹호연합 내부만 아니라 옹호연합 사이에서도 발생한다.
> ㄷ. 행정규칙, 예산배분, 규정의 해석에 대한 결정은 정책 핵심 신념과 관련된다.
> ㄹ. 신념 체계 구조에서 규범적 핵심 신념은 관심 있는 특정 정책 규범에 적용되며, 이차적 측면(secondary aspects)보다 변화 가능성이 작다.
> ㅁ. 정책지지연합모형은 5년 이상의 장기간에 걸친 정책변동을 설명하고 있다.

① 1개          ② 2개
③ 3개          ④ 4개

# 97 ★★

정책지지연합모형(Advocacy Coalition Frame work)에 대한 설명으로 옳은 것은?

① 신념체계와 정책변화는 정책지향적 학습에 의해서만 가능하다고 가정한다.
② 정책변화의 과정과 정책지향적 학습의 역할을 이해하려면 단기보다는 5년 정도의 중기 기간이 필요하다고 전제한다.
③ 하향식 접근법의 분석단위를 채택하여 공공 및 민간 분야까지 확장하면서 행위자들의 전략적 행위를 검토한다.
④ 정책변화를 분석하기 위한 분석단위로 정책하위체계를 설정한다.

---

**정답 및 해설**

**96**

**☑ 올바른 선지**

ㄱ. 사바티어는 정책하위체제, 즉 정책참여자 집단에 초점을 두어 정책변동을 설명함
ㄴ. 정책을 둘러싼 정책하위체계는 복수로 존재할 수 있음 → 각 지지연합은 자신의 신념을 정책으로 관철하기 위해 경쟁하는바 학습은 옹호연합 사이에서도 발생함

**☑ 틀린 선지**

ㄷ. 정책 핵심신념은 정책목표 혹은 정책대안에 대한 인과적 지식임 → 선지는 이차적 신념을 뜻함(이차적 신념은 가장 쉽게 변할 수 있음)
ㄹ. 규범적 핵심신념은 자유, 평등 등의 보편적 규범을 의미하므로 변화가능성이 낮고, 추상적·포괄적인 성격을 지님(특정 정책 규범에 적용×)
ㅁ. 정책지지연합모형은 10년 이상의 장기간에 걸친 정책변동을 설명하고 있음

**정답** ②

---

**정답 및 해설**

**97** 정책지지연합모형은 정책변화를 분석하기 위한 분석단위로 정책하위체계를 설정함 → 즉, 정책집행을 신념을 달리하는 정책지지연합 간 갈등과 대립의 결과로 인식하면서 정책집행보다는 정책변동과 정책학습을 설명함

① 정책변동은 정책지향적 학습에 의해서만이 아니라 외부적 충격, 정책하위체계의 내부적 사건, 지지연합 간 합의 등에 의해서도 발생함
② 5년을 10년으로 수정해야 함
③ 정책지지연합모형은 상향식을 기본으로 하면서 하향식을 가미함 → 아울러 지지연합 간 전략적 행위를 검토함

**정답** ④

# 98 ★

## 다음 중 각 내용에 맞는 학자를 적절하게 연결한 것은?

> ㉠ 이 연구에서는 정책과 성과를 연결하는 모형에 정책 기준과 목표, 집행에 필요한 자원, 조직 간 의사소통과 집행 활동(enforcement activities), 집행기관의 특성, 경제·사회·정치적 조건, 정책집행자의 성향(disposition)이라는 변수를 제시하였다.
> ㉡ 효과적인 정책집행을 위해 갖추어야 할 조건으로서 정책결정의 내용은 타당한 인과이론에 바탕을 두어야 하며 정책내용으로서 법령은 명확한 정책지침을 가지고 있어야 한다.
> ㉢ 많은 참여자와 이들의 반대(공동행위의 복잡성), 주요 관리자의 빈번한 교체, 잘못된 집행기관 선정, 정책내용 자체의 문제(정책의 복잡성 및 부적절성 등) 등은 정책 실패를 야기하는 요인에 해당한다.

| 구분 | ㉠ | ㉡ | ㉢ |
|---|---|---|---|
| ① | 반 미터 & 반 호른 | 프레스만 & 윌다브스키 | 사바티어 & 마즈매니언 |
| ② | 사바티어 & 마즈매니언 | 반 미터 & 반 호른 | 프레스만 & 윌다브스키 |
| ③ | 프레스만 & 윌다브스키 | 사바티어 & 마즈매니언 | 반 미터 & 반 호른 |
| ④ | 반 미터 & 반 호른 | 사바티어 & 마즈매니언 | 프레스만 & 윌다브스키 |

# 99 ★★

## 정책집행연구의 시각에 관한 다음 내용 중 가장 옳은 것은?

① 정형적 집행방법은 집행과정에서 법적 구조화의 불필요성을 강조하였다.
② 하향적 접근방법은 정책결정모형 중 점증모형과 연관성이 깊다.
③ 후향적 접근은 현장에서 집행을 담당하는 관료들의 역할을 중시한다.
④ 하향적 접근방법은 제시되는 목표가 모호성을 띠기 쉽다.

**정답 및 해설**

98  ㉠은 반미터 & 반호른, ㉡은 사바티어 & 매즈매니언, ㉢은 프레스먼 & 윌다브스키 연구를 나타냄 → 이들은 모두 하향식 접근을 설명한 학자임

정답 ④

**정답 및 해설**

99  상향적(후향적) 접근은 정책집행에 있어 일선과료의 재량을 강조하는바, 현장에서 집행을 담당하는 관료의 역할을 중시함
① 정형적(하향적) 집행방법은 집행과정에서 법적 구조화의 필요성을 강조함
② 하향적 접근방법은 정책결정모형 중 합리모형과 연관성이 깊음
④ 하향적 접근방법에서 제시되는 목표는 구체적이고 명확함

정답 ③

# 100 ★★

**정책집행 연구의 접근방법에 대한 설명으로 옳은 것은?**

① 나카무라와 스몰우드의 관료적 기업가 모형에 따르면 정보, 기술, 현실 여건들 때문에 정책결정자들은 구체적인 정책이나 목표를 설정하지 못하고 추상적인 수준에 머문다.

② 하향식 모형은 점증모형에 가까운 모델이다.

③ 일선집행관료 이론을 주장한 립스키는 일선의 문제성 있는 업무환경으로 자원 부족, 권위에 대한 도전, 집행업무의 정형화 등을 제시하였다.

④ 버먼의 상황론적 집행모형에 따르면 거시적 집행구조는 실질적인 집행이 가능하고 의도한 효과가 발생되도록 프로그램을 어느 정도 구체화하는 것을 의미한다.

# 101 ★

**버먼(Berman)의 '적응적 집행'에 대한 설명으로 옳은 것은?**

① '채택'은 지방정부가 채택한 사업을 실행사업으로 변화시키는 것을 의미한다.

② '행정'은 행정을 통해 구체화된 정부 프로그램이 집행을 담당하는 지방 정부의 사업으로 받아들여지는 것을 의미한다.

③ 거시적 집행구조는 동원, 전달자의 집행, 제도화의 세 단계로 구분된다.

④ 미시집행 국면에서 발생하는 정책과 집행조직 사이의 상호적응이 이루어질 때 성공적으로 집행된다.

---

**정답 및 해설**

**100** 버먼(P. Berman)의 상황론적 집행모형은 거시적 집행구조(하향식)와 미시적 집행구조(상향식)로 나누고 있음 → 거시적 집행구조는 실질적인 집행이 가능하고 의도한 효과가 발생되도록 프로그램을 어느 정도 구체화하는 것이며, 미시적 집행구조는 거시적 집행구조에서 구체화된 정책을 개별적인 집행환경에 부합하도록 적응적 집행을 하는 것임

① 재량적 실험가형에 대한 내용임

② 하향식 모형은 합리모형에 가까운 모델임

③ 집행업무의 정형화는 일선 관료의 업무환경이 아니라 대응방식임

정답 ④

**정답 및 해설**

**101** 미시집행 국면은 정책을 현장에서 집행하는 것을 의미함 → 버먼에 따르면 미시적 집행구조에 따라 동일한 정책도 상이한 결과를 낳을 수 있음(집행의 특수성 인정)

① 선지는 미시적 집행을 의미함

② 선지는 채택을 의미함

③ 거시적 집행구조는 행정, 채택, 미시적 집행, 기술적 타당성의 단계로 구분됨

정답 ④

# 102

★★★

다음은 나카무라(R.T. Nakamura)와 스몰우드(F. Small-wood)가 정책결정자와 정책 집행자의 관계에 초점을 두고 집행의 유형을 구분한 것이다. 아래의 서술에 적합한 집행유형은 어느 것인가?

---

ⓐ 정책결정자는 구체적인 목표를 수립한다.
ⓑ 정책결정자는 집행자에게 목표달성을 위하여 필요한 수단을 고안하도록 행정적인 권한을 위임한다.
ⓒ 집행자들은 결정자들의 목표를 받아들이고, 이 목표를 달성하기 위한 행정적, 기술적인 수단에 관하여 집행자들 상호간에 협상을 벌인다.

---

① 협상형
② 지시적 위임형
③ 재량적 실험형
④ 관료적 기업가형

# 103

★★★

Nakamura & Smallwood에 의하면 다음과 같은 상황은 어느 유형에 해당되는가?

---

• 정책집행자가 정책수단과 정책목표에 대해서 정책결정자와 흥정을 한다.
• 양자 간의 흥정은 상호 적응(mutual adaptation)의 양상을 띤다.

---

① 고전적 기술자형
② 지시적 위임자형
③ 협상자형
④ 재량적 실험가형

---

## 정답 및 해설

**102** 이 유형은 고전적 기술자형에 비해 정책결정자가 집행자에게 보다 많은 권한을 위임하지만, 결정자들은 아직도 정책결정에 관한 통제권을 많이 보유하고 있음

☑ **나카무라와 스몰우드의 정책집행가 유형**

| 구분 | | • 관료적 기업가형으로 갈수록 행정인(공무원)의 권한 ↑ [두문자] 고지협재관]  • 표에서 '○'표시는 행정인(공무원·집행가)의 권한을 의미함 | | | | |
|---|---|---|---|---|---|---|
| 구분 | | 고전적 기술자형 | 지시적 위임가형 | 협상자형 | 재량적 실험가형 | 관료적 기업가형 (혁신가형) |
| 정치인 권한 (목표 설정) | 추상적 목표 | | | 목표와 수단에 대해 상호 협상 | | ○ |
| 정치인 권한 (목표 설정) | 구체적 목표 | | | 목표와 수단에 대해 상호 협상 | ○ | ○ |
| 행정인 권한 (수단 설정) | 행정적 권한 | | | ○ | ○ | ○ |
| 행정인 권한 (수단 설정) | 기술적 권한 | ○ | ○ | | ○ | ○ |

정답 ②

## 정답 및 해설

**103** 선지는 협상자형에 대한 설명임
①②④
☑ **나카무라와 스몰우드의 정책집행가 유형**

| 구분 | | • 관료적 기업가형으로 갈수록 행정인(공무원)의 권한 ↑ [두문자] 고지협재관]  • 표에서 '○'표시는 행정인(공무원·집행가)의 권한을 의미함 | | | | |
|---|---|---|---|---|---|---|
| 구분 | | 고전적 기술자형 | 지시적 위임가형 | 협상자형 | 재량적 실험가형 | 관료적 기업가형 (혁신가형) |
| 정치인 권한 (목표 설정) | 추상적 목표 | | | 목표와 수단에 대해 상호 협상 | | ○ |
| 정치인 권한 (목표 설정) | 구체적 목표 | | | 목표와 수단에 대해 상호 협상 | ○ | ○ |
| 행정인 권한 (수단 설정) | 행정적 권한 | | | ○ | ○ | ○ |
| 행정인 권한 (수단 설정) | 기술적 권한 | ○ | ○ | | ○ | ○ |

정답 ③

# 104 ★★★

나카무라와 스몰우드의 정책 유형에 대한 다음 설명 중 옳지 않은 것은?

① 결정자가 명확한 목표를 설정하고 결정자가 목표달성을 지시하고 수단에 대한 권한을 집행자에게 위임하는 유형은 지시적 위임가형이다.

② 집행자가 정책목표달성에 필요한 능력을 보유하고 있으며, 목표성취에 필요한 수단들을 결정자와 협상을 통하여 확보하는 유형은 협상가형이다.

③ 여론으로부터 결정자가 환경문제에 대해 무엇을 해야 한다는 강한 압력을 받고 있지만 결정자가 무엇을 해야 할지 모르는 경우 재량적 실험가형이 적합하다.

④ 집행자가 대부분의 권한을 가지고 정책과정전반에 영향력을 행사해 실질적인 정책결정과 정책집행을 주도하는 유형은 관료적 기업가형이다.

# 105 ★★★

나카무라와 스몰우드의 정책집행에 있어 다음은 어느 유형인가?

> ㄱ. 일반 여론이나 언론기관에서 치안문제 등에 대해서 정부가 '무엇인가를 해야 한다'는 강한 압력을 받고 있지만 정책결정자들이 무엇을 어떻게 해야 할지 모르는 경우
> ㄴ. 대립, 갈등하고 있는 정책결정자들 간에 구체적 정책목표 및 정책수단에 대해 합의를 보지 못하고 있는 경우

① 지시적 위임가형
② 협상자형
③ 재량적 실험가형
④ 관료적 기업가형

## 정답 및 해설

**104** 선지는 관료적 기업가형에 대한 내용임
①③④

☑ 나카무라와 스몰우드 정책집행가 유형

| 구분 | | • 관료적 기업가형으로 갈수록 행정인(공무원)의 권한↑<br>• 표에서 '○'표시는 행정인(공무원·집행가)의 권한을 의미함 | | | | |
| --- | --- | --- | --- | --- | --- | --- |
| | | 고전적 기술자 | 지시적 위임가 | 협상자 | 재량적 실험가 | 관료적 기업가 |
| 정치인 권한 (목표 설정) | 추상적 목표 | | | 목표와 수단에 대해 상호 협상 | | ○ |
| | 구체적 목표 | | | | ○ | ○ |
| 행정인 권한 (수단 설정) | 행정적 권한 | | ○ | | ○ | ○ |
| | 기술적 권한 | ○ | ○ | | ○ | ○ |

정답 ②

**105** 보기는 결정자가 구체적인 목표를 설정하지 못한다는 내용을 담고 있으므로 '재량적 실험가형'에 대한 내용임
①②③④

☑ Nakamura와 Smallwood의 정책집행가 유형

| 구분 | | ※ 관료적 기업가형으로 갈수록 행정인(공무원)의 권한<br>↑ [■ 암기법 : 고지협재관] | | | | |
| --- | --- | --- | --- | --- | --- | --- |
| | | 고전적 기술자형 | 지시적 위임가형 | 협상자형 | 재량적 실험가형 | 관료적 기업가형 (혁신가형) |
| 정치인 권한 (목표 설정) | 추상적 목표 | | | 목표와 수단에 대해 상호 협상 | | ○ |
| | 구체적 목표 | | | | ○ | ○ |
| 행정인 권한 (수단 설정) | 행정적 권한 | | ○ | | ○ | ○ |
| | 기술적 권한 | ○ | ○ | | ○ | ○ |

정답 ③

# 106 ★

다음 중 정책집행이 가장 곤란한 경우는 무엇인가?

| 구분 | 규모 및 조직화 정도 | |
|---|---|---|
| | 강 | 약 |
| 수혜집단 | 가 | 나 |
| 희생집단 | 다 | 라 |

① 가　　　　　　② 나
③ 다　　　　　　④ 라

---

**정답 및 해설**

**106** '다'의 경우 희생집단(정책으로 인해 손해를 보는 집단)의 규모 및 조직화 정도가 강하기 때문에 정책집행이 가장 곤란한 경우임

☑ **정책대상집단과 정책집행**

| 구분 | | 규모 및 조직화 정도 | |
|---|---|---|---|
| | | 강 | 약 |
| 집단의 성격 | 수혜집단 | 집행 용이 | 집행 용이 |
| | 희생집단 | 집행 곤란 | 집행 용이 |

정답 ③

## CHAPTER 06 정책평가

기본서 p.167 – 177

## 107 ★

정책평가에 대한 설명의 연결이 옳은 것은?

| A. 총괄평가 | B. 형성평가 |
| C. 평가성사정 | D. 메타평가 |

ㄱ. 프로그램이 집행과정에 있으며 여전히 유동적일 때 프로그램의 개선을 위해서 실시하는 평가이다.
ㄴ. 본격적인 평가를 시작하기 전에 평가의 실현가능성을 검토하는 것이다.
ㄷ. 정책이 종료된 후에 그 정책이 당초 의도했던 효과를 가져왔는지의 여부를 판단하는 활동이다.
ㄹ. 평가자체를 대상으로 하며, 평가활동과 평가체제를 평가해 정책평가의 질을 높이고 결과활용을 증진하기 위한 목적으로 활용한다.

| | A | B | C | D |
|---|---|---|---|---|
| ① | ㄱ | ㄴ | ㄷ | ㄹ |
| ② | ㄷ | ㄱ | ㄴ | ㄹ |
| ③ | ㄱ | ㄹ | ㄷ | ㄴ |
| ④ | ㄷ | ㄴ | ㄹ | ㄱ |

## 108 ★

정책평가에 대한 설명으로 옳은 것은?

① 총괄적 평가는 사업계획을 개발하는 단계에서 이루어지는 평가로 진행평가라고도 한다.
② 형성적 평가는 과정평가와 영향평가를 모두 포함하는 평가로 정책결정자에게 정책의 성패를 판단하는 중요한 정보를 제공한다.
③ 실험집단과 통제집단을 구성할 때 두 집단에 서로 다른 개인들이 할당되면서 발생하는 편의(bias)는 구성적 타당도를 저해한다.
④ 진실험적 방법을 사용할 경우 내적 타당도는 확보할 수 있지만 외적 타당성의 문제가 발생할 수 있다.

### 정답 및 해설

**108** 진실험의 경우 호손효과 등으로 인해 외적타당성 문제가 발생할 수 있음
① 총괄적 평가는 집행이 완료된 후에 정책효과나 영향을 평가하는 사후평가임
② 형성적 평가는 과정평가와 연관되며 집행 도중에 프로그램의 문제점을 발견하여 시정하기 위한 도중평가임
③ 실험집단과 통제집단을 구성할 때 두 집단에 서로 다른 개인들이 할당되면서 발생하는 편의(bias)는 두 집단 간의 선발상 차이로서 내적 타당도를 저해함

정답 ④

### 정답 및 해설

**107** ㉠은 형성평가, ㉡은 평가성 사정, ㉢은 총괄평가, ㉣은 메타평가임

정답 ②

Part 02 정책학

## 109 ★

정책평가 기법으로서 CIPP모형에 대한 설명 중 틀린 것은?

① 자원투입이 산출에 도달하는 과정을 묘사하기 위한 모형으로서 맥락평가, 투입평가, 과정평가, 산출평가로 구성된다.

② 스터플빔(Stufflbeam)이 의사결정에 필요한 정보를 설계, 획득, 제공하려는 목적으로 구상한 평가모형이다.

③ 과정평가단계는 프로그램이 계획대로 실행되고 있는지를 정기적으로 점검하는 것이다.

④ 사전형성평가에 활용할 수 있지만, 사후총괄평가의 목적으로는 활용할 수 없다.

## 110 ★

정책평가의 일반적인 절차를 순서대로 바르게 나열하고 평가성 검토(evaluability assessment)가 이뤄지는 단계를 바르게 연결한 것은?

> ㄱ. 인과모형의 설정
> ㄴ. 자료 수집 및 분석
> ㄷ. 정책목표의 확인
> ㄹ. 정책평가 대상 및 기준 확정
> ㅁ. 평가 결과의 환류 및 활용

① ㄷ→ㄹ→ㄱ→ㄴ→ㅁ / 평가성 사정: ㄹ
② ㄷ→ㄹ→ㄱ→ㄴ→ㅁ / 평가성 사정: ㄷ
③ ㄷ→ㄱ→ㄹ→ㄴ→ㅁ / 평가성 사정: ㄷ
④ ㄹ→ㄱ→ㄱ→ㄴ→ㅁ / 평가성 사정: ㄹ

**정답 및 해설**

**110** 일반적인 정책평가의 절차는 아래와 같음 → 한편, 평가성 사정은 평가의 가능성을 가늠하는 것이므로 정책평가 대상 및 평가 기준설정 단계에서 실행함

**정책평가 절차**

> ① 정책목표의 확인
> ② 정책평가 대상 및 평가 기준의 선정 : 정책평가 대상 및 평가기준은 정책의 목표를 바탕으로 구성됨
> ③ 인과모형의 설정 : 목표를 달성하기 위한 대안을 설정하는 단계
> ④ 자료의 수집 및 분석 : 대안을 추진하는 과정에서 발생하는 여러 정보를 수집하고 분석하는 단계
> ⑤ 평가결과의 환류 및 활용

**정답 및 해설**

**109** 스터블빔이 구상한 CIPP모형은 사전형성평가와 사후총괄평가에 모두 활용됨

①③

CIPP모형은 맥락평가(조직의 상태 등), 투입평가(자원 등), 과정평가(계획 실행여부 확인), 산출평가(성과확인)로 구성됨

정답 ④

정답 ①

# 111 ★★

**정책평가의 유형에 대한 설명으로 옳지 않은 것은?**

① 평가성 사정(evaluability assessment)은 평가의 실행
가능성을 검토하는 일종의 예비평가이다.

② 정책영향평가는 사후평가이며 동시에 효과성 평가로
볼 수 있다.

③ 모니터링은 과정평가에 속하지만 집행의 능률성과 효
과성을 확보하기 위한 평가이다.

④ 형성평가는 집행이 종료된 후 정책이 의도했던 목적
을 달성했는지에 초점을 맞춘다.

# 112 ★

**다음 중 논리모형에 대한 설명으로 옳지 않은 것은?**

① 정책 프로그램이 특정 성과를 산출하기 위해 어떤 논
리적 인과구조를 가지고 있는지를 명시적으로 보여
준다.

② 정책프로그램의 요소들과 해결하려는 문제들 사이의
논리적 인과관계를 투입(input) − 활동(activity) −
산출(output) − 결과(outcome)로 도식화한다.

③ 정책이 달성하려는 장기 목표와 중단기 목표들을 잘
달성했는지에 초점을 맞춘 평가모형이다.

④ 과정평가이지만 정책프로그램의 목표달성 여부를 보
여 줄 수 있다.

---

**정답 및 해설**

**111** 선지는 총괄평가에 대한 내용임 → 형성평가는 집행 중 이루어지
는 평가임

① 평가성 사정(evaluability assessment)은 정책에 대한 전면적 평가
를 시작하기 전에 평가의 실행가능성, 유용성 등을 조사하는 일종
의 예비평가임

② 정책영향평가는 총괄평가이므로 사후평가이자 효과성 평가임

③ 모니터링(사업감시), 즉 광의의 과정평가는 과정평가에 속하며, 집
행의 능률성과 효과성(계획의 준수여부)을 확보하기 위한 평가임

**정답** ④

**정답 및 해설**

**112** 선지는 목표모형에 대한 내용임 → 논리모형은 과정평가에 해당함
①②
논리모형(logic model)은 정책(정책프로그램)의 요소들과 정책이 해결
하려고 하는 문제들 사이의 논리적 인과관계를 투입 → 활동 → 산출
→ 결과로 정리해주는 하나의 다이어그램임

④ 논리모형은 집행과정에 초점을 두는 과정평가이지만 결과를 나타
낸다는 점에서 정책프로그램의 목표달성 여부를 보여 줄 수 있음

**정답** ③

# 113                                                    ★★★

**정책분석 및 평가방법에 대한 설명으로 가장 옳은 것은?**

① 비용효과분석에서는 모든 비용과 편익을 화폐가치로 환산하지만 비용편익분석은 화폐가치로 측정이 어려운 경우에도 활용된다.

② 준실험은 무작위 배정을 통해 실험집단과 통제집단의 동질성을 확보하기 어려울 때 사용하는 설계방법이다.

③ 정량적 또는 양적 방법은 전문가의 전문적 판단에 의존하는 것으로 브레인스토밍, 정책델파이가 이에 해당한다.

④ 총괄평가는 정책집행 과정에서 발생하는 문제점의 발견 및 수정·개선을 도모하기 위한 것으로 바람직한 정책집행 전략과 방법을 모색하는 것이 목적이다.

# 114                                                    ★★★

**실험적 정책평가의 방법에 대한 설명으로 가장 적절한 것은?**

① 진실험적 방법은 외적 타당성은 높지만, 내적 타당성은 낮다.

② 진실험적 방법은 실험이라는 특수한 상황에 의한 호손효과(hawthorne effect) 등의 내적 타당성 저해요인이 발생할 수 있다.

③ 비동질적 통제집단설계, 회귀불연속 설계, 정책실시 전후비교는 준실험적 방법의 대표적인 예이다.

④ 진실험적 방법은 실험집단과 통제집단을 서로 동질적인 것으로 구성하기 위해서 대상들을 이들 두 집단에 무작위적으로 배정한다.

---

**정답 및 해설**

**113** 준실험은 진실험과 달리 실험집단과 통제집단(비교집단)간의 동질성을 확보하지 못한 상태에서 정책효과를 판단하려는 실험임

① 반대로 설명되었음 → 비용효과분석은 비용편익분석과 달리 편익이 금전적 단위로 측정될 수 없는 경우에 활용됨

③ 브레인스토밍, 정책델파이는 정량적·양적 방법이 아니라 직관적(정성적)·질적 예측기법임

④ 집행 도중에 이루어지는 평가로서 집행 관리와 전략의 수정 및 보완을 위한 평가는 형성평가(과정평가)임

**정답** ②

---

**정답 및 해설**

**114** 진실험은 실험집단과 통제집단을 무작위로 배정하여 동질성을 확보하는 실험임

① 진실험적 방법을 사용할 경우 내적 타당도는 확보할 수 있지만 외적타당성의 문제가 발생할 수 있음

② 실험집단과 통제집단의 동질성을 강조하는 진실험에서는 인위적인 통제에 의하여 실험이 진행되므로 호손효과가 발생하여 외적타당도를 저하시킴

③ 비동질적 통제집단설계, 회귀불연속 설계는 준실험적 방법이지만, 정책실시전후 비교는 비실험적 방법임

**정답** ④

# 115 ★★

## 정책평가 방법과 관련한 설명 중 옳은 것은?

① 준실험설계는 자연과학실험과 같이 대상자들을 격리시켜 실험하기 때문에 호손효과(Hawthorne effects)를 강화시킨다.

② 비동질적 통제집단설제는 사후에 비교집단을 설계하여 실험집단과 비교하는 빙법이다.

③ 비실험설계는 측정 대상을 실험집단과 통제집단에 선택적으로 배정시킬 수 있기 때문에 실제 실험이 용이하다.

④ 모방효과 등은 진실험설계로도 극복하기 어려운 내적 타당성을 저해하는 문제이다.

# 116 ★★

## 다음은 정책의 효과를 평가하는 방법에 대한 내용이다. 올바른 선지는 모두 몇 개인가?

> ㉠ 진실험 중 하나인 단일집단 사전사후측정 설계는 동일한 정책대상 집단에 대한 사전측정과 사후측정을 통해 정책효과를 추정한다.
>
> ㉡ 준실험은 짝짓기(matching) 방법으로 실험집단과 통제집단을 구성한 후 정책영향을 평가하며, 단절적 시계열 설계는 준실험의 종류에 해당한다.
>
> ㉢ 솔로몬 4집단 설계는 진실험의 단점을 보완하고자 통제집단 사전·사후 설계와 통제집단 사후 설계를 혼합한 실험이다.
>
> ㉣ 준실험의 방법 중 회귀불연속설계는 명확한 자격기준을 적용하여 유자격자 중 일부만 정책의 혜택을 부여하여 정책의 효과를 파악하는 방법이다.
>
> ㉤ 진실험은 측정대상을 실험집단과 통제집단으로 연구자의 주관적 선택으로 배정할 수 있기 때문에 실제 시행이 용이하다.

① 1개      ② 2개
③ 3개      ④ 4개

**115** 진실험은 오랜 기간 피실험자를 격리해서 실험하는바 모방효과, 호손효과 등이 발생할 수 있음

① 진실험설계에 대한 설명임

② 사후측정 비교집단설계에 대한 설명임 → 비동질적 통제집단설계는 실험집단과 통제집단에 실험대상을 배정할 때, 사전측정을 통해 비슷한 점수를 받은 대상자끼리 짝을 지어 배정한 후 실험하는 방식임

③ 준실험설계에 대한 설명임 → 비실험설계는 일반적으로 통제집단을 구성하지 못함

정답 ④

**116**

☑ **올바른 선지**

㉡ 준실험은 연구자의 주관적 선택, 즉 짝짓기(matching) 방법으로 실험집단과 통제집단을 구성한 후 정책영향을 평가하며, 연구자의 관찰이 제한되는 단절적 시계열 설계는 준실험의 종류에 해당함

㉢ 솔로몬 4집단 설계는 진실험의 단점인 검사요인을 보완하고자 통제집단 사전·사후 설계와 통제집단 사후 설계를 혼합한 실험임

㉣ 준실험의 방법 중 회귀불연속 설계는 명확한 자격기준을 적용하여 유자격자 중 일부는 정책의 혜택을 부여하고, 또 다른 일부는 정책의 혜택을 부여하지 않은 다음 이를 통해 정책의 효과를 파악하는 방법임

☑ **틀린 선지**

㉠ 선지는 비실험에 대한 내용임

㉤ 준실험에 대한 내용임

정답 ③

# 117 ★

정책평가에 있어서 독립(원인)변수와 종속(결과)변수의 관계에 영향을 미치는 변수에 대한 설명 중 틀린 것은?

① 왜곡변수는 X가 Y에 일부 영향을 미치는 상태에서 X와 Y 모두에 영향을 미치는 외생변수를 말한다.

② 허위변수는 X가 Y에 전혀 영향을 미치지 않는 상태에서 X와 Y 모두에 영향을 미치는 외생변수를 말한다.

③ 매개변수는 독립변수와 종속변수 사이에서 독립변수의 결과인 동시에 종속변수의 원인이 되는 변수를 말한다.

④ 억제변수는 두 변수가 서로 상관관계가 있는데도 없는 것으로 나타나게 하는 변수를 말한다.

# 118 ★

정책평가를 위한 측정도구의 타당성과 신뢰성에 대한 설명으로 틀린 것은?

① 타당성은 없지만 신뢰성이 높은 측정도구가 있을 수 있다.

② 신뢰성이 없지만 타당성이 높은 측정도구는 있을 수 없다.

③ 신뢰성은 측정도구의 타당성을 담보할 수 있는 충분조건이다.

④ 신뢰성은 측정의 일관성을, 타당성은 측정의 정확성을 의미한다.

---

**정답 및 해설**

**117** ①은 혼란변수에 대한 설명임 → 왜곡변수는 두 변수 간의 사실상의 관계를 정반대의 관계로 나타나게 하는 변수임

②③④

| | |
|---|---|
| 허위변수 | ① 독립변수와 종속변수 간에 관계가 없으나, 독립변수와 종속변수의 관계가 있는 것처럼 보이게 만드는 변수<br>② 즉, 독립변수인 정책수단의 효과가 전혀 없을 때, 숨어서 정책효과를 가져오는 변수로 정책수단과 정책효과 사이의 인과관계를 완전히 왜곡하는 요인 → 정책평가 시 가장 주의해야 할 변수 |
| 매개변수 | ① 독립변수와 종속변수 사이에 개입하여 두 변수 사이의 관계를 맺어주는 변수<br>② 독립변수의 결과인 동시에 종속변수의 원인이 되는 제3의 변수 |
| 억제변수<br>(↔ 허위변수) | 원래 독립변수와 종속변수 간에 관계가 있음에도 불구하고, 관계가 없는 것처럼 보이게 만드는 변수 |

정답 ①

---

**정답 및 해설**

**118** 선지는 허위변수에 대한 내용임 → 억제변수는 독립변수와 종속변수 간에 상관관계가 있는데, 이를 약화시키거나 없는 것으로 나타나게 하는 제3의 변수임

① 매개변수는 독립변수와 종속변수 사이에서 연결고리 역할을 하는 변수임 → 환승역

② 예를 들어, 자원봉사활동이 정신건강에 주는 영향을 조사할 때 성별에 따라 결과가 달라질 수 있다면 성별이 조절변수에 해당함

④ 허위변수는 독립변수와 종속변수 간에 상관관계가 없는데도 있는 것으로 나타나게 하는 제3의 변수로서, 허위변수는 독립변수와 종속변수 모두에게 영향을 미치며 이들 사이의 공동변화를 설명하는 변수에 해당함

정답 ③

# 119 ★★

정책평가의 타당성을 저해하는 요인에 대한 설명으로 옳지 않은 것은?

① 역사요인이란 연구 기간 동안에 일어난 사건으로 측정이 부정확해지는 것이다.
② 측정요인이란 실험 직전의 측정 결과가 평소와 다를 때, 이들이 실험이 진행되는 동안 원래의 상태로 돌아가게 되면 측정이 왜곡된다는 것이다.
③ 실험조작의 반응효과는 실험결과를 일반화하기 어려운 현상을 의미한다.
④ 선발요인은 실험집단과 통제집단을 구성할 때 나타나는 문제로서, 내적 타당성을 저해하는 요인 중 외재적 요인에 해당한다.

# 120 ★★★

내적 타당성을 저하시킬 수 있는 요인에 해당하는 것은?

① 다수적 처리에 의한 간섭
② 표본의 대표성 문제
③ 실험조작의 반응효과
④ 처치와 상실의 상호작용

**119** 선지는 측정요인이 아닌 회귀인공요인(통계적 회귀)에 해당함 → 측정요인이란 일종의 시험효과로서 시험에 익숙해져서 결과에 영향을 미치는 것을 의미함
① 역사요인: 실험 중 우연한 사건이 발생함으로 인해 실험결과에 영향을 미치는 현상
③ 실험조작의 반응효과란 호손 효과를 말하는 것으로, 인위적인 실험환경에서 얻은 결과를 일반화하기 어려운 현상을 의미함
④ 선발요인: 실험집단과 통제집단을 구성할 때 두 집단에 서로 다른 성질의 구성원들을 선발하여 실험의 결과를 왜곡하는 현상 → 외재적 요인(실험 전 표본을 배정하는 과정에서 내적타당성을 저해하는 요인)

정답 ②

**120** 처치와 상실의 상호작용이란 실험집단과 비교집단에 무작위 배정이 이루어진 경우라 할지라도 이들 집단에 서로 다른 처치로 인하여 두 집단으로부터 처치기간 중 서로 다른 성질의 구성원들이 상실되는 현상을 뜻함
①②③

| 다수적 처리에 의한 간섭 | 유사한 실험을 여러 번 반복하여 얻은 실험의 결과를 다른 모집단에게 일반화할 때 나타날 수 있는 문제 |
| --- | --- |
| 표본의 대표성 문제 (대표효과) | ① 실험집단으로 선정된 표본이 일반화하고자 하는 모집단을 대표할 수 없을 때 실험의 결과를 일반화할 수 없음 ② 즉, 실험집단과 통제집단 간 동질성이 있더라도 두 집단이 사회적 대표성이 없으면 일반화가 곤란함 |
| 호손효과 (실험조작의 반응효과) | 실험집단 구성원이 실험대상임을 인식하고 인위적인 행동의 변화를 보임으로써 실험결과를 왜곡하는 현상 |

정답 ④

# 121 ★★

다음 중 정책평가의 내적 타당도 저해요인은 모두 몇 개인가?

가. 상실요소(experimental mortality)
나. 역사적 요소(history)
다. 성숙효과(maturation)
라. 호손효과(Hawthorne effect)
마. 오염효과(pollution)
바. 실험조작과 측정의 상호작용
사. 회귀인공요소(regression artifact)
아. 측정도구의 변화(instrumentation)
자. 표본의 대표성 부족
차. 측정(검사)요소(testing)

① 5개  ② 6개
③ 7개  ④ 8개

# 122 ★★

다음 중 정책평가의 내적타당성 저해요인을 모두 고르면?

ㄱ. 선발요소
ㄴ. 호손효과
ㄷ. 표본의 대표성 부족
ㄹ. 역사적 요소
ㅁ. 회귀인공요소
ㅂ. 크리밍 효과

① 2개  ② 3개
③ 4개  ④ 5개

**정답 및 해설**

**122** 아래의 내용 참고 → 크리밍 효과는 내적타당성과 외적타당성을 모두 저해할 수 있음

☑ **내적타당성 저해요인**

ㄱ. 선발요소 : 실험집단과 통제집단을 구성할 때 두 집단에 서로 다른 성질의 구성원들을 선발하여 실험의 결과를 왜곡하는 현상
ㄹ. 역사적 요소 : 실험과정 중 우연한 사건이 발생함으로 인해 실험결과에 영향을 미치는 현상
ㅁ. 회귀인공요소 : 연구대상에 대한 측정과정에서 극단치가 나왔을 때, 결국 평균값으로 회귀하는 현상 → 따라서 연구과정에서 표본에 대한 극단적인 데이터가 나왔을 때 이를 연구결과에 반영할 경우 정확한 인과관계 추정에 악영향을 줄 수 있음
ㅂ. 크리밍효과 : 효과가 크게 나타날 사람만 의도적으로 실험집단에 배정한 경우 나타나는 오류로써 내적 타당성과 외적 타당성을 모두 저해할 수 있는 요인에 해당함

☑ **외적타당성 저해요인**

ㄴ. 호손효과 : 실험집단 구성원이 실험대상임을 인식하고 인위적인 행동의 변화를 보임으로써 실험결과를 왜곡하는 현상
ㄷ. 표본의 대표성 부족 : 실험집단으로 선정된 표본이 일반화하고자 하는 모집단을 대표할 수 없을 때 실험의 결과를 일반화할 수 없음 → 즉, 실험집단과 통제집단 간 동질성이 있더라도 두 집단이 사회적 대표성이 없으면 일반화가 곤란함
ㅂ. 크리밍효과 : 효과가 크게 나타날 사람만 의도적으로 실험집단에 배정한 경우 나타나는 오류로써 내적 타당성과 외적 타당성을 모두 저해할 수 있는 요인에 해당함

정답 ③

**정답 및 해설**

**121** 정책평가의 내적 타당도 저해요인은 7개(가,나,다,마,사,아,차), 외적타당도 저해요인은 3개(라,바,자)임

정답 ③

# 123 ★★

(ㄱ)에 가장 가까운 개념은 무엇인가?

> 실험의 대상자들이 연구자의 개입을 인지하게 되면 자신의 태도나 행동에 긍정적 노력을 하게 되고, 결과적으로 생산성 향상에 기여하게 된다는 것으로 연구자들은 이를 (ㄱ)이라(라고) 부른다.

① 호손효과
② 검사요인
③ 역사적 요인
④ 회귀인공요인

# 124 ★★

정책평가의 타당도 중 아래 보기 내용과 관련된 타당도를 저해하는 요인에 대한 것으로만 연결된 것은?

> ┌─ 보기 ┌
> • 특정 실험 상황 내에서 원인변수(정책수단)와 결과변수(정책효과) 간의 인과적 추론의 정확도
> • 정책집행 후 결과변수상의 변화가 정책 때문인지, 다른 경쟁원인 때문인지 명백하게 알 수 있는 정도

① 표본의 대표성 미흡 - 측정요인
② 다수적 처리에 의한 간섭 - 성숙요인
③ 회귀인공요인 - 오염효과
④ 모방효과 - 실험조작의 반응효과

## 정답 및 해설

**123** 보기는 호손효과에 대한 내용임

**+** 호손효과: 실험집단 구성원이 실험대상임을 인식하고 인위적인 행동의 변화를 보임으로써 실험결과를 왜곡하는 현상
② 검사요인: 실험 대상자들이 사전측정의 내용에 대해 친숙하게 되어 사후 측정값이 달라지는 것
③ 역사요인: 실험 중 발생한 사건이 실험의 결과에 악영향을 주는 현상
④ 회귀인공요인
　ⓐ 연구대상에 대한 측정과정에서 극단치가 나와도 결국 평균값으로 회귀하는 현상
　ⓑ 따라서 연구과정에서 표본에 대한 극단적인 데이터가 나왔을 때 이를 연구결과에 반영할 경우 정확한 인과관계 추정에 악영향을 줄 수 있음

## 정답 및 해설

**124** 보기에서 제시된 내용은 내적타당도임

☑ **내적타당성을 저해하는 요인**
①의 측정요인, ②의 성숙요인, ③ 회귀인공요인, 오염효과, ④의 누수·모방효과

☑ **외적타당성을 저해하는 요인**
①의 표본의 대표성 미흡, ②의 다수적 처리에 의한 간섭, ④의 실험조작의 반응효과(호손효과)

정답 ①

정답 ③

## 125 ★★

정책평가의 타당도를 저해하는 요인으로는 내적타당도 저해 요인과 외적타당도 저해 요인으로 나뉜다. 다음 보기 1~3의 하위개념과 그 정의 및 이를 포괄하는 상위개념이 요소별로 옳게 짝지어진 것은?

┌─────────── 보기1 ───────────┐
⑦ 회귀인공요소    ⑭ 크리밍 효과    ⑭ 오염효과
└──────────────────────────────┘

┌─────────── 보기2 ───────────┐
⑦ 통제집단의 구성원이 실험집단 구성원과 접촉하여 행동을 모방하는 확산효과
⑭ 실험이 진행되는 동안 당초 극단적인 성향의 구성원들이 원래 자신의 성향으로 돌아갈 경우에 나타나는 요인
⑭ 효과가 크게 나타날 사람만 의도적으로 실험집단에 배정한 경우에 나타나는 요인
⑭ 실험집단 구성원이 실험대상임을 인식하고 인위적인 행동의 변화를 보임으로써 실험결과를 왜곡하는 현상
└──────────────────────────────┘

┌─────────── 보기3 ───────────┐
ⓐ 내적타당도 저해 요인
ⓑ 외적타당도 저해 요인
└──────────────────────────────┘

① ⑦ - ⑭ - ⓐ
② ⑭ - ⑭ - ⓐ
③ ⑭ - ⑭ - ⓑ
④ ⑭ - ⑦ - ⓑ

## 126 ★

정책변동 유형에 대한 설명으로 옳지 않은 것은?

① 정책혁신은 기존에 없던 정책을 형성하는 과정에서 기존의 조직과 예산을 활용하지 않는다.
② 저소득층 자녀에 대한 교육비 보조를 그 바로 상위계층의 자녀에게 확대하는 것은 정책유지에 해당한다.
③ 정책종결은 정책목표를 달성하기 위한 전반적인 정책수단을 소멸(기존의 정책 소멸)시키고 이를 대체할 다른 정책을 마련하는 현상이다.
④ 사이버 범죄에 대한 대응책으로 사이버 수사대를 창설하는 것은 정책혁신과 관련된다.

---

**정답 및 해설**

**125** 크리밍효과는 교화가 크게 나타날 사람을 실험집단에 배정하여 실험결과를 왜곡하는 현상으로서 외적타당성 저해요인임 → 문제에서 제시된 보기를 올바르게 정리하면 아래와 같음

| 보기1 | 보기2 | 보기3 |
|---|---|---|
| ⑦ 회귀인공요소 | ⑭ 실험이 진행되는 동안 당초 극단적인 성향의 구성원들이 원래 자신의 성향으로 돌아갈 경우에 나타나는 요인 | ⓐ 내적타당도 저해요인 |
| ⑭ 크리밍효과 | ⑭ 효과가 크게 나타날 사람만 의도적으로 실험집단에 배정한 경우에 나타나는 요인 | ⓐ 내적타당도 저해요인<br>ⓑ 외적타당도 저해요인 |
| ⑭ 오염효과 | ⑦ 통제집단의 구성원이 실험집단 구성원과 접촉하여 행동을 모방하는 확산효과 | ⓐ 내적타당도 저해요인 |

✚ 참고 : (라)는 호손효과이며, 이는 외적타당도 저해 요인에 해당함

정답 ③

**126** 정책종결은 정책목표를 달성하기 위한 전반적인 정책수단을 소멸(기존의 정책 소멸)시키고 이를 대체할 다른 정책을 마련하지 않음
①②④

| | |
|---|---|
| 정책혁신 | ① 기존에 없던 새로운 정책을 결정하는 것 → 기존에 없던 정책을 새롭게 형성하여 새로운 목표를 달성하는 것<br>② 기존에 없던 정책을 형성하는 과정에서 기존의 조직과 예산을 활용하지 않음<br>③ 사례 : 사이버수사대 창설 등 |
| 정책유지 | ① 본래의 정책목표를 달성하기 위해 기본적인 골자는 유지하지만 실질적인 정책내용은 변하지 않음 → 즉, 정책의 기본적 성격이나 정책목표·수단 등이 큰 폭의 변화 없이 모두 그대로 유지되지만, 정책의 구체적 내용에 있어서 부분적 대체나 완만한 변동은 있을 수 있음<br>② 사례 : 저소득층 자녀에 대한 교육비 보조를 그 바로 상위계층의 자녀에게 확대하는 것 |
| 정책종결 | 정책목표를 달성하기 위한 전반적인 정책수단을 소멸(기존의 정책 소멸)시키고 이를 대체할 다른 정책을 마련하지 않는 것 |

정답 ③

최욱진 행정학
단원별 예상문제집

PART

# 03

# 조직론

## 01 ★★★

조직구조의 기본변수에 대한 설명으로 가장 적절하지 않은 것은?

① 조직규모가 커질수록 집권성 정도가 높은 조직구조가 적절하다.

② 신설조직의 경우 조직을 안정적으로 운영하기 위해 집권화되는 경향이 강하다.

③ 공식화의 정도가 높을수록 환경변화에 대한 조직적응력은 떨어진다.

④ 교통·통신기술의 발전은 집권화를 강화하는 데 유리하다.

## 02 ★★★

조직구조를 결정하는 변수에 대한 설명이 잘못된 것은?

① 복잡성이란 조직의 분화정도를 나타내는 것으로 이는 다시 수평적·수직적 분화 및 장소적 분화로 나누어 살펴볼 수 있다.

② 조직구조의 기본변수로는 대개 복잡성, 공식성, 집권성 등을 든다.

③ 조직의 공식화는 직무가 표준화되거나 정형화되어 있는 정도를 따지는 개념이다.

④ 조직의 규모가 작을수록 공식화의 정도는 높아진다.

---

**정답 및 해설**

**01** 조직규모가 커질수록 구성원의 수와 업무량이 늘어 분권화된 조직구조가 적절함

② 신설조직의 경우 선례가 없어 상급자의 지시와 감독에 의존하게 되므로 집권화되기 쉬움

③ 공식화의 정도가 높으면 환경 변화에 재빠르게 대응하기 어려움

④ 교통통신 기술의 발전은 신속한 정보의 전달을 가능하게 하여 권한위임의 필요성을 감소시키므로 집권화를 강화하는 요인이 됨

정답 ①

---

**정답 및 해설**

**02** 조직의 규모가 클수록 공식화의 정도는 높아짐

① 복잡성이란 조직의 분화정도를 나타내는 것으로 이는 부서의 수(수평적 분화), 계층의 수(수직적 분화), 사람이나 시설이 퍼져있는 정도(공간적 분화)로 구분할 수 있음

②③
조직구조의 기본변수로는 복잡성, 공식성(표준화 정도), 집권성(의사결정권이 조직 상층부에 집중된 정도)이 있음

정답 ④

# 03 ★★

조직구조의 기본변수로 복잡성 · 공식성 · 집권성이 있다. 다음 중 복잡성과 관련된 내용으로 거리가 먼 것은?

> ㄱ. 직무의 종류와 성질에 따라서 각 부처별 기능의 분화를 통해 정부기능을 전문화시킨다.
> ㄴ. 상위계층과 하위계층간 업무분담을 통해 권한과 책임 한계를 명확히 한다.
> ㄷ. 조직활동에 대한 법령과 규칙을 확립하여 조직구성원의 행동기준을 마련한다.
> ㄹ. 지방행정기관을 설치하여 지역별 행정수요를 충족시킨다.
> ㅁ. 의사결정권 · 지휘감독권을 하급기관 · 하급자보다는 상급기관 · 상급자에게 집중시킨다.

① ㄷ, ㅁ      ② ㄷ, ㄹ
③ ㄴ, ㄹ      ④ ㄱ, ㅁ

# 04 ★★★

집권화와 분권화에 대한 설명으로 옳지 않은 것은?

① 집권화는 조직의 규모가 작고 신설 조직일 때 유리하다.
② 집권화의 장점으로는 전문적 기술의 활용가능성 향상과 경비절감을 들 수 있다.
③ 탄력적 업무수행은 분권화의 장점이다.
④ 분권화는 행정기능의 중복과 혼란을 회피할 수 있고 분열을 억제할 수 있다.

# 05 ★★

페로(C. Perrow)의 기술유형 중 다수의 예외와 분석가능성이 높은 기술은?

① 장인 기술      ② 비일상적 기술
③ 공학적 기술      ④ 일상적 기술

**정답 및 해설**

**04** 분권화되면 업무 조정이 곤란해지고 업무의 중복을 초래할 수 있음 → ④는 집권화의 장점에 해당함
① 일반적으로 조직의 규모가 작고 신설 조직일 때 의사결정권의 집중현상이 발생함
② 일의 전문화나 기능별 구조설계는 집권화를 촉진함
③ 일선에서의 탄력적 업무수행은 분권화의 장점임

정답 ④

**05** 아래의 표 참고
①②④
📖 **페로우의 기술유형과 조직구조**

| 구분 | | 분석의 가능성 : 대안 탐색의 가능성 | |
|---|---|---|---|
| | | 높음 | 낮음 |
| 과업의 다양성 : 예외적 사건 | 다수 | 공학적인 기술 | 비일상적인(비정형화된) 기술 |
| | | • 다소 기계적 조직: 다소 높은 공식화 · 집권화<br>• 중간의 통솔범위 | • 유기적 조직: 낮은 공식화 · 집권화<br>• 좁은 통솔범위 |
| | 소수 | 일상적인(정형화된) 기술 | 장인(기예적) 기술 |
| | | • 기계적 조직: 높은 공식화 · 집권화<br>• 넓은 통솔범위 | • 다소 유기적 조직: 다소 낮은 공식화 · 집권화<br>• 중간의 통솔범위 |

**정답 및 해설**

**03**
☑ **올바른 선지**
ㄱ. 수평적 분화에 대한 내용임
ㄴ. 수직적 분화에 대한 내용임
ㄹ. 공간적 분화는 조직구조의 기본변수인 복잡성의 내용임
☑ **틀린 선지**
ㄷ은 공식성, ㅁ은 집권성과 관련된 내용임

정답 ①

정답 ③

## 06 ★★

페로우는 조직의 기술을 네 가지로 구분하였다. 이와 관련된 설명 중 옳지 않은 것은?

① 일상적 기술의 경우 의사결정이 집권화되며 계획에 의한 조정이 이루어진다.

② 비일상적 기술의 경우 의사결정이 분권화되며 과제를 해결하기 위한 방법을 탐색하는 절차가 매우 복잡하다.

③ 장인적 기술의 경우 과제의 다양성은 높고 문제의 분석 가능성은 낮아 문제 해결이 어렵다.

④ 공학적 기술의 경우 과제의 다양성과 문제의 분석 가능성이 모두 높아 직무수행이 복잡하다.

## 07 ★★

페로우(Perrow)는 과제의 다양성과 문제의 분석 가능성이라는 두 가지 차원을 이용해서 조직의 기술을 네 가지로 구분하였다. 이와 관련된 설명 중 옳지 않은 것은?

① 과제의 다양성이란 예외적인 사건의 정도를 말하며, 일상적 기술은 과제의 다양성이 낮고 비일상적기술은 과제의 다양성이 높다.

② 분석가능성이란 목표를 달성할 수 있는 대안탐색 가능성을 뜻하며, 일상적 기술은 분석가능성이 높고 비일상적 기술은 분석가능성이 낮다.

③ 일상적 기술을 사용하는 부서의 경우 좁은 통솔범위, 높은 집권성, 높은 공식성 등의 특징을 지닌 기계적 구조가 적합하다.

④ 비일상적 기술을 사용하는 부서의 경우 하급관리층과 중간관리층의 재량과 권한이 모두 큰 유기적 구조의 성격을 지닌다.

### 정답 및 해설

**06** 장인적 기술의 경우 과제의 다양성은 낮지만 문제의 분석 가능성이 낮아 문제 해결이 쉽지 않음 → 따라서 조직은 숙련된 장인을 활용하게 됨

①②④

☑ 페로우의 기술유형과 조직구조

| 구분 | | 분석의 가능성 : 대안 탐색의 가능성 | |
|---|---|---|---|
| | | 높음 | 낮음 |
| 과업의 다양성 : 예외적 사건 | 다수 | 공학적인 기술 | 비일상적인(비정형화된) 기술 |
| | | • 다소 기계적 조직: 다소 높은 공식화 · 집권화<br>• 중간의 통솔범위 | • 유기적 조직: 낮은 공식화 · 집권화<br>• 좁은 통솔범위 |
| | 소수 | 일상적인(정형화된) 기술 | 장인(기예적) 기술 |
| | | • 기계적 조직: 높은 공식화 · 집권화<br>• 넓은 통솔범위 | • 다소 유기적 조직: 다소 낮은 공식화 · 집권화<br>• 중간의 통솔범위 |

정답 ③

### 정답 및 해설

**07** 일상기술을 사용하는 부서의 경우 넓은 통솔범위, 높은 집권성, 높은 공식성 등의 특징을 지니며, 기계적 구조가 적합함

①②④

☑ 페로우의 기술유형과 조직구조

| 구분 | | 분석의 가능성 : 대안 탐색의 가능성 | |
|---|---|---|---|
| | | 높음 | 낮음 |
| 과업의 다양성 : 예외적 사건 | 다수 | 공학적인 기술 | 비일상적인(비정형화된) 기술 |
| | | • 다소 기계적 조직: 다소 높은 공식화 · 집권화<br>• 중간의 통솔범위 | • 유기적 조직: 낮은 공식화 · 집권화<br>• 좁은 통솔범위 |
| | 소수 | 일상적인(정형화된) 기술 | 장인(기예적) 기술 |
| | | • 기계적 조직: 높은 공식화 · 집권화<br>• 넓은 통솔범위 | • 다소 유기적 조직: 다소 낮은 공식화 · 집권화<br>• 중간의 통솔범위 |

정답 ③

# 08 ★

조직의 기술과 구조에 대한 설명으로 옳은 것만을 모두 고르면?

> ㄱ. 우드워드(Woodward)의 견해에 따르면 대량생산기술을 사용하는 조직에는 기계적 구조가, 단위 · 소량생산과 연속공정생산기술을 가진 조직에는 유기적 구조가 효과적이다.
> ㄴ. 페로(Perrow)의 견해에 따르면 문제의 분석가능성이 높고 예외적 사건의 발생빈도가 높은 유형은 공학적 기술(engineering)에, 문제의 분석가능성이 낮고 예외적인 사건의 발생빈도가 낮은 유형은 장인기술(craft)에 해당한다.
> ㄷ. 톰슨(Thompson)의 견해에 따르면 집약기술은 과업활동의 표준화를, 중개형 기술은 조직의 빈번한 상호작용을 필요로 한다.

① ㄱ
② ㄱ, ㄴ
③ ㄴ, ㄷ
④ ㄱ, ㄴ, ㄷ

# 09 ★

톰슨의 기술분류에서 "집약적 기술"이 근거를 두는 상호의존관계는 다음 중 어느 것인가?

① 중앙집중적 상호의존(pooled interdependence)
② 호혜적 상호의존(reciprocal interdependence)
③ 상대적 상호의존(relative interdependence)
④ 순차적 상호의존(sequential interdependence)

---

## 정답 및 해설

### 08
✅ **올바른 선지**

ㄱ. 우드워드에 따르면 화장품 등을 생산하는 대량생산기술을 사용하는 조직에는 기계적 구조가, 맞춤형 정장을 생산하는 단위 · 소량생산과 반도체 등을 만들어 내는 연속공정생산기술을 가진 조직에는 유기적 구조가 효과적임

ㄴ. ✅ **페로우의 기술유형과 조직구조**

| 구분 | | 분석의 가능성: 대안 탐색의 가능성 | |
|---|---|---|---|
| | | 높음 | 낮음 |
| 과업의 다양성: 예외적 사건 | 다수 | 공학적인 기술<br>• 다소 기계적 조직: 다소 높은 공식화 · 집권화<br>• 중간의 통솔범위 | 비일상적인 기술<br>• 유기적 조직: 낮은 공식화 · 집권화<br>• 좁은 통솔범위 |
| | 소수 | 일상적인(정형화된) 기술<br>• 기계적 조직: 높은 공식화 · 집권화<br>• 넓은 통솔범위 | 장인(기예적) 기술<br>• 다소 유기적 조직: 다소 낮은 공식화 · 집권화<br>• 중간의 통솔범위 |

✅ **틀린 선지**

ㄷ. 톰슨의 견해에 따르면 중개형 기술은 과업활동의 표준화를, 집약기술은 조직의 빈번한 상호작용을 필요로 함

정답 ②

## 정답 및 해설

**09** 집약적 기술은 교호적 · 호혜적 상호의존성에 기초함

✅ **톰슨의 기술유형**

| 상호의존성 | 의사전달의 빈도(상호의존성 정도) | 기술 | 조직구조의 예시 | 조정 형태 |
|---|---|---|---|---|
| 집합적 상호의존성 | 낮음 | 중개형 기술 | 보험회사, 부동산 중개소, 은행 등 | 규칙, 표준화 |
| 연속적 상호의존성 | 중간 | 연속적 기술 | 대량생산 조립라인 등 | 정기적 회의, 수직적 의사전달, 계획 |
| 교호적 상호의존성 | 높음 | 집약형 기술 | 종합병원, 건축사업 | 부정기적 회의, 상호조정, 수평적 의사전달, 예정표 |

정답 ②

# 10

★

다음 글의 (㉠)에 해당하는 것은?

• 톰슨(Thompson)의 이론에 따르면, ( ㉠ )의 경우 단위 부서들 사이의 과업은 관련성이 거의 없으며 각 부서는 조직의 공동목표에 독립적으로 공헌하게 된다. 이러한 ( ㉠ )은 주로 중개형 기술을 활용하는 조직에서 나타나는데 부서들이 과업을 독자적으로 수행하면서 서비스를 제공하므로 단위작업간의 조정 필요성이 크지 않다.
• ( ㉠ )이 있는 경우 부서간 의사소통의 빈도가 상대적으로 낮아 관리자들은 부서간 조정을 위해 표준화된 절차와 규칙 등을 많이 사용하게 된다.

① 교호적 상호의존성(reciprocal interdependence)
② 연속적 상호의존성(sequential interdependence)
③ 집합적 상호의존성(pooled interdependence)
④ 과업의 상호의존성(task interdependence)

# 11

★

던컨의 조직환경 불확실성 유형과 이에 기초한 조직구조와의 관계에 대한 설명으로 옳은 것은?

① '낮은 불확실성'의 조직환경은 환경이 복잡하고 변화가 안정적인 경우이다.
② '다소 낮은 불확실성'의 조직환경은 유기적 조직구조가 적합히다.
③ '다소 높은 불확실성'의 조직환경은 유기적 조직구조가 적합하다.
④ '높은 불확실성'의 조직환경은 집권적 조직구조가 적합하다.

---

**정답 및 해설**

**10** 집합적 상호의존성은 주로 중개형 기술을 활용하는 조직에서 나타남

☑ 톰슨의 기술유형과 상호의존성

| 상호의존성 | 의사전달빈도 (상호의존성 정도) | 기술 | 예시 | 조정 형태 |
|---|---|---|---|---|
| 집합적 상호의존성 | 낮음 | 중개형 기술 | 보험회사, 부동산 중개소, 은행 등 | 규칙, 표준화 |
| 연속적 상호의존성 | 중간 | 연속적 기술 | 대량생산 조립라인 등 | 정기적 회의, 수직적 의사전달, 계획 |
| 교호적 상호의존성 | 높음 | 집약형 기술 | 종합병원, 건축사업 | 부정기적 회의, 상호조정, 수평적 의사전달, 예정표 |

정답 ③

---

**정답 및 해설**

**11** 아래의 표 참고

☑ 던컨의 불확실성과 조직유형

| 환경의 불확실성과 조직설계 | | 환경의 복잡성: 환경요소의 수 | |
|---|---|---|---|
| | | 단순 | 복잡 |
| 환경의 역동성: 환경의 변화가능성 | 안정 | 낮은 불확실성 기계적 조직구조 집권적, 공식적 | 다소 낮은 불확실성 기계적 조직구조 다소 집권적, 공식적 |
| | 불안정 | 다소 높은 불확실성 유기적 조직구조 다소 참여적, 분권적 | 높은 불확실성 유기적 조직구조 참여적, 분권적 |

정답 ③

# 12 ★★

## 조직구조 설계 원리에 대한 설명으로 옳지 않은 것은?

① 명령계통의 원리는 상위계층의 지시와 명령 및 하위계층의 보고가 각 계층을 차례로 거쳐서 이루어져야 한다는 것이다.

② 매트릭스 조직구조는 부성화의 원리 중 혼합형 부서화에 해당한다.

③ 통솔범위의 원리는 한 사람의 상관이 통제할 수 있는 부하의 수를 제한해야 한다는 것이다.

④ 기능명시의 원리는 조정 및 통합의 원리에 해당한다.

# 13 ★★

## 조직의 원리에 대한 설명으로 옳은 것을 모두 고른 것은?

> ㄱ. 분업의 원리는 조직의 능률성을 높이지만 할거주의를 유발할 수 있다.
> ㄴ. 통신기술이 발달하면 통솔범위가 좁아진다.
> ㄷ. 참모조직의 원리는 통합의 원리에 해당한다.
> ㄹ. 계층의 수와 통솔범위는 역의 관계에 있다.
> ㅁ. 일정한 기준에 따라 조직단위를 구성해야 한다는 부성화의 원리는 통합의 원리이다.

① ㄱ, ㄴ, ㄹ      ② ㄱ, ㄹ

③ ㄴ, ㄷ, ㅁ      ④ ㄹ, ㅁ

# 14 ★★

## 다음의 조직의 원리 중 성격이 다른 하나는?

① 계층제의 원리      ② 참모조직의 원리

③ 전문화의 원리      ④ 부성화의 원리

### 정답 및 해설

**13**

✅ **올바른 선지**

ㄱ. 분업의 원리는 조직 구성원에게 한 가지의 주된 업무를 배정해야 한다는 것으로, 업무가 전문화되어 생산성을 제고할 수 있으나 할거주의·훈련된 무능 등의 부작용을 유발할 수 있음

ㄹ. 통솔범위가 좁으면 계층의 수가 증가하고 통솔범위가 넓으면 계층의 수가 감소함

✅ **틀린 선지**

ㄴ. 통신기술이 발달하면 관리에 드는 노력과 비용이 감소하므로 통솔범위가 넓어짐

ㄷ. 참모조직의 원리는 계선과 참모가 할 일을 나누는 것이므로 분업의 원리에 해당함

ㅁ. 부성화의 원리는 분업의 원리에 해당함

> 정답 ②

**14** 계층제 원리는 조직 내 갈등을 조정하는 조정 및 통합을 위한 원리에 해당함

② 참모조직의 원리 : 계선과 참모의 업무를 구분

③ 전문화의 원리 : 개인별 분업

④ 부성화의 원리 : 부서별 분업

> 정답 ①

### 정답 및 해설

**12** 기능명시의 원리는 분화된 모든 기능 또는 업무를 명문으로 규정한다는 것으로, 분업에 대한 원리임

① 명령계통의 원리 : 명령의 전달이나 기타 수직적 의사전달은 반드시 각 계층을 포함하는 공식적 통로를 거쳐야 한다는 것

② 매트릭스 조직구조는 기능구조와 사업구조를 절충한 형태이므로 부성화의 원리 중 혼합형 부서화에 해당함

③ 통솔범위의 원리 : 적절한 부하의 수를 설정해야 한다는 원리

> 정답 ④

## 15 ★

유기적 구조와 기계적 구조의 차이점을 설명한 것 중 가장 옳지 않은 것은?

① 유기적 구조의 공식화 정도는 낮으나, 기계적 구조에서의 공식화는 높은 편이다.
② 유기적 구조에서는 분명한 책임관계, 기계적 구조에서는 모호한 책임관계를 특성으로 한다.
③ 유기적 구조에서는 비공식적·인간적 대면관계, 기계적 구조에서는 공식적·몰인간적 대면관계를 특성으로 한다.
④ 유기적 구조에서는 넓은 직무범위, 기계적 구조에서는 좁은 직무범위를 특성으로 한다.

## 16 ★

유기적 조직과 기계적 조직의 차이점을 설명한 것 중 부적절한 것은?

① 유기적 구조는 동태적 환경에 적합하고, 안정적 환경에는 기계적 구조가 적합하다.
② 유기적 구조에서의 작업의 분업화는 높고, 기계적 구조에서는 상대적으로 낮다.
③ 유기적 구조의 의사결정권은 분산되나 기계적 구조에서는 최고층에 집중된다.
④ 유기적 구조는 상호작용을 통하여 갈등을 해결하나, 기계적 구조에서는 상급자에 의존한다.

---

### 정답 및 해설

**15** 기계적 구조에서는 분명한 책임관계, 유기적 구조에서는 모호한 책임관계를 특징으로 함

☑ 기계적 구조와 유기적 구조

| 구분 | 기계적 구조 | 유기적 구조 |
|---|---|---|
| 장점 | 예측가능성 | 적응성 |
| 조직 특성 | • 좁은 직무범위<br>• 표준운영절차<br>• 분명한 책임관계<br>• 계층제(고층구조)<br>• 공식적·몰인간적 대면관계 | • 넓은 직무범위<br>• 적은 규칙·절차<br>• 모호한 책임관계<br>• 분화된 채널(저층구조)<br>• 비공식적·인간적 대면관계 |
| 상황 조건 | • 명확한 조직 목표와 과제<br>• 분업적 과제<br>• 단순한 과제<br>• 성과측정이 가능<br>• 금전적 동기부여<br>• 권위의 정당성 확보 | • 모호한 조직 목표와 과제<br>• 분업이 어려운 과제<br>• 복합적 과제<br>• 성과측정이 어려움.<br>• 복합적 동기부여<br>• 도전받는 권위 |

정답 ②

### 정답 및 해설

**16** 기계적 구조는 관료제이므로 분업화가 높고, 유기적 구조는 탈관료제이므로 분업화의 정도가 모호함

① 유기적 구조는 유연한 조직이므로 동태적 환경에 적합하고, 기계적 구조는 관료제이므로 안정적 환경에 적합함
③ 유기적 구조는 분권적이고 기계적 구조는 집권적임
④ 유기적 구조에서는 분권적이므로 상호작용을 통하여 갈등을 해결하나, 기계적 구조는 집권적이므로 갈등해결시 상급자에 의존함

정답 ②

## 17 ★

기계적 조직과 학습조직의 특성에 관한 내용으로 옳지 않은 것은?

① 기계적 조직은 위계적·경직적 조직문화를 갖는 데 비해 학습조직은 적응적 조직문화를 갖는다.

② 기계적 조직은 조직원의 재량과 책임을 중시하나 학습조직은 조직원 과업을 상세히 규정한 표준화·분업화에 의해 수행한다.

③ 기계적 조직은 경쟁을 중시하나 학습조직은 협력을 중시한다.

④ 기계적 조직은 수직적 구조이나 학습조직은 수평적 구조를 지향한다.

## 18 ★★★

기능구조(functional structure)와 비교한 사업구조(divisional structure)의 특징에 해당되는 것을 모두 고르면?

> ㄱ. 중복과 낭비를 예방하고 기능 내에서 규모의 경제 구현에 유리하다.
> ㄴ. 특정 산출물별로 운영되므로 고객만족도를 제고하고 성과에 대한 책임소재를 분명하게 하여 성과관리에 유리하다.
> ㄷ. 사업부서 내의 기능 간 조정이 용이하고 변화하는 환경에 신속하게 대응할 수 있다.
> ㄹ. 유사 기능을 수행하는 조직구성원 간에 분업을 통해 전문기술을 발전시킬 수 있다.

① ㄱ, ㄷ  ② ㄴ, ㄹ
③ ㄱ, ㄹ  ④ ㄴ, ㄷ

**정답 및 해설**

**17** 선지의 내용이 바뀌었음 → 학습조직은 유기적 구조이므로 조직원의 재량과 책임을 중시하나 기계적 조직은 조직원 과업을 상세히 규정한 표준화·분업화에 의해 수행함

①③④

기계적 조직과 유기적 구조의 특징을 생각하면서 풀면 되는 선지임

정답 ②

**정답 및 해설**

**18**

☑ 올바른 선지

ㄴ, ㄷ.

사업구조의 특징임

☑ 틀린 선지

ㄱ, ㄹ.

기능구조의 특징임

정답 ④

# 19 ★★★

조직구조의 유형 중 기능구조(functional structure)와 사업구조(divisional structure)에 대한 설명으로 옳지 않은 것은?

① 사업구조는 사업부서 내 조정은 용이하지만 사업부서 간 조정이 곤란할 수 있다.
② 기능구조는 의사결정의 상위 집중화로 최고관리층의 업무부담이 증가될 수 있다.
③ 사업구조는 유사 업무를 수행하는 조직 구성원 간 분업을 통해 전문기술을 발전시킬 수 있다.
④ 사업구조는 성과책임의 소재가 분명해 성과관리 체제에 유리하다.

# 20 ★★★

매트릭스 조직에 관한 설명으로 옳지 않은 것은?

① 기능구조의 기술 전문성과 제품사업부의 대응성을 동시에 꾀한다.
② 조직에 필요한 인적·물적자원을 유기적으로 확보·배분·이용한다.
③ 조직이 변화하는 환경에 좀 더 유연하게 적응한다.
④ 이원적 조직구조로 인한 상호작용 증가로 조직 내 갈등 수준을 완화한다.

# 21 ★

수평구조의 장점이라고 볼 수 없는 것은?

① 환경변화에 신축적으로 대응할 수 있다.
② 구성원의 자율성을 신장시킬 수 있다.
③ 부서 간의 경계를 명확히 하여 책임을 확보할 수 있다.
④ 관료제의 병리를 타파하고 업무수행에 새로운 의식과 행태의 변화 필요성으로 등장하였다.

## 정답 및 해설

**19** 선지는 기능구조에 대한 내용임
① 각각의 사업구조는 독립적으로 활동하므로 사업부서 내의 조정은 용이하지만 사업부서 간 조정이 곤란할 수 있음
② 기능구조는 집권적이므로 최고관리층의 업무부담이 증가될 수 있음
④ 사업구조는 산출물 단위로 조직을 편성하기 때문에 성과관리 체제에 유리함

정답 ③

**20** 매트릭스 조직은 이원적 조직구조로 인한 상호작용 증가로 조직 내 갈등이 커질 수 있음
① 매트릭스 조직은 기능구조와 사업구조의 장점을 절충한 조직유형임
② 매트릭스 조직에서 사업구조는 기능구조의 구성원을 활용할 수 있음
③ 매트릭스 조직은 유기적 구조임

정답 ④

## 정답 및 해설

**21** 수평구조는 수직계층과 부서 간의 경계를 실질적으로 제거하고 의사소통을 원활하게 만든 유기적인 조직구조임
①②④
모두 유기적 구조에 대한 선지임

정답 ③

## 22 ★★★

**Daft의 조직구조에 대한 설명으로 가장 적절하지 않은 것은?**

① 기능구조 – 사업에 대한 성과책임의 소재가 분명해 성과관리 체제에 유리하다.
② 사업구조 – 기능 간 조정이 극대화될 수 있는 자기완결적 조직구조이다.
③ 매트릭스구조 – 기능구조와 사업구조의 화학적 결합을 시도하는 조직구조이다.
④ 네트워크구조 – 자체기능은 핵심역량위주로 합리화하고 여타 기능은 외부기관들과 계약관계를 통해 수행하는 조직구조방식이다.

## 23 ★★★

**조직구조에 대한 설명으로 가장 적절하지 않은 것은?**

① 기계적 구조를 가진 조직은 유기적 구조를 가진 조직에 비해 엄격한 계층제의 특징을 가진다.
② 매트릭스 구조에서는 조직구성원들을 기능부서와 사업부서가 공동으로 활용할 수 있다.
③ 네트워크 구조를 가진 조직은 상호 독립적인 조직들이 수직적·수평적으로 연결되어 업무를 수행한다.
④ 사업구조를 가진 조직은 제품별·산출물별로 구성된 자기완결적 사업부서를 가지며, 이들 사이의 업무조정은 매우 쉽다.

## 24 ★★★

**조직구조의 모형에 대한 설명으로 바르게 연결된 것은?**

> ㉠ 수평적 조정의 필요성이 낮을 때 효과적인 조직구조로서 규모의 경제를 제고할 수 있다.
> ㉡ 자기완결적 기능을 단위로 기능 간 조정이 용이하여 환경변화에 대한 대응이 신축적이다.
> ㉢ 조직구성원을 핵심업무 과정 중심으로 조직화하는 방식이다.
> ㉣ 조직 자체 기능은 핵심역량 위주로 하고, 여타 기능은 외부계약관계를 통해 수행한다.

① ㉠ – 사업구조　　② ㉡ – 매트릭스구조
③ ㉢ – 수직구조　　④ ㉣ – 네트워크구조

**정답 및 해설**

**22** 지문은 사업구조의 특징임
②③④
☑ **Daft의 조직구조**

(1) 기능구조(Functional Structure): 기능부서화 방식에 기초한 조직구조 유형으로, 조직의 전체 업무를 공동 기능별로 부서화. 수평적 조정의 필요가 낮을 때 효과적인 조직구조
(2) 사업구조(Divisional Structure): 산출물에 기반한 사업부서화 방식. 필요한 모든 기능적 직위들이 부서 내로 배치된 자기완결적 단위
(3) 매트릭스구조(Matrix Structure): 기능구조와 사업구조를 결합한 복합조직. 이원적 권한체계(예 재외공관, 보통지방행정기관 등)
(4) 수평구조(Horizontal Structure): 팀구조라고도 하며, 핵심업무 과정 중심으로 조직. 무임승차 문제 발생
(5) 네트워크구조(Network Structure): 조직의 자체 기능은 핵심역량 위주로 합리화하고, 여타 기능은 외부기관들과 계약관계를 통해 수행하는 조직구조방식(예 회계, 제조, 포장, 유통 기능 등은 외부기관들에 아웃소싱). 정보통신기술의 확산으로 채택된 새로운 조직으로, 연계된 조직 간에는 수직적 계층구조가 존재하지 않으며 자율적으로 운영. 대리인 문제 발생

**정답 ①**

**23** 사업부서 내 기능부서 간 조정은 용이하지만, 사업부서 간 조정은 곤란할 수 있음
① 기계적 구조는 관료제이므로 유기적 구조에 비해 엄격한 계층제의 특징을 지님
② 매트릭스 구조는 기능구조와 사업구조를 절충한 형태이므로 조직구성원들을 기능부서와 사업부서가 공동으로 활용할 수 있음
③ 네트워크 조직은 관료제에 비해 낮은 수준의 복잡성을 지님

**정답 ④**

**24** ㉠ 지문은 기능구조, ㉡ 지문은 사업구조, ㉢ 지문은 수평구조, ㉣ 지문은 네트워크구조에 대한 설명임

**정답 ④**

# 25 ★★

**네트워크 조직의 특징에 관한 설명으로 옳지 않은 것은?**

① 조직의 유연성과 자율성 강화를 통해 환경 변화에 신속히 대응할 수 있다.

② 대리인의 기회주의 행위 방지를 위한 조정과 감시비용을 줄일수 있다.

③ 조직경계가 모호해 정체성이 약하고 응집력 있는 조직문화의 형성이 어렵다.

④ 통합과 학습을 통해 경쟁력을 제고할 수 있다.

# 26 ★

**A기업이 봉급에 관한 업무는 '갑'회사에, 광고에 관한 업무는 '을'회사에, 생산은 '병'공장에 각각 위탁하고, 전략 수립과 판매는 A기업이 직접 담당한다면, 이러한 조직구조의 특징으로 가장 거리가 먼 것은?**

① 정보통신기술 활용　　② 모호한 책임 관계

③ 넓은 직무범위　　　　④ 표준운영절차

# 27 ★★★

**조직구조의 유형에 대한 설명으로 옳지 않은 것은?**

① 사업(부)구조는 조직의 산출물에 기반을 둔 구조화 방식으로 사업(부) 간 기능 조정이 용이하다.

② 매트릭스구조는 수직적 기능구조에 수평적 사업구조를 결합시켜 조직운영상의 신축성을 확보한다.

③ 네트워크구조는 응집력있는 조직문화를 만드는 데 저해 요인으로 작용할 수 있다.

④ 수평구조는 핵심업무 과정 중심의 구조화 방식으로 부서 사이의 경계를 제거하여 의사소통을 원활하게 한다.

## 정답 및 해설

**26** 설문은 유기적 구조의 대표적 조직모형에 해당하는 네트워크 조직에 대한 내용임 ; 네트워크조직은 전략, 기획 등 핵심적인 기능은 조직이 직접 수행하고 광고, 생산, 보관, 유통 등 부수적인 업무는 다른 조직에 아웃소싱(위탁)함 → 표준운영절차(SOP)에 의한 업무처리는 기계적 구조의 특징에 해당함

① 네트워크 조직은 분절화 현상을 조정하기 위해 정보통신기술을 활용함

②③

네트워크 조직은 유기적 구조이므로 기계적 구조에 비해 넓은 직무범위(모호한 책임 관계)를 지님

정답 ④

## 정답 및 해설

**25** 대리인의 기회주의 행위 방지를 위한 조정과 감시비용이 증가함

### ■ 네트워크 조직의 장·단점

| | |
|---|---|
| 장점 | ㉠ 조직의 유연성과 자율성 강화를 통해 환경 변화에 신속히 대응하고 창의력을 발휘<br>㉡ 조직의 네트워크화를 통한 환경에의 불확실성 감소<br>㉢ 통합과 학습을 통한 경쟁력 제고<br>㉣ 정보통신기술을 활용해 시간·공간적 제약 완화 |
| 단점 | ㉠ 협력적으로 연계된 외부기관 직접 통제 곤란<br>㉡ 대리인의 기회주의 행위 방지를 위한 조정과 감시비용 증가<br>㉢ 제품 및 서비스의 품질관리와 안정적 공급 확보 애로<br>㉣ 조직 경계가 모호해 정체성이 약하고 응집력 있는 조직문화는 곤란 |

정답 ②

**27** 조직 내 각 사업구조는 독립적인 조직이므로 사업구조 간 기능 조정은 필요 없음

② 매트릭스 구조는 기능구조와 사업구조를 결합한 조직이며, 유기적 구조에 해당함

③ 네트워크구조는 분절화로 인해 응집력있는 조직문화를 만드는 데 저해 요인으로 작용할 수 있음

④ 수평구조는 팀별 핵심업무를 연결한 조직이며, 유기적 구조에 해당함

정답 ①

# 28 ★

애드호크라시에 속하는 조직유형에 대한 설명으로 가장 적절하지 않은 것은?

① 테스크포스는 특수한 과업 완수를 목표로 기존의 서로 다른 부서에서 선발하여 구성한 팀으로, 목적을 달성하면 해체되는 임시조직이다.

② 프로젝트 팀은 테스크포스와 마찬가지로 한시적이고 횡적으로 연결된 조직유형이지만 테스크포스에 비해 참여자의 전문성과 팀에 대한 소속감이 강하다는 특성을 가지고 있다.

③ 매트릭스 조직은 기능 중심의 수직적 분화가 되어있는 기존의 지시 라인에 횡적으로 연결된 또 하나의 지시 라인을 인정하는 이원적 권위계통을 가진다.

④ 네트워크조직은 전체 기능을 포괄하는 조직을 중심에 놓고 다수의 협력체를 묶어 일을 수행하는 조직형태이다.

# 29 ★★★

애드호크라시에 속하는 조직유형에 대한 설명으로 옳은 것은?

① 매트릭스 조직은 명령통일의 원칙을 준수한다.

② 네트워크 조직은 핵심기능을 외부기관에 위임한다.

③ 태스크포스는 부서들을 횡적으로 연결하여 현안 문제를 해결하기 때문에 목적을 달성한 후에도 유지된다.

④ 프로젝트팀은 원래 소속된 부서와의 보고라인을 유지하지만, 팀을 하나의 독립된 조직으로 인식하는 경향이 강하다.

---

**정답 및 해설**

**28** 네트워크 조직은 결정과 기획 같은 핵심기능만 수행하는 조직을 중심에 놓고 다수의 협력체를 묶어 일을 수행하는 조직형태임

①② 태스크포스와 프로젝트팀은 각 부서에서 차출된 구성원으로 조직된 임시조직임 → 다만, 프로젝트팀이 태스크포스에 비해 참여자의 전문성과 팀에 대한 소속감이 강하다는 것은 데프트의 견해이니 참고할 것

③ 매트릭스 조직은 기능구조와 사업구조를 결합한 조직유형이기 때문에 이원적 권한체계를 지님

**정답** ④

---

**정답 및 해설**

**29** 프로젝트팀은 특정 프로젝트 수행을 위하여 서로 다른 분야(부서)의 전문가들이 공통된 목표하에 선발되어 집단간 통합을 추구하는 조직임. 태스크포스에 비하여 비교적 장기간에 걸쳐 과제를 독자적으로 수행한다는 점이 특징임

① 매트릭스 조직은 기능별 조직과 사업별 구조가 결합된 조직이므로 명령계통이 이원화되어 있음

② 네트워크 조직은 핵심기능(전략, 기획, 통제 등)이 아닌 부수적 기능을 위임함

③ 태스크포스는 현안 문제 해결 후 해체됨

**정답** ④

최욱진 행정학

# 30 ★★

민츠버그가 제시한 조직구조의 기본 부문들에 대한 설명으로 옳지 않은 것은?

① 전략부문(strategic apex)은 조직에 관한 전반적 책임을 지는 부분이다.
② 핵심운영부문(operating core)은 생산업무에 직접 종사하는 기능을 담당한다.
③ 중간부문(middle line)은 업무의 표준화를 추구한다.
④ 기술구조부문(technostructure)은 작업의 설계와 변경을 담당하는 전문가들이 있는 곳이다.

# 31 ★★

민츠버그(H. Mintzberg)의 조직성장 경로모형에 대한 설명으로 가장 적절한 것을 모두 고른 것은?

┌─────────────────────────────────────────┐
│ ㉠ 단순구조(simple structure)는 한 사람이나 소수에게 집권화되며, 환경변화에 대응하기 위한 신속한 의사결정에 적합하다. │
│ ㉡ 전문적 관료제(professional bureaucracy)는 핵심운영 중심의 구조이며, 복잡하고 안정적인 환경에 적합하다. │
│ ㉢ 사업부 조직(divisionalized form)은 참모 중심의 구조이며, 신축적이고 혁신적인 조직구조이다. │
│ ㉣ 핵심운영 부문(operating core)은 조직의 제품이나 서비스를 생산해내는 기본적인 일들이 발생하는 곳이다. │
│ ㉤ 지원 스태프 부문(support staff)은 기본적인 과업흐름 내에서 발생하는 조직의 문제를 지원하는 모든 전문가로 구성되어 있다. │
└─────────────────────────────────────────┘

① ㉠, ㉡, ㉣          ② ㉠, ㉡, ㉤
③ ㉠, ㉢, ㉤          ④ ㉡, ㉢, ㉣

## 정답 및 해설

**30** 기술구조부문(technostructure)은 업무의 표준화를 추구함

①②④

| 핵심부문 | 내용 |
|---|---|
| 전략부분<br>(strategic apex)<br>= 최고관리층 | 조직에 관한 전반적 책임을 지는 최고관리층이 있는 곳으로써 조직을 가장 포괄적인 관점에서 관리함 → 조직의 전략형성 |
| 핵심운영부문<br>(operating core)<br>= 작업계층 | 조직의 제품이나 서비스를 생산해 내는 기본적인 일들이 발생하는 곳 → 즉, 현장에서 실제로 제품이나 서비스를 생산하는 계층 |
| 중간부문<br>(middle line) | 핵심운영부문과 전략부문을 연결하는 기능을 담당하는 중간관리자 → 특정 부서의 감독과 같은 별도의 관리적 임무를 수행함 |
| 기술구조부문<br>(technostructure) | 조직의 다양한 부서를 중앙에서 통제·조정하는 전문가들로 업무의 흐름을 설계·수정 및 훈련시키지만 직접 작업은 하지 않음 |
| 지원참모<br>(support staff) | ① 조직을 간접적으로 지원하며, 직접적으로 작업의 흐름에 관여하지 않는 집단<br>② 지원 스태프 부문은 기본적인 과업흐름 외에 발생하는 조직의 문제에 대해 지원을 하는 모든 전문가로 구성 |

정답 ③

## 정답 및 해설

**31**

**올바른 선지**
㉠ 단순구조(simple structure)는 소규모의 신생 조직으로서 의사결정권이 한 사람이나 소수에게 집권화되며, 대규모 조직에 비해 환경변화에 대응하기 위한 신속한 의사결정에 적합함
㉡ 전문적 관료제(professional bureaucracy)는 핵심운영 중심의 구조이며, 다소 안정적인 환경에 적합함
㉣ 핵심운영 부문(operating core)은 일선에서 서비스를 정기적으로 공급하는 계층임

**틀린 선지**
㉢ 애드호크라시는 참모 중심의 구조이며, 신축적이고 혁신적인 조직구조임
㉤ 지원 스태프 부문(support staff)은 기본적인 과업흐름 외에서 발생하는 조직의 문제를 지원하는 모든 전문가로 구성되어 있음

정답 ①

## 32 ★★

다음 중 민츠버그(Mintzberg)의 전문적 관료제 구조에 대한 설명으로 가장 적절하지 않은 것은?

① 업무의 표준화가 어려워 개인의 전문성에 의존한다.
② 종합병원과 같이 높은 분화와 낮은 공식화의 특성을 가진다.
③ 환경변화에 적응하는 속도가 빠른 편이므로 복잡하고 불안정한 환경에 적합하다.
④ 핵심운영층에 해당하는 작업 계층의 역할이 강조된다.

## 33 ★

다음은 학자에 따른 조직유형에 대한 설명이다. 옳지 않은 것은?

① 파슨스(Parsons)는 체제의 기능을 중심으로 경제적 조직, 정치적 조직, 통합조직, 체제유지조직으로 구분하였다.
② 블라우(Blau)와 스콧(Scott)은 조직의 수혜자를 중심으로 상호조직, 기업조직, 봉사조직, 공익조직으로 구분하였다.
③ 에치오니(Ezioni)는 권력과 복종의 유형에 따라 강제적 조직, 공리적 조직, 규범적 조직으로 구분하였다.
④ 데프트(Daft)는 조직의 각 부분 중 어느 부분의 힘이 강한지 여부에 따라 단순구조, 전문적 관료제, 사업부제, 기계적 관료제, 임시구조로 구분하였다.

### 정답 및 해설

**32** 전문적 관료제는 복잡·안정적인 환경에 적합함
① 업무의 표준화가 어려워 개인의 전문성에 의존한다.
② 종합병원은 내과, 안과 등 높은 분화수준을 보이며, 의사의 재량에 업무를 맡기는 까닭에 낮은 공식화의 특성을 지님
④ 전문적 관료제의 핵심인력은 현장에서 서비스를 직접 공급하는 핵심운영층임

정답 ③

### 정답 및 해설

**33** 민츠버그(Minzberg)는 조직의 각 부분 중 어느 부분의 힘이 강한지 여부에 따라 단순구조, 전문적 관료제, 사업부제, 기계적 관료제, 애드호크라시로 구분하였음

①

| 기능(AGIL) | 조직유형 | 예시 |
| --- | --- | --- |
| 자원조달 및 환경적응 | 경제조직 | 민간기업 |
| 방향성 제시 : 목표달성 | 정치조직 | 정당, 의회, 행정부 등 |
| 일탈방지 및 갈등조정 | 통합조직 | 경찰서, 법원 등 |
| 이데올로기 유지 | 체제유지 (현상유지·형상유지) 조직 | 교육기관, 종교기관 등 |

②

| 조직유형 | 예시 | 수혜자 | 중점 |
| --- | --- | --- | --- |
| 호혜조직 | 종교단체, 정당, 근로조합 등 | 구성원 | 구성원의 참여와 통제를 위한 민주적 절차 수립 → 이를 위해 과두제 현상이 나타나지 않게 해야 함 |
| 기업조직 | 기업체, 제조회사, 은행, 보험회사 등 | 소유주 | 능률의 극대화 |
| 봉사조직 (서비스조직) | 병원·학교 | 고객 | 고객에 대한 봉사와 절차 사이의 갈등해결 |
| 공익조직 | 정부기관, 군대조직, 경찰조직 | 일반 국민 | 국민의 외부통제를 위한 민주적 장치 |

③

| 권한 및 복종의 형태 | 조직의 유형 및 예시 | 추구하는 목표 |
| --- | --- | --- |
| ① 권한 : 강제적 권한<br>② 복종 : 굴복적인 복종 | ① 조직의 유형 : 강압적 조직<br>② 예 교도소 | 질서유지 목표 |
| ① 권한 : 공리적 권한<br>② 복종 : 타산적 복종 | ① 조직의 유형 : 공리적 조직<br>② 예 대부분의 사기업 | 경제적 목표 |
| ① 권한 : 규범적 권한<br>② 복종 : 도덕적 복종 | ① 조직의 유형 : 규범적 조직<br>② 예 종교단체 | 문화적 목표 |

정답 ④

# 34 ★

**조직의 유형구분에 대한 설명으로 가장 옳지 않은 것은?**

① 블라우(Blau)와 스콧(Scott)은 기능을 중심으로 조직의 유형을 분류하였다.

② 블라우와 스콧은 병원, 학교 등을 봉사조직으로 분류한다.

③ 파슨스(Parsons)는 경찰조직을 사회통합기능을 수행하는 통합조직으로 분류한다.

④ 에치오니(Etzioni)는 민간기업체를 공리적 조직으로 분류한다.

# 35 ★

**비공식적(자생적) 조직에 관한 설명으로 가장 적절하지 않은 것은?**

① 형성과정에서 조직의 공식적 구조 및 기능은 영향을 주지 않는다.

② 조직구성원들의 상호관계에 의해 자연적으로 발생하는 집단이다.

③ 귀속감, 안정감 등 심리적 욕구를 충족시키는 순기능이 있다.

④ 파벌이 조성될 경우 조직의 균형을 파괴할 수 있다.

---

**정답 및 해설**

**34** 블라우와 스콧은 조직활동으로 인한 수혜자가 누구인가를 중심으로 조직의 유형을 구분하였음

②

| 조직유형 | 예시 | 수혜자 | 중점 |
|---|---|---|---|
| 호혜조직 | 종교단체, 정당, 근로조합 등 | 구성원 | 구성원의 참여와 통제를 위한 민주적 절차 수립 → 이를 위해 과두제 현상이 나타나지 않게 해야 함 |
| 기업조직 | 기업체, 제조회사, 은행, 보험회사 등 | 소유주 | 능률의 극대화 |
| 봉사조직 (서비스조직) | 병원·학교 | 고객 | 고객에 대한 봉사와 절차 사이의 갈등해결 |
| 공익조직 | 정부기관, 군대조직, 경찰조직 등 | 일반 국민 | 국민의 외부통제를 위한 민주적 장치 |

③ 파슨스는 조직의 기능을 중심으로 조직유형을 분류했으며, 경찰조직을 사회통합기능을 수행하는 통합조직으로 구분함

④ 에치오니는 권한 및 복종의 형태를 중심으로 조직유형을 분류했으며, 민간기업체를 공리적 조직으로 구분함

**정답** ①

---

**정답 및 해설**

**35** 비공식 조직은 조직 내 '동아리' 등을 생각하면 됨 → 공식적 조직은 비공식적 조직이 형성되는 전제임

② 조직 내 동아리는 조직구성원들의 상호작용에 의해 자연스레 형성됨

③ 비공식 조직은 구성원 간 수평적 상호작용을 촉진하는바 심리적 욕구를 충족시킴

④ 우리나라 과거 군사정권의 하나회처럼 파벌이 조성될 경우 조직의 균형을 파괴할 수 있음

**정답** ①

# CHAPTER 03 조직관리기법

📍 기본서 p.196 - 200

## 36 ★★★

MBO에 관한 설명으로 옳지 않은 것은?

① MBO는 인간관이나 인간의 해석에 있어서 맥그리거 (McGregor)의 X이론에 입각해 있다.
② MBO를 구현하는 과정에서 많은 시간과 노력이 필요하다.
③ MBO는 조직구성원의 사기와 만족감을 높인다.
④ PPBS가 장기적인 목표지향적 성격을 가진 반면 MBO는 단기적인 결과지향적인 성격을 갖는다.

## 37 ★★★

균형성과표(BSC : Balanced Score Card)에 대한 설명으로 가장 적절하지 않은 것은?

① 재무적 관점의 성과지표는 민간부문에서 특히 중시하는 것으로 대표적인 후행지표이다.
② 내부프로세스 관점의 대표적 성과지표에는 의사결정 과정의 시민참여, 적법절차, 커뮤니케이션 구조 등이 있다.
③ BSC는 비재무적 지표보다는 재무적 지표관리의 중요성을 강조한다.
④ 학습과 성장 관점의 성과지표에는 학습동아리수, 내부 제안 건수, 직무만족도 등이 있다.

---

**정답 및 해설**

**37** BSC는 정부실패와 시장실패 등의 위기를 극복하기 위하여 재무적 지표는 물론 비재무적 지표를 포함한 균형있는 지표관리의 중요성을 강조함
① 재무적 관점의 성과지표는 매출 등을 의미하므로 민간부문에서 특히 중시함 → 아울러 학습과 성장관점을 달성하면 자연스레 따라오는 후행지표임
②④

☑ **BSC의 관점과 측정지표 정리**

| | |
|---|---|
| 재무적 관점 | ① 민간부문에서 특히 중시하는 것으로 전통적인 후행지표<br>② 후행지표 : 구성원의 만족, 즉 학습 및 성장관점을 충족하면 자연스레 증가하는 지표<br>③ 매출, 자본수익률, 예산 대비 차이, 공기업 재정운영의 효율성을 제고하기 위한 직원 보수조정 등 |
| 고객 관점 | ① 고객만족도를 나타내는 성과지표<br>② 고객만족도, 정책순응도, 민원인의 불만율, 신규 고객의 증감 등 |
| 업무처리 관점 | ① 조직운영과 관련된 지표<br>② 의사결정 과정에 대한 시민참여, 적법절차, 공개, 조직 내 커뮤니케이션 구조 등 |
| 학습·성장 관점 | ① 조직구성원의 만족과 성장을 나타내는 지표 → 선행지표<br>② 다른 세 관점이 추구하는 성과목표를 달성하는 데 기본 토대를 형성함 → 이러한 면에서 학습과 성장의 관점은 민간부문과 정부부문이 큰 차이를 둘 필요가 없는 부분임<br>③ 직무만족도, 학습동아리의 수, 공무원의 능력향상을 위해 전문적 직무교육 강화, 내부 제안 건수 등 |

---

**정답 및 해설**

**36** MBO는 부하의 능동적 참여를 강조하는바 McGregor의 Y이론을 전제로 함
② MBO는 부하의 견해를 반영하여 목표를 설정하는 까닭에 많은 시간과 노력을 요구함
③ MBO는 구성원에게 능동적 참여를 보장하므로 조직구성원의 사기와 만족감을 높임
④ PPBS는 대규모 사업을 대상으로 예산을 편성하기 때문에 장기적인 목표를 지향하지만, MBO는 목표달성 피드백을 촉진하기 위해 단기적인 성과를 추구함

정답 ①

정답 ③

## 38 ★★

균형성과표(BSC : Balanced Score Card)의 관점과 측정지표가 바르게 연결된 것은?

① 학습과 성장 관점 − 자본수익률
② 내부 프로세스 관점 − 공개
③ 재무적 관점 − 신규 고객의 증감
④ 고객 관점 − 직무만족도

## 39 ★★★

최근 정부관리에 TQM의 도입이 시도되고 있는데 TQM의 핵심요소가 아닌 것은?

① 참여주의
② 무결점주의
③ 고객중심주의
④ 성과주의

## 40 ★★★

목표관리(MBO)와 총체적 품질관리(TQM)에 관한 설명으로 가장 적절하지 않은 것은?

① MBO의 기본적 구성요소는 목표설정, 참여, 환류이다.
② TQM은 구성원의 참여를 인정한다는 점에서 MBO와 일치한다.
③ TQM은 고객지향적인 관리라는 점에서 MBO와 일치한다.
④ MBO는 인간의 자율 능력을 믿는 자기실현적 인간관의 영향을 많이 받았다.

**정답 및 해설**

**38** 공개, 적법절차, 의사결정과정에 대한 시민참여 등은 업무처리 관점을 나타냄
① 자본수익률은 재무적 관점의 지표임
③ 신규 고객의 증감은 고객관점의 지표임
④ 직무만족도는 학습과 성장 관점의 지표임

정답 ②

**39** TQM은 성과가 아닌 투입과 과정을 중시함
① 참여주의 : TQM은 모든 구성원이 품질제고를 위해 참여해야 함을 강조함
②③ 무결점주의와 고객중심주의
TQM은 결점이 없는 서비스 품질을 통해 고객만족을 추구함

정답 ④

**정답 및 해설**

**40** TQM은 고객만족을 중시한다는 점에서 개방체제적 관리기법이고, MBO는 조직내부의 목표달성 여부를 강조한다는 면에서 폐쇄체제적 관리기법임
① MBO의 기본적 구성요소는 부하와 상관의 합의에 의한 목표설정, 부하참여, 목표달성 여부에 대한 환류임
② TQM은 모든 구성원의 참여를 인정한다는 점에서 부하의 참여를 강조하는 MBO와 유사한 면이 있음
④ MBO는 부하의 능동적인 목표설정을 가정하는바 인간의 자율능력을 믿는 자기실현적 인간관의 영향을 받았음

정답 ③

# 41 ★

조직발전(OD)에 대한 설명으로 가장 적절하지 않은 것은?

① Y이론의 인간관에 바탕을 둔 성장이론(growth theory)을 가정하고 있다.

② 감수성훈련, 관리망훈련, 팀 빌딩기법, 과정상담과 개입전략 등의 주요 기법이 있다.

③ 행태과학의 지식이나 기법을 활용하게 되며, 이 분야에 전문가의 도움이 요청된다.

④ 인간행태, 조직구조, 기술, 업무에 초점을 두어 조직 전반의 변화를 모색하고자 한다.

# 42 ★★

목표관리(MBO)와 조직발전(OD)을 비교한 설명 중 틀린 것은?

① MBO의 과정이 상향적인 반면, OD의 과정은 하향적이다.

② 둘 다 Y이론적 관리 방식을 적용한다.

③ MBO의 경우 외부인사가 주도하는 반면, OD의 경우 내부인사가 주도한다.

④ MBO는 관리 기법상의 변화를 추구하고, OD는 구성원의 행동변화를 유도한다.

---

**정답 및 해설**

**41** 조직발전은 인간행태 중심의 조직개혁 전략임 → 이로 인해 '조직구조, 기술, 업무에 대한 관심이 부족하다'는 한계를 지님

① 조직발전은 능동적인 인간관을 바탕으로 조직의 적응 및 성장을 지향함

②③
조직발전은 행태과학 전문가의 도움을 바탕으로 구성원의 행동변화를 유도함 → 이러한 과정에서 감수성훈련, 관리망훈련, 팀 빌딩기법, 과정상담과 개입전략 등의 주요 기법을 활용함

정답 ④

---

**정답 및 해설**

**42** MBO의 경우 내부인사가 주도하는 반면, OD의 경우 외부인사가 주도함

① MBO는 부하가 목표를 설정하기 때문에 상향적인 반면, OD의 과정은 외부전문가의 지침에 따른다는 점에서 하향적임

② 양자는 인간에게 자율성을 부여하기 때문에 Y이론적 관리 방식을 적용함

④ MBO는 목표설정방식, 즉 관리 기법상의 변화를 추구하고, OD는 구성원의 행동변화를 유도하여 조직의 환경적응을 추구함

정답 ③

# 43

★

그레이너(Greiner)의 조직성장모형에서 제시한 성장단계와 해당 단계별 위기현상을 옳게 짝지은 것은?

① 권한 위임을 통한 성장단계 – 자율성의 위기
② 조정을 통한 성장단계 – 레드테이프의 위기
③ 창조성을 통한 성장단계 – 통제의 위기
④ 지시를 통한 성장단계 – 리더십의 위기

## 정답 및 해설

**43** 아래의 그림 참고

☑ 그레이너의 조직성장이론

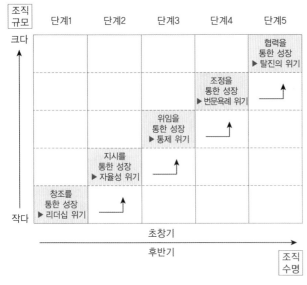

정답 ②

# CHAPTER 04 조직구조 안정화 메커니즘

🔍 기본서 p.201 – 216

## 44 ★

Hofstede의 문화유형론에 따를 경우 우리나라 문화의 속성으로 볼 수 없는 것은?

① 권력 간격이 멀다.
② 위험 회피 성향이 강하다.
③ 집단주의 문화가 강하다.
④ 남성적 문화의 특성이 강하다.

## 45 ★★

홉스테드(Hofstede)의 문화 차원에 대한 설명으로 옳지 않은 것은?

① 불확실성 회피 정도가 강한 경우 공식적 규정을 많이 만들어 불확실한 요소를 최대한 통제하려 한다.
② 집단주의가 강한 문화는 개인주의가 강한 문화보다 상대적으로 느슨한 개인 간 관계를 더 중요시한다.
③ 권력거리가 큰 경우 제도나 조직 내에 내재되어 있는 상당한 권력의 차이를 자연스럽게 인정한다.
④ 남성성이 강한 문화는 여성성이 강한 문화보다 상대적으로 남성과 여성의 역할에 대한 분명한 차이를 인정하려고 한다.

### 정답 및 해설

**45** 집단주의가 강한 문화는 개인주의가 강한 문화보다 상대적으로 긴밀하고 협력적인 개인 간 관계를 중시함
①③④

| 권력간격 | 한 사회가 어떤 기관이나 조직에 있어서 권력이 불평등하게 분산되어 있다는 사실을 받아들이는 정도 |
|---|---|
| 개인주의 · 집단주의 | ① 개인주의: 사람들이 그들 자신과 직계 가족들에게만 관심을 가지는 것으로 간주되는 사회구조<br>② 집단주의: 본인이 속한 집단과 외부집단 사이를 엄격하게 구별하는 것 → 내부집단(친척, 당파, 조직 등)이 돌봐주기를 기대하며, 내부집단에 절대적인 충성을 보임<br>③ 집단주의가 강한 문화는 개인주의가 강한 문화보다 상대적으로 긴밀하고 협력적인 개인 간 관계를 중시함 |
| 불확실성에 대한 회피성 | 불확실성의 회피가 강한 사회: 초조, 불안 등이 뚜렷하게 나타나며 이에 따라 각종 법적, 규범적 제도장치를 통해 위험성을 줄이고 안정을 가하기 위해 온갖 노력을 기울이는 현상이 발생함 |
| 남성다움 · 여성다움 | ① 남성다움: 사회적으로 성역할 구분을 엄격하게 구분하는 사회<br>② 여성다움: 상대적으로 성역할 구분을 느슨하게 하는 사회 |

### 정답 및 해설

**44** 우리나라의 경우 권력 간격이 멀고, 불확실성을 회피하려는 성향이 강하며, 집단주의 성향이 강하고, 장기적 성향을 가진 것으로 평가됨 → 한편 Hofstede의 실제 조사 결과에서는 우리 나라의 경우 일반적인 인식과 달리 여성적 문화의 특성(다른 사람 보호, 인간관계 중시, 겸손, 약한 자에게 공감 등)이 강한 것으로 평가되었음

정답 ④

정답 ②

# 46

★★★

## 리더십 이론에 대한 설명으로 옳은 것만을 모두 고르면?

ㄱ. 아이오와 대학연구에 따르면 리더십 유형을 권위형, 민주형, 방임형으로 나누어 관찰한 결과, 생산성에서는 큰 차이가 없으나, 구성원의 사기 등을 포함하여 전체적으로 방임형이 가장 효율적이다.

ㄴ. 블레이크와 머튼은 생산에 대한 관심과 사람에 대한 관심이 모두 높은 단합형(team management) 리더십 유형을 최선의 관리방식으로 제안하였다.

ㄷ. 상황적응적 리더십 모형의 주창자 중 하나인 피들러는 리더-구성원 관계, 직무구조, 직위권력 등 3가지 변수를 중요한 상황요소로 설정하였다.

ㄹ. 오하이오 주립대 리더십 연구자들은 리더의 행동을 구조주도와 배려로 설명하며 가장 훌륭한 리더유형을 중간 수준의 구조주도와 배려를 갖춘 균형잡힌 리더형태로 보았다.

① ㄱ, ㄴ  ② ㄱ, ㄹ
③ ㄴ, ㄷ  ④ ㄷ, ㄹ

# 47

★★★

## 리더십에 관한 설명 중 옳지 않은 것은?

① 리더십연구의 접근방법은 특성론에서 행태론으로, 그리고 상황론으로 이행했다.
② 행태론의 대표적인 예로 피들러(F. Fiedler)의 상황조건론, 하우스(R. J. House)의 경로-목표 모형 등이 있다.
③ 변혁적(Transformational) 리더십의 요소로는 영감, 지적 자극, 개인적 배려, 카리스마가 있다.
④ 거래적 리더십은 보수적·현상유지적이라는 평가를 받는다.

---

**정답 및 해설**

**46**
**☑ 올바른 선지**
ㄴ. 블레이크와 머튼은 생산에 대한 관심과 사람에 대한 관심이 모두 높은 단합형(team management) 리더십 유형을 가장 이상적인 리더로 규정함
ㄷ. 상황론적 리더십론을 주장한 피들러(Fiedler)는 리더-구성원 관계, 직무구조, 직위권력을 상황변수로 제시함

**☑ 틀린 선지**
ㄱ. 아이오와 대학연구에 따르면 리더십 유형을 권위형, 민주형, 방임형으로 나누어 관찰한 결과, 생산성에서는 큰 차이가 없으나, 구성원의 사기 등을 포함하여 전체적으로 민주형이 가장 효율적임
ㄹ. 오하이오 주립대 리더십 연구자들은 리더의 행동을 구조주도와 배려로 설명하며 가장 훌륭한 리더유형을 높은 수준의 구조주도와 배려를 갖춘 균형잡힌 리더형태로 보았음

정답 ③

---

**정답 및 해설**

**47** 피들러(F. Fiedler)의 상황조건론, 하우스(R. J. House)의 경로-목표 모형 등은 상황론적 리더십에 해당함
① 리더십연구의 접근방법은 특성론, 행태론, 권력영향력 접근, 상황론으로 발전함
③ 변혁적(Transformational) 리더십의 요소로는 비전제시 및 공유(영감), 고정관념 타파(지적 자극), 부하에 대한 관심과 존중(개인적 배려), 리더의 비범한 능력(카리스마)이 있음
④ 거래적 리더십은 기계적 구조에 적합한 까닭에 보수적·현상유지적임

정답 ②

# 48 ★

커와 저미어(S.Kerr & J.Jermier)가 주장한 리더십 대체물 접근법에 대한 설명으로 옳지 않은 것은?

① 구조화되고 일상적이며 애매하지 않은 과업은 리더십의 대체물이다.
② 조직이 제공하는 보상에 대한 무관심은 리더십의 대체물이다.
③ 부하의 경험, 능력, 훈련 수준이 높은 것은 리더십의 대체물이다.
④ 수행하는 과업의 결과에 대한 환류(feedback)가 빈번한 것은 리더십의 대체물이다.

# 49 ★★★

리더십에 대한 설명으로 옳지 않은 것은?

① 피들러(Fiedler)의 상황적응모형에서는 LPC(Least Preferred Coworker) 점수가 낮은 경우 과업지향형으로 분류한다.
② 하우스(R. J. House)의 경로-목표이론에 따르면 부하들의 역할이 모호할 경우 지시적 리더가 효과적이라고 하였다.
③ 변혁적 리더십은 보수적·현상유지적이라는 평가를 받기도 한다.
④ 리더십 대체 이론(leadership substitutes theory)에 따르면 구성원들이 충분한 경험과 능력을 갖추고 있는 상황에서는 지시적 리더십이 불필요하다.

---

**정답 및 해설**

**48** 보상에 대한 무관심은 대체물이 아니라 중화물임
①③④

☑ Kerr & Jermier의 리더십대체물이론

| 대체물과 중화물 | | 영향받는 리더의 행동 | |
|---|---|---|---|
| | | 지시적 리더십 | 지원적 리더십 |
| 부하의 특성 | 경험·능력·훈련 | 대체물 | |
| | 전문가적 지향 | 대체물 | 대체물 |
| 과업의 특성 | 애매하지 않고, 구조된 일상적인 과업 | 대체물 | |
| | 과업에 의해 제공되는 피드백 | 대체물 | |
| | 내적으로 만족되는 과업 | | 대체물 |
| 조직의 특성 | 응집력이 높은 집단 | 대체물 | 대체물 |
| | 공식화된 구조(명확한 계획·목표·책임) | 대체물 | |
| 부하의 특성 | 조직의 보상에 대한 무관심 | 중화물 | 중화물 |
| 조직의 특성 | 리더가 통제할 수 없는 보상 | 중화물 | 중화물 |
| | 비유연성(엄격한 규칙과 절차) | | 중화물 |
| | 리더와 부하간 긴 공간적 거리 | 중화물 | 중화물 |

정답 ②

**정답 및 해설**

**49** 선지는 거래적 리더십에 대한 내용임 → 변혁적 리더십은 변화지향적 리더십임
① 피들러(Fiedler)의 상황적응모형에 따르면 리더는 LPC(Least Preferred Coworker) 점수가 낮은 경우 과업지향형, LPC점수가 높은 경우 관계성 행동을 함
② 하우스(R. J. House)의 경로-목표이론에 따르면 부하들의 역할이 모호할 경우 구체적으로 지시하는 지시적 리더가 효과적임
④ 리더십 대체 이론(leadership substitutes theory)에 따르면 구성원들이 충분한 경험과 능력을 갖추고 있는 상황은 지시적 리더십에 대체물로 작용함

정답 ③

# 50 ★★★

## 리더십에 대한 설명으로 가장 적절하지 않은 것은?

① 리더십은 상황, 행태, 자질 등 다양한 요소를 바탕으로 설명할 수 있다.

② 높은 LPC점수를 받은 사람은 관계지향적인 행동을 할 가능성이 크다.

③ 피들러(F. Fiedler)의 상황조건론은 리더에게 유리한 리더십 상황(단순하고 명확한 과업구조, 강한 직위 권력 등)에서 인간관계 중심형 리더십이 효과적이라 주장한다.

④ 리더십은 조직의 공식적 구조와 설계의 불완전성을 보완해줄 수 있다.

# 51 ★★★

## 리더십 이론에 대한 설명으로 옳은 것만을 모두 고르면?

> ㄱ. 블레이크(Blake)와 모우튼(Mouton)의 관리망 이론에서 팀관리형(team management)은 업무와 인간에 대한 관심이 모두 높은 리더십이다.
> ㄴ. 셀프리더십은 조직구성원이 스스로 자신들을 리드하는 셀프리더가 되도록 도움을 주는 리더십이다.
> ㄷ. 피들러(Fiedler)의 상황적 리더십 이론에서 상황변수 3가지는 리더·구성원 관계, 리더의 직위권력, 업무구조이다.
> ㄹ. 에반스(Evans)와 하우스(House)의 경로-목표 리더십 이론은 LPC점수를 이용하여 리더십을 분류한다.

① ㄱ, ㄷ      ② ㄱ, ㄹ

③ ㄴ, ㄹ      ④ ㄱ, ㄴ, ㄷ

---

### 정답 및 해설

**50** 피들러(F. Fiedler)에 따르면 상황적 유리성이 중간 정도에서는 인간관계 중심형 리더십이 효과적임

✚ 참고: 상황적 유리성이 유·불리한 경우는 과업지향적 리더십이 효과적임

① 리더의 타고난 특징, 후천적인 행동, 상황적 조건 등은 리더십을 설명할 때 고려할 수 있는 변수임

② 피들러에 따르면 높은 LPC점수를 받은 사람은 관계성 행동을, 낮은 LPC점수를 받은 사람은 과업지향적 행동을 할 가능성이 큼

④ 리더십, 조직문화, 갈등관리 등은 조직의 공식적 구조와 설계의 불완전성을 보완해줄 수 있음

정답 ③

---

### 정답 및 해설

**51**

📋 **올바른 선지**

ㄱ. 블레이크(Blake)와 모우튼(Mouton)의 관리망 이론에서 팀관리형(team management), 즉 단합형은 생산과 인간에 대한 관심이 모두 높은 리더십임

ㄷ. 피들러(Fiedler)가 제시한 상황변수 3가지는 리더·구성원 관계(부하충성도), 리더가 보유한 권한, 과업구조임

📋 **틀린 선지**

ㄴ. 셀프리더십은 주인의식을 강조하는 리더십으로서 리더가 부하에게 영향을 미치는 일반적인 리더십과는 달리 자기 자신에게 스스로 영향을 미치는 과정임

ㄹ. LPC(the least preferred coworker) 점수를 이용하여 리더십을 분류한 것은 피들러(F. Fiedler)임

정답 ①

# 52 ★★★

피들러(Fiedler)의 상황적합적 리더십 이론에 대한 설명으로 옳지 않은 것은?

① '가장 좋아하지 않는 동료(LPC : least preferred co-worker) 척도'를 사용하여 리더 유형을 LPC 점수가 낮은 과업 지향적 리더와 LPC 점수가 높은 관계 지향적 리더로 분류했다.

② 리더십 효과성은 리더와 부하의 관계, 부하의 성숙도, 과업구조의 조합에 따른 상황적 유리성에 따라 달라질 수 있다.

③ 리더에게 매우 유리하거나 매우 불리한 상황인 경우 과업 지향적 리더십이 효과적이다.

④ 리더의 특성을 상황에 맞게 변화시키기 어려우므로 상황 특성에 맞는 리더를 선발하여 배치하거나, 리더의 특성에 맞게 상황을 변화시키는 방법을 활용해야 한다.

# 53 ★★★

다양한 리더십이론에 대한 설명으로 옳지 않은 것은?

① 피들러(Fiedler)의 상황이론은 '가장 좋아하지 않는 척도(LPC)'를 사용하여 리더십 유형을 구분하였는데 LPC 점수가 높은 경우 인간지향적 리더십으로 분류한다.

② 리더십대체이론에 따르면 구성원들이 충분한 경험과 능력을 갖추고 있는 상황에서는 지시적 리더십이 불필요하다.

③ 서번트 리더십은 리더를 조직에서 관리자가 아니라 섬기는 자로 정의하고 리더의 청지기 의식과 봉사를 중시한다.

④ 하우스(House)에 의하면 과업이 구조화되어 있지 않을 때에는 지원적 리더십이 효과적이다.

## 정답 및 해설

**52** 상황변수인 상황의 유리성은 '리더와 부하의 관계(leader-member relations)', '직위권력(position power)', '과업구조(task structure)' 세 가지의 조합으로 구성됨

① LPC척도는 리더의 행동특성을 파악하기 위한 지표이며, 피들러에 따르면 LPC 점수가 낮은 과업 지향적 리더와 LPC 점수가 높은 관계 지향적 리더로 구분됨 → LPC점수가 높다는 것은 부하를 싫어함에도 불구하고 공정하게 평가한다는 것을 의미함

③ 리더에게 매우 유리하거나 매우 불리한 상황인 경우 과업지향적 리더십, 중간 수준인 경우에는 관계지향적 리더십이 효과적임

④ 예를 들어 관계지향적 리더가 매우 불리하거나 유리한 상황에 직면하고, 과업지향 리더가 중간 정도로 유리한 상황에 직면하는 경우 부적합한 결합이며, 유일한 해결책은 상황을 변화시키는 것이라고 보았음

정답 ②

## 정답 및 해설

**53** 하우스와 에반스(R. House & M. Evans)의 경로-목표모형에 의하면 과업이 구조화되어 있지 않을 때에는 참여적 리더십이 효과적임 → 지원적 리더십은 부하가 단조로운 일을 수행할 때 적합함

① 피들러(Fiedler)는 LPC 점수가 높은 경우 인간지향적 리더십, 낮은 경우 과업지향 리더십으로 분류함

② 리더십대체론에 따르면 구성원들이 충분한 경험과 능력을 갖추고 있는 상황은 지시형 리더십에서 대체물로 작용함

③ 서번트 리더십에서 리더는 부하를 섬기는 사람임

정답 ④

# 54 ★★★

**피들러의 리더십 상황이론에 대한 설명으로 틀린 것은?**

① LPC 척도의 점수가 낮은 경우 과업지향형 리더로 분류한다.
② 상황변수로서 리더와 부하의 관계, 업무구조, 리더의 직위권력을 사용하였다.
③ 매우 유리하거나 매우 불리한 상황에서는 업무지향형 리더십이 효과적이라고 보았다.
④ 부하들의 지식과 경험이 부족할 때에는 지시적 리더십이 효과적이다.

# 55 ★★★

**리더십 이론에 대한 설명으로 틀린 것은?**

① 허시(Hersey)와 블랜차드(Blanchard)는 부하의 성숙도(Maturity)가 매우 높은 경우에는 참여형 리더십이 바람직하다고 주장하였다.
② 하우스(House) 등의 경로−목표이론에 따르면, 참여적 리더십은 부하들이 구조화되지 않은 과업을 수행한 때 적합하다.
③ 유클(Yukl)의 다중연결모형에 따르면, 부서의 효과성은 단기적으로는 리더가 매개변수에서 부족한 면을 얼마나 시정하느냐에 달려 있고, 장기적으로는 리더가 상황변수를 얼마나 유리하게 만드느냐에 달려 있다.
④ 거래적 리더십론에서 리더는 예외관리에 초점을 둔다.

### 정답 및 해설

**55** 허시(Hersey)와 블랜차드(Blanchard)는 부하의 성숙도에 따라 다음과 같은 리더십이 적합하다고 하였음

| 부하 성숙도 | 매우 낮음 | 낮음 | 높음 | 매우 높음 |
|---|---|---|---|---|
| 리더십 유형 | 지시 | 설득 | 참여 | 위임 |

② 하우스(House) 등의 경로−목표이론에 따르면, 성취지향적 리더십·참여적 리더십은 부하들이 구조화되지 않은 과업을 수행한 때 적합함
③ ☑ 유클이 도출한 일반적 명제들

> ㉠ 단기적인 관점: 리더가 매개변수에서 부족한 면을 얼마나 시정하느냐에 달려 있음
> ㉡ 장기적인 관점: 리더가 상황변수를 얼마나 유리하게 만드느냐에 달려 있음

④ 예외관리의 의미: 정해둔 일정 업무 기준에 미치지 못하면 처벌을 가하면서 통제함 → 만약 일정 기준대로 진행되면 아무런 지시가 없으며, 기준을 상회할 때는 보상을 통해 영향력을 행사함

정답 ①

### 정답 및 해설

**54** 커와 저미어의 리더십론에 해당함
① 피들러는 LPC점수가 낮은 리더를 업무(과업) 중심형 리더로, LPC점수가 높은 리더를 직원(관계) 중심형 리더로 보았음
② 지도상황의 유리성을 결정하는 변수로는 ㉠ 리더와 추종자의 관계(부하의 충성도), ㉡ 과업구조, ㉢ 직위에 부여된 권력 세 가지를 들었음
③ 피들러에 따르면 유·불리한 상황에서는 업무 중심형이 효과적이고, 중간 정도의 상황에서는 직원 중심형이 효과적임

정답 ④

# 56 ★★

서번트 리더십에 대한 설명으로 옳지 않은 것은?

① 부하는 자기방향성과 통제력을 가지고 자신을 이끌어 간다.

② 종업원, 고객 및 공동체를 우선으로 여기며, 그들의 욕구를 충족시키기 위해 헌신하는 리더십을 말한다.

③ 리더가 자기 자신보다는 다른 사람에게 초점을 두고, 부하들의 창의성과 잠재력을 발휘할 수 있도록 봉사하고 유도하는 리더십이다.

④ 리더의 권위는 추종자로부터 기인한다는 민주적 원칙에 입각하고 있다.

# 57 ★

다음은 토머스(Thomas)가 제시한 대인적 갈등관리 방안과 관련되는 내용이다. 각각의 내용이 바르게 연결된 것은?

> ⊙ 상대방의 이익을 희생하여 자신의 이익을 추구하는 경우이다.
> ⓛ 자신의 이익이나 상대방의 이익 모두에 무관심한 경우이다.
> ⓒ 자신과 상대방 이익의 중간 정도를 만족시키려는 경우이다.
> ⓔ 자신의 이익을 희생하여 상대방의 이익을 만족시키려는 경우이다.

| | ⊙ | ⓛ | ⓒ | ⓔ |
|---|---|---|---|---|
| ① | 강제 | 회피 | 타협 | 포기 |
| ② | 경쟁 | 회피 | 타협 | 순응 |
| ③ | 위협 | 순응 | 타협 | 양보 |
| ④ | 경쟁 | 회피 | 순응 | 양보 |

PART 03 조직론

**정답 및 해설**

**56**  선지는 셀프리더십에 대한 내용임

②③④

☑ **서번트 리더십**

> ⊙ 미국의 학자 로버트 그린리프(Greenleaf)가 1970년대 처음 주장하고 스피어스(Spears)가 특징을 상술함
> ⓛ 리더는 부하를 섬기는 사람(청지기)이기 때문에 부하에 대한 존중과 봉사 강조 → 부하들이 능동적으로 자기 발전을 할 수 있도록 유도
> ⓒ 리더가 자기 자신보다는 다른 사람에게 초점을 두고, 부하들의 창의성과 잠재력을 발휘할 수 있도록 봉사하는 리더십

정답 ①

**정답 및 해설**

**57**  ⊙ 지문은 경쟁, ⓛ 지문은 회피, ⓒ 지문은 타협, ⓔ 지문은 순응에 해당함 → 아래의 그림 참고

☑ 토마스의 갈등관리 모형

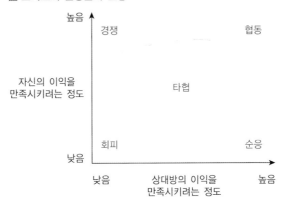

정답 ②

## 58 ★

**조직 내의 갈등관리에 대한 설명으로 가장 옳은 것은?**

① 갈등관의 행태론적 입장에서는 모든 갈등이 조직성과에 부정적 영향을 미치므로 제거되어야 한다고 본다.

② 로빈스(Robbins)는 갈등관리를 전통주의자, 행태주의자, 상호작용주의자의 관점으로 구분하여 접근한다.

③ 토마스(Thomas)의 갈등관리방안 유형 중 자신과 상대방의 이익의 중간 정도를 만족시키려는 경우는 협동전략이다.

④ 업무의 상호의존성이 높을수록 갈등이 증가할 소지가 작다.

## 59 ★

**조직 내 의사전달에 대한 설명으로 옳지 않은 것을 〈보기〉에서 모두 고르면?**

┌─ 보기 ┐
ㄱ. 공식적 의사전달은 책임소재가 명확하다는 장점이 있다.
ㄴ. 바퀴형은 복잡하고 비일상적인 업무처리에 적합한 의사전달망이다.
ㄴ. 비공식적 의사전달은 수직적 계층제에서 상관의 권위를 손상시킬 수 있다.
ㄹ. 문서명령과 예규의 제정 등은 하의상달에 의한 의사전달 방식이다.
ㅁ. 할거주의와 전문화로 인한 수평적 의사전달의 저해는 조직구조에서 기인하는 의사전달의 장애요인이다.

① ㄱ, ㄷ          ② ㄱ, ㅁ
③ ㄴ, ㄹ          ④ ㄷ, ㄹ

**정답 및 해설**

**59**

**☑ 틀린 선지**
ㄴ. 바퀴형은 단순하고 일상적인 업무처리에 적합한 의사전달망임
ㄹ. 문서 명령과 예규의 제정 등은 공문을 통해 해당 내용을 지켜야 할 대상에게 전달하는 기제이므로 상의하달에 의한 의사전달 방식임

**☑ 올바른 선지**
ㄱ, ㄷ.
**☑ 공식적 · 비공식적 의사전달의 장점과 단점**

| 구분 | 공식적 의사전달 | 비공식적 의사전달 |
|---|---|---|
| 장점 | 1. 상관의 권위를 유지<br>2. 의사전달이 확실 · 편리<br>3. 전달자와 피전달자가 분명, 책임소재 명확<br>4. 정보의 사전입수로 비전문가라도 의사결정이 용이<br>5. 정보나 근거의 보존이 용이 | 1. 신속하고 적응성이 강함<br>2. 배후사정을 소상히 전달<br>3. 긴장 · 소외감 극복과 개인적 욕구의 충족<br>4. 직원들의 동태 파악과 행동의 통일성 확보<br>5. 융통성이 높고 공식적 전달을 보완 |
| 단점 | 1. 의사전달의 신축성이 없고 형식화되기 쉬움<br>2. 배후사정을 소상히 전달하기 곤란<br>3. 변동하는 사태에 신속히 적응하기 어려움 → 구체적인 내용을 정하는 과정에서 시간이 소요되기 때문에 의사전달의 속도가 느린 편임<br>4. 기밀유지 곤란 | 1. 책임소재가 불분명하고 조정 · 통제가 곤란<br>2. 개인목적에 역이용되는 점<br>3. 공식적 의사소통 기능을 마비시키는 점<br>4. 수직적 계층 하에서 상관의 권위가 손상 |

ㅁ. 부서이기주의, 즉 할거주의와 고도의 분업화로 인한 수평적 의사전달의 저해는 조직구조에서 기인하는 의사전달의 장애요인임

정답 ③

**정답 및 해설**

**58** 로빈스는 갈등의 관점을 전통적 관점, 행태론적 관점, 상호주의관점으로 나누어 접근하였음

① 행태론적 관점은 갈등은 불가피한 것이고 정상적인 현상으로 이를 수용해야 한다는 관점임

③ 협동전략이 아니라 타협(협상)전략임

④ 업무간 상호의존성이 높을수록 갈등이 발생할 소지가 높음

정답 ②

## 60 ★★★

허즈버그(Herzberg)의 욕구충족요인이원론에 대한 설명으로 가장 적절하지 않은 것은?

① 조직구성원에게 만족을 주는 요인(동기요인)과 불만족을 주는 요인(위생요인)은 별개 차원이다.

② 동기요인과 위생요인은 구성원에 따라 다를 수 있다는 인식 하에 개인차를 강조한다.

③ 욕구충족요인이원론은 연구자료가 중요사건기록법을 근거로 수집되어 동기요인이 과대평가되었을 수 있다는 한계를 갖는다.

④ 위생요인이 충족되지 않은 경우 구성원에게 불만족을 초래하지만, 이것이 잘 갖추어졌다고 직무수행동기를 유발하는 것은 아니다.

## 61 ★★★

허즈버그(F. Herzberg)의 욕구충족요인이원론에 관한 설명으로 옳은 것은?

① 허즈버그는 일반적인 노동자를 연구대상으로 지정하였다.

② 위생요인을 충족하면 동기부여로 이어진다.

③ 동기요인에는 보수, 작업조건, 대인관계 등이 포함된다.

④ 위생요인은 주로 생리적 욕구, 안전욕구 등을 만족시키는 요인들이다.

---

### 정답 및 해설

**60** 허즈버그(Herzberg)의 욕구충족요인이원론은 위생요인이나 동기요인이 개인마다 다를 수 있다는 개인차에 대한 고려가 없다는 한계점을 갖고 있음

① 조직구성원에게 만족을 주는 요인(동기요인)과 불만족을 주는 요인(위생요인)은 별개 차원임

③ 욕구충족요인이원론은 연구자료가 중요사건기록법을 근거로 수집되어 동기요인이 과대평가되었을 수 있다는 한계를 지님

④ 위생요인이 충족되지 않은 경우 구성원에게 불만족을 초래하지만, 이것이 잘 갖추어졌다고 직무수행동기를 유발하는 것은 아님

정답 ②

### 정답 및 해설

**61** 위생요인은 주로 하위욕구, 즉 생리적 욕구, 안전욕구 등을 만족시키는 요인임

① 허즈버그는 미국 피츠버그 소재 11개 산업체의 엔지니어와 회계사를 대상으로 연구를 진행함

② 허즈버그에 따르면 동기요인을 충족하면 동기부여로 이어짐(위생요인은 불만족 감소)

③ 위생요인에는 보수, 신분보장, 작업조건, 대인관계 등이 포함됨

정답 ④

# 62 ★★★

허즈버그(F. Herzberg)의 욕구충족요인이원론에 관한 설명으로 옳은 것은?

① 인간의 욕구를 계층적 구조로 나누어 설명한다.
② 모든 욕구는 충족되면 동기부여로 이어진다.
③ 동기요인에는 보수, 신분보장, 작업조건, 대인관계 등이 포함된다.
④ 위생요인은 주로 생리적 욕구, 안전욕구 등을 만족시키는 요인들이다.

# 63 ★★★

허즈버그의 욕구충족요인이원론에 대한 설명으로 옳지 않은 것은?

① 조직구성원에게 만족을 주는 요인과 불만족을 주는 요인은 상호 독립되어 있다.
② 만족요인으로 성취감, 책임감, 직무내용, 인정감을 들 수 있다.
③ 동기요인이란 만족을 느끼게 하는 심리적 요인으로서 직무 그 자체와 관련되며 위생요인은 불만족을 느끼게 하는 요인으로서 직무의 환경과 관련된 것이다.
④ 위생요인과 동기요인이 구성원에 따라 다를 수 있다는 인식 하에 개인차를 강조한다.

# 64 ★★

허즈버그(F. Herzberg)가 주장한 만족요인으로만 구성된 것은?

① 보수, 대인관계, 작업조건
② 성취감, 책임감, 직무내용
③ 보수, 직무내용, 작업조건
④ 승진, 직무내용, 대인관계

## 정답 및 해설

**63** 허즈버그(Herzberg)의 욕구충족요인이원론은 위생요인과 동기요인의 영향이 구성원의 연령·직위에 따라 다를 수 있다는 개인차를 고려하지 못했다는 비판을 받음
① 허즈버그에 따르면 만족요인과 불만요인은 상호 독립적으로 인간에게 영향을 미침
② 만족요인은 직무자체, 혹은 상위욕구와 관련된 요인임
③ 동기요인(만족요인)은 만족감을 통제하며, 위생요인(직무환경 및 하위욕구와 관련된 요인)은 불만을 통제함

정답 ④

**64** 동기요인은 직무와 관련된 요인으로서, 직무, 성취, 인정, 책임, 성장, 발전 등을 들 수 있음 → 아래의 표 참고

| 위생요인(불만 관리 요인) | 동기요인(만족 관련 요인) |
| --- | --- |
| • 조직의 정책과 행정<br>• 감독<br>• 보수, 지위, 안전 등<br>• 대인관계<br>• 작업조건 | • 보람 있는 직무(직무내용 자체)<br>• 직무상의 성취<br>• 직무 성취에 대한 인정<br>• 책임<br>• 성장(승진) 또는 발전 |

정답 ②

## 정답 및 해설

**62** 위생요인은 주로 하위욕구, 즉 생리적 욕구, 안전욕구 등을 만족시키는 요인임
① 인간의 욕구를 계층적 구조로 나누어 설명하는 것은 머슬로우, 앨더퍼 등임
② 허즈버그에 따르면 동기요인을 충족하면 동기부여로 이어짐(위생요인은 불만족 감소)
③ 위생요인에는 보수, 신분보장, 작업조건, 대인관계 등이 포함됨

정답 ④

## 65 ★

McGregor의 X이론에서 처방하는 조직관리 방식으로 볼 수 없는 것은?

① 성과급제도의 전면 실시
② 직무태만, 규정위반에 대한 처벌강화
③ 평가실적과 승진제도의 연계성 확대
④ 흥미도를 반영한 직무충실화

## 66 ★

다음 내용의 동기이론을 주장한 학자와 동기부여이론이 잘 연결된 것은?

> ㉠ 인간의 욕구는 사회문화적으로 학습되는 것이다.
> ㉡ 개인마다 그 욕구의 계층에 차이가 있다.
> ㉢ 성취욕구, 친교욕구, 권력욕구 세 가지로 분류한다.

① McClelland의 성취동기이론
② Alderfer의 ERG이론
③ Admas의 형평성이론
④ Herzberg 욕구충족요인이원론

**정답 및 해설**

**66** McClelland의 성취동기이론에 관한 내용임

☑ **맥클리랜드(McClelland)의 성취동기이론**

> ① 맥클리랜드는 개인행동을 동기화시키는 잠재력을 지니고 있는 욕구는 학습되는 것이므로 개인마다 욕구의 계층에 차이가 있다고 주장하였음(매슬로우 비판)
> ② 동기는 개인이 사회문화와 상호작용하는 과정에서 취득되고 학습을 통해 개발될 수 있다는 것을 전제로, 개인의 욕구 중 사회문화적으로 학습된 욕구들을 소속욕구(친교욕구), 권력욕구, 성취욕구로 분류함
> ③ 성취욕구가 높을수록 생산성이 높아짐

② Alderfer의 ERG이론 : 인간의 욕구를 존재, 관계, 성장욕구로 분류한 뒤 단계별 성취와 욕구의 후진적 퇴행을 인정함
③ Admas의 형평성이론 : 직장동료와 투입 대비 산출을 비교하여 공정성 지각에 따른 행동차이를 설명한 모형
④ Herzberg 욕구충족요인이원론 : 인간의 욕구를 만족요인과 불만요인과 구분한 뒤 양자는 독립적으로 작용한다는 것을 밝힌 이론

**정답 및 해설**

**65** McGregor의 X이론은 조직구성원을 불신하며, 이에 따라 상벌에 입각한 관리방식을 중시함 → ④번 선지에서 흥미도를 반영한 직무충실화는 구성원을 신뢰하는 Y이론에 기반한 관리 방식에 해당함

정답 ④

정답 ①

## 67 ★

맥클리랜드(D. McClelland)의 이론에 대한 설명으로 틀린 것은?

① 개인의 행동을 동기화시키는 욕구는 학습되는 것이므로 개인마다 그 욕구의 계층에 차이가 있다.
② 친교 욕구가 강한 사람은 판매직이나 가르치는 직업 등을 택하는 경우가 많다.
③ 조직 내 성취 욕구의 중요성에 중점을 두고 성취동기이론을 제시하였다.
④ 개인의 욕구 중 사회문화적으로 학습된 욕구들을 생존욕구, 친교욕구, 성취욕구로 분류하였다.

## 68 ★

핵맨과 올드햄(Hackman & Oldham)의 직무특성이론에 대한 설명으로 옳은 것은?

① 직무특성을 결정하는 변수로 기술다양성, 직무정체성, 직무중요성, 자율성, 책임감을 들고 있다.
② 직무특성을 결정하는 변수 중 직무정체성과 직무중요성이 동기부여에 가장 중요한 역할을 한다.
③ 개인이 자신의 직무에 대해 개인적으로 느끼는 책임감의 정도를 자율성으로 정의하였다.
④ 성장 욕구 수준이 낮은 사람의 경우 더 높은 수준의 직무를 제공하는 것이 바람직하다.

---

**정답 및 해설**

**67** 맥클리랜드는 개인의 욕구 중 사회문화적으로 학습된 욕구들을 성취욕구, 권력욕구, 친교욕구로 분류하였음

☑ **맥클리랜드의 성취동기론**

| 내용 | ① 맥클리랜드는 개인행동을 동기화시키는 잠재력을 지니고 있는 욕구는 학습되는 것이므로 개인마다 욕구의 계층에 차이가 있다고 주장하였음 (매슬로우 비판)<br>② 동기는 개인이 사회문화와 상호작용하는 과정에서 취득되고 학습을 통해 개발될 수 있다는 것을 전제로, 개인의 욕구 중 사회문화적으로 학습된 욕구들을 소속욕구(친교욕구), 권력욕구, 성취욕구로 분류함<br>③ 성취욕구가 높을수록 생산성이 높아짐 | |
|---|---|---|
| 욕구<br>유형 | 성취욕구 | 행운을 바라는 대신 우수한 결과를 얻기 위해 높은 기준을 설정하고 이를 달성하려는 욕구<br><br>※ 성취욕구가 강한 사람의 특징<br>① 문제를 해결하는 데 개별적인 책임을 떠맡는 환경을 좋아함<br>② 적당한 성취목표를 설정하고 계산된 위험을 선호하는 경향이 있음<br>③ 업무수행에 관한 즉각적이고 효과적인 환류를 선호함<br>④ 변화를 추구하고 미래지향적임<br>⑤ 낮은 목표에서부터 높은 목표로 스스로 목표를 단계적으로 상향 조정함 |
| | 권력욕구 | 타인의 행동에 영향을 미치거나 통제하려는 욕구 |
| | 친교욕구<br>(소속욕구) | 다른 사람과의 좋은 관계 유지나 사회적 교류에 높은 관심을 가지며, 조직집단으로부터 소외를 피하고자 하는 욕구 |

---

**정답 및 해설**

**68** 직무특성 중 자율성에 대한 설명임
① 직무특성을 결정하는 변수는 기술다양성, 직무정체성, 직무중요성, 자율성, 환류임
② 직무특성을 결정하는 변수 중 자율성과 환류가 동기부여에 가장 중요한 역할을 함
④ 성장 욕구 수준이 낮은 사람의 경우 단순한 직무를 제공하는 것이 바람직함 → 이로써 직무 자체에 대한 내재적 동기가 유발되고, 작업의 질과 만족도가 상승하여 이직과 결근이 줄어들게 됨

정답 ③

정답 ④

# 69 ★

해크먼(J. Hackman)과 올드햄(G. Oldham)의 직무특성 이론에 대한 설명으로 옳지 않은 것을 모두 고르면?

> ㄱ. 직무수행자의 개인차를 고려하여 직무특성이 직무수행자의 성장욕구 수준에 부합될 때 동기유발이 된다고 보았다.
> ㄴ. 기술다양성, 직무혁신성, 직무중요성, 자율성, 환류라는 다섯 가지의 핵심 직무특성을 통해 잠재적 동기지수(MPS)를 도출하였다.
> ㄷ. 잠재적 동기지수를 구성하는 직무특성변수 중 자율성과 환류가 동기부여에 가장 많은 영향을 미친다고 보았다.
> ㄹ. 직무특성 중 직무중요성은 개인이 수행하는 직무가 다른 사람의 작업이나 행동에 의해 영향을 받는 정도를 의미한다.

① ㄱ, ㄴ
② ㄱ, ㄹ
③ ㄴ, ㄹ
④ ㄷ, ㄴ

# 70 ★★★

다음과 같은 문제를 가진 조직에서 브룸(Vroom)의 기대이론(Expectancy Theory)에 따라 구성원을 동기부여 한다면 개선이 필요한 항목은?

> A부 조직진단 결과, 조직구성원의 사기가 매우 낮은 것으로 나타났으며, 그 원인은 주로 불공정한 인사 관행에 있는 것으로 밝혀졌다. 많은 구성원이 업무수행을 통해 좋은 성과를 거둘 수 있다는 자신감을 가지고 있고, 승진을 매우 중요시하고 있다. 그렇지만 성과를 내더라도 승진에 반영되지 않고, 주로 정실주의에 의해 승진이 좌우되는 경향에 대해서 구성원이 강한 불만을 가지고 있다.

① 기대성(Expectancy)
② 수단성(Instrumentality)
③ 역할 인지(Role Recognition)
④ 유인성(Valence)

## 정답 및 해설

**69**

☑ **틀린 선지**
ㄴ. 직무혁신성 → 직무정체성(직무의 범위)
ㄹ. 직무중요성은 개인이 수행하는 직무가 조직 내·외의 다른 사람의 작업이나 행동·삶에 영향을 미치는 정도를 의미함

☑ **올바른 선지**
ㄱ. 직무특성론은 복잡인 모형이며, 직무의 속성과 성장욕구 수준과의 관계를 분석했음
ㄷ. 잠재적 동기지수

$$= \frac{\text{기술 다양성} + \text{직무 정체성} + \text{직무 중요성}}{3} \times \text{자율성} \times \text{환류}$$

정답 ③

## 정답 및 해설

**70** Vroom 이론에서 수단성이란, 성과(1차산출)가 바람직한 보상(2차산출, 결과)을 가져다 줄 것이라고 믿는 주관적인 정도를 의미함. 위 서술에서 나타나는 구성원의 불만은 '성과를 내더라도 승진에 반영되지 않는다'는 것으로, 성과가 보상으로 연결되지 않는 상황을 개선하여 수단성(I)의 정도를 높여야 함
① 역할인지는 구성원이 스스로 수행해야 하는 역할을 지각하고 있는 상태를 의미함. 브룸의 기대이론 및 위 상황과는 관련 없는 요소임
③ 기대성은 보상(2차산출이나 결과)의 중요성에 대한 주관적인 선호(매력)의 강도를 의미함. 위 상황에서 기대치는 '구성원들이 승진심사 결과, 혹은 그에 따른 급여 상승에 대해 갖는 만족도'를 의미함
④ 유인성은 노력이나 능력을 투입하면 성과가 있을 것이라는 주관적인 기대감을 의미함. 위 서술에서 유인성은 '업무수행을 통해 좋은 성과를 거둘 수 있다는 자신감'을 의미함

정답 ①

# 71 ★★★

다음은 동기부여이론에 관한 욕구이론을 설명한 것이다. 틀린 것은?

① Maslow의 욕구단계설에 따르면 인간은 어느 한 욕구가 어느 정도 충족되면 다음 단계 욕구로 나아간다고 하였다.

② 허즈버그에 따르면 직무 그 자체, 승진, 책임감, 직무확장은 동기요인이다.

③ 맥클랜드는 세 가지 욕구 중 성취 동기가 높을수록 생산성이 높아진다고 했다.

④ 아지리스(Argyris)는 관리자의 역할은 구성원을 최대한 성숙상태로 나아가게 하는 것이라고 했다.

# 72 ★★★

아담스(J. S. Adams)의 공정성이론(Equity Theory)에 대한 설명으로 옳지 않은 것은?

① 업무에서 공정하게 취급받으려고 하는 욕망이 개인으로 하여금 동기를 갖게 한다고 가정한다.

② 직무에 대한 공헌도와 보상을 다른 사람의 그것과 주관적으로 비교·평가하며 그 결과에 따라 행동의 동기가 유발된다.

③ 불공정성을 해소시키고 공정성을 추구하기 위한 행동에는 투입과 산출에 대한 본인의 지각을 바꾸는 것, 준거인물을 바꾸는 것 등이 있다.

④ 인간은 비교집단과 투입－산출의 비교를 통해 공정하다고 느낄 때 행동한다.

---

**정답 및 해설**

**71** 직무 그 자체, 승진, 책임감 등은 동기요인이고, 직무확장은 위생요인임

**☑ 허즈버그 욕구충족요인이원론**

| 만족요인 · 불만족요인 | 만족요인 (직무자체 · 상위욕구) | ① 성취감(자아실현), 책임감, 안정감, 자기존중감, 상사의 인정, 직무 자체에 대한 보람, 성장(승진) 및 발전, 직무충실(책임감·자율성↑) 등 ② 직무충실 : 상위 계층의 업무를 일부 담당하는 것 |
|---|---|---|
| | 불만족요인 (직무환경 · 하위욕구) | ① 대인관계, 작업조건, 조직의 방침과 관행 (조직정책), 임금(보수), 지위, 상관의 감독방식, 직무확장, 신분보장 등 ② 직무확장 : 수평적으로 업무의 범위를 넓혀 단조로움 등 불만을 없애주는 역할을 함 |

① 머슬로는 앨더퍼와 다르게 인간은 특정 욕구를 어느 정도 충족하면 상위계층의 욕구를 달성하려고 노력함

③ 맥클랜드에 따르면 친교욕구, 권력욕구, 성취욕구 중 성취 동기가 높을수록 생산성이 높아짐

④ 아지리스에 따르면 성숙인은 능동적으로 일하는 존재이므로 관리자는 구성원을 최대한 성숙상태로 나아가게 지원해야 함

정답 ②

**정답 및 해설**

**72** 아담스는 개인이 불공정하다고 느낄 때 공정성을 추구하기 위한 행동을 작동하는 동기가 유발된다고 하였음

① 공정성이론은 조직의 공정한 보상을 강조함 → 따라서 업무에서 공정한 대우를 받으려는 욕망이 개인으로 하여금 동기를 갖게 만듦

② 공정성 이론에서 인간은 주관적으로 공정성을 지각하여 그 결과에 따라 행동의 동기가 유발됨

③ 선지는 과소보상 케이스를 해소하려는 개인행동을 나열하고 있음

정답 ④

## 73 ★★★

브룸(Vroom)의 기대이론에 대한 설명으로 옳지 않은 것은?

① 기대감은 일정한 노력을 기울이면 근무 성과를 가져올 수 있다는 가능성에 대한 주관적 확률과 관련된 믿음이다.

② 유의성은 개인이 원하는 특정한 보상에 대한 선호의 강도이다.

③ 높은 성과가 항상 높은 보상을 가져올 것이라고 기대한 경우 수단성의 값은 0으로 표현된다.

④ 브룸(Vroom)의 기대이론은 동기부여의 방안을 구체적으로 제시하지 못한다.

## 74 ★★★

동기부여이론에 대한 설명으로 옳은 것은?

① 내용이론은 인간 행동의 동기가 어떻게 유발되는지에 중점을 둔다.

② 과정이론은 동기를 유발하는 내용이 무엇인지 설명하는 이론이다.

③ 아담스(Adams)의 공정성 이론은 성과만족이론에서 활용된 모형이다.

④ 머슬로(Maslow)의 욕구계층이론은 두 가지 이상의 욕구가 동시에 작용해 복합적으로 하나의 행동을 유발한다고 주장한다.

**정답 및 해설**

**73** 수단성이라 불리기도 하며, 성과가 보상(2차적 결과)을 가져올 것이라는 믿음 → 만약 높은 성과가 항상 높은 보상을 가져올 것이라 기대한 경우 수단성의 값은 1로 표현됨(−1 ≤ 수단성 ≤ 1)

① 브룸의 기대이론에서 기대감(Expectancy)이란 자신의 노력이 성과(1차적 결과)로 이어진다는 믿음을 나타내며, 노력을 많이 하면 큰 성과가 나올 거라 기대한 경우 기대감의 값은 1로 표현됨(0 ≤ 기대감 ≤ 1)

② 유의성(Valence)은 보상이나 성과에 대한 주관적 선호의 강도임

④ 브룸의 기대이론은 내용이론이 제시하지 못한 동기부여의 과정에서 오는 기대감과 유의성을 공식화해 동기부여의 과정을 설명하고 있으나 동기부여의 방안을 구체적으로 제시하지는 못했음

정답 ③

**정답 및 해설**

**74** 아담스의 공정성 이론과 브룸의 기대이론은 포터와 롤러의 성과만족이론에서 활용된 모형임

① 내용이론은 동기를 유발하는 내용이 무엇인지를 설명하는 이론임

② 과정이론은 인간 행동의 동기가 어떻게 유발되는지에 중점을 두는 이론임

④ 머슬로(Maslow)의 욕구계층이론은 두 가지 이상의 욕구가 동시에 작용할 수 있음을 설명하지 못하였음

정답 ③

# 75 ★★★

브룸의 기대이론에 대한 설명이다. ㉠ ~ ㉢에 들어갈 내용으로 옳은 것은?

브룸은 동기부여의 강도를 결정하는 요인을 세 가지로 보았다.
첫째, ( ㉠ )은/는 특정 결과에 대해 개인이 갖는 선호의 강도를 말한다. 둘째, ( ㉡ )은/는 1차 수준의 결과가 2차 수준의 결과를 가져오게 될 것이라는 개인의 믿음의 강도를 말한다. 1차 수준의 결과는 과업 목표달성을 말하고, 2차 수준의 결과는 과업 달성에 따른 보상 등을 말한다.
셋째, ( ㉢ )은/는 특정 결과는 특정한 노력으로 인해 나타날 수 있는 가능성에 대한 개인의 신념으로 통상적으로 주관적 확률로 제시된다. 브룸의 기대이론은 내용이론이 제시하지 못한 동기부여의 과정에서 오는 기대감과 유의성을 공식화해 동기부여의 과정을 설명하고 있으나 동기부여의 방안을 구체적으로 제시하지는 못했다.

|    | ㉠ | ㉡ | ㉢ |
|----|----|----|----|
| ① | 수단성 (Instrumentality) | 유인가 (Valence) | 기대감 (Expectancy) |
| ② | 유인가 (Valence) | 수단성 (Instrumentality) | 기대감 (Expectancy) |
| ③ | 기대감 (Expectancy) | 수단성 (Instrumentality) | 유인가 (Valence) |
| ④ | 유인가 (Valence) | 기대감 (Expectancy) | 수단성 (Instrumentality) |

# 76 ★★★

브룸(Vroom)의 기대이론에 대한 설명이 옳은 것만 고른 것은?

㉠ 기대감이란 노력을 투입하면 성과가 있을 것이라는 주관적 믿음의 정도를 말한다.
㉡ 유의성이란 특정한 수준의 성과를 달성하면 바람직한 보상이 있을 것이라는 믿음의 정도를 말한다.
㉢ 수단성이란 보상의 결과에 대한 주관적인 선호의 강도를 말한다.
㉣ 동기부여는 기대감, 유의성, 수단성의 함수로 어느 하나라도 0의 값을 가지면 동기부여는 이루어지지 않는다.
㉤ 동기부여의 과정이론에 속하며, 구체적인 동기부여의 방안을 제시해주지는 못한다.

① ㉠, ㉡, ㉢   ② ㉡, ㉢, ㉤
③ ㉠, ㉣, ㉤   ④ ㉠, ㉢, ㉤

**정답 및 해설**

**76**
☑ 올바른 선지
㉠ 기대감 : 노력이 성과를 가져올 수 있다고 믿는 정도
㉣ 기대치, 수단성, 유인가를 곱한 값이 클수록 강한 동기를 유발하므로 어느 하나라도 0의 값을 가지면 동기부여는 이루어지지 않음
㉤ 브룸의 기대이론은 동기부여과정을 설명할 수 있으나 구체적인 동기부여의 방안을 제시해 주지는 못함 → 예를 들어, 유인가를 높일 수 있는 방법을 제안하지 않음

☑ 틀린 선지
㉡ 수단성이란 특정한 수준의 성과를 달성하면 바람직한 보상이 있을 것이라는 믿음의 정도를 나타냄
㉢ 유의성이란 보상의 결과에 대한 주관적인 선호의 강도를 의미함

정답 ③

**정답 및 해설**

**75** 유인가(Valence)는 특정 결과(목표를 달성한 경우 주어지는 보상 등)에 대해 개인의 갖는 선호임 ; 아울러 수단성(Instrumentality)은 1차 수준의 결과(목표 달성)가 2차 수준의 결과(보상 등)를 가져오게 될 것이라는 믿음의 강도임 ; 마지막으로 기대감(Expectancy)은 특정 결과는 특정한 노력으로 인해 나타날 수 있다는 가능성에 대한 개인의 신념임 → 브룸은 세 가지 개념을 통해 발생되는 동기부여의 강도는 유인가(V) × 수단성(I) × 기대성(E)의 함수 형태로 표현된다고 보았음

정답 ②

# 77 ★

## 동기부여이론에 대한 설명으로 옳은 것은?

① 스키너(Skinner)의 강화이론은 인간의 내면적 과정에 초점을 맞추며, 행동의 결과보다 원인을 더 강조한다.

② 로크(Locke)의 목표설정이론에 따르면, 개인의 강력한 동기유발을 위해서는 추상적인 목표를 채택해야 한다.

③ 포터(Porter)와 롤러(Lawler)의 업적·만족 이론은 직무성취 수준이 직무 만족의 요인이 될 수 있다고 주장한다.

④ 공공봉사동기(public service motivation)이론은 공공부문 종사자와 민간부문 종사자의 가치체계는 차이가 없고, 개인이 공공부문에 근무하면서 공공봉사 동기를 처음으로 획득하므로, 조직문화와 외재적 보상을 강조한다.

# 78 ★

## 다음 중 강화일정에 대한 설명으로 가장 옳지 않은 것은?

① 연속적 강화는 행동이 일어날 때마다 강화요인을 제공하는 것이다.

② 고정간격강화는 부하의 행동이 발생하는 빈도에 따라 일정한 간격으로 강화요인을 제공하는 것이다.

③ 변동간격강화는 일정한 간격을 두지 않고 변동적인 간격으로 강화요인을 제공하는 것이다.

④ 고정비율강화는 성과급제와 같이 행동의 일정 비율에 의해 강화요인을 제공하는 것이다.

---

**정답 및 해설**

**77** 포터(Porter)와 롤러(Lawler)의 업적·만족이론에 따르면 만족은 성과에 따른 내재적·외재적 보상과 연관성이 있으므로 직무성취 수준은 직무 만족의 요인이 될 수 있음

① 스키너(Skinner)의 강화이론은 행동의 원인보다는 행동의 결과(행동의 지속 혹은 중단)를 강조함

② 로크(Locke)의 목표설정이론에 따르면, 개인의 강력한 동기유발을 위해서는 구제적이고 적당한 난이도의 목표를 채택해야 함

④ 공공봉사동기(public service motivation)이론에 따르면 공공부문 종사자와 민간부문 종사자의 가치체계는 차이가 있으며, 근무 전·후로 공직봉사동기를 획득할 수 있음 → 아울러 공직봉사동기는 외재적 보상(돈이나 승진)보다 내재적 보상(성취감 등)을 강조함

**정답** ③

---

**정답 및 해설**

**78** 고정간격강화는 일정한 시간 간격을 두고 강화요인을 제공하는 방법임

①③④

| 구분 | 내용 | | 유형 |
|------|------|---|------|
| 연속적 강화 | ㉠ 바람직한 행동이 나올 때마다 강화요인을 제공하는 방법<br>㉡ 학습 초기단계에서 바람직한 행동을 일으키는 데 효과적임<br>㉢ 그러나 강화효과가 빠르게 사라짐 → 관리자에게 큰 도움을 주지 못함 | | |
| 단속적 강화 | 부분적 규칙 혹은 불규칙적으로 강화요인 제공 | 간격강화<br>(시간간격) | 고정간격 강화 |
| | | | 변동간격 강화 |
| | | 비율강화<br>(행동비율) | 고정비율 강화 |
| | | | 변동비율 강화 |

**정답** ②

# 79 ★

출산율의 급격한 저하에 따른 인구감소를 우려하여 출산 장려를 위한 다음과 같은 정책수단을 검토하려 한다. 아래 정책수단들을 '출산장려'라는 행동변화전략으로 볼 때 동기부여의 학습이론의 관점에서 본다면 보강(강화; reinforcement), 처벌(제재; punishment), 중단(소거; extinction)이라는 방법 중 어디에 해당되는가?

> ㄱ. 분만수당 및 출산수당을 지급하는 방안
> ㄴ. 유치원교육비 등 육아비 부담을 면제하는 방안
> ㄷ. 독신자에게 독신세를 신설·부과하는 방안

|   | ㄱ | ㄴ | ㄷ |
|---|---|---|---|
| ① | 소극적 강화 | 적극적 강화 | 처벌 |
| ② | 적극적 강화 | 처벌 | 중단 |
| ③ | 적극적 강화 | 소극적 강화 | 처벌 |
| ④ | 적극적 강화 | 중단 | 처벌 |

# 80 ★

다음 중 조직관리에 대한 설명으로 가장 거리가 먼 것은?

① 조직은 구성원 간의 목표일치를 전제로 하여 관리전략을 수립한다.
② 고전이론과 인간관계론은 관리자에 의한 타율적인 조직관리를 전제로 한다.
③ 관료제 모형에 의한 관리전략은 구성원의 소외를 초래한다.
④ 조직관리 전략이 전반적으로 단순한 인간관에서 복잡 인간관으로 변화하고 있다.

**79**
ㄱ. 분만수당 및 출산수당을 지급하는 방안 ⇨ 바람직한 행동(출산)을 하도록 이익을 제공 ⇨ 적극적 강화
ㄴ. 유치원교육비 등 육아비 부담을 면제하는 방안 ⇨ 바람직한 행동(출산)을 하도록 불이익을 제거 ⇨ 소극적 강화
ㄷ. 독신자에게 독신세를 신설·부과하는 방안 ⇨ 바람직하지 않은 행동(독신)을 못하도록 불이익을 가함 ⇨ 처벌

정답 ③

**80** 조직은 일반적으로 구성원들의 목표가 상이하다고 보고 구성원을 통합하는 관리전략을 추구함
② 관리주의(고전이론)와 인간관계론 중 전기 인간주의(인간 = 사회인)는 관리자에 의한 타율적인 조직관리를 전제로 함
③ 관료제에서 인간은 조직 내 부품에 불과함
④ 현대적 조직이론에서 인간은 복잡인으로 간주됨

정답 ①

# CHAPTER 06 환경과 조직 : 환경을 고려한 조직이론을 중심으로

📍기본서 p.228 - 231

## 81 ★★★

**조직이론과 그 내용에 대한 설명으로 옳지 않은 것은?**

① 구조적 상황이론 - 보편적인 조직원리를 비판하면서 등장한 이론으로 구조적 상황론에 따르면 불안정한 환경 속에 있는 조직은 유기적인 조직구조를 선택하는 것이 효과적이다.

② 전략적 선택이론 - 동일한 환경에 처한 조직도 환경에 대한 관리자의 지각 차이로 상이한 선택을 할 수 있다.

③ 거래비용이론 - 시장에서의 거래비용이 조직의 내부 거래비용보다 클 경우 내부 조직화를 선택한다.

④ 조직군 생태학이론 - 조직군의 변화를 이끄는 변이는 우연적 변화(돌연변이)로 한정되며, 계획적이고 의도적인 변화는 배제된다.

## 82 ★★★

**다음 중 거시조직이론에 대한 설명으로 잘못된 것은?**

① 조직군생태학이론, 전략적 선택이론, 공동체생태학이론은 조직군 수준의 분석이다.

② 구조적 상황이론과 조직경제학이론, 조직군생태학이론은 결정론이다.

③ 대리인이론은 조직경제학이론으로 주인과 대리인 간의 상충적인 이해관계로 대리손실이 발생한다.

④ 구조적 상황이론에서는 조직이 처해있는 상황이 다르면 효과적인 조직설계 및 관리방법도 달라져야 한다고 주장한다.

---

**정답 및 해설**

**82** 전략적 선택이론과 자원의존이론, 구조적 상황론은 개별조직 수준의 분석임

②

📋 **거시조직이론의 분류**

| 분석<br>수준 | 조직군 | ① 조직군생태학이론<br>② 조직경제학<br>　㉠ 거래비용이론<br>　㉡ 주인대리인이론<br>③ 제도화이론 | ① 공동체생태학이론 |
|---|---|---|---|
|  | 개별조직 | ① 구조적 상황이론 | ① 전략적 선택이론<br>② 자원의존이론 |
|  |  | 결정론 | 임의론 |

[이창원 외, 2005]

③ 대리인이론에서 주인과 대리인은 모두 이기적인 존재이므로 양자 간 상충적인 이해관계로 대리손실(업무를 맡기는 과정에서 주인에게 발생하는 손해)이 발생할 수 있음

④ 구조적 상황론은 상황에 맞는 조직유형이 있음을 강조하는 이론임 → 중범위 수준의 이론탐구

**정답** ①

---

**정답 및 해설**

**81** 조직군 생태학이론은 조직의 우연적·의도적 변화를 인정함 → 단, 이러한 변화에도 불구하고 조직의 운명을 결정하는 건 환경적합도임

① 구조적 상황이론 - 불안정한 환경 속에 있는 조직은 유기적인 조직구조를, 안정적인 환경에서는 기계적인 구조를 선택하는 것이 효과적임 → 중범위 수준의 이론 탐구

② 전략적 선택이론 - 동일한 환경에서도 관리자의 전략적 선택에 따라 상이한 조직 생산성을 보일 수 있음

③ 거래비용이론 - 외부 조직과의 거래비용이 조정비용보다 크면 조직은 자체적으로 조직을 생성하는 전략을 선택함

**정답** ④

# 83 ★★★

**거시적 조직이론에 대한 다음 설명 중 옳지 않은 것은?**

① 구조적 상황론은 결정론이며, 중범위 이론의 관점이다.
② 자원의존이론은 조직이 외부자원에 의존적이라고 보는 점에서 환경결정론에 해당한다.
③ 조직군 생태학이론은 조직을 주어진 환경에 무기력한 존재로 본다.
④ 공동체 생태학이론은 관리자의 능동적인 상호작용적 역할을 강조한다.

# 84 ★★★

**거시조직이론에 대한 설명으로 가장 적절하지 않은 것은?**

① 자원의존이론은 자원을 획득하고 유지할 수 있는 능력을 조직 생존의 핵심요인으로 파악한다.
② 거래비용이론은 거래비용이 높아지면 기업 내 위계조직 설립이 줄어든다고 설명한다.
③ 조직경제학은 환경결정론에 해당한다.
④ 조직군 생태학이론에 의하면 조직변화는 시계열적인 종단적 분석에 의해서만 검증이 가능하다고 전제한다.

## 정답 및 해설

**83** 자원의존이론은 조직이 외부자원에 의존적이라고는 보지만, 자원을 획득하고 유지할 수 있는 능력을 조직생존의 핵심요인으로 간주함 → 따라서 자원의존이론은 임의론임
① 구조적 상황론은 상황에 맞는 조직구조가 있다는 점에서 결정론이며, 중범위 이론임
③ 조직군 생태학이론은 결정론임
④ 공동체 생태학이론은 임의론임

정답 ②

**84** 거래비용이론은 거래비용이 높아지면 거래가 불필요한 기업 내 대규모 위계조직 설립이 증가한다고 하였음
① 자원의존이론은 자원을 획득하고 유지할 수 있는 능력을 조직 생존의 핵심 요인으로 보는 전략적 선택이론임
③ 거래비용경제학은 거래비용, 주인대리인이론은 대리손실이라는 환경적 제약을 받는다는 피동적인 결정론임
④ 종단적 분석이란 연구대상을 시간의 흐름에 따라 분석하는 것을 의미함 → 조직군 생태학이론은 시간의 흐름에 따라 조직군이 도태되거나 생존하는 현상을 설명하고 있음

정답 ②

# 85 ★★★

**다음 상황과 관련 있는 이론은?**

- 환경적 요인들이 그에 가장 적합한 조직특성들을 선택한다.
- 조직은 환경적 선택에 의존하는 피동적인 존재이다.
- 단일한 조직이 아니라 어떤 특성을 지닌 조직들의 무리 또는 범주에 관심을 갖는다.

① 전략적 선택이론
② 조직군생태학이론
③ 자원의존이론
④ 상황적합이론

## 정답 및 해설

**85** 조직군생태론이론에 해당함

### ☑ 거시조직이론의 체계

| 환경인식 / 분석수준 | 결정론 | 임의론(자유의지론) |
|---|---|---|
| 개별조직<br>(미시적 수준) | 구조적 상황론<br>(상황적응이론) | ① 전략적 선택이론<br>② 자원의존이론 |
| 조직군<br>(거시적 수준) | ① 조직군생태학이론<br>② 조직경제학(대리인이론, 거래비용이론)<br>③ 제도화이론 | 공동체생태학이론 |

정답 ②

# 86 ★

**조직경제학에 대한 설명으로 옳지 않은 것은?**

① 대리인이론은 주인과 대리인의 관계에 관한 경제학적 모형을 조직연구에 적용한 이론이다.
② 거래비용이론은 생산보다는 비용에 관심을 가지며 조직을 거래비용 감소를 위한 장치로 본다.
③ 대리인이론에서는 주인과 대리인 모두 이기적인 존재라고 전제한다.
④ 대리인이론에 따르면 정보의 비대칭 상황에서 대리손실의 원인이 되는 주인의 도덕적 해이와 대리인의 역선택이 발생하게 된다.

# 87 ★★★

**조직이론에 대한 설명으로 옳지 않은 것은?**

① 주인－대리인이론에서는 대리손실의 유형으로 역선택과 도덕적 해이를 제시한다.
② 거래비용이론은 생산보다는 비용에 관심을 갖고 조직을 거래비용을 감소시키기 위한 장치로 본다.
③ 상황론은 모든 상황에 적용할 수 있는 유일·최선의 조직화 방법은 없다고 본다.
④ 자원의존이론에 따르면 조직은 환경으로부터 필요한 자원을 획득하기 위하여 환경에 피동적으로 순응하여야 한다.

**정답 및 해설**

**86** 대리인이론에 따르면 정보의 비대칭 상황에서 대리손실의 원인이 되는 대리인의 도덕적 해이와 주인의 역선택이 발생하게 됨 → 조직은 대리손실을 줄이고 조직의 효율성을 높이기 위한 유인구조를 재설계하기 위해 노력해야 함
①③
대리인이론은 공공선택론을 조직연구에 적용한 이론임
② 거래비용이론은 생산에 소요되는 거래비용에 관심을 가지며, 조직을 거래비용 감소를 위한 장치로 간주함

정답 ④

**정답 및 해설**

**87** 자원의존이론은 어떠한 조직도 필요로 하는 모든 자원을 획득할 수는 없다고 전제하고, 조직이 환경적 요인을 피동적으로 받아들이지 않고 스스로의 이익을 위하여 주도적·능동적으로 환경에 대처하며 조직 내의 대내적·정치적 맥락에서 조직의 환경적응을 위한 전략적 결정을 내린다는 이론임
① 주인－대리인이론에서는 대리손실의 유형으로 역선택과 도덕적 해이를 제시함
② 거래비용이론은 생산보다는 비용에 관심을 갖고 조직을 거래비용을 감소시키기 위한 장치로 봄
③ 상황론은 모든 상황에 적용할 수 있는 유일·최선의 조직화 방법은 없다고 봄

정답 ④

# 88 ★

다음은 무엇에 대한 설명인가?

> • 조직행동의 원인 – 상황으로서 환경의 특성
> • 분석수준 – 개별 조직
> • 변화과정 – 환경에 대한 수동적 적응

① 조직규 생태학이론
② 구조적 상황론
③ 공동체 생태학
④ 전략적 선택이론

# 89 ★★★

거시조직이론에 대한 내용으로 옳지 않은 것은?

① 공동체생태학이론은 조직들이 환경에 수동적으로 적응해 나가기 위하여 조직들 상호 간에 호혜적 관계를 형성한다고 본다.
② 자원의존이론에 따르면 조직은 주도적·능동적으로 환경에 대처하며 그 환경을 조직에 유리하도록 관리하려 한다.
③ 조직관리자의 능동적 역할을 무시하는 구조적 상황이론과 달리 전략적 선택이론은 조직구조를 설계하는 의사결정자의 역할을 강조한다.
④ 조직군생태론은 생물학적인 적자생존론의 개념을 도입한 이론으로서 조직군의 변화는 환경의 선택에 의하여 결정된다고 본다.

---

### 정답 및 해설

**88** 보기는 구조적 상황론에 대한 설명임 → 아래의 표 참고

☑ 애스틀리와 반데벤의 거시조직이론 분류

| 분석<br>수준 | 조직군 | ① 조직군생태학이론<br>② 조직경제학<br>  ⊙ 거래비용이론<br>  ⓛ 주인대리인이론<br>③ 제도화이론 | ① 공동체생태학이론 |
|---|---|---|---|
| | 개별조직 | ① 구조적 상황이론 | ① 전략적 선택이론<br>② 자원의존이론 |
| | | 결정론 | 임의론<br>[이창원 외, 2005] |

---

### 정답 및 해설

**89** 공동체생태학이론은 임의론적 시각의 이론으로서 조직의 공동전략에 의한 능동적 환경적응과정을 설명함 → 즉, 조직들이 환경에 능동적으로 대처해 나가기 위하여 조직들 상호 간에 호혜적인 관계를 형성한다고 봄
② 자원의존이론은 임의론적 관점의 모형임
③ 구조적상황론은 결정론이며, 전략적 선택론은 최고관리자의 능동적 역할을 강조하는 임의론에 해당함
④ 조직군생태론은 자연선택론과 유사한 개념이므로 극단적 결정론에 속함

정답 ②

정답 ①

# 90 ★

조직군 생태학이론과 공동체 생태학이론의 비교로 옳지 않은 것은?

① 조직군생태학에서는 조직간 관계가 호혜적인 데 비해, 공동체생태학에서는 경쟁적이다.

② 조직군생태학은 조직이 무기력하다고 보지만 공동체 생태학은 조직이 변화에 능동적으로 대처한다고 본다.

③ 조직군생태학에서는 환경을 통제 불가능하다고 보는 결정론적 시각이며, 공동체생태학에서는 환경을 통제 가능하다고 보는 임의론적 시각이다.

④ 조직군생태학에서는 적응방식이 환경에 의해 선택되는데 비해, 공동체생태학에서는 공동노력으로 능동적 대응이 가능하다고 본다.

# 91 ★★★

조직이론과 그 내용에 대한 설명으로 옳지 않은 것은?

① 구조적 상황이론 – 보편적인 조직원리를 비판하면서 등장한 이론으로 구조적 상황론에 따르면 불안정한 환경 속에 있는 조직은 유기적인 조직구조를 선택하는 것이 효과적이다.

② 전략적 선택이론 – 동일한 환경에 처한 조직도 환경에 대한 관리자의 지각 차이로 상이한 선택을 할 수 있다.

③ 거래비용이론 – 시장에서의 거래비용이 조직의 내부 거래비용보다 클 경우 내부 조직화를 선택한다.

④ 조직군 생태학이론 – 조직군의 변화를 이끄는 변이는 우연적 변화(돌연변이)로 한정되며, 계획적이고 의도적인 변화는 배제된다.

**정답 및 해설**

**90** 조직군생태학에서는 조직간 관계가 경쟁적인 데 비해, 공동체생태학에서는 호혜적임

②③④
조직군생태학은 자연선택론, 즉 극단적인 결정론이며, 공동체생태학은 조직 간 협력을 통해 환경을 극복할 수 있다는 임의론적 관점임

정답 ①

**정답 및 해설**

**91** 조직군 생태학이론은 조직의 우연적·의도적 변화를 인정함 → 단, 이러한 변화에도 불구하고 조직의 운명을 결정하는 건 환경적합도임

① 구조적 상황이론 – 불안정한 환경 속에 있는 조직은 유기적인 조직구조를, 안정적인 환경에서는 기계적인 구조를 선택하는 것이 효과적임 → 중범위 수준의 이론 탐구

② 전략적 선택이론 – 동일한 환경에서도 관리자의 전략적 선택에 따라 상이한 조직 생산성을 보일 수 있음

③ 거래비용이론 – 외부 조직과의 거래비용이 조정비용보다 크면 조직은 자체적으로 조직을 생성하는 전략을 선택함

정답 ④

## 92 ★★★

다음은 거시조직이론에 대한 설명이다. 옳지 않은 것으로 잘 연결된 것은?

---

㉠ 조직군생태론에 의하면 조직의 번성과 쇠퇴는 조직이 어떤 환경을 선택하느냐에 따라 결정된다.

㉡ 제도화이론은 환경이 조직구조를 결정한다고 본다는 점에서 구조적 상황이론과 유사하 다.

㉢ 공동체생태론은 임의론이면서 조직군을 연구대상으로 한다.

㉣ 거래비용이론에 의하면 거래비용이 높을수록 조직 내 위계조직 설립이 줄어든다.

㉤ 자원의존모형은 임의론이면서 조직군 중심의 연구이다.

---

① ㉠, ㉡, ㉣　　　　② ㉢, ㉣, ㉤

③ ㉠, ㉣, ㉤　　　　④ ㉠, ㉢, ㉤

---

**92**

▣ 틀린 선지

㉠ 조직군생태론은 조직을 외부환경의 선택에 따라 좌우되는 피동적 존재로 보고, 조직의 번성과 쇠퇴는 환경에 대한 조직의 적합도에 따라 결정된다고 보는 극단적인 환경결정론임

㉣ 거래비용이론에 따르면 거래비용이 클수록 내부화 현상이 발생(조직 내 위계조직 설치)함

㉤ 자원의존모형은 임의론이며, 개별조직을 연구대상으로 함

▣ 올바른 선지

㉡ 구조적 상환론과 제도화이론은 결정론이라는 점에서 유사점을 지님

㉢ 공동체생태론은 조직 간 협력을 통해 환경을 극복하는 현상을 설명하고 있음

정답 ③

# CHAPTER 07 조직이론 : 조직이론의 전개를 중심으로

9 기본서 p.232

## 93

★

신고전 조직이론에 대한 설명으로 옳은 것은?

① 조직 내 사회적 능률을 강조하고, 조직의 비공식적 구조나 요인에 초점을 둔다.

② 인간을 복잡한 내면구조를 가진 복잡인으로 간주한다.

③ 환경과 상호작용하는 개방적 · 동태적 · 유기적 조직을 강조한다.

④ 조직군생태론, 조직경제학, 자원의존이론 등이 대표적이다.

---

**정답 및 해설**

---

**93** 신고전적 조직이론은 고전적 조직이론과 달리 사회적 능률, 비공식적 · 비경제적 요인의 강조 등을 중시함

② 인간을 사회인으로 간주함

③④

현대적 조직이론의 특징임

정답 ①

# PART
# 04

# 인사행정

# 인사행정의 기초

## 01 ★★★

엽관주의(spoils system)에 대한 설명으로 틀린 것은?

① 복수정당제와 긴밀한 관계가 있으며, 교체임용주의를 바탕으로 한다.
② 정부관료제라는 특권집단을 일반 대중에게 공개함으로써 정당정치의 발달은 물론 행정의 민주화에 공헌한다는 장점이 있다.
③ 집권당이 공무원들을 보다 효과적으로 통제할 수 있으며, 높은 충성심을 확보할 수 있다.
④ 영국에서는 1870년의 추밀원령을 통해 엽관주의를 확립하였다.

## 02 ★★★

엽관제의 장점에 해당하지 않는 것을 〈보기〉에서 모두 고른 것은?

┌─────────── 보기 ┌─
ㄱ. 부정부패를 방지하기가 쉽다.
ㄴ. 행정의 안정성과 지속성을 확보하기 쉽다.
ㄷ. 정부관료제의 민주화에 기여한다.
ㄹ. 정치적 책임을 확보하기 용이하다.
ㅁ. 직업공무원제 정착에 도움이 된다.
ㅂ. 공무원들의 충성심을 확보하기 용이하다.

① ㄱ, ㄴ, ㅁ      ② ㄴ, ㄷ, ㅂ
③ ㄷ, ㄹ, ㅁ      ④ ㄱ, ㄴ, ㄹ

### 정답 및 해설

**02**

☑ **틀린 선지**
ㄱ, ㄴ, ㅁ.
엽관주의는 공무원에 대한 신분보장을 하지 않기 때문에 부정부패·행정의 안정성 및 지속성 문제·직업공무원제 정착 저해 등을 초래할 수 있음

☑ **올바른 선지**
ㄷ. 엽관주의는 강력한 국정지도력을 바탕으로 공약을 실현하는 까닭에 정부관료제의 민주화에 기여함

### 정답 및 해설

**01** 추밀원령은 영국에서 실적주의를 도입하게 된 배경임
① 엽관주의는 선거에서 승리한 정당이 모든 공직을 차지하는 제도임
② 잭슨 대통령은 동부 중심의 정부관료제를 대체하기 위해 엽관주의를 도입했음 → 아울러 엽관주의에서 공무원은 민의를 반영하지 못하면 다음 정권에서 모두 경질될 수 있음
③ 엽관주의는 정당충성도를 바탕으로 공무원을 임용하는 제도임

정답 ④

정답 ①

## 03 ★★★

엽관주의에 대한 설명으로 옳은 것은?

① 우리나라에서는 엽관주의적 공직 임용이 공식적으로 허용되고 있다.
② 정권 교체 시 대규모 인력이 교체되므로 행정의 안정성 제고에 유리하다.
③ 선거를 통해 집권한 정당에 정부관료제를 예속시킴으로써 정당정치의 발전을 저해한다.
④ 가필드 대통령 암살 사건은 미국에서 엽관주의가 확대되는 결정적 계기로 작용하였다.

## 04 ★

"전리품은 승리자에게 속한다(To the victor belong the spoils)."는 원칙을 지향하는 인사행정제도와 가장 관계가 먼 것은?

① 공직의 특권계층화를 초래한다.
② 공무원의 정치적 중립성을 저해한다.
③ 행정의 비능률을 야기한다.
④ 잭슨 대통령이 1829년에 공식적으로 도입한 제도이다.

## 05 ★★★

다음 중 엽관제도의 폐단이 아닌 것은?

① 행정 능률의 저하
② 관료들이 특정 정당에 봉사
③ 정치적 책임의 확보 곤란
④ 불필요한 직위 증대

### 정답 및 해설

**03** 우리나라에서는 엽관주의 공직 임용이 특수경력직 공무원에 대해 공식적으로 허용되고 있음
② 엽관주의는 공무원에 대해 신분보장을 하지 않음
③ 선거를 통해 집권한 정당이 공직을 모두 차지하므로 정당 간 경쟁을 촉진함
④ 가필드 대통령 암살 사건은 미국에서 실적주의가 확대되는 계기로 작용하였음

정답 ①

**04** 엽관주의는 잭슨 대통령이 1829년에 공식적으로 도입한 제도임 → 이는 대폭적인 공직의 경질을 통하여 공직의 특권화를 배제할 수 있음
② 엽관주의는 집권 정당에서 공무원이 배출되므로 공무원의 정치적 중립성을 저해함
③ 엽관주의는 정당에 대한 충성도를 기준으로 공무원을 임용하는바 행정의 비능률을 야기함

정답 ①

### 정답 및 해설

**05** 엽관주의는 선거를 통한 민주통제를 강화시켜 정치적 책임성 확보에 기여함
① 행정 능률의 저하 : 엽관주의는 정당충성도를 기준으로 공무원을 임용하므로 능률성을 저하시킬 수 있음
② 관료들이 특정 정당에 봉사 : 엽관주의는 집권 정당에 대한 충성도를 기준으로 공무원을 임용하는 제도임
④ 불필요한 직위 증대 : 엽관주의에서 대통령은 공무에 대한 자의적 임명권을 가지므로 불필요한 직위가 증대될 수 있음

정답 ③

최욱진 행정학

## 06

★★★

다음은 공무원 인사제도에 대한 설명이다. 옳은 지문은 몇 개인가?

> 가. 실적주의는 공직 임용기회 균등으로 평등이념 실현에 기여할 수 있다.
> 나. 실적주의는 공무원의 정치적 중립을 요구하지는 않으나, 직업공무원제는 공무원의 정치적 중립이 중요하다.
> 다. 엽관주의는 선거를 통해 행정부를 통제한다는 긍정적인 기능이 있다.

① 0개 　　　② 1개
③ 2개 　　　④ 3개

## 07

★★★

엽관주의(Spoils System)에 대한 설명으로 가장 적절한 것은?

① 주로 학벌, 지연, 혈연과 같은 개인적 친분관계를 임용의 기준으로 삼는다.
② 오늘날은 직업공무원으로 하여금 시민들의 요구와 선호를 적극적으로 반영하게 만드는 장치로 활용되고 있다.
③ 1883년 미국의 팬들턴법(Pendleton Act)을 기회로 엽관주의가 활성화되기 시작하였다.
④ 행정의 능률성을 강화시키는 반면 행정의 민주성을 약화시키는 단점이 있다.

## 08

★★★

다음 중 엽관제 공무원제도(spoils system)에 대한 설명으로 가장 거리가 먼 것은?

① 공직에 대한 민주적 교체가 가능하다.
② 우리나라 공무원제도에도 엽관제 요소가 작동하고 있다.
③ 행정의 안정성과 중립성에 도움이 된다.
④ 개방형 인사제도이다.

### 정답 및 해설

**06**

**☑ 올바른 선지**

가. 실적주의는 누구나 공무원 시험에 응시할 수 있는 공직 임용기회 균등을 지향하기 때문에 평등이념 실현에 기여할 수 있음
다. 엽관주의에서 집권 정당이 선거를 통해 교체되면 행정부의 인적 구성이 바뀌므로 엽관주의는 선거를 통해 행정부를 통제한다는 긍정적인 기능이 있음

**☑ 틀린 선지**

나. 실적주의는 공무원의 정치적 중립을 요구하고 있으나, 직업공무원제는 공무원의 정치적 중립을 반드시 요구하는 것은 아님 → 공무원 채용에 있어서 '잠재성'을 본다는 것은 임용권자의 자의적인 판단이 있을 수 있다는 것

정답 ③

**07** 엽관주의는 우리나라에서 장·차관 임명 등에 활용되고 있음 → 이는 직업공무원으로 하여금 시민들의 요구와 선호를 적극적으로 반영하게 만드는 장점이 있음
① 주로 학벌, 지연, 혈연과 같은 개인적 친분관계를 임용의 기준으로 삼는 제도는 정실주의임
③ 1883년 미국의 팬들턴법(Pendleton Act)을 기회로 실적주의가 활성화되기 시작하였음
④ 엽관주의는 행정의 민주성을 강화시키는 반면 행정의 능률성을 약화시키는 단점이 있음

정답 ②

**08** 엽관주의는 공무원의 신분을 보장하지 않는바 행정의 안정성을 저해하며, 집권 정당에서 공무원을 임용하는 까닭에 정치적 중립성을 확보할 수 없음
② 우리나라에서도 엽관주의를 장·차관, 일부 별정직 등의 임명에 적용하고 있음
④ 엽관주의는 낙하산 인사를 허용하는 개방형 인사제도임

정답 ③

## 09 ★★★

엽관주의에 대한 다음 설명 중 옳지 않은 것만 연결된 것은?

> ㉠ 정당을 통하여 국민과 관료제의 일체성을 확보하고자 하였다.
> ㉡ 소수상위계층의 공직독점을 야기하였다는 비판을 받는다.
> ㉢ 대통령의 정책추진력을 저하시킨다.
> ㉣ 주기적이고 대량적인 공직경질을 전제로 하는 제도이다.
> ㉤ 공직경질을 통해 관료의 특권화와 침체화를 야기할 수 있다.

① ㉠, ㉡, ㉢    ② ㉡, ㉢, ㉤
③ ㉢, ㉣, ㉤    ④ ㉠, ㉡, ㉤

## 10 ★★★

다음 중 실적주의의 토대가 된 펜들턴(Pendleton) 법의 내용에 속하는 것으로만 묶인 것은?

> ㉠ 연방중앙인사위원회의 설치
> ㉡ 공무원의 정치적 중립
> ㉢ 공무원의 교육 훈련 의무
> ㉣ 일반 교양과목 위주의 시험
> ㉤ 제대군인에 대한 특전
> ㉥ 공개경쟁시험제도에 의한 채용

① ㉠, ㉡, ㉢, ㉣, ㉤, ㉥
② ㉠, ㉡, ㉢, ㉤, ㉥
③ ㉠, ㉡, ㉤, ㉥
④ ㉠, ㉡, ㉥

### 정답 및 해설

**09**

☑ 틀린 선지

㉡ 엽관주의는 본래 초창기 미국에서 사회적 소외계층이었던 서부개척민을 국정운영과정에 참여시킴으로써 소수상위계층의 관료독점을 타파할 목적으로 도입되었음
㉢ 엽관주의는 공무원의 적극적인 충성심을 확보하여 대통령의 국정지도력을 확보하는 데 용이함
㉤ 엽관주의는 주기적이고 대량적인 공직경질을 통해 관료특권화와 침체화를 방지할 수 있음

☑ 올바른 선지

㉠ 국민은 선거를 통해 집권정당을 선택하고, 공무원은 해당 정당에서 임명되므로 엽관주의는 정당을 통하여 국민과 관료제의 일체성을 확보할 수 있음
㉣ 엽관주의는 집권정당이 공직을 모두 차지하는 제도이므로 주기적이고 대량적인 공직경질을 전제로 하는 제도임

정답 ②

### 정답 및 해설

**10**

☑ 올바른 선지

㉠, ㉡, ㉤, ㉥

☑ 펜들턴법의 내용

> ① 공정한 인사를 전담할 수 있는 초당적·독립적 인사위원회 설치 → 연방중앙인사위원회
> ② 공개경쟁채용시험 → 행정학 등 전문과목 위주의 시험
> ③ 시험에 합격한 공무원에 대하여 시보임용 기간을 도입함
> ④ 제대군인에 대해 임용시 특혜 부여
> ⑤ 공무원의 정치자금 헌납, 정치활동의 금지
> ⑥ 민간과 정부 간의 폭넓은 인사교류 인정

☑ 틀린 선지

㉢ 펜들턴(Pendleton)법에는 공무원의 교육·훈련의무에 대한 규정이 없음
㉣ 펜들턴법은 전문과목 위주의 시험을 규정하였음

정답 ③

## 11 ★★★

**직업공무원제에 관한 설명으로 옳지 않은 것은?**

① 직업공무원제는 직위분류제, 개방형, 그리고 전문가주의에 임용체제를 바탕으로 하는 인사제도이다.

② 관료에게는 엄격한 복무규율이 요구되는 대신 관료로서의 특권과 신분이 보장되었다.

③ 직업공무원제는 절대군주국가 시대에 중앙집권적 통일국가를 유지하기 위해 발달하기 시작하였다.

④ 직업공무원제는 채용 당시의 직무수행능력보다 장기적인 발전가능성이나 잠재력이 더 중요시된다.

## 12 ★★★

**직업공무원제에 대한 설명으로 옳지 않은 것은?**

① 강력한 신분보장을 통해 정권교체에도 불구하고 행정의 계속성과 안정성을 유지한다.

② 폐쇄형 충원방식을 통해 행정조직의 관료화를 막고 민주적 통제를 강화할 수 있다.

③ 특정한 직무수행을 위한 구체적 전문지식보다는 장기적인 발전가능성을 선발기준으로 삼는다.

④ 공직에 대한 자부심과 일체감이 강화되고, 직업적 연대의식을 갖게 하는 장점이 있다.

## 13 ★★★

**직업공무원에 대한 설명으로 옳지 않은 것은?**

① 공직에 대한 소속감을 강화시킨다.

② 직업의 안정성을 증가시킨다.

③ 외부 전문인력의 채용이 원활해진다.

④ 공무원의 신분보장을 강화시킨다.

## 14 ★

**다음 중 직업공무원제의 개선에 직접적으로 관련되지 않는 것은?**

① 직장협의회

② 고위공무원단

③ 개방형 인사제도

④ 성과급

---

**11** 직업공무원제는 계급제, 폐쇄형 그리고 일반주의를 바탕으로 함. 실적주의가 직위분류제, 개방형 그리고 전문가주의에 임용체제를 바탕으로 함

② 직업공무원제에서 공무원은 오랜 정년을 보장받지만, 엄격한 복무규율이 적용됨

③ 직업공무원제는 절대군주국가 시대에 상비군 관리를 위해 도입됨

④ 직업공무원제는 폐쇄형 시스템으로 운영됨

**정답** ①

**12** 직업공무원제는 폐쇄형 충원방식으로 인해 행정조직의 관료화 및 민주적 통제를 약화시킬 수 있음

① 직업공무원제는 오랜 정년을 보장하는 제도임

③ 직업공무원제는 전문지식보다 잠재성을 선발기준으로 삼음

④ 폐쇄형으로 인한 장점임

**정답** ②

---

**13** 직업공무원제는 폐쇄형으로 인하여 공무원집단이 보수화되거나 침체화되는 경향이 강함 → 외부 전문인력의 채용이 용이하는 것은 개방형임

① 직업공무원제는 낙하산 인사가 없으므로 공직에 대한 소속감을 강화시킴

②④

직업공무원제에서 공무원은 정년을 보장받음

**정답** ③

**14** 공무원 직장협의회는 공무원의 권리향상을 위한 공무원 단체임 → 공무원 단체를 통해 공무원의 권익보호에 치중할 경우 공무원 조직의 폐쇄성(경쟁 반대 등)을 야기할 수 있음

②③④

고위공무원단, 개방형 인사제도, 성과급 등은 정부에 경쟁과 개방을 촉진하는 기제이므로 정년보장 및 폐쇄형 제도를 기초로 하는 직업공무원제를 개선하는 데 기여할 수 있음

**정답** ①

## 15 ★★★

직업공무원제에 관한 설명으로 옳지 않은 것은?

① 행정의 안전성, 계속성, 일관성 유지가 가능하다.
② 실적주의의 속성을 지니고 있는 인사행정제도이다.
③ 채용 당시의 직무수행 능력을 중시한다.
④ 주로 계급제, 폐쇄형 공무원제를 기반으로 하며 일반 행정가의 양성을 추구한다.

## 16 ★★★

대표관료제에 대한 설명으로 옳은 것은?

① 행정의 효율성과 효과성 증진을 목표로 하는 제도이다.
② 관료들이 출신집단의 이익과 무관하게 전체적 이익에 봉사할 것이라는 가정에 기반하고 있다.
③ 엄정한 능력에 따른 채용을 통해 관료를 선발한다.
④ 양성평등채용목표제, 지역인재할당제, 장애인의무고용제 등이 그 사례에 해당한다.

## 17 ★★★

대표관료제에 대한 설명으로 옳지 않은 것은?

① 대표관료제는 정부관료들이 출신집단의 가치나 이익을 정책과정에 반영시키기 위해 노력한다고 전제한다.
② 실질적 기회 균등 원칙을 보장함으로써 관료제의 국민대표성과 사회적 형평성 제고라는 민주적 이념을 실현한다.
③ 사회 각 주요 집단의 다양한 인재를 충원하여 행정의 전문성과 능률성을 제고한다.
④ 역차별과 같은 갈등을 유발할 수 있다.

## 18 ★★★

다음 중에서 대표관료제(representative bureaucracy)에 대한 설명과 거리가 가장 먼 것은?

① 킹슬리(D. Kingsley)가 처음 사용한 개념이다.
② 주기적인 선거 결과에 기초하여 주요 관직을 임명하는 제도이다.
③ 정부정책의 형평성과 대응성을 제고할 수 있다.
④ 실적주의 공무원제도 확립에 저해된다.

### 정답 및 해설

**15** 직업공무원제도는 채용 후보자의 잠재성을 중시하기 때문에 채용 당시의 직무수행 능력보다 장기적인 발전 가능성을 고려함
① 직업공무원제도는 정년을 보장하는 까닭에 행정의 안전성, 계속성, 일관성 유지가 가능함
② 직업공무원제도는 어리고 잠재성 있는 사람을 충원하므로 실적주의적 속성을 지니고 있음
④ 직업공무원제도는 주로 계급제, 폐쇄형 공무원제를 기반으로 하며 일반행정가의 양성을 추구함 → 따라서 공무원이 여러 분야의 업무를 익히고 인적 네트워크를 형성하는 데 유리함

정답 ③

**16** 선지는 우리나라의 균형인사정책, 즉 대표관료제의 사례에 해당함
① 대표관료제가 추구하는 이념은 효율성과 효과성이 아니라 형평성이나 적극적 평등임
② 관료들이 출신집단의 이익을 위해 봉사할 것이라는 가정하에 입각한 제도임
③ 능력중심의 채용제도가 아니라 사회적 약자나 소외계층에 대한 할당으로 임용하는 인사제도임

정답 ④

### 정답 및 해설

**17** 대표관료제는 형평성·민주성 및 대응성을 제고할 수 있음 → 전문성 및 능률성 저해(실적주의와 상충)
① 대표관료제는 입직 후에 정부관료들이 출신집단의 입장을 대변할 거라 전제함
② 대표관료제는 할당제이므로 실질적 기회균등 및 사회적 형평성 등을 강조함
④ 대표관료제는 할당제를 강요하는 과정에서 역차별과 같은 갈등을 유발할 수 있음

정답 ③

**18** 선지는 엽관주의에 대한 내용임
① 대표관료제는 사회 내 다양한 계층을 고르게 충원하는 인사행정제도이며, 킹슬리(D. Kingsley)가 처음 사용한 개념임
③ 대표관료제는 다양한 출신집단을 정부관료로 유입하므로 정부정책의 형평성과 대응성을 제고할 수 있음
④ 대표관료제는 형평성을 강조하기 때문에 실적주의를 저해할 수 있음

정답 ②

# 19 ★★★

인사행정제도에 관한 설명으로 옳지 않은 것은?

① 대표관료제는 출신집단의 가치와 이익을 대변하기 때문에 관료제 내부통제의 효과가 있다.

② 정실주의는 미국에서 처음 발달한 것으로 인사권자의 개인적 신임이나 친분관계를 기준으로 한다.

③ 실적주의는 인사행정을 소극적·경직적으로 만든다.

④ 직업공무원제는 전문행정가의 양성을 저해한다.

# 20 ★★★

대표관료제(Representative Bureaucracy)에 대한 설명으로 옳지 않은 것은?

① 개인의 출신 및 성장배경, 사회화 과정 등에 의해 개인의 주관적 책무성이 형성된다고 본다.

② 대표관료제는 현대사회의 구조적 문제로 인한 기회의 불평등을 해소하고자 하는 노력이다.

③ 대표관료제는 소극적 대표가 자동적으로 적극적 대표를 보장한다는 가정에서 출발한다.

④ 대표관료제는 실적주의 원칙에 기반하여 행정능률성을 제고한다.

# 21 ★★

대표관료제에 대한 설명으로 옳은 것은?

① H. Kranz는 사회적 특성 외에 사회적 가치까지도 대표관료제의 요소에 포함시키고 있다.

② P. P. Van Riper는 관료제 내부에 비례대표제가 확보되었을 때 진정한 의미의 대표관료제라고 본다.

③ 내부통제기능은 대표관료제의 단점에 해당한다.

④ 대표관료제는 실질적 기회균등의 원칙을 보장함으로써 국민대표성과 사회적 형평성의 제고라는 민주적 이념을 실현한다.

### 정답 및 해설

**19** 정실주의는 영국에서 처음 발달한 것으로 인사권자의 개인적 신임이나 친분관계를 기준으로 함
① 대표관료제는 공무원이 출신집단의 가치와 이익을 대변하기 때문에 관료제 내부에서 견제와 균형(내부통제 기능)을 도모할 수 있음
③ 실적주의는 구체적인 채용기준을 법제화하는 과정에서 유연한 채용을 저해할 수 있음
④ 직업공무원제는 일반행정가를 지향하는 인사행정제도임

정답 ②

**20** 대표관료제는 형평성을 강조하는 과정에서 실적주의를 저해(능률성 포함)할 수 있음
① 대표관료제는 사회 내 개인이 출신집단에 대한 심리적·주관적 책임을 지니고 있다고 가정함
② 대표관료제는 수직적 형평을 강조하는 제도임
③ 대표관료제는 다양한 계층의 사람을 충원할 경우 각 개인이 출집집단을 위해 행동할 거라 전제함

정답 ④

### 정답 및 해설

**21** 대표관료제(할당제)는 모든 계층의 사람들이 공무원이 될 수 있는 실질적 기회균등의 원칙을 보장하기 때문에 정부가 국민을 대표할 수 있음 → 형평성·민주성 제고
① P. P. Van Riper의 가치대표성에 대한 내용임
② H. Kranz의 비례대표성에 대한 내용임
③ 여러 집단의 견제와 균형, 즉 내부통제기능은 대표관료제의 장점임

정답 ④

## 22 ★★

**중앙인사기관의 형태에 대한 다음 설명 중 틀린 것은?**

① 독립합의형은 책임소재가 불분명해지고 의사결정이 지연된다.

② 독립합의형은 실적주의를 발전시키는 데 유리하다.

③ 비독립단독형 인사기관의 기관장은 행정수반이 임명한다.

④ 비독립단독형 인사기관은 인사행정의 일관성을 유지하기 쉽다.

## 23 ★

**중앙인사기관에 대한 설명으로 옳은 것은?**

① 우리나라에서 위원회형 중앙인사기관은 운영된 적이 없다.

② 현재 미국의 중앙인사기관은 위원회형의 연방인사위원회이다.

③ 현재 우리나라의 중앙인사기관은 대통령 직속의 집행부형 기관이다.

④ 우리나라 중앙인사기관은 공무원 교육훈련, 연구·개발 및 평가, 교류·협력 등을 관장하는 국가공무원인재개발원을 소속기관으로 두고 있다.

---

**정답 및 해설**

**22** 비독립단독형 인사기관은 독단적 결정으로 인해 인사행정의 일관성을 유지하기 곤란함

① 독립합의형은 다수 의원 간 합의에 따른 의사결정을 추구하는바 책임소재가 불분명해지고 의사결정이 지연됨

② 독립합의형은 위원회 형태라고도 하며, 엽관주의의 폐해를 방지하고 인사행정의 정치적 중립성을 보장하기 위해 고안된 조직형태임 → 미국의 연방인사위원회가 대표적인 조직임

③ 비독립단독형은 집행부 형태라고도 하며, 행정수반에 의해 임명된 한 사람의 기관장에 의해 관리되는 중앙인사기관임 → 우리나라의 인사혁신처, 미국의 인사관리처, 영국의 내각사무처의 공무원 장관실 등이 여기에 해당함

정답 ④

**정답 및 해설**

**23** 우리나라 행정부 중앙인사기관인 인사혁신처는 산하에 국가공무원 인재재발원을 소속기관으로 두고 있음

① 우리나라에서도 합의형 중앙인사기관을 운영한 예가 있음. 1999년부터 2008년까지 대통령직속 중앙인사위원회가 바로 그 예임

② 미국의 중앙인사기관은 과거 1883년 펜들튼법에 의해 설치된 합의제(위원회형)기관인 연방인사위원회(Civil Service Commission)였으나, 1978년 이후 현재는 인사관리처(OPM)와 실적주의보호위원회(MSPB)로 이원화되어 있음

③ 현재 우리나라 중앙인사기관은 국무총리 소속 인사혁신처로 비독립단독형(집행부형) 기구임

정답 ④

## 24 ★★

**중앙인사기관에 관한 설명으로 옳지 않은 것은?**

① 독립합의제 : 행정수반이 인사수단을 확보하지 못해 강력한 정책추진 곤란하다.

② 비독립형 단독제 : 기관장의 잦은 교체로 인해 인사행정의 일관성과 계속성에 한계가 있다.

③ 독립합의제 : 미국의 연방인사위원회 등이 대표적인 예이다.

④ 비독립형 단독제 : 김대중 행정부 시절의 중앙인사위원회, 미국의 연방노동관계청 등이 대표적인 사례이다.

## 25 ★★

**인사행정기관의 유형에 대한 설명으로 옳지 않은 것은?**

① 독립합의형은 엽관주의 영향력을 배제함으로써 실적제를 발전시키는 데 유리하다.

② 비독립단독형은 인사행정의 정실화와 기관장의 자의적 결정을 견제하기 어렵다.

③ 독립단독형의 조직 형태가 가장 보편적이고 흔하다.

④ 비독립합의형은 미국의 연방노동관계청(FLRA)과 과거 우리나라의 중앙인사위원회 등이 있다.

### 정답 및 해설

**24** 김대중 행정부 시절의 중앙인사위원회, 현행 소청심사위원회, 미국의 연방노동관계청 등은 절충형(비독립형 합의제)의 대표적인 사례임

① 독립합의제 : 독립형은 행정부 밖에 설치된 형태이므로 행정수반이 인사수단을 확보하지 못해 강력한 정책추진 곤란함

② 비독립형 단독제 : 기관장의 독단적인 결정 혹은 기관장의 잦은 교체로 인해 인사행정의 일관성과 계속성에 한계가 있음

③ 독립합의제 : 펜들턴법(1883)에 의해 설치된 미국의 연방인사위원회가 대표적임

정답 ④

**25** 독립단독형은 절충형으로서 일반적으로 활용하지 않는 유형임

① 독립합의형은 행정부로부터의 독립성을 지니기 때문에 엽관주의의 영향력을 배제함으로써 실적제를 발전시키는 데 유리함

② 비독립단독형은 행정부 소속이기 때문에 인사행정의 정실화를 야기할 수 있으며, 의사결정의 단독성으로 인해 기관장의 자의적 결정을 견제하기 어려움

④ 비독립합의형의 유형에는 미국의 연방노동관계청(FLRA), 김대중 정권의 중앙인사위원회 등이 있음

정답 ③

## 26 ★★

**중앙인사기관의 조직형태 중 비독립단독형에 대한 설명으로 옳은 것만을 모두 고르면?**

> ㄱ. 기관장의 독선적·자의적 결정을 견제하기 어렵고, 기관장이 바뀔 때마다 의사결정이 달라질 수 있어 인사행정의 일관성과 계속성이 결여되기 쉽다.
> ㄴ. 엽관주의의 영향을 배제함으로써 인사행정의 정치적 중립을 보장해 실적주의를 발전시키는 데 유리하다.
> ㄷ. 중요한 인사정책을 신속하게 결정할 수 있기 때문에 변화에 신축적으로 대응할 수 있다.
> ㄹ. 행정수반은 자신의 정책을 강력하게 추진하기 어렵다.

① 1개      ② 2개
③ 3개      ④ 4개

### 정답 및 해설

**26**

**☑ 올바른 선지**

ㄱ. 비독립단독형은 소수의 결정에 기초하므로 기관장의 독선적·자의적 결정을 견제하기 어렵고, 기관장이 교체될 경우 의사결정이 달라질 수 있어 인사행정의 일관성이 떨어짐

ㄷ. 비독립단독형은 의사결정시간을 단축할 수 있기 때문에 변화에 신축적으로 대응할 수 있음

**☑ 틀린 선지**

ㄴ. 선지는 독립합의형에 대한 내용임

ㄹ. 비독립단독형은 행정수반에 의해 임명된 한 사람의 기관장이 의사결정을 하는 형태로 행정수반의 정책 추진력을 확보할 수 있음

정답 ②

# CHAPTER 02 공직구조의 형성

♀ 기본서 p.245 - 257

## 27 ★★★

계급제를 설명하는 내용으로 적절하지 않은 것은?

① 농업사회에서 많이 나타난다.
② 공무원 개개인의 능력과 자격을 기준으로 공직을 분류하는 방식이다.
③ 계급 간에 보수, 사회적 평가, 교육 측면에서 차이가 나타난다.
④ 정치적 중립 확보를 통해 행정의 전문성을 제고할 수 있다.

## 28 ★★★

계급제와 직위분류제의 비교 중 옳지 않은 것은?

① 공무원의 보직(배치)을 관리하는 데 직위분류제는 보다 정확한 또는 제약적인 기준을 제시해준다.
② 조직설계와 관련하여 직위분류제의 효용은 단기적이며, 계급제의 효용은 장기적이다.
③ 직위분류제는 계급제에 비해 외부환경의 변화에 대한 대응력이 강하다.
④ 공무원의 신분을 안정시키고 높은 자리로 발전해 나갈 수 있게 하는 면에서는 직위분류제가 유리하다.

**정답 및 해설**

**27** 계급제는 폐쇄형과 일반행정가주의를 기반으로 함 → 행정의 전문성을 제고하는 것은 직위분류제임
① 직위분류제는 산업사회, 계급제는 농업사회에서 많이 나타남
② 계급제는 사람의 일반적인 능력을 기초로 공직을 분류함
③ 계급제는 계급 간 차별 등을 인정함

정답 ④

**정답 및 해설**

**28** 공무원의 신분을 안정시키고 높은 자리로 발전해 나갈 수 있게 하는 면에서는 계급제가 유리함 → 반면 직위분류제에서는 특정직위와 공무원의 근무경력을 연결시키므로 이동이나 발전이 제약되고 직위가 폐지되면 해당 공무원의 근무가 중단되기 쉬움
① 직위분류제는 체계적인 분업을 지향하므로 공무원의 보직(배치)을 관리하는 데 정확한 또는 제약적인 기준을 제시함
② 직위분류제는 개방형, 계급제는 폐쇄형 시스템임
③ 직위분류제는 외부에서 최신 기술과 전문성을 갖춘 인재를 임용할 수 있기 때문에 외부환경의 변화에 대한 대응력이 강함

정답 ④

# 29 ★★★

**계급제의 특징에 대한 설명으로 옳은 것은?**

① 업무 분담과 직무분석으로 합리적인 정원관리 및 사무관리에 유리하다.
② 계급에 따른 권한과 책임의 명확화를 통해 전문화되고 체계적인 조직관리가 가능하다.
③ 동일 직무에 대한 동일 보수의 원칙을 따르는 직무급 제도를 통해 합리적인 보수체계를 확립할 수 있다.
④ 담당할 직무와 관계없이 인사배치를 할 수 있어 인사배치의 신축성·융통성을 기할 수 있다.

# 30 ★

**다음 중 (가)~(다)에 들어갈 내용을 바르게 연결한 것은?**

| 구분 | 계급제 | 직위분류제 |
|---|---|---|
| 인사행정의 형평성 | (가) | (나) |
| 관리자의 리더십 | (다) | (라) |

|  | (가) | (나) | (다) | (라) |
|---|---|---|---|---|
| ① | 낮음 | 낮음 | 높음 | 높음 |
| ② | 낮음 | 높음 | 높음 | 낮음 |
| ③ | 높음 | 낮음 | 높음 | 낮음 |
| ④ | 높음 | 높음 | 낮음 | 낮음 |

### 정답 및 해설

**29** 계급제는 사람중심의 공직분류제도로 담당할 직무와 관계없이 사람의 능력과 출신에 따라 인사를 할 수 있어 인사배치의 신축성과 융통성을 기할 수 있음
① 업무 분담과 직무분석으로 합리적인 정원관리 및 사무관리에 유리한 제도는 계급제가 아니라 직위분류제임
② 권한과 책임의 명확화를 통해 전문화되고 체계적인 조직관리가 가능한 제도는 계급제가 아니라 직위분류제임
③ 동일 직무에 대한 동일 보수의 원칙을 따르는 직무급 제도를 통해 합리적인 보수체계를 확립할 수 있는 제도는 계급제가 아니라 직위분류제임

정답 ④

**30** 계급제는 인사행정의 형평성이 낮고 관리자의 리더십이 높은 반면, 직위분류제는 형평성이 높고 관리자의 리더십이 낮음

정답 ②

# 31 ★★

**직위분류제와 계급제를 비교하여 설명할 때 다음 중 계급제의 특성은 모두 몇 개인가?**

| |
|---|
| ㉠ 현직자의 조직몰입 제고 |
| ㉡ 장기적인 인력계획 |
| ㉢ 폐쇄형 임용 |
| ㉣ 현직자의 근무의욕 높음 |
| ㉤ 외부환경 변화에 대한 대응력 낮음 |
| ㉥ 인사권자의 리더십 수준 높음 |
| ㉦ 부처 간의 갈등 예방 |
| ㉧ 인사관리의 신축성과 융통성 높음 |

① 5개  ② 6개
③ 7개  ④ 8개

### 정답 및 해설

**31** ㉠㉡㉢㉣㉤㉥㉧은 계급제의 특징이고, ㉦은 직위분류제의 특성에 해당함

#### ☑ 계급제와 직위분류제

| 구분 | 직위분류제 | 계급제 |
|---|---|---|
| 적용사회 | 산업사회 | 농업사회 |
| 전문성 유무 | 전문행정가 | 일반행정가 |
| 어울리는 조직규모 | 대규모 조직 | 소규모 조직 |
| 환경적응 | 용이 | 어려움 |
| 보수체계 | 직무급 | 연공급 |
| 신분보장 | 신분보장이 어려움 | 신분보장 용이 |
| 훈련수요 | 수요파악 쉬움 | 수요파악 어려움 |
| 인사배치의 신축성 | 신축성 저하 | 신축적인 인사배치 |
| 개방형 유무 | 개방형 공무원제 | 폐쇄형 공무원제 |
| 직업공무원제 정착유무 | 정착이 어려움 | 정착이 쉬움 |
| 계획 | 단기계획 | 장기계획 |
| 임용시험 | 직무와 관련 | 직무와의 관련성이 상대적으로 부족함 |
| 적용 계층 | 하위계층 | 상위계층: 통찰력있는 고위공무원 양성에 유리 |

#### ☑ 올바른 선지
㉢ 폐쇄형 임용: 폐쇄형은 낙하산 인사를 허용하지 않는바 현직자의 근무의욕을 제고할 수 있음 → ㉠도 동일한 내용임

#### ☑ 틀린 선지
㉦ 부처 간의 갈등 예방: 직위분류제는 개방형 시스템이므로 다양한 인사교류를 통해 부처 간 갈등을 예방할 수 있음(예 공모직위)

정답 ③

# 32 ★★★

직무의 종류가 유사하고 그 책임과 곤란성의 정도가 서로 다른 직급의 군을 무엇이라고 하는가?

① 직군　　　　　② 직렬
③ 직급　　　　　④ 직류

# 33 ★★★

다음은 직위분류제와 관련된 용어의 설명이다. 옳지 않은 것은?

① 직렬 : 직무의 종류가 유사하고 그 책임과 곤란성의 정도가 서로 다른 직급의 군
② 직급 : 직무의 종류, 곤란성과 책임도가 상당히 유사한 직위의 군
③ 직위 : 1인의 공무원에게 부여할 수 있는 책무와 책임
④ 직군 : 동일한 직렬 내에서 담당 분야가 같은 직무의 군

---

**정답 및 해설**

**32** 직렬에 해당함
①③④
☑ **직위분류제의 구성개념**

| 직위 | 한 사람의 공무원에게 부여할 수 있는 직무와 책임 |
|---|---|
| 직급 | 직무의 종류·곤란성과 책임도가 상당히 유사한 직위의 군 |
| 직렬 | 직무의 종류가 유사하고 그 책임과 곤란성의 정도가 서로 다른 직급의 군 |
| 직군 | 직무의 성질이 유사한 직렬의 군 |
| 직류 | 같은 직렬 내에서 담당 분야가 같은 직무의 군 |
| 등급 | 직무의 종류는 다르지만 직무의 곤란도·책임도나 자격요건이 유사한 직위의 군 |

정답 ②

---

**정답 및 해설**

**33** 동일한 직렬 내에서 담당 분야가 같은 직무의 군은 직류임 ; 직군은 유사한 직렬의 묶음을 의미함
①②③

**국가공무원법 제5조【정의】** 이 법에서 사용하는 용어의 뜻은 다음과 같다.
1. "직위(職位)"란 1명의 공무원에게 부여할 수 있는 직무와 책임을 말한다.
2. "직급(職級)"이란 직무의 종류·곤란성과 책임도가 상당히 유사한 직위의 군을 말한다.
7. "직군(職群)"이란 직무의 성질이 유사한 직렬의 군을 말한다.
8. "직렬(職列)"이란 직무의 종류가 유사하고 그 책임과 곤란성의 정도가 서로 다른 직급의 군을 말한다.
9. "직류(職類)"란 같은 직렬 내에서 담당 분야가 같은 직무의 군을 말한다.

정답 ④

# 34 ★★★

**직위분류제에 대한 설명으로 가장 적절한 것은?**

① 직무의 종류, 곤란성과 책임도가 상당히 유사한 직위의 군은 직렬이다.
② 직위분류제의 수립 절차에서 직무의 난이도와 책임의 경중에 따라 직위의 상대적 수준과 등급을 구분하는 것을 직무분서이라고 한다.
③ 직무평가의 방법에서 요소비교법은 가장 늦게 고안된 객관적이고 정확한 방법으로, 분류법의 임의성을 보완하기 위하여 개발된 계량적 방법이다.
④ 직무의 종류는 다르지만, 그 곤란성·책임 수준 및 자격 수준이 상당히 유사하여 동일한 보수를 지급할 수 있는 모든 직위를 포함하는 것은 등급이다.

# 35 ★★★

**직위분류제의 용어에 대한 설명을 순서대로 바르게 연결한 것은?**

> ㉠ 한 사람의 직원에게 부여할 수 있는 직무와 책임
> ㉡ 직무의 종류는 유사하지만 직무의 곤란도·책임도가 상이한 직급의 군
> ㉢ 직무의 종류뿐만 아니라 난이도와 책임도가 상당히 유사한 직위의 군
> ㉣ 직무의 종류는 상이하지만 직무의 곤란도·책임도나 자격요건이 유사하여 동일한 보수를 줄 수 있는 직위의 군
> ㉤ 직무의 성질이 유사한 직렬의 군

| | ㉠ | ㉡ | ㉢ | ㉣ | ㉤ |
|---|---|---|---|---|---|
| ① | 직위 | 직렬 | 직급 | 등급 | 직류 |
| ② | 직류 | 직급 | 직위 | 직렬 | 직군 |
| ③ | 직류 | 등급 | 직군 | 직렬 | 직위 |
| ④ | 직위 | 직렬 | 직급 | 등급 | 직군 |

---

**정답 및 해설**

**34** 직무의 종류는 다르지만, 그 곤란성·책임 수준 및 자격 수준이 상당히 유사하여 동일한 보수를 지급할 수 있는 모든 직위를 포함하는 것은 등급임
① 직무의 종류, 곤란성과 책임도가 상당히 유사한 직위의 군은 직급임
② 직위분류제의 수립 절차에서 직무의 난이도와 책임의 경중에 따라 직위의 상대적 수준과 등급을 구분하는 것은 직무평가임 → 직무분석은 일의 종류를 구분하는 단계임
③ 직무평가의 방법에서 요소비교법은 가장 늦게 고안된 객관적이고 정확한 방법으로, 점수법을 발전시킨 방법임 → 즉, 요소비교법은 점수법과 다르게 직무를 요소별로 계량화하여 측정할 때 점수가 아닌 임금액으로 산정하는바 평가와 동시에 임금액을 산출할 수 있음

---

**정답 및 해설**

**35** ㉠은 직위를, ㉡은 직렬을, ㉢은 직급을, ㉣은 등급을, ㉤은 직군을 의미함

정답 ④

정답 ④

## 36 ★★

**직무평가방법에 대한 설명으로 옳지 않은 것은?**

① 서열법은 직무 전체의 중요도, 난이도 등을 종합적으로 살펴보고, 각 직무의 상대적 중요도를 비교하여 평가하는 방법이다.

② 분류법은 직무의 등급수와 등급에 따른 분류기준을 사전에 정해놓은 기준표에 따라 직무를 평가하는 방법이다.

③ 점수법은 직무평가기준표에 따라 직무의 구성요소별 점수를 부여하고, 이를 합계해 총점을 계산하여 직무를 평가하는 방법이다.

④ 요소비교법은 기준직무와 직무의 평가요소들을 조직 내 다른 직무와 상호 비교하여 상대적 가치를 질적으로 판단하는 방법이다.

## 37 ★★

**다음 중 직무평가기법에 대한 설명이 틀린 것은?**

① 서열법은 직무 상호간에 직무 전체의 중요도를 비교하는 방식이다.

② 점수법은 직무평가기준표를 이용하는 계량적 방식이다.

③ 요소비교법은 기준직위의 금전적 가치를 각 평가요소에 배분한다.

④ 분류법은 등급기준표를 사용하지 않는다는 것이 특징이다.

## 38 ★

**개방형 공무원 임용제도에 대한 설명으로 옳지 않은 것은?**

① 행정의 대응성을 높일 수 있다.

② 주로 직위분류제 국가에서 널리 활용되고 있다.

③ 일반행정가를 육성하는 데 유리한 제도이다.

④ 공직의 침체를 막을 수 있다.

---

**정답 및 해설**

**37** 분류법은 등급기준표에 의한 절대평가임

①②

| 구분 | 비계량적 비교 | 계량적 비교 |
|---|---|---|
| 직무와 직무 (상대평가) | 서열법 - 직관적인 비교 | 요소비교법 - 기준직무 |
| 직무와 척도 (절대평가) | 분류법 - 등급기준표 | 점수법 - 직무평가표 |

③ 요소비교법은 점수법과 다르게 직무를 요소별로 계량화하여 측정할 때 점수가 아닌 임금액으로 산정하는바 평가와 동시에 임금액을 산출할 수 있음

정답 ④

**38** 개방형 임용제도는 전문성이 요구되거나 효율적인 정책 수립을 위해 공직을 개방해 임용하는 제도로 전문가를 임용하는 데 도움이 됨

① 예를 들어, 인공지능 분야에 대한 행정수요가 있을 경우 해당 분야의 전문가를 채용할 수 있음

② 직위분류제는 개방형 시스템을 적용함

④ 개방형은 능력있는 경력자를 채용할 수 있음

정답 ③

---

**정답 및 해설**

**36** 요소비교법은 조직 내의 중심이 되는 기준직무를 선정하여, 평가하고자 하는 직무와 기준직무의 평가요소들을 상호 비교하여 상대적 가치를 계량적으로 판단하는 방법임

① 서열법은 비계량적 방법이며, 직무와 직무를 비교함

② 분류법은 연구자가 개발한 등급기준표와 직무를 비교하는 방법임

③ 점수법은 직무평가기준표에 따라 직무의 구성요소별 점수를 부여하고, 이를 합계해 총점을 계산하여 직무를 평가하는 계량적인 방법임

정답 ④

# 39 ★

## 폐쇄형 임용제도에 대한 설명 중 틀린 것은?

① 폐쇄형 임용제도는 공직의 침체를 막을 수 있다.
② 폐쇄형 임용제도는 신규채용이 최하위 직급에만 허용되는 임용제도이다.
③ 폐쇄형 임용제도는 내부승진을 통해 인력을 충원하는 제도이다.
④ 폐쇄형 임용제도는 계급제에서 주로 나타난다.

# 40 ★★★

## 우리나라 공직분류체계와 이에 따른 예시로 옳게 연결된 것은?

① 일반직 공무원 – 전문경력관. 기술·연구 업무를 담당하는 공무원 등
② 특정직 공무원 – 법관·검사, 우정직 공무원, 교육공무원 등
③ 정무직 공무원 – 헌법재판소 연구관, 중앙선거관리위원회 상임위원 등
④ 별정직 공무원 – 국회수석전문위원, 국무총리 비서실장 등

# 41 ★★★

## 우리나라 경력직공무원에 해당하는 사람을 모두 고른 것은?

> ㄱ. 경찰청장, 소방청장, 해양경찰청장
> ㄴ. 국회수석전문위원
> ㄷ. 감사원 사무차장, 국회전문위원
> ㄹ. 선거로 취임하는 공무원
> ㅁ. 국무조정실장, 국무총리비서실장
> ㅂ. 실적과 자격에 따라 임용되고 그 신분이 보장되며 평생 동안(근무기간을 정하여 임용하는 공무원의 경우에는 그 기간 동안을 말한다) 공무원으로 근무할 것이 예정되는 공무원

① 1개　　　　② 2개
③ 3개　　　　④ 4개

---

**39** 폐쇄형 임용제도는 개방형에 비해 경쟁이 결여된 까닭에 공직의 침체를 초래함
② 폐쇄형 임용제도는 공무원을 신규채용시 최하위계층으로 임용함
③ 폐쇄형 임용제도는 능력있는 외부인력을 중간계층으로 유입하지 않음
④ 계급제는 폐쇄형으로 운영됨

정답 ①

**40** 일반직 공무원은 기술·연구 또는 행정일반에 대한 업무를 담당하는 공무원임 → 일반직 공무원은 행정·기술직, 우정직, 연구·지도직, 전문경력관 등으로 구성됨
② 우정직 공무원은 일반직 공무원임
③ 헌법재판소 연구관은 특정직 공무원임
④ 국무총리 비서실장은 정무직 공무원임

정답 ①

---

**41**
☑ 올바른 선지
ㄱ. 경찰청장, 소방청장, 해양경찰청장은 특정직이므로 경력직 공무원임
ㄷ. 감사원 사무차장, 국회전문위원은 일반직이므로 경력직 공무원임
ㅂ.

> **국가공무원법 제2조 【공무원의 구분】** ① 국가공무원(이하 "공무원"이라 한다)은 경력직공무원과 특수경력직공무원으로 구분한다.
> ② "경력직공무원"이란 실적과 자격에 따라 임용되고 그 신분이 보장되며 평생 동안(근무기간을 정하여 임용하는 공무원의 경우에는 그 기간 동안을 말한다) 공무원으로 근무할 것이 예정되는 공무원을 말하며, 그 종류는 다음 각 호와 같다.

☑ 틀린 선지
ㄴ. 국회수석전문위원은 별정직이므로 특수경력직 공무원임
ㅁ. 국무조정실장, 국무총리비서실장은 정무직이므로 특수경력직 공무원임

정답 ③

# 42 ★★★

공무원 구분에 관한 설명으로 옳은 것을 〈보기〉에서 고른 것은?

┌─── 보기 ───┐
ⓐ 헌법재판소 재판관은 특정직 공무원이다.
ⓑ 국회 수석전문위원은 별정직 공무원이다.
ⓒ 실적주의 적용과 신분보장의 여부에 따라 일반직과 특정직 공무원으로 구분된다.
ⓓ 감사원 사무차장은 일반직 공무원이다.

① ㉠, ㉡                    ② ㉠, ㉢
③ ㉢, ㉣                    ④ ㉡, ㉣

# 43 ★★★

우리나라 공무원 분류에 대한 설명으로 옳지 않은 것은?

① 일반적으로 임용주체를 기준으로 국가공무원과 지방공무원으로 구분한다.
② 별정직공무원은 비서관·비서 등 보좌업무 등을 수행하거나 특정한 업무 수행을 위하여 법령에서 별정직으로 지정하는 공무원을 말한다.
③ 특정직공무원은 「국가공무원법」과 「지방공무원법」이 우선 적용되며, 해당 법률에 적용 조항이 없을 때는 개별법이 적용된다.
④ 경호공무원은 경력직공무원으로 분류된다.

## 정답 및 해설

**42** ㉡㉣만 옳음

☑ 틀린 선지
㉠ 헌법재판소 재판관은 정무직 공무원임
㉢ 실적주의 적용과 신분보장(직업공무원)의 여부에 따라 경력직과 특수경력직 공무원으로 구분됨

☑ 경력직과 특수경력직의 분류

| 구분 | | 예 |
|---|---|---|
| 경력직 | 일반직 | 행정일반, 기술, 연구직·지도직 공무원, 국회전문위원, 감사원 사무차장, 시·도 선거관리위원회의 상임위원 등 |
| | 특정직 | 법관(대법원장, 대법관), 검사, 외무공무원, 경찰공무원(경찰청장), 소방공무원, 교육공무원, 군인, 군무원, 헌법재판소 헌법연구관, 국가정보원의 직원 등 |
| 특수경력직 | 정무직 | 대통령, 국무총리, 헌법재판소장, 감사원장, 헌법재판소 재판관, 중앙선거관리위원회 상임위원, 국가정보원 원장·차장·기획조정실장 등 |
| | | 장·차관(법제처장, 통계청장, 기상청장 포함), 국가정보원의 원장 및 차장, 국회사무총장 등 |
| | 별정직 | 국회수석전문위원, 국회의원 보좌관·비서관 등 |

## 정답 및 해설

**43** 특정직공무원은 개별법이 우선 적용되며, 해당 법률에 적용 조항이 없을 때는 국가공무원법과 지방공무원법이 적용됨
① 임용주체를 기준으로 국가공무원(대통령 혹은 중앙행정기관장)과 지방공무원(일반적으로 지방자치단체장)으로 구분할 수 있음
② 별정직공무원은 주로 보좌업무 등을 수행하거나 법령에서 별정직으로 지정하는 공무원을 말함
④ 경호공무원은 특정직 공무원이므로 경력직공무원으로 분류됨

정답 ④

정답 ③

# 44

★

다음 중 지방자치단체 소속 지방직 공무원으로만 옳게 묶인 것은?

> ㄱ. ○○도 지방의회 부의장
> ㄴ. ○○도 교육청 부교육감
> ㄷ. ○○도 행정부지사
> ㄹ. ○○도 정무부지사

① ㄱ, ㄴ  ② ㄴ, ㄷ
③ ㄱ, ㄹ  ④ ㄴ, ㄹ

# 45

★★

다음 중 현재 군인·군무원과 같은 특정직 공무원이 아닌 자는?

① 공립학교 교원  ② 소방서장
③ 경찰서장  ④ 검찰청 검찰사무관

# 46

★★

국가공무원에 대한 설명으로 옳지 않은 것은?

① 고위공무원단의 목적은 고위공무원을 범정부적 차원에서 효율적으로 관리하여 정부의 경쟁력을 높이는 것이다.
② 경력직 공무원은 실적과 자격에 따라 임용되며 신분보장이 되는 공무원이다.
③ 군무원, 검사, 외무공무원은 특정직공무원에 해당한다.
④ 국회 중앙인사관장기관의 장은 인사혁신처장이다.

**46** 국회 중앙인사관장기관의 장은 국회사무총장임 → 인사혁신처장은 행정부의 중앙인사관장기관임

**국가공무원법 제6조【중앙인사관장기관】** ① 인사행정에 관한 기본정책의 수립과 이 법의 시행·운영에 관한 사무는 다음 각 호의 구분에 따라 관장(管掌)한다.
1. 국회는 국회사무총장
2. 법원은 법원행정처장
3. 헌법재판소는 헌법재판소사무처장
4. 선거관리위원회는 중앙선거관리위원회사무총장
5. 행정부는 인사혁신처장

①

**국가공무원법 제2조의2【고위공무원단】** ① 국가의 고위공무원을 범정부적 차원에서 효율적으로 인사관리하여 정부의 경쟁력을 높이기 위하여 고위공무원단을 구성한다.

② 경력직 공무원은 실적주의와 직업공무원제도의 적용을 받는 공무원임 → 즉, 실적과 자격에 의해 임용되고 직업공무원제도의 적용을 받아 정년이 보장됨
③ 법관, 검사, 외무공무원, 군무원 등은 특정직 공무원임

정답 ④

**44** 지방의회의원(의장 및 부의장 포함)과 정무부지사는 지방직임 ; 광역자치단체의 부단체장(부시장, 부지사)은 두 종류가 있는데, 단체장에 대한 정치적인 보좌역할을 담당하는 정무부시장(부지사)과 행정적 보좌역할을 담당하는 행정부시장(부지사)이 있음 → 전자는 단체장이 임명하는 지방직 공무원이고, 후자는 국가가 임명하여 내려보내는 국가직공무원으로서 부교육감 등과 함께 고위공무원단에 속함

☑ **틀린 선지**
ㄴ. 고공단이므로 국가직임
ㄷ. 고공단이므로 국가직임

정답 ③

**45** 검찰사무관은 검찰사무직렬 공무원으로서 일반직 공무원임 → 단, 검사는 특정직 공무원임
①②③
교육공무원, 소방공무원, 경찰공무원은 특정직임

정답 ④

## 47 ★★★

우리나라의 공직분류에 관한 설명으로 옳지 않은 것끼리 연결된 것은?

> ㉠ 경력직 공무원과 특수경력직 공무원의 구별 기준은 실적주의와 직업공무원제의 적용여부이다.
> ㉡ 특수경력직 공무원은 특정직 공무원과 별정직 공무원으로 구분된다.
> ㉢ 국가 공무원 중에서 특정직 공무원이 가장 많은 수를 차지하고 있다.
> ㉣ 임기제 공무원은 근무기간을 정하여 임용되는 공무원으로 특수경력직 공무원에 해당한다.

① ㉠, ㉢　　　　　② ㉡, ㉢
③ ㉡, ㉣　　　　　④ ㉢, ㉣

## 48 ★★★

다음 중 우리나라 공무원의 구분과 관련된 설명으로 가장 적절하지 않은 것은?

① 일반직 공무원이란 기술·연구 또는 행정일반에 대한 업무를 담당하는 공무원으로 1급부터 9급까지의 계급으로 구분된다.
② 특정직공무원이란 법관, 군인, 군무원, 국가정보원의 직원 등과 특수 분야의 업무를 담당하는 공무원으로서 다른 법률에서 특정직공무원으로 지정하는 공무원을 말한다.
③ 정무직공무원이란 고도의 정책 결정 업무를 담당하는 공무원으로서 법률에서 지정하는 공무원으로 임명 시 반드시 국회의 동의가 필요한 공무원이다.
④ 별정직공무원은 비서관·비서 등 보좌업무 등을 수행하거나 특정한 업무 수행을 위하여 법령에서 별정직으로 지정하는 공무원에 해당한다.

PART 04 인사행정

### 정답 및 해설

**48** 고도의 정책결정 업무를 담당하거나 이러한 업무를 보조하는 공무원으로서 법률이나 대통령령에서 정무직으로 지정하는 공무원은 정무직공무원임(반드시 국회의 동의가 필요×)

①②④

**국가공무원법 제2조【공무원의 구분】** ② "경력직공무원"이란 실적과 자격에 따라 임용되고 그 신분이 보장되며 평생 동안(근무기간을 정하여 임용하는 공무원의 경우에는 그 기간 동안을 말한다) 공무원으로 근무할 것이 예정되는 공무원을 말하며, 그 종류는 다음 각 호와 같다.
1. 일반직공무원: 기술·연구 또는 행정 일반에 대한 업무를 담당하는 공무원
2. 특정직공무원: 법관, 검사, 외무공무원, 경찰공무원, 소방공무원, 교육공무원, 군인, 군무원, 헌법재판소 헌법연구관, 국가정보원의 직원, 경호공무원과 특수 분야의 업무를 담당하는 공무원으로서 다른 법률에서 특정직공무원으로 지정하는 공무원
③ "특수경력직공무원"이란 경력직공무원 외의 공무원을 말하며, 그 종류는 다음 각 호와 같다.
2. 별정직공무원: 비서관·비서 등 보좌업무 등을 수행하거나 특정한 업무 수행을 위하여 법령에서 별정직으로 지정하는 공무원
**국가공무원법 제4조【일반직공무원의 계급 구분 등】** ① 일반직공무원은 1급부터 9급까지의 계급으로 구분하며, 직군(職群)과 직렬(職列)별로 분류한다. 다만, 고위공무원단에 속하는 공무원은 그러하지 아니하다.

### 정답 및 해설

**47**
☑ **틀린 선지**
㉡ 특수경력직 공무원은 정무직 공무원과 별정직 공무원으로 구분됨
㉣ 임기제공무원은 근무기간을 정하여 임용되는 공무원으로 경력직 공무원 중 일반직 공무원에 해당함

☑ **올바른 선지**
㉠ 경력직 공무원과 특수경력직 공무원의 구별 기준은 공개경쟁채용시험 응시 및 정년보장 여부임
㉢ 예를 들어, 우리나라의 경우 휴전상황으로 인해 군인의 수가 많음

정답 ③

정답 ③

# 49 ★

**역량평가에 대한 설명으로 옳지 않은 것은?**

① 다수의 평가자가 참여하며 합의에 의하여 평가결과를 도출한다.

② 구조화된 모의 상황을 설정하고 피평가자의 행동을 직접 관찰하여 평가하는 방식이다.

③ 피평가자의 과거 성과를 기반으로 평가하기 때문에 개인의 역량에 대한 객관적 평가가 가능하다.

④ 역할수행 등과 같은 다양한 실행과제를 활용하여 평가한다.

# 50 ★★

**다음은 우리나라에 도입된 어느 인사제도(2006년 7월)의 직위 구성비율을 나타낸 것이다. 이와 관련된 보기의 설명 중 올바른 것은 모두 몇 개인가?**

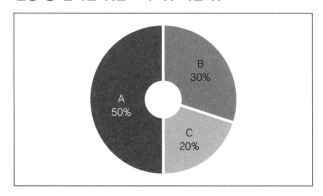

---

ㄱ. C는 효율적인 정책수립과 관리를 위하여 필요한 경우 공직내외에서 적격자를 선발하는 개방형 인사제도이다.

ㄴ. B와 C에는 타 부처 공무원이 선발될 수 있지만, A에는 타 부처 공무원을 제청할 수 없다.

ㄷ. C는 실·국장급 이상의 직위에만 적용되지만 B는 그 외에의 직위에도 적용이 가능하다.

ㄹ. B에는 민간인이 선발될 수 있지만 C에는 민간인이 임용될 수 없다.

① 0개      ② 1개
③ 2개      ④ 3개

---

**정답 및 해설**

**49** 피평가자의 과거 실적이나 성과를 평가하는 것은 역량평가가 아니라 근무성적평가이며, 개인역량을 객관적으로 평가 가능한 것은 과거의 성과를 평가하기 때문이 아니라 구조화된 상황하에서 외부변수들을 통제하는 평가방식 때문임

① 역량평가는 평가자들이 합의를 통해 평가결과를 도출하기 때문에 평가자의 오류를 방지하고 평가의 공정성을 확보할 수 있음

②④

**고위공무원단 인사규정 제11조 【역량평가방법】** 역량평가는 4명 이상의 역량평가위원이 참여하여 제시된 직무 상황에서 나타나는 평가 대상자의 행동을 관찰하여 그 역량을 평가하는 방법으로 한다.

정답 ③

---

**정답 및 해설**

**50** 해당 그림은 고위공무원단의 직위구성임 → 모두 틀린 선지임

☑ **틀린 선지**

ㄱ. C는 개방형직위를 나타냄 → 효율적인 정책수립과 관리를 위해 적격자를 임용하는 제도는 공모직위임

ㄴ. A(부처자율직위)에도 타 부처 공무원을 제청할 수 있음

ㄷ. C(개방형직위)와 B(공모직위) 모두 실·국장급 직위와 과장급 직위에 적용가능함

ㄹ. B(공모직위)에는 민간인이 선발될 수 없지만 C(개방형직위)에는 민간인이 임용될 수 있음

정답 ①

# 51 ★★★

## 고위공무원단에 대한 설명으로 옳지 않은 것은?

① 우리나라에서 고위공무원이 되기 위해서는 고위공무원후보자 과정을 이수해야 하고, 역량평가를 통과해야 한다.

② 직무성과급적 연봉제를 적용하고 있다.

③ 우리나라의 경우 참여정부 시기인 2006년 7월 1일에 고위공무원단 제도를 시행하였다.

④ 미국에서는 고위공무원단 제도를 카터 행정부 시기인 1978년에 공무원제도개혁법 개정으로 도입하였다.

# 52 ★★

## 중앙행정기관의 개방형 임용제도에 대한 설명으로 옳지 않은 것을 모두 고른 것은?

> ㄱ. 경력개방형 직위제도는 공무원과 민간인이 경쟁하여 최적임자를 선발하는 개방형직위와 달리, 공직 외부에서만 적격자를 선발하는 직위를 말한다.
> ㄴ. 단기적으로 직업공무원제도의 확립에 반하는 제도이나, 장기적으로는 직업공무원제도의 확립에 긍정적인 영향을 미친다.
> ㄷ. 개방형직위는 소속장관별로 고위공무원단 직위총수의 20% 범위 안에서 지정하고, 과장급은 직위총수의 30% 범위 안에서 지정한다.
> ㄹ. 개방형 직위는 임기제공무원으로 임용함을 원칙으로 하되, 임기제가 아닌 경력직으로도 임용할 수 있다.

① ㄱ, ㄴ  ② ㄱ, ㄷ
③ ㄴ, ㄷ  ④ ㄷ, ㄹ

---

**정답 및 해설**

**51** 고위공무원단에 대한 임용권자의 인사자율성을 높여 적재 · 적소 · 적시에 인사가 이루어질 수 있도록 하기 위하여 고위공무원단후보자 교육과정의 이수를 의무에서 자율로 전환함
②

**공무원 보수규정 제63조【고위공무원의 보수】** ① 고위공무원에 대해서는 별표 31에 따라 직무성과급적 연봉제를 적용한다. 다만, 대통령경호처 직원 중 고위공무원단에 속하는 별정직공무원에 대해서는 호봉제를 적용한다.

③④
우리나라의 경우 노무현 정권에서 2006년 7월 1일에 고위공무원단 제도를 시행하였으며, 미국은 카터 행정부 시기인 1978년에 공무원제도개혁법 개정으로 도입하였음

**정답** ①

---

**정답 및 해설**

**52**
☑ **틀린 선지**
ㄴ 개방형 임용제도는 단기적으로나 장기적으로 직업공무원제 확립을 저해함 → 직업공무원제도는 계급제와 폐쇄형을 전제로 하고 있음
ㄷ 개방형직위는 소속장관별로 고위공무원단 직위 총수의 20% 범위 안에서, 그리고 과장급 직위 총수의 20% 범위 안에서 지정하여야 함

☑ **올바른 선지**
ㄱ 경력개방형 직위는 특정 분야에 대해 전문성을 지닌 민간인 간의 경쟁을 통해 공무원을 선발하는 제도임
ㄹ 개방형 직위는 임기제공무원으로 임용함을 원칙으로 하되, 임기제가 아닌 경력직으로도 임용할 수 있음 → 여기서 언급하는 경력직이란 공직 내부에서 지원하는 경우를 의미함

**정답** ③

# 53 ★★★

**고위공무원단에 대한 설명으로 가장 적절하지 않은 것은?**

① 고위공무원단은 실·국장급 공무원을 적재적소에 활용하고 개방과 경쟁을 확대하여 성과책임을 강화하고자 하는 전략적 인사시스템이다.

② 기존의 1-3급이라는 신분중심의 계급을 폐지하고 직무의 난이도와 책임도에 따라 가급과 나급으로 직무를 구분한다.

③ 민간과 경쟁하는 개방형직위제도와 타 부처공무원과 경쟁하는 공모직위제도를 두고 있다.

④ 특히 경력에서 자격이 있는 민간인과 공무원이 지원하여 경쟁할 수 있는 경력개방형직위제도도 도입되었다.

# 54 ★★★

**다음 중 우리나라의 고위공무원단제도에 대한 설명으로 가장 적절하지 않은 것은?**

① 고위공무원단에 속하는 공무원의 경우 소속 장관은 당해 기관에 소속되지 아니한 자에 대하여도 임용제청을 할 수 있다.

② 정부관료제의 고위직에 정실 임용이 확대되어 직업공무원의 사기를 저하할 수 있다.

③ 고위공무원단으로 진입하기 위해서는 역량평가를 거쳐야 한다.

④ 고위공무원단제도가 최초 도입될 당시는 국가공무원에게만 적용하였으나 그 이후 부지사·부교육감 등 지방공무원도 포함하게 되었다.

---

**정답 및 해설**

**53** 경력개방형직위는 민간인과 민간인 간 경쟁을 통해 최적임자를 임용하는 제도임

① 고위공무원단은 실·국장급 직위에 개방형 시스템을 도입한 전략적 인사시스템임

② 고위공무원단은 계급이 아닌 직무의 난이도와 책임도에 따라 가급과 나급으로 직무를 구분함

③ 고위공무원단은 개방형직위 및 공모직위, 부처자율직위를 통해 운영되고 있음

정답 ④

---

**정답 및 해설**

**54** 고위공무원단은 국가직임

① 고위공무원단은 공모직위 등을 통해 임용될 수 있음

② 고위공무원단제도는 개방성을 그 특징으로 하여 직업공무원의 사기를 저하할 수 있음

③

**고위공무원단 인사규정 제7조【고위공무원단후보자】** ① 제9조에 따른 역량평가를 통과한 사람으로서 다음 각 호의 어느 하나에 해당하는 사람은 고위공무원단후보자가 된다.

정답 ④

# CHAPTER 03 공무원 임용 및 능력 발전

기본서 p.258 - 266

PART 04 인사행정

## 55 ★

공무원 시험과 임용에 대한 설명 중 적절하지 않은 것은?

① 시험은 공직 희망자들의 상대적 능력을 가리는 제도이다.
② 타당도는 측정하고자 하는 것을 얼마나 정확하게 측정하는가의 정도를 말한다.
③ 시보공무원은 일종의 교육훈련 과정으로 공무원 신분은 보장된다.
④ 경력경쟁채용은 기회 균등의 원칙을 훼손할 가능성이 있다.

## 56 ★

다음 중 공무원임용시험령에 명시된 면접시험 평가요소가 아닌 것은?

① 소통·공감
② 헌신·열정
③ 창의·혁신
④ 지식·논리

---

**정답 및 해설**

**55** 시보공무원 제도는 공직 후보자의 공직 적격성을 가리고 실무 습득을 통한 훈련과정임 → 시보공무원은 신분 보장이 되지 않음
① 시험은 점수에 따라 다른 대우를 하는바 공직 희망자들의 상대적 능력을 가리는 제도임
② 타당도는 정확도, 신뢰도는 일관성을 뜻함
④ 경력경쟁채용은 특정 분야에 대한 경력이 있는 사람끼리 경쟁하는 제도임

정답 ③

---

**정답 및 해설**

**56** 아래의 조항 참고

**공무원임용시험령 제5조【시험의 방법】** ③ 면접시험은 공무원으로서의 자세 및 태도, 해당 직무 수행에 필요한 능력 및 적격성 등을 검정하며, 다음 각 호의 모든 평정요소를 각각 상, 중, 하로 평정한다. 다만, 시험실시기관의 장이 필요하다고 인정하는 경우 평정요소를 추가하여 상, 중, 하로 평정할 수 있다.
1. 소통·공감: 국민 등과 소통하고 공감하는 능력
2. 헌신·열정: 국가에 대한 헌신과 직무에 대한 열정적인 태도
3. 창의·혁신: 창의성과 혁신을 이끄는 능력
4. 윤리·책임: 공무원으로서의 윤리의식과 책임성

정답 ④

# 57 ★

우리나라 시보제도에 관한 설명으로 옳은 것은?

① 시보기간이 종료되고 정규공무원으로 임용되기 위해서는 보직을 부여받아야 한다.

② 시보 공무원은 공무원법상 공무원에 해당하기 때문에 시보기간 동안에도 직위를 맡을 수 있다.

③ 시보기간 중에 직권면지이 되면, 향후 3년 간 다시 공무원으로 임용될 수 없는 결격사유에 해당 한다.

④ 시보기간 동안은 신분이 보장되지 않기 때문에 공무원의 경력에도 포함되지 아니한다.

# 58 ★★

승진에 대한 설명으로 가장 옳지 않은 것은?

① 수직적 인사이동 중 상위 계급(직급)으로의 이동을 말하며 일반적으로 직무의 곤란도와 책임이 증대된다.

② 승진시험에 의하여 6급 공무원을 5급 공무원으로 승진임용하려는 경우 보통승진심사위원회의 승진심사를 거쳐야 한다.

③ 승진과 승급 모두 보수의 증액을 수반하나, 승급은 동일 계급(직급) 내에서 보수만 증액된다는 점에서 승진과 차이가 있다.

④ 대우공무원으로 선발되기 위해서는 승진소요최저연수 이상의 근무, 승진임용의 제한 사유 미해당, 근무실적 우수 등의 조건이 충족되어야 한다.

---

**정답 및 해설**

**58** 아래의 조항 참고

> **국가공무원법 제34조【5급 공무원으로의 승진임용】** ① 6급 공무원을 5급 공무원으로 승진임용하려는 경우에는 승진시험 또는 보통승진심사위원회의 심사를 거쳐 임용하여야 한다.

① 승진은 계급이 상승하는 것이며, 일반적으로 직무의 난이도가 높아짐

③ 승급은 계급이나 직책의 변동 없이 연봉 산정을 위한 호봉이 높아지는 것을 의미함

④

> **공무원임용령 제35조의3【대우공무원 및 필수 실무관의 선발 · 지정 등】** ① 임용권자 또는 임용제청권자는 소속 일반직공무원 중 해당 계급에서 승진소요최저연수 이상 근무하고 승진임용의 제한 사유가 없으며 근무 실적이 우수한 사람을 바로 상위 직급의 대우공무원(이하 "대우공무원"이라 한다)으로 선발할 수 있다.

정답 ②

---

**정답 및 해설**

**57** 시보는 임시로 맡은 보직을 뜻함

① 보직을 부여받지 않아도 정규공무원으로 임용될 수 있음

③ 시보기간 중에 해임이 되면, 향후 3년 간 다시 공무원으로 임용될 수 없는 결격사유에 해당함

④ 시보기간은 공무원의 경력에 포함됨

정답 ②

# 59 ★★

공무원 인사제도에 대한 설명으로 옳지 않은 것은?

① 전입은 인사 관할을 달리하는 입법부·행정부·사법부 사이에 다른 기관 소속 공무원을 이동시켜 받아들이는 것이다.

② 직위해제는 해당 공무원에 대해 직위를 부여하지 않는 임용행위이다.

③ 승진이란 특정한 직책에 가장 적합한 인재를 하위직으로부터 선별해 내는 외부임용 방법이다.

④ 전직은 상이한 직렬의 동일한 계급 또는 등급으로 수평 이동하는 것을 말한다.

# 60 ★★★

「지방공무원법」상 공무원 인사이동에 대한 설명으로 옳지 않은 것은?

① 전직은 직렬을 달리하는 임명을 말한다.

② 전보는 같은 직급 내에서 보직변경을 말한다.

③ 강임의 경우, 같은 직렬의 하위 직급이 없는 경우 다른 직렬의 하위 직급으로는 이동할 수 없다.

④ 지방자치단체의 장 또는 지방의회의 의장은 공무원을 전입시키려고 할 때에는 해당 공무원이 소속된 지방자치단체의 장 또는 지방의회의 의장의 동의를 받아야 한다.

---

**정답 및 해설**

**59** 승진이란 특정한 직책에 가장 적합한 인재를 하위직으로부터 선별해 내는 '내부' 임용 방법임(외부임용×)

① 전입 : 국회·행정부·지방자치단체 등 서로 다른 기관에 소속되어 있는 공무원의 인사이동을 의미함 → 인사관할을 달리하는 기관 사이의 수평적 인사이동이며, 시험을 거쳐 임용해야 함

② 직위해제 : 공무원 신분은 보유하나 직위를 부여하지 않음 → 직무에서 격리

④ 전직 : 직렬의 경계를 넘어 다른 직렬의 동일 계급으로 이동하는 것

정답 ③

---

**정답 및 해설**

**60** 아래의 조항 참고

> **지방공무원법 제5조【정의】** 이 법에서 사용하는 용어의 뜻은 다음과 같다.
> 4. "강임(降任)"이란 같은 직렬 내에서 하위 직급에 임명하거나 하위 직급이 없어 다른 직렬의 하위 직급에 임명하는 것을 말한다.
> 5. "전직(轉職)"이란 직렬을 달리하여 임명하는 것을 말한다.
> 6. "전보(轉補)"란 같은 직급 내에서의 보직변경을 말한다.

④

> **동법 제29조의3【전입】** 지방자치단체의 장 또는 지방의회의 의장은 공무원을 전입시키려고 할 때에는 해당 공무원이 소속된 지방자치단체의 장 또는 지방의회의 의장의 동의를 받아야 한다.

정답 ③

# 61 ★★★

임용에 대한 설명으로 옳지 않은 것은?

① 징계로 파면 처분을 받은 때부터 5년이 지나지 아니한 자는 공무원으로 임용될 수 없다.

② 승진의 기준으로 공무원 근무경력만을 중시하는 경우 행정의 능률성을 저하시킬 수 있다.

③ 전직과 전보는 부처 간 할거주의의 폐단을 타파하고 부처 간 협력조성을 위한 기반을 마련해 줄 수 있다.

④ 임용권자는 직제 또는 정원이 변경되거나 예산의 감소 등으로 직위가 폐직되었을 경우 또는 본인이 동의한 경우에는 소속 공무원을 강등할 수 있다.

# 62 ★★★

우리나라 공무원의 내부임용에 대한 설명으로 옳지 않은 것은?

① 전직은 등급은 동일하나 직렬을 달리하는 직위로의 이동으로 원칙적으로 시험을 거쳐야 한다.

② 전보는 동일한 직급 내에서의 보직변경으로 전보의 오남용을 방지하기 위해 필수보직 기간제도를 두고 있다.

③ 강임은 예산감소 등으로 직위가 폐직되거나 과원이 된 경우 하위직급에 임명하는 것으로, 강임된 공무원에게는 강임된 봉급이 강임되기 전보다 많아지게 될 때까지는 강임되기 전의 봉급에 해당하는 금액을 지급한다.

④ 겸임은 한 사람에게 둘 이상의 직위를 부여하는 것으로 겸임 기간은 3년 이내로 하고 특히 필요한 경우 2년의 범위에서 연장할 수 있다.

## 정답 및 해설

**62** 겸임은 한 사람에게 둘 이상의 직위를 부여하는 것으로 그 대상은 일반적으로 일반직 공무원이며, 겸임기간은 2년 이내로 하고 필요한 경우 2년의 범위에서 연장할 수 있음

① 전직은 일의 종류를 바꾸는 수평이동으로 원칙적으로 시험을 거쳐야 함

② 전보는 보직이동으로 전보의 오남용을 방지하기 위해 필수보직 기간제도를 두고 있음 → 일반적으로 3년

③

**국가공무원법 제73조의4【강임】**① 임용권자는 직제 또는 정원의 변경이나 예산의 감소 등으로 직위가 폐직되거나 하위의 직위로 변경되어 과원이 된 경우 또는 본인이 동의한 경우에는 소속 공무원을 강임할 수 있다.

**공무원 보수규정 제6조【강임 시 등의 봉급 보전】**① 강임된 사람에게는 강임된 봉급이 강임되기 전보다 많아지게 될 때까지는 강임되기 전의 봉급에 해당하는 금액을 지급한다.

## 정답 및 해설

**61** 강등이 아니라 '강임'에 해당하는 내용임

① 파면은 임용결격사유에 해당하므로, 징계로 파면 처분을 받은 때부터 5년이 지나지 아니한 자는 공무원으로 임용될 수 없음

② 승진의 기준으로 성과를 배제하고 공무원 근무경력만을 중시하는 경우 행정의 능률성을 저하시킬 수 있음

③ 전직과 전보는 배치전환 제도이므로 부처 간 할거주의의 폐단을 타파하고 부처 간 협력조성을 위한 기반을 마련해 줄 수 있음

정답 ④

정답 ④

## 63 ★★

다음 〈보기〉 중 시험의 요건에 대한 설명으로 옳지 않은 것만을 모두 고르면?

┌─────────── 보기 ───────────┐
ㄱ. 구성타당성이란 결과의 측정을 위한 도구가 반복적인 측정에서 얼마나 일관성 있는 결과를 얻을 수 있는가에 대한 타당성이다.
ㄴ. 기준타당성이란 직무수행능력의 예측이 얼마나 정확한 가에 대한 타당성이다.
ㄷ. 내용타당성이란 직무수행에 필요한 지식, 기술, 태도에 관한 요소를 제대로 측정할 수 있는가에 대한 타당성이다.
ㄹ. 종적 일관성이란 서로 다른 시점에서의 측정결과가 안정된 값을 가지는 것을 의미한다.
ㅁ. 시험의 신뢰성을 검증하는 방법으로 재시험법, 동질이형법, 이분법 등이 있다.
└──────────────────────────┘

① 1개 　　　　② 2개
③ 3개 　　　　④ 4개

## 64 ★★

다음 설명에 해당하는 시험의 효용성 판단기준은?

┌──────────────────────────┐
시험을 통해 측정하는 행동이나 질문의 내용이 직무수행의 중요한 국면을 대표하는 정도를 말한다.
└──────────────────────────┘

① 구성타당성 　　　　② 기준타당성
③ 내용타당성 　　　　④ 신뢰성

## 65 ★★

선발시험의 신뢰도에 대한 다음 설명 중 옳지 않은 것은?

① 측정도구가 측정대상을 일관성 있게 측정하는 정도를 말하며 측정방법으로는 재시험법, 동질이형법, 이분법 등이 있다.
② 재시험법은 동일대상자에게 같은 시험을 시간 간격을 두고 두 번 치러보도록 하는 방법으로 시험의 횡적 일관성을 검증하기 위한 방법이다.
③ 동질이형법은 동일대상자에게 같은 시험을 형식을 달리하여 두 번 치러보도록 하는 방법으로 시험의 종적 일관성과 횡적 일관성을 검증하기 위한 방법이다.
④ 신뢰도는 타당도의 충분조건이 아니므로 신뢰도가 높은 시험이라도 반드시 타당도가 높은 시험인 것은 아니다.

### 정답 및 해설

**64** 시험의 내용과 직무수행의 내용이 일치하는 정도는 '내용타당성'을 뜻함
① 구성타당성 : 추상적인 개념을 정확하게 측정한 정도
② 기준타당성 : 시험성적과 근무실적이 일치하는 정도
④ 신뢰성 : 측정의 일관성 정도

정답 ③

### 정답 및 해설

**63**
☑ 틀린 선지
ㄱ. 신뢰도에 대한 내용임

☑ 올바른 선지
ㄴ. 기준타당성 중 예측적 타당성 검증에 대한 내용임
ㄷ. 내용타당성이란 시험내용과 직무내용이 일치하는 정도를 의미함
ㄹ. 종적 일관성은 서로 다른 시점에서 측정한 결과가 일정한 값을 보이는 현상임
ㅁ. 시험의 신뢰성을 검증하는 방법으로 재시험법, 동질이형법, 이분법, 내적일관성 분석 등이 있음

정답 ①

**65** 재시험법은 동일대상자에게 같은 시험을 일정 시간 후에 치르도록 하는 방법으로 시험의 종적(시간) 일관성을 검증하기 위한 방법임
① 신뢰도는 측정의 일관성을 뜻하며, 측정방법으로는 재시험법, 동질이형법, 이분법, 내적일관성 분석이 있음
③ 동질이형법은 동일대상자에게 같은 시험을 형식을 달리하여 두 번 치러보도록 하는 방법으로 두 개의 시험을 시간 간격을 두고 측정하면 종적 일관성을, 동시에 치르면 횡적 일관성을 검증할 수 있음
④ 신뢰도는 타당도의 필요조건임

정답 ②

# 66 ★★

선발시험의 신뢰성을 검증하는 방법에 해당하지 않는 것은?

① 하나의 시험유형 내에서 각 문항 간의 상관관계를 종합하여 시험의 일관성을 검증한다.

② 시험을 본 수험자에게 일정한 시간이 지난 뒤, 다시 같은 문제로 시험을 보게 하여 두 점수 간의 일관성을 확인한다.

③ 시험성적과 본래 시험으로 예측하고자 했던 기준 사이에 얼마나 밀접한 상관관계가 있는가를 검증한다.

④ 문제 수준이 비슷한 두 개의 시험유형을 개발하여 동일 통제집단을 대상으로 시험을 보게 한 후 두 집단의 성적 간 상관관계를 분석한다.

# 67 ★★

다음 중 내용 타당도를 검증하는 방법으로 옳은 것은?

① 추상성을 측정할 지표개발과 행태과학적 조사

② 직무수행에 필요한 능력요소와 선발시험 요소에 대한 전문가의 부합도 평가

③ 선발시험성적과 업무수행실적의 상관계수 측정

④ 재시험법(test-retest)과 동질이형법(equivalent forms)

---

**정답 및 해설**

**66** 시험성적과 본래 시험으로 예측하고자 했던 기준(근무성적) 사이에 얼마나 밀접한 상관관계가 있는가를 검증하는 것은 신뢰도가 아니라 타당도(기준타당도)를 검증하는 방법임

① 반분법(내적 일관성 검증방법)에 의한 신뢰도 검증방법에 대한 올바른 설명이다. 이는 하나의 시험유형 내에서 각 문항(홀짝 문항 등) 간의 상관관계를 종합하여 시험의 내적 일관성을 검증하는 것임

② 신뢰도 검증방법 중 하나인 재시험법에 관한 설명이다. 재시험법은 같은 시험을 같은 집단에 시기를 달리하여 실시하고 성적을 비교하는 방법임

④ 신뢰도 검증방법 중 하나인 형식변환법(동질이형법, 평행양식법)에 대한 옳은 설명임

**정답** ③

---

**정답 및 해설**

**67** 내용타당성은 직무내용과 시험내용이 일치하는 정도를 의미함(전문가 검증 ○)

① 구성타당성을 검증하는 방법임 → 구성타당도는 측정 대상의 추상성이 매우 강한 경우, 측정도구의 타당성을 객관적이고 과학적인 행태과학 방법을 이용해 검증하는 특성을 가지고 있음

③ 기준타당성을 검증하는 방법으로, 동시적 타당도 검증과 예측적 타당도 검증방법이 있음

④ 신뢰성을 검증하는 방법임

**정답** ②

## 68

★

**공무원 교육훈련에 대한 설명으로 옳지 않은 것은?**

① 교육훈련의 목적은 공무원의 전문성 향상, 변화대응 능력 배양, 새로운 가치관 확립 등이다.

② 감수성훈련은 원래 정신병 치료법으로 발달한 것으로 전문가의 지원을 받아 과제의 해결책을 도출하는 방법이다.

③ 강의는 교육내용을 다수의 피교육자에게 단시간에 전달하는 데 효과적인 방법이다.

④ 현장훈련(On the Job Training)은 피훈련자가 실제 직무를 수행하면서 직무수행에 관한 지식과 기술을 배우는 방법이다.

## 69

★

**교육훈련은 실시되는 장소가 직장 내인가, 외인가에 따라 직장훈련(On-the-Job Training)과 교육원훈련(Off-the-Job Training)으로 나뉜다. 다음 중 교육원훈련으로 볼 수 없는 것은?**

① 시청각교육

② 인턴십

③ 역할연기

④ 감수성훈련

---

**정답 및 해설**

**68** 정신병 치료법에서 발달한 것은 역할연기임 → 아울러, 감수성 훈련이 과제의 해결책을 도출하는 것은 아님

➕ 감수성훈련 : 대인관계의 이해와 감수성을 높이려는 현대적 훈련 방법으로 조직발전(OD)의 핵심기법임

① 교육훈련의 목적은 조직적응, 공무원의 전문성 향상, 변화대응능력 배양, 새로운 가치관 확립 등임

③ 강의 : 가장 일반적인 훈련 방법으로써 다수 인원을 대상으로 동일한 정보를 가장 효율적으로 전할 수 있는 방식 → 정보의 흐름이 일방적이며, 교관의 강의 진행방식에 따라 교육효과에 차이가 생길 수 있음

④ 현장훈련(On the Job Training)은 직장생활 중에 상관에게 업무를 배우는 방식임

**정답 및 해설**

**69** 인턴십만 직장 내에서 이루어지는 직장훈련(On the job trainig)이고, 나머지는 교육원훈련(Off the job training)에 해당함

☑ **OJT와 Off-JT 비교**

| OJT (직장 내 훈련) | 실무지도, 직무순환, 임시배정, 인턴십, 시보 |
|---|---|
| OffJT (교육원 훈련) | 강의, 프로그램화 학습, 시청각교육, 회의·토론, 감수성훈련, 사례연구, 역할연기 등 |

정답 ②

정답 ②

# 70 ★★

**공무원 교육방법에 대한 설명으로 옳지 않은 것은?**

① 현장훈련(on the job training)은 피훈련자가 실제 직무를 수행하면서 직무수행에 관한 지식과 기술을 배우는 방법이다.

② 강의, 토론회, 시찰, 시청각교육 등은 태도나 행동의 변화를 주된 목적으로 한다.

③ 액션러닝(action learning)은 소규모로 구성된 그룹이 실질적인 업무현장의 문제를 해결해 내고 그 과정에서 성찰을 통해 학습하도록 하는 행동학습(learning by doing) 교육훈련방법이다.

④ 감수성훈련(sensitivity training)은 대인관계의 이해와 이를 통한 인간관계의 개선을 목적으로 한다.

# 71 ★★

**공무원 교육 훈련 방법에 대한 설명으로 옳지 않은 것은?**

① 현장훈련의 방법으로는 인턴십(internship), 직무순환(job rotation), 실무지도(mentoring), 역할연기 등이 있다.

② 워크아웃 프로그램(work-out program)은 전 구성원의 자발적 참여 및 관리자의 신속한 의사결정을 통해 행정혁신을 이루려는 교육훈련 방법이다.

③ 감수성 훈련(sensitivity training)은 T－집단훈련으로도 불리며 피훈련자의 태도와 가치관의 변화를 통해 대인관계기술을 향상시키는 것을 목적으로 한다.

④ 액션러닝(Action learning)은 교육참가자들이 소규모의 팀을 구성하여 실제 현안문제를 해결하면서 동시에 문제해결과정에 대한 성찰을 통해 학습하도록 지원하는 행동학습으로서, 주로 관리자 훈련에 사용되는 교육방식이다.

**정답 및 해설**

**70** 태도나 행동의 변화를 주된 목적으로 하는 교육훈련방법은 감수성 훈련에 해당함

① 현장훈련(on the job training)은 피훈련자가 실제 직무를 수행하면서 상관 등에게 직무수행에 관한 지식과 기술을 배우는 방법임

③ 액션러닝(action learning)은 실질적인 업무현장 문제를 실습을 통해 배우는 교육훈련방법임 → 행동학습

④ 감수성훈련(sensitivity training)은 사람 간 공감대를 형성하여 대인관계의 이해와 행동변화를 추구함

정답 ②

**정답 및 해설**

**71** 역할연기는 현장훈련이 아니라 교육원 훈련에 포함됨
②③④

| | |
|---|---|
| 워크아웃<br>프로그램 | ① 미국 GE사의 전략적 인적자원 개발프로그램으로서 비효율적인 업무를 제거하고 업무 속에 배어 있는 그릇된 습관을 퇴치하도록 하는 훈련기법<br>② 워크숍을 운영하는 과정에서 전 구성원의 자발적 참여 및 관리자의 신속한 의사결정을 통해 행정혁신을 이루려는 교육훈련 방법 |
| 감수성 훈련<br>(T집단 훈련) | ① 10명 내외로 소집단을 만들어 서로 진솔하게 자신의 느낌을 말하고 다른 사람이 자신을 어떻게 생각하는지를 귀담아 듣는 것 → 비정형적인 체험<br>② 태도와 행동의 변화(지식의 변화×)를 통해 대인 관계기술을 향상시키고 인간관계를 개선하려는 훈련 |
| 액션러닝 | 교육참가자들이 소규모의 팀을 구성하여 실제 현안문제를 해결하면서 동시에 문제해결과정에 대한 성찰을 통해 학습하도록 지원하는 행동학습으로서, 주로 관리자 훈련에 사용되는 교육방식 |

정답 ①

PART 04 인사행정

## 72 ★★★

근무성적평정 방법 중 강제배분법에 대한 설명으로 옳지 않은 것은?

① 역산식 평정이 불가능하며 관대화 경향을 초래한다.
② 평가의 집중화 경향을 억제하는 효과가 있다.
③ 평정대상 다수가 우수한 경우에도 일정한 비율의 인원은 하위 등급을 받을 수 있다는 단점이 있다.
④ 등급별 할당 비율에 따라 피평가자들을 배정하는 것이다.

## 73 ★★★

근무성적평정 방법에 관한 설명으로 가장 적절한 것은?

① 피평정자들의 성적분포가 과도하게 집중되는 것을 방지하기 위해 등급별로 비율을 정하여 준수하도록 하는 강제선택법을 활용할 수 있다.
② 중요사건기록법은 피평정자로 하여금 자신의 근무실적을 스스로 보고하도록 하는 방법이다.
③ 행태관찰척도법은 성과와 관련된 직무행태를 관찰하여 활동의 발생빈도를 측정하는 것으로 도표식 평정척도법에 중요사건기록법을 가미한 방법이다.
④ 도표식평정척도법은 평정자의 직관과 선험에 근거하여 평가요소를 결정하기 때문에 작성이 빠르고 쉬우며, 경제적이라는 장점이 있다.

**정답 및 해설**

**72** 강제배분법은 등급분포비율을 강제로 할당하는 평가방식임 → 강제배분법은 분포상 오류를 피하기 위해 사용되지만, 역산제의 우려(동점자의 경우 다시 계산 후 등급을 부여하는 현상)가 있음
② 강제배분법은 무난하게 중간 점수를 주는 집중화경향을 방지해줌
③ 강제배분법은 피평가자들을 몇 개의 집단으로 비율에 따라 강제로 배치하는 것으로 집중화, 관대화 경향을 방지할 수 있지만 피평가자 일부는 높은 점수에도 불구하고 강제배분을 하다 보면 낮은 등급에 배치될 수 있다는 단점이 있음
④ 강제배분법의 개념에 대한 올바른 설명임

정답 ①

**정답 및 해설**

**73** 도표식평정척도법은 가장 간편하고 일반화된 근무성적평정방법으로 평정이 용이하고 결과의 계량화 및 조정이 용이하나 평정의 관대화 · 집중화 · 연쇄화를 피하기 어렵다는 단점이 있음
① 피평정자들의 성적분포가 과도하게 집중되는 것을 방지하기 위해서는 강제배분법을 활용해야 함 → 강제선택법은 4~5개의 체크리스트적인 단문 중에서 피평정자에게 가장 적합한 또는 부적합한 표현을 강제로 선택하게 만드는 방법임
② 중요사건기록법은 근무실적에 영향을 주는 중요사건들을 평정하는 방법이고, 피평정자가 자신의 근무실적을 스스로 보고하는 방법은 자기평정법임
③ 도표식평정척도법에 중요사건기록법을 가미하여 중요한 과업분야별로 과업행태를 등급화하여 점수화 한 것은 행태기준척도법임 → 행태관찰척도법은 행태기준척도법에 도표식평정척도법을 가미한 것으로, 행동간 상호배타성을 극복하고 관찰빈도를 척도로 표시한 것임

정답 ④

# 74 ★★★

## 다음의 설명과 근무성적평정방법을 바르게 연결한 것은?

> ㄱ. 피평정자들의 성적분포가 과도하게 집중되는 것을 방지하기 위해 등급별로 비율을 정하여 준수하도록 하는 방법
>
> ㄴ. 시간 당 수행한 공무원의 업무량을 전체 평정기간동안 계속적으로 조사해 평균치를 측정하거나, 일정한 업무량을 달성하는 데 소요된 시간을 계산해 그 성적을 평정하는 방법
>
> ㄷ. 선정된 중요 과업 분야에 대해서 가장 이상적인 과업수행 행태에서부터 가장 바람직하지 못한 과업수행 행태까지를 몇 개의 등급으로 구분하고, 등급마다 중요행태를 명확하게 기술하고 점수를 할당하는 방법

|  | ㄱ | ㄴ | ㄷ |
|---|---|---|---|
| ① | 강제배분법 | 산출기록법 | 행태기준평정척도법 |
| ② | 강제선택법 | 주기적 검사법 | 행태기준평정척도법 |
| ③ | 강제선택법 | 산출기록법 | 행태관찰척도법 |
| ④ | 강제배분법 | 주기적 검사법 | 행태관찰척도법 |

# 75 ★★★

## 다음의 평정방법에 대한 설명 중 옳지 않은 것으로 잘 연결된 것은?

> ㉠ 도표식 평정척도법은 평정표 작성이 간단하고 평정이 용이하나, 연쇄 효과가 발생할 수 있다.
>
> ㉡ 행태관찰척도법은 평정자의 주관을 줄일 뿐만 아니라 등급 간의 비교기준이 명확하며, 연쇄효과를 방지해준다.
>
> ㉢ 중요사건기록법은 피평정자로 하여금 자신의 근무실적을 스스로 보고하도록 하는 방법으로 평정과정에서 상담을 촉진하여 피평정자의 행태개선에 기여한다.
>
> ㉣ 서열법은 특정집단 내의 전체적 서열은 알려줄 수 있으나, 다른 집단과 비교할 수 있는 객관적 자료 제시가 곤란하다.
>
> ㉤ 강제배분법은 관대화 경향이나 엄격화 경향 등을 방지할 수 있지만, 역산식 평정이 야기될 우려가 있다.

① ㉠, ㉢  ② ㉡, ㉣

③ ㉡, ㉢  ④ ㉣, ㉤

---

### 정답 및 해설

**74** 아래의 내용 참고

ㄱ. 분포의 오류(집중화·관대화·엄격화)를 방지하기 위한 점수분포 비율을 지정하는 방법은 강제배분법임

ㄴ. 산출기록법(production records) : 일정한 시간당 달성한 작업량과 같이 객관적 사실에 기초를 두고 평가하는 방법

ㄷ. 행태기준평정척도법 : 도표식 평정척도법의 주관성을 배제하고 평정의 타당성을 높이기 위하여 실제로 관찰될 수 있는 행태(중요 사건)를 서술적 문장으로 평정척도를 표시한 평정도표를 사용함 → 직무분석에 기초하여 직무(job)와 관련한 중요한 과업(task) 분야를 선정하고 각 과업분야에 대하여 가장 이상적인 과업행태에서부터 가장 바람직하지 못한 행태까지를 몇 개의 등급으로 구분하고 각 등급마다 중요 행태를 명확하게 기술하고 점수를 할당(중요 행태는 중요사건기록법에서 아이디어를 얻을 수 있음)

정답 ①

---

### 정답 및 해설

**75**

**☑ 틀린 선지**

㉡ 행태관찰척도법은 평정자의 주관을 줄일 수 있으나 등급 간의 비교기준이 모호하며, 연쇄효과를 야기할 수 있음

㉢ 중요사건기록법은 피평정자의 근무실적에 큰 영향을 주는 중요사건들을 평정자가 기술하는 방법으로 평정과정에서 상담을 촉진하여 피평정자의 행태개선에 기여함

**☑ 올바른 선지**

㉠ 도표식 평정척도법은 직무분석을 하지 않고, 평정요소에 행태를 명시하지 않는바 평정표 작성이 간단하고 평정이 용이하나, 평정요소의 모호함으로 인해 연쇄 효과가 발생할 수 있음

㉣ 서열법은 주로 동일한 집단 내의 피평정자를 비교하는 까닭에 다른 집단과 비교하기 어려움

㉤ 강제배분법은 분포상 오류를 방지할 수 있으나 평정자가 미리 정해진 비율에 따라 평정대상자를 각 등급에 분포시키고, 그 다음에 등급에 해당하는 점수를 역으로 부여하는 역산식 평정의 가능성이 있음

정답 ③

## 76 ★★

다음 설명에 해당하는 공무원 평정제도를 바르게 짝지은 것은?

> ㄱ. 고위공무원단제도의 도입에 따라 고위공무원으로서 요구되는 역량을 구비했는지를 사전에 검증하는 제도적 장치로 도입되었다.
> ㄴ. 직무분석을 통해 도출된 성과책임을 바탕으로 성과목표를 설정·관리·평가하고, 그 결과를 보수 혹은 처우 등에 적용하는 일련의 과정을 거친다.
> ㄷ. 행정서비스에 관한 다방향적 의사전달을 촉진하며 충성심의 방향을 다원화하는 데 기여할 수 있다.
> ㄹ. 공무원의 능력, 근무성적 및 태도 등을 평가해 교육훈련수요를 파악하고, 승진 및 보수결정 등의 인사관리자료를 얻는 데 활용한다.

|  | ㄱ | ㄴ | ㄷ | ㄹ |
|---|---|---|---|---|
| ① | 역량평가제 - | 직무성과관리제 - | 다면평가제 | - 근무성적평정제 |
| ② | 다면평가제 - | 역량평가제 | - 근무성적평정제 | - 직무성과관리제 |
| ③ | 역량평가제 - | 근무성적평정제 - | 다면평가제 | - 직무성과관리제 |
| ④ | 다면평가제 - | 직무성과관리제 - | 역량평가제 | - 근무성적평정제 |

## 77 ★★★

근무성적평정에서 나타날 수 있는 문제점에 대한 설명으로 가장 적절하지 않은 것은?

① 연쇄효과(halo effect)는 평정자가 중시하는 하나의 평정요소에 대한 긍정적 평가가 다른 평정 요소에도 긍정적 영향을 미치는 것을 말한다.
② 도표식평정척도법은 연쇄효과를 예방하기 위해 개발된 것이다.
③ 근접효과(recency effect)는 평가시점에 가까운 실적을 평정에 더 많이 반영하여서 나타나는 오류이다.
④ 선입견은 평정자가 평소에 가지고 있던 개인적 특성(출신학교, 종교 등)에 대한 편향성을 평정에 반영하여 오류를 유발한다.

---

**정답 및 해설**

**77** 도표식평정척도법은 평정요소의 추상성으로 인해 하나의 평정요소를 평가 후 다른 평정요소를 점검하는 과정에서 연쇄효과가 발생할 수 있음
① 연쇄효과는 A분야에 대한 평가가 다른 분야의 평정에 긍정적 영향을 미치는 것을 의미함
③ 근접효과(recency effect)는 최근 실적을 평정에 더 많이 반영하여서 나타나는 오류임
④ 상동오차, 즉 선입견은 평정자가 평소에 가지고 있던 개인적 특성(출신학교, 종교 등)에 대한 편향성을 평정에 반영하여 오류를 범하는 것임

정답 ②

---

**정답 및 해설**

**76** ㄱ은 역량평가, ㄴ은 직무성과관리, ㄷ은 다면평가, ㄹ은 근무성적평정에 각각 해당하는 설명임

정답 ①

# 78 ★★

**공무원 근무성적평정상 오류에 대한 다음 설명 중 틀린 것은?**

① 근면하면 작업실적이 높다고 평정하는 것은 논리적 오류이고, 근면하면 청렴할 것이라고 평정하는 것은 연쇄효과이다.

② 근접오류란 최근의 사건이나 실적이 평정에 영향을 주는 것으로 중요사건기록법은 이를 방지하는 방법이 된다.

③ 언제나 좋거나 나쁜 점수를 주는 것은 체계적 오류이고, 불규칙적인 오류는 총계적 오류에 해당한다.

④ 다른 평정요소의 평정결과가 영향을 미치는 연쇄효과를 방지하기 위해서는 강제배분법을 사용하는 것이 효과적이다.

# 79 ★★

**근무성적평정에서 나타나는 오류에 대한 설명 중 틀린 것은?**

① 집중화·관대화·엄격화 경향을 방지하기 위한 방법으로 강제배분법을 들 수 있다.

② 규칙적 오류는 어떤 평가자가 다른 평정자보다 언제나 후한 점수 또는 나쁜 점수를 주는 것을 말한다.

③ 총계적 오류는 평정자의 평정 기준이 일정치 않아, 관대화 및 엄격화 경향이 불규칙하게 나타나는 경우를 말한다.

④ 시간적 근접오류를 방지하기 위한 방법으로 도표식 평정척도법을 들 수 있다.

**정답 및 해설**

**78** 강제배분법이 아니라 강제선택법임
**+** 강제선택법: 4~5개의 체크리스트적인 단문 중에서 피평정자에게 가장 적합한 또는 부적합한 표현을 강제로 선택하게 만드는 방법
① 근면과 작업실적은 논리적 상관성이 있으나, 근면과 청렴은 논리적 상관성이 없음
② 중요사건기록법은 중요한 행동을 기록하는 방법이므로 근접오류를 방지할 수 있음
③ 평정의 규칙성이 있으면 체계적 오류, 그렇지 않으면 총계적 오류임

정답 ④

**정답 및 해설**

**79** 시간적 근접오류(막바지효과)란 최근의 실적이나 능력을 중심으로 평가함으로써 발생하는 오류임 → 시간적 근접오류를 방지하기 위해 독립된 평가센터, 목표관리제 평정, 중요사건기록법 등이 활용됨
① 분포상 오류를 방지하기 위한 방법으로 고른 성적의 분포를 강제하는 강제배분법을 들 수 있음
②③
규칙적 오류는 평가자가 다른 평정자보다 언제나 후한 점수 또는 나쁜 점수를 주는 것이며, 총계적 오류는 이러한 현상이 불규칙하게 발생하는 현상임

정답 ④

# 80 ★★

**다면평가제에 대한 다음 설명 중 옳지 않은 것은?**

① 다수의 평가자가 참여하여 합의를 통해 평가결과를 도출하는 평가체제이다.
② 평가결과의 환류를 통해 평가대상자의 자기역량을 강화할 수 있는 기회를 제공해 준다.
③ 계층제적 문화가 강한 사회에서는 적용하는 데 어려움이 있다.
④ 다면평가 결과는 인사고과(교육훈련, 승진, 전보, 성과급 지급 등)에 활용할 수 있다.

# 81 ★★

**다면평가 방식에 관한 설명으로 옳지 않은 것은?**

① 조직구성원 간 원활한 커뮤니케이션을 통해 상호 이해의 폭을 넓힐 수 있다.
② 다면평가를 통해 능력과 성과중심의 인사관리가 이루어질 경우, 개인의 행태변화에 긍정적인 영향을 미친다.
③ 개인평가에 있어서 다면평가를 통해 인사고과에 대한 객관성과 공정성을 높일 수 있다.
④ 계층제적 구조가 강조되는 조직유형에 적합한 평가제도이다.

---

**정답 및 해설**

**80** 다면평가는 상사·동료·부하·민원인 등 다수의 평가자가 평가하는 입체적 평가제도임 → 다만, 다수의 평가자들이 합의를 통해 평가결과를 도출하는 것이 아니라 개별적으로 평가함
② 평가결과를 피평정자에게 환류될 경우 피평정자는 역량강화를 위한 정보를 얻을 수 있음
③ 계층제적 문화가 강한 사회나 조직에서는 다수의 평가참여를 저해할 수 있음
④ 다면평정의 결과는 인사고과에 활용가능함 → 의무×

정답 ①

**정답 및 해설**

**81** 계층구조의 완화와 팀워크가 강조되는 새로운 조직유형에 적합한 평가제도임
①②③
다면평가제도는 다양한 사람들의 평가를 수용하는 제도이므로 의사소통 증진, 개인의 행동변화, 평가의 공정성 제고 등의 장점이 있음

정답 ④

# 05 공무원 동기 부여

CHAPTER

✓학습체크 ■■■

📍기본서 p.274 – 280

## 82 ★★

페리(Perry)의 공공서비스동기(public service motivation)에 대한 설명으로 옳지 않은 것은?

① 공공서비스동기는 공공기관이나 공공조직에서 특별히 나타나는 특성을 지닌다.
② 합리적(rational) 동기는 공공부문 종사자가 정책과정에 참여하기를 원하는 것과 관련 있다.
③ 규범적(normative) 동기의 예로 공익에 대한 봉사 및 사회적 형평의 추구가 있다.
④ 정서적(affective) 동기의 예로 특정 집단의 이익을 옹호하는 정책에 대한 헌신이 있다.

## 83 ★★

페리와 와이즈(Perry & Wise)가 제안한 공공봉사동기(public service motivation)의 감성적(affective) 차원에 속하는 내용으로 옳은 것은?

① 선의의 애국심
② 공익봉사의 욕구
③ 정부 전체에 대한 충성과 의무
④ 사회적 형평의 추구

---

### 정답 및 해설

**82** 정서적 차원의 공직봉사동기는 국민에 대한 동정심과 희생정신 등을 의미함 → 동정과 희생은 정책의 중요성을 인지하는 진실한 신념에서 기인하며, 이는 선의의 애국심(국민에 대한 사랑과 국민에게 주어진 기본적인 권리를 보호하려는 마음)으로 이어짐

① 페리 & 와이즈(1990)는 공직동기를 '공공부문에서 주요하게, 고유하게 나타나는 동기에 반응하는 개인적 경향'이라고 정의하면서 신공공관리론의 동기부여 방식에 대한 비판적인 접근을 제시함
② 합리적(rational) 동기 : 공무원이 정책형성과정에 참여하여 사회적인 목적을 달성할 경우 만족감을 느끼는 현상
③ 규범적(normative) 동기의 예로 공익에 대한 봉사 및 사회적 형평의 추구 등이 있음 ; 특히 공익에 대한 봉사는 Rainey & Steinbauer가 주장한 공직동기의 '이타성'을 주로 설명하고 있음

정답 ④

---

### 정답 및 해설

**83** 선의의 애국심은 감성적 차원과 관련된 내용임

📋 **공직봉사동기의 유형**

| | |
|---|---|
| 합리적 차원 | 공무원이 정책형성과정에 참여(정책에 대한 호감)함으로써 사회적인 목적을 달성한다면 자신의 욕구를 충족하게 되어 만족감을 느낀다는 것 |
| 규범적 차원 | 공익에 대한 봉사욕구, 정부에 대한 충성심, 사회적 형평의 추구 등을 포함 |
| 정서적 차원 (감성적 차원) | 동정심과 희생정신을 뜻함 → 동정과 희생은 정책의 중요성을 인지하는 진실한 신념에서 기인하며, 이는 선의의 애국심으로 이어짐 |

정답 ①

# 84 ★

국가공무원법 제46조에서 규정하고 있는 보수 결정의 원칙에서 공무원 보수 결정 시 고려해야 할 내용으로 제시한 것이 아닌 것은?

① 직무의 곤란성과 책임의 정도에 맞도록 계급별·직위별 또는 직무등급별로 정한다.

② 국가의 재정력을 고려하여 정한다.

③ 일반의 표준생계비, 물가 수준, 그 밖의 사정을 고려하여 정한다.

④ 민간부분의 임금 수준과 적절한 균형을 유지하도록 노력하여야 한다.

# 85 ★

개별 보수체계의 결정원칙에서 근속연한을 기준으로 하여 임금을 결정하는 방식은?

① 직무급                    ② 직능급
③ 연공급                    ④ 성과급

## 정답 및 해설

**84** ②는 국가공무원법 제46조에서 직접적으로 제시하고 있는 내용은 아님 → 아래의 조항 참고

> **국가공무원법 제46조【보수 결정의 원칙】** ① 공무원의 보수는 직무의 곤란성과 책임의 정도에 맞도록 계급별·직위별 또는 직무등급별로 정한다.
> ② 공무원의 보수는 일반의 표준생계비, 물가 수준, 그 밖의 사정을 고려하여 정하되, 민간부분의 임금수준과 적절한 균형을 유지하도록 노력하여야 한다.

정답 ②

**85** 연공급(근속급)은 근속연한에 따라 지급하는 것으로 연공급이라고도 함

① 직무(노동)자체의 곤란도나 책임도가 동일하면 동일한 보수를 지급하는 직무급은 공무원 개인의 능력을 고려하지 않는 속직급으로서 노동력이라는 인적 측면을 고려하지 않으며 노동의 가치만을 고려하는 제도임

② 직능급은 근속연한과 직무난이도를 모두 고려한 제도임

④ 성과급은 투입보다는 직무수행의 현실적 결과(성과)를 기준으로 하는 보수제도임

정답 ③

# 86 ★

공무원 보수제도 중 연봉제에 대한 설명으로 옳지 않은 것은?

① 성과급적 연봉제는 고위공무원단 소속 공무원에게 적용된다.

② 고정급적 연봉제에서 연봉은 기본연봉만 지급된다.

③ 직무성과급적 연봉제에서 기본연봉은 기준급과 직무급으로 구성된다.

④ 성과급적 연봉제와 직무성과급적 연봉제의 성과연봉은 전년도의 업무실적에 따른 평가결과에 따라 차등 지급된다는 점에서 유사한 면이 있다.

## 정답 및 해설

**86** 고위공무원단 소속 공무원은 '직무성과급적' 연봉제를 적용함
②④

📋 **연봉제의 종류**

| 구분 | 대상 | 내용 |
|---|---|---|
| 고정급적 연봉제 | 정무직 | 기본연봉 |
| 직무성과급적 연봉제 | 고공단 | 기본연봉 + 성과연봉 |
| 성과급적 연봉제 | 5급 이상 | 기본연봉 + 성과연봉 |

③ 직무성과급적 연봉제에서 기본연봉은 기준급(기존의 경력 등)과 직무급(직무난이도)으로 구성됨

정답 ①

## 87 ★

공무원연금의 재원형성 방식 중 적립방식의 특징으로 옳지 않은 것은?

① 전반적으로 관리운영이 복잡하고 비용이 많이 든다.
② 기금을 조성하여 운영하므로 기금식이라고도 한다.
③ 경제사정이나 정부의 재정상황에 따른 연금지급의 불안정을 줄일 수 있다.
④ 일반적으로 제도를 시작하는 데 소요되는 개시비용(start-up cost)이 적게 든다.

## 88 ★★

다음 〈보기〉 중 우리나라 공무원 연금제도에 대한 설명으로 옳은 것은 모두 몇 개인가?

┌─ 보기 ─┐
㉠ 우리나라 공무원 연금제도는 중앙행정기관인 인사혁신처가 관장하고, 공무원 연금기금은 공무원연금공단에서 관리·운용한다.
㉡ 우리나라 공무원 연금제도에 의하면 기여금은 최대 33년까지를 납부기한으로 하고 있다.
㉢ 우리나라 「공무원연금법」에 의하면 공무원과 대통령으로 정하는 국가나 지방자치단체 직원도 공무원연금의 대상이지만 군인과 선거에 의하여 취임한 공무원은 제외된다.
㉣ 퇴직연금의 재원은 정부와 공무원이 분담하는 반면, 퇴직수당은 정부가 단독 부담한다.
㉤ 퇴직수당은 공무원이 1년 이상 재직하고 퇴직하거나 사망한 경우에 지급한다.

① 2개     ② 3개     ③ 4개     ④ 5개

---

**정답 및 해설**

**88**

☑ 올바른 선지
㉠

> **공무원연금법 제2조 【주관】** 이 법에 따른 공무원연금제도의 운영에 관한 사항은 인사혁신처장이 주관한다.
>
> **동법 제4조 【공무원연금공단의 설립】** 인사혁신처장의 권한 및 업무를 위탁받아 이 법의 목적을 달성하기 위한 사업을 효율적으로 추진하기 위하여 공무원연금공단(이하 "공단"이라 한다)을 설립한다.

㉢

> **제3조 【정의】** ① 이 법에서 사용하는 용어의 뜻은 다음과 같다.
> 1. "공무원"이란 공무에 종사하는 다음 각 목의 어느 하나에 해당하는 사람을 말한다.
>   가. 「국가공무원법」, 「지방공무원법」, 그 밖의 법률에 따른 공무원. 다만, 군인과 선거에 의하여 취임하는 공무원은 제외한다.
>   나. 그 밖에 국가기관이나 지방자치단체에 근무하는 직원 중 대통령령으로 정하는 사람 → 청원경찰 등

㉣ 우리나라의 퇴직연금제는 기여제를 채택하고 있으며, 퇴직수당은 정부가 단독 부담하고 있음
㉤ 퇴직수당은 공무원이 1년 이상 재직하고 퇴직하거나 사망한 경우에 지급함(정부조성)

☑ 틀린 선지
㉡ 기여금은 최대 36년까지를 납부기한으로 함

정답 ③

---

**정답 및 해설**

**87** 공무원연금 재원을 조달하는 방식 중 하나인 적립방식에 대한 문제임 → 적립방식이란 연금 가입기간동안 일정 수준의 보험료를 징수하여 미리 기금을 조성하는 방식임
① 기금제는, 당해연도 필요한 연금지급액만큼의 금액을 적립하는 것이 아니라, 장기적인 인구변동, 물가상승 등을 고려하여 매년 적립액을 산출하여야 하므로 관리운영이 복잡하고, 기금을 관리할 별도 조직 및 인원이 필요하므로 비용 역시 많이 듦
② 적립방식은 소요재원을 미리 기금으로 확보하여 연금을 지급하는 방식임
③ 미리 기금을 통해 일정 재원을 마련해 두는 형식이므로, 정부 재정 상황 변동의 영향을 크게 받지 않는다는 점에서 연금재정의 안정성이 높다고 봄(한편, 기존에 마련해둔 기금액이 물가상승률을 감당하지 못할 수 있으므로 인플레이션에는 취약함)

정답 ④

## 89 ★

공무원연금의 재원형성 방식 중 적립방식의 특징으로 옳지 않은 것은?

① 전반적으로 관리운영이 복잡하고 비용이 많이 든다.
② 기금을 조성하여 운영하므로 기금식이라고도 한다.
③ 경제사정이나 정부의 재정상황에 따른 연금지급의 불안정을 줄일 수 있다.
④ 일반적으로 제도를 시작하는 데 소요되는 개시비용 (start-up cost)이 적게 든다.

---

### 정답 및 해설

**89** 적립방식은 기금제와 동일한 표현임 → 기금제를 운영하려면 이를 위한 조직과 구성원을 별도로 구성해야 하므로 많은 개시비용이 필요함
①②③

☑ 기금제와 비기금제 비교

| | |
|---|---|
| 기금제 | ① 연금지급이 안정적이라는 장점이 있지만, 시스템 관련 초기비용과 관리비용 소요<br>② 적립방식은 인플레이션이 심할 경우 기금의 실질적인 가치가 하락할 수 있음 |
| 비기금제 | 초기비용이나 관리비용이 적음 → 단, 안정적인 연금지급이 어려울 수 있음 |

정답 ④

# CHAPTER 06 공무원의 의무와 권리, 그리고 통제

📍기본서 p.281 - 300

## 90 ★★

「국가공무원법」이 명문으로 규정하고 있는 공무원의 의무가 아닌 것은?

① 공무원은 직무의 내외를 불문하고 그 품위가 손상되는 행위를 하여서는 아니된다.
② 공무원은 직무를 수행할 때 소속 상관의 직무상 명령에 복종하여야 한다.
③ 공무원은 직무와 관련하여 직접적이든 간접적이든 사례·증여 또는 향응을 주거나 받을 수 없다.
④ 공직자는 사적 이해관계에 영향을 받지 아니하고 직무를 공정하고 청렴하게 수행하여야 한다.

## 91 ★

다음 중 공무원의 정치적 중립에 대한 설명으로 가장 옳지 않은 것은?

① 미국은 1883년 펜들톤법(Pendleton Act)에서 최초로 공무원의 정치적 중립을 규정하였고, 1939년 해치법(Hatch Act)에서 정치적 중립을 강화하였다.
② 우리나라 「국가공무원법」에 따르면 공무원은 정당이나 그 밖의 정치단체의 결성에 관여하거나 이에 가입할 수 없다.
③ 공무원의 정치적 중립은 행정의 안정성과 계속성을 보장할 수 있지만, 공무원들의 정치적 무감각을 조장하여 참여관료제의 발전을 저해할 우려도 있다.
④ 공무원의 정치적 중립은 실적주의 및 직업공무원제 확립에 기여하고, 자율적 자기 통제를 통한 정당정치 발전에 이바지한다.

---

### 정답 및 해설

**90** 공직자가 사적 이해관계에 영향을 받지 아니하고 직무를 공정하고 청렴하게 수행하여야 한다는 의무는 국가공무원법이 아니라 최근 제정된 공직자의 「이해충돌방지법」(2022.5.19. 시행) 제4조에 규정되어 있음
①

**국가공무원법 제63조 【품위 유지의 의무】** 공무원은 직무의 내외를 불문하고 그 품위가 손상되는 행위를 하여서는 아니 된다.

②

**국가공무원법 제57조 【복종의 의무】** 공무원은 직무를 수행할 때 소속 상관의 직무상 명령에 복종하여야 한다.

③

**국가공무원법 제61조 【청렴의 의무】** ① 공무원은 직무와 관련하여 직접적이든 간접적이든 사례·증여 또는 향응을 주거나 받을 수 없다.

정답 ④

---

### 정답 및 해설

**91** 공무원의 정치적 중립은 실적주의 및 직업공무원제 확립에 기여하였으나, 정당정치 발전과는 관련이 없음
① 1883년 펜들턴법에서 처음으로 정치적 중립 규정(엽관주의 폐해의 극복을 위해)하였고, 1939년 해치법(Hatch Act)에서 공무원의 정치활동을 명시적으로 금지함
② 「국가공무원법」 제65조의 내용임
③ 공무원의 정치적 중립은 정치권의 자의적 해고를 막는바 행정의 안정성과 계속성을 보장할 수 있지만, 공무원들의 정치적 무감각을 조장하여 참여관료제의 발전을 저해할 우려도 있음
✚ 참여적 관료제: 계층제적 압력을 완화하고, 공무원들의 정책형성에 대한 참여기회를 확대하는 관료제

정답 ④

# 92

★

공무원의 정치적 중립성과 관련이 없는 것은?

① 해치법(Hatch Act)
② 직업공무원제 확립
③ 국민 전체에 대한 봉사
④ 관료의 정책형성 기능 확대

# 93

★★★

국가공무원법에서 규정하고 있는 공무원의 의무에 해당하지 않는 것은?

① 공무원은 직무상의 관계가 있든없든 그 소속상관에게 증여하거나 소속공무원으로부터 증여를 받아서는 아니 된다.
② 공직자는 사적 이해관계에 영향을 받지 아니하고 직무를 공정하고 청렴하게 수행하여야 한다.
③ 공무원은 공무 외에 영리를 목적으로 하는 업무에 종사하지 못하며 소속기관장의 허가 없이 다른 직무를 겸할 수 없다.
④ 공무원이 외국정부로부터 영예나 증여를 받을 경우에는 대통령의 허가를 받아야 한다.

PART

04

인사행정

**정답 및 해설**

**92** 공무원의 정치적인 중립은 특정한 정당에 치우치지 않는 특성을 의미함 → 그러나 공무원의 정책결정권이 확대되면 특정한 정당에서 선호하는 정책과 행정부의 정책이 중복될 수 있으므로 정치적인 중립성이 저해될 수 있음

① 해치법(Hatch Act) : 1939년에 제정된 해치법(Hatch Act)은 공무원 개인의 정치적 자유를 제한하는 법이므로 정치적인 중립성과 관련성이 있음
② 직업공무원제는 전문 관료로서의 행정인과 관련이 있는바 정치적 중립성과 연관성이 있음
③ 정치적 중립성은 특정 국민이 아니라 국민 전체에 대한 봉사를 의미함

정답 ④

**정답 및 해설**

**93** ②는 이해충돌방지법에 있는 내용임

> **이해충돌방지법 제4조【공직자의 의무】**① 공직자는 사적 이해관계에 영향을 받지 아니하고 직무를 공정하고 청렴하게 수행하여야 한다.

①

> **국가공무원법 제61조【청렴의 의무】**② 공무원은 직무상의 관계가 있든 없든 그 소속 상관에게 증여하거나 소속 공무원으로부터 증여를 받아서는 아니 된다.

③

> **동법 제64조【영리 업무 및 겸직 금지】**① 공무원은 공무 외에 영리를 목적으로 하는 업무에 종사하지 못하며 소속 기관장의 허가 없이 다른 직무를 겸할 수 없다.
> ② 제1항에 따른 영리를 목적으로 하는 업무의 한계는 대통령령등으로 정한다.

④

> **동법 제62조【외국 정부의 영예 등을 받을 경우】**공무원이 외국 정부로부터 영예나 증여를 받을 경우에는 대통령의 허가를 받아야 한다.

정답 ②

# 94 ★★★

다음 중 현행 국가공무원법상 공무원의 의무에 대한 내용으로 옳지 않은 것은?

① 공무원은 직무와 관련하여 직접적이든 간접적이든 사례·증여 또는 향응을 주거나 받을 수 없다.

② 공무원은 재직 중은 물론 퇴직 후에도 직무상 비밀을 엄수하여야 한다.

③ 공무원은 직무상의 관계가 있든 없든 그 소속 상관에게 증여하거나 소속 공무원으로부터 증여를 받아서는 아니 된다.

④ 수사기관이 공무원을 구속하려면 그 소속 기관의 장에게 미리 통보하여야 한다. 다만, 현행범은 그러하지 아니하다.

# 95 ★★★

「국가공무원법」상 공직윤리에 대한 설명으로 옳은 것끼리 묶인 것은?

> ㉠ 공무원은 직무와 관련하여 직접적이든 간접적이든 사례·증여 또는 향응을 주거나 받을 수 없다.
> ㉡ 공무원은 공무 외에 영리를 목적으로 하는 업무에 종사하지 못하며, 소속 기관장이 허가하여도 다른 직무를 겸할 수 없다.
> ㉢ 수사기관은 현행범이라 하더라도 공무원을 구속하려면 그 소속기관의 장에게 미리 통보하여야 한다.
> ㉣ 공무원이 외국 정부로부터 영예나 증여를 받을 경우에는 대통령의 허가를 받아야 한다.

① ㉠, ㉡   ② ㉠, ㉣
③ ㉡, ㉢   ④ ㉢, ㉣

---

**정답 및 해설**

**94** 공무원은 재직 중은 물론 퇴직 후에도 직무상 알게 된 비밀을 엄수하여야 함

> **국가공무원법 제60조【비밀 엄수의 의무】** 공무원은 재직 중은 물론 퇴직 후에도 직무상 알게 된 비밀을 엄수(嚴守)하여야 한다.

①

> **국가공무원법 제61조【청렴의 의무】** ① 공무원은 직무와 관련하여 직접적이든 간접적이든 사례·증여 또는 향응을 주거나 받을 수 없다.

③

> **국가공무원법 제61조【청렴의 의무】** ① 공무원은 직무와 관련하여 직접적이든 간접적이든 사례·증여 또는 향응을 주거나 받을 수 없다.
> ② 공무원은 직무상의 관계가 있든 없든 그 소속 상관에게 증여하거나 소속 공무원으로부터 증여를 받아서는 아니 된다.

④

> **국가공무원법 제58조【직장 이탈 금지】** ① 공무원은 소속 상관의 허가 또는 정당한 사유가 없으면 직장을 이탈하지 못한다.
> ② 수사기관이 공무원을 구속하려면 그 소속 기관의 장에게 미리 통보하여야 한다. 다만, 현행범은 그러하지 아니하다.

**정답** ②

---

**정답 및 해설**

**95**

📋 **올바른 선지**

㉠

> **국가공무원법 제61조【청렴의 의무】** ① 공무원은 직무와 관련하여 직접적이든 간접적이든 사례·증여 또는 향응을 주거나 받을 수 없다.
> ② 공무원은 직무상의 관계가 있든 없든 그 소속 상관에게 증여하거나 소속 공무원으로부터 증여를 받아서는 아니 된다.

㉣

> **동법 제62조【외국 정부의 영예 등을 받을 경우】** 공무원이 외국 정부로부터 영예나 증여를 받을 경우에는 대통령의 허가를 받아야 한다.

📋 **틀린 선지**

㉡

> **동법 제64조【영리 업무 및 겸직 금지】** ① 공무원은 공무 외에 영리를 목적으로 하는 업무에 종사하지 못하며 소속 기관장의 허가 없이 다른 직무를 겸할 수 없다.

㉢

> **동법 제58조【직장 이탈 금지】** ① 공무원은 소속 상관의 허가 또는 정당한 사유가 없으면 직장을 이탈하지 못한다.
> ② 수사기관이 공무원을 구속하려면 그 소속 기관의 장에게 미리 통보하여야 한다. 다만, 현행범은 그러하지 아니하다.

**정답** ②

## 96 ★

현행 「공직자윤리법」상 재산등록의무자가 등록할 재산에 대한 내용으로 틀린 것은?

① 부동산에 관한 소유권·지상권 및 전세권
② 소유자별 합계액 1천만원 이상의 가상화폐
③ 품목당 500만원 이상의 골동품 및 예술품
④ 소유자별 연간 1천만원 이상의 소득이 있는 지식재산권

## 97 ★★★

다음은 공직자윤리법의 내용이다. 괄호에 들어갈 내용으로 옳은 것은?

기관업무기준 취업심사대상자는 다른 법률에 특별한 규정이 있는 경우를 제외하고는 퇴직 전 ( ㉠ )부터 퇴직할 때까지 근무한 기관이 취업한 취업제한기관에 대하여 처리하는 제17조제2항 각 호의 업무를 퇴직한 날부터 ( ㉡ ) 동안 취급할 수 없다.

|  | ㉠ | ㉡ |  | ㉠ | ㉡ |
|---|---|---|---|---|---|
| ① | 5년 | 3년 | ② | 2년 | 2년 |
| ③ | 5년 | 5년 | ④ | 3년 | 5년 |

### 정답 및 해설

**96** 가상자산의 경우 등록재산에 포함되지만 일정 가액 이상이라는 규정은 없음

**공직자윤리법 제4조 【등록대상재산】** ② 등록의무자가 등록할 재산은 다음 각 호와 같다.
1. 부동산에 관한 소유권·지상권 및 전세권
3. 다음 각 목의 동산·증권·채권·채무 및 지식재산권(知識財産權)
   아. 품목당 500만원 이상의 골동품 및 예술품
   차. 소유자별 연간 1천만원 이상의 소득이 있는 지식재산권
6. 「특정 금융거래정보의 보고 및 이용 등에 관한 법률」 제2조 제3호에 따른 가상자산(이하 "가상자산"이라 한다)

정답 ②

**97** 기관업무기준 취업심사대상자는 다른 법률에 특별한 규정이 있는 경우를 제외하고는 퇴직 전 2년부터 퇴직할 때까지 근무한 기관이 취업한 취업제한기관에 대하여 처리하는 제17조제2항 각 호의 업무를 퇴직한 날부터 2년 동안 취급할 수 없음

정답 ②

## 98 ★★★

우리나라 「공직자윤리법」이 규정하고 있는 퇴직공직자의 취업제한에 대한 설명으로 옳지 않은 것은?

① 퇴직공무원은 퇴직일로부터 5년간 퇴직 전 3년 이내에 소속하였던 부서의 업무와 관련된 영리사기업체에 취업할 수 없다.
② 관할 공직자윤리위원회의 승인을 얻은 때에는 소속하였던 부서의 업무와 관련된 영리사기업체에 취업이 가능하다.
③ 대상 공무원은 재산등록의무자와 동일하다.
④ 「공직자윤리법」에 의하여 1급 이상의 일반직 국가 및 지방공무원은 재산을 등록·공개하고 있다.

### 정답 및 해설

**98** 퇴직 후 3년간은, 퇴직 전 5년간 담당했던 직무와 관련 있는 사기업체에 취업이 제한됨
②

**공직자윤리법 제17조 【퇴직공직자의 취업제한】** ① 제3조 제1항 제1호부터 제12호까지의 어느 하나에 해당하는 공직자와 부당한 영향력 행사 가능성 및 공정한 직무수행을 저해할 가능성 등을 고려하여 국회규칙, 대법원규칙, 헌법재판소규칙, 중앙선거관리위원회규칙 또는 대통령령으로 정하는 공무원과 공직유관단체의 직원(이하 이 장에서 "취업심사대상자"라 한다)은 퇴직일부터 3년간 다음 각 호의 어느 하나에 해당하는 기관(이하 "취업심사대상기관"이라 한다)에 취업할 수 없다. 다만, 관할 공직자윤리위원회로부터 취업심사대상자가 퇴직 전 5년 동안 소속하였던 부서 또는 기관의 업무와 취업심사대상기관 간에 밀접한 관련성이 없다는 확인을 받거나 취업승인을 받은 때에는 취업할 수 있다.

③ 대상 공무원은 취업심사대상자는 재산등록의무자와 동일한 개념임
④

**공직자윤리법 제10조 【등록재산의 공개】** ① 공직자윤리위원회는 관할 등록의무자 중 다음 각 호의 어느 하나에 해당하는 공직자 본인과 배우자 및 본인의 직계존속·직계비속의 재산에 관한 등록사항과 제6조에 따른 변동사항 신고내용을 등록기간 또는 신고기간 만료 후 1개월 이내에 관보 또는 공보에 게재하여 공개하여야 한다.
1. 대통령, 국무총리, 국무위원, 국회의원, 국가정보원의 원장 및 차장 등 국가의 정무직공무원
2. 지방자치단체의 장, 지방의회의원 등 지방자치단체의 정무직공무원
3. 일반직 1급 국가공무원(「국가공무원법」 제23조에 따라 배정된 직무등급이 가장 높은 등급의 직위에 임용된 고위공무원단에 속하는 일반직공무원을 포함한다) 및 지방공무원과 이에 상응하는 보수를 받는 별정직공무원(고위공무원단에 속하는 별정직공무원 포함)

정답 ①

# 99 ★★★

다음 중 「공직자윤리법」에 근거하여 재산공개의무가 있는 공직자에 해당하지 않는 것은?

① 소방정감 이상의 소방공무원
② 중장 이상의 장관급 장교
③ 고등법원 부장판사급 이상의 법관
④ 총경 이상의 경찰공무원

# 100 ★★★

공직자윤리법 상 재산 등록에 대한 내용으로 옳은 것은?

① 취업심사대상자는 등록의무자를 의미한다.
② 혼인한 직계비속인 여성이 소유한 재산은 재산등록 의무자가 등록할 재산에 포함된다.
③ 공직자는 등록의무자가 된 날부터 3개월이 되는 날이 속하는 달의 말일까지 재산등록을 해야 한다.
④ 교육공무원 중 대학교 학장은 재산등록 의무자가 아니다.

# 101 ★★

다음 중 공무원에게 요구되는 행정윤리와 관련된 법령에 대한 설명으로 가장 옳지 않은 것은?

① 「국가공무원법」은 공무원의 복무에 관한 내용을 포함하고 있다.
② 「부패방지 및 국민권익위원회의 설치와 운영에 관한 법」은 국민감사청구제를 규정하고 있다.
③ 「공직자윤리법」은 내부고발자 보호제도를 규정하고 있다.
④ 「공무원 행동강령」은 공무원 청렴유지와 관련된 구체적인 행동기준을 제시하고 있다.

---

**정답 및 해설**

**99** 경찰공무원은 치안감 이상이 공개대상임
①②③

> **공직자윤리법 제10조 【등록재산의 공개】** ① 공직자윤리위원회는 관할 등록의무자 중 다음 각 호의 어느 하나에 해당하는 공직자 본인과 배우자 및 본인의 직계존속·직계비속의 재산에 관한 등록사항과 제6조에 따른 변동사항 신고내용을 등록기간 또는 신고기간 만료 후 1개월 이내에 관보 또는 공보에 게재하여 공개하여야 한다.
> 5. 고등법원 부장판사급 이상의 법관과 대검찰청 검사급 이상의 검사
> 6. 중장 이상의 장성급(將星級) 장교
> 8. 치안감 이상의 경찰공무원 및 특별시·광역시·특별자치시·도·특별자치도의 시·도경찰청장
> 8의2. 소방정감 이상의 소방공무원

정답 ④

---

**정답 및 해설**

**100** 공직자윤리법에서 취업심사대상자는 등록의무자, 즉 정무직 및 4급 이상의 공무원 등을 뜻함
② 혼인한 직계비속인 여성이 소유한 재산은 재산등록 의무자가 등록할 재산에서 제외하고 있음
③

> **공직자윤리법 제5조 【재산의 등록기관과 등록시기 등】** ① 공직자는 등록의무자가 된 날부터 2개월이 되는 날이 속하는 달의 말일까지 등록의무자가 된 날 현재의 재산을 다음 각 호의 구분에 따른 기관(이하 "등록기관"이라 한다)에 등록하여야 한다.

④ 교육공무원 중 대학교 학장은 재산등록 의무자임

정답 ①

**101** 내부고발자 보호제도는 공직자 윤리법이 아니라 부패방지 및 국민권익위원회 설치와 운영에 관한 법에 규정되어 있음

정답 ③

# 102 ★★

## 우리나라 윤리규범에 대한 설명으로 옳은 것은?

① 공공기관의 사무처리가 법령위반 또는 부패행위로 인해 공익을 해하는 경우 일정 수 이상의 국민의 연서로 국민권익위원회에 감사를 청구할 수 있다.

② 공직자 등은 직무 관련 여부 및 기부·후원·증여 등 그 명목에 관계없이 동일인으로부터 1회에 300만원 또는 매 회계연도에 100만원을 초과하는 금품 등을 받거나 요구 또는 약속해서는 아니 된다.

③ 공직자 등은 직무와 관련하여 대가성 여부를 불문하고 1회에 100만 원 또는 매 회계연도에 300만 원 이상의 금품등을 받거나 요구 또는 약속해서는 아니 된다.

④ 공직자등은 사례금을 받는 외부강의등을 할 때에는 대통령령으로 정하는 바에 따라 외부강의등의 요청 명세 등을 소속기관장에게 그 외부강의등을 마친 날부터 10일 이내에 서면으로 신고하여야 한다.

# 103 ★★

## 「공직자윤리법」에서 규정하고 있는 것만을 모두 고르면?

> ㄱ. 이해충돌 방지 의무
> ㄴ. 등록재산의 공개
> ㄷ. 종교 중립의 의무
> ㄹ. 품위 유지의 의무

① ㄱ, ㄴ      ② ㄱ, ㄹ
③ ㄴ, ㄷ      ④ ㄷ, ㄹ

---

**정답 및 해설**

**102** 아래의 조항 참고

> **청탁금지법 제10조【외부강의등의 사례금 수수 제한】** ② 공직자등은 사례금을 받는 외부강의등을 할 때에는 대통령령으로 정하는 바에 따라 외부강의등의 요청 명세 등을 소속기관장에게 그 외부강의등을 마친 날부터 10일 이내에 서면으로 신고하여야 한다.

①

> **부패방지권익위법 제72조【감사청구권】** ① 18세 이상의 국민은 공공기관의 사무처리가 법령위반 또는 부패행위로 인하여 공익을 현저히 해하는 경우 대통령령으로 정하는 일정한 수 이상의 국민의 연서로 감사원에 감사를 청구할 수 있다.

②③

> **청탁금지법 제8조【금품등의 수수 금지】** ① 공직자등은 직무 관련 여부 및 기부·후원·증여 등 그 명목에 관계없이 동일인으로부터 1회에 100만 원 또는 매 회계연도에 300만 원을 초과하는 금품등을 받거나 요구 또는 약속해서는 아니 된다.
> ② 공직자등은 직무와 관련하여 대가성 여부를 불문하고 제1항에서 정한 금액 이하의 금품등을 받거나 요구 또는 약속해서는 아니 된다.
> ③ 제10조의 외부강의등에 관한 사례금 또는 다음 각 호의 어느 하나에 해당하는 금품등의 경우에는 제1항 또는 제2항에서 수수를 금지하는 금품등에 해당하지 아니한다.

**정답** ④

---

**정답 및 해설**

**103**

☑ **올바른 선지**

ㄱ, ㄴ.

> **공직자윤리법 제1조【목적】** 이 법은 공직자 및 공직후보자의 재산등록, <u>등록재산 공개</u> 및 재산형성과정 소명과 공직을 이용한 재산취득의 규제, 공직자의 선물신고 및 주식백지신탁, 퇴직공직자의 취업제한 및 행위제한 등을 규정함으로써 공직자의 부정한 재산 증식을 방지하고, 공무집행의 공정성을 확보하는 등 <u>공익과 사익의 이해충돌을 방지</u>하여 국민에 대한 봉사자로서 가져야 할 공직자의 윤리를 확립함을 목적으로 한다.

☑ **틀린 선지**

ㄷ, ㄹ.

> **국가공무원법 제59조의2【종교중립의 의무】** ① 공무원은 종교에 따른 차별 없이 직무를 수행하여야 한다.

> **동법 제63조【품위 유지의 의무】** 공무원은 직무의 내외를 불문하고 그 품위가 손상되는 행위를 하여서는 아니 된다.

**정답** ①

# 104 ★★★

「공직자윤리법」 및 시행령에 대한 다음 내용 중 옳은 것은?

① 공무원은 그 직무와 관련하여 외국인으로부터 수령 당시 미국화폐 50달러 이상이거나 국내 시가로 5만원 이상의 선물을 받으면 지체 없이 신고하고 인도하여야 한다.

② 공직자윤리법은 비위면직자 취업제한 등을 규정하고 있다.

③ 재산공개대상자 등이 보유하고 있는 주식의 직무관련성을 심사·결정하기 위해 행정안전부에 주식백지신탁 심사위원회를 둔다.

④ 재산공개 대상자 등이 직무관련성이 있는 주식을 매각 또는 백지신탁 해야 하는 주식의 하한가액은 3천만 원이다.

# 105 ★★

공직부패의 유형에 대한 설명으로 옳지 않은 것은?

① 인·허가 업무처리 시 소위 '급행료'를 당연하게 요구하는 행위를 일탈형 부패라고 한다.

② 정치인이나 고위공무원이 자신의 권력을 남용해 사적 이익을 추구하는 것을 권력형 부패라고 한다.

③ 공금 횡령, 회계 부정 등 거래 당사자 없이 공무원에 의해 일방적으로 발생하는 부패를 사기형 부패라고 한다.

④ 사회체제에 파괴적 영향을 미칠 잠재성이 있음에도 불구하고, 일부 집단은 처벌을 원하는 반면, 다른 집단은 처벌을 원하지 않는 경우를 회색부패라고 한다.

**정답 및 해설**

**104** 재산공개 대상자 등은 보유한 주식의 총 가액이 1천만원 이상 5천만원 이하의 범위에서 대통령령으로 정하는 금액(3천만원)을 초과할 때에는 초과하게 된 달부터 1개월 이내에 매각 또는 백지신탁해야 함

① 공무원은 그 직무와 관련하여 외국인으로부터 수령 당시 미국화폐 100달러 이상이거나 국내 시가로 10만원 이상의 선물을 받으면 지체 없이 소속 기관·단체의 장에게 신고하고 인도하여야 함

② 비위면직자 취업제한은 부패방지권익위법에 명시되어 있음

③ 재산공개대상자 등이 보유하고 있는 주식의 직무관련성을 심사·결정하기 위해 인사혁신처에 주식백지신탁 심사위원회를 두고 있음

정답 ④

**정답 및 해설**

**105** 선지는 제도적 부패(부패 = 일상)에 대한 내용임 → 일탈형 부패는 어쩌다 부패를 범하는 현상임

②③④

| 권력형 부패 | 상층부의 정치인들이 정치권력을 이용해 초과적인 막대한 이익을 부당하게 얻기 위한 부패 |
|---|---|
| 사기형 부패 (비거래형 부패) | 부패와 관련한 이해관계자 없이 공무원 개인이 저지르는 행동 |
| 회색부패 | ① 백색부패와 흑색부패의 중간에 해당하는 부패 ② 부패로 간주하기에 논란이 있거나 가치판단을 요구하는 유형 |

정답 ①

# 106

★

행정부패의 원인분석에 관한 내용 중 옳은 것을 모두 묶은 것은?

> ㄱ. 후기기능주의 분석 − 부패는 발전의 종속변수로 필요악으로 파악
> ㄴ. 사회문화적 분석 − 특정한 지배적 관습이나 경험적 습성이 부패 조장
> ㄷ. 구조적 분석 − 행정제도의 결함과 미비, 행정통제의 부적합성으로 인한 부패
> ㄹ. 도덕적 분석 − 개인들의 윤리·자질의 탓
> ㅁ. 체제론적 분석 − 부패를 관료 개인의 속성과 제도, 사회문화 환경 등 여러 요인이 복합적으로 상호작용한 결과로 이해

① ㄱ, ㄴ, ㄹ      ② ㄴ, ㄷ, ㄹ
③ ㄷ, ㄹ, ㅁ      ④ ㄴ, ㄹ, ㅁ

# 107

★

공무원 부패의 원인에 대한 접근방법을 설명한 것 중 가장 옳지 않은 것은?

① 거버넌스적 접근 − 부패란 정부주도의 독점적 통치구조에서 비롯된 것으로 정부와 시민간의 동등한 참여나 상호보완적 감시에 의한 협력적 네트워크에 의하여 해결될 수 있다고 본다.
② 체제론적 접근 − 법과 제도상의 결함이나 운영의 미숙 등이 부패의 원인으로 작용한다고 본다.
③ 사회문화적 접근 − 특정한 지배적 관습이나 경험적 습성과 같은 것이 부패를 조장한다고 보며 부패를 사회문화적 환경의 종속변수로 본다.
④ 도덕적 접근 − 부패는 개인의 비도덕성과 같은 윤리의식의 부재 때문에 발생한다고 본다.

## 정답 및 해설

**106**

☑ 올바른 선지
ㄴ. 사회문화적 분석 − 관습이나 문화 등 비공식 제도가 부패의 원인으로 보는 관점
ㄹ. 도덕적 분석 − 부패는 개인의 윤리의식과 자질 때문에 발생한다는 관점
ㅁ. 체제론적 분석 − 부패는 다양한 요인에 의해 발생한다는 관점 → 즉, 제도상의 결함, 공무원의 부정적인 행태, 문화적인 특성 등 하나의 원인이 아니라 다양한 원인이 복합적으로 작용해서 부패가 발생한다는 관점

☑ 틀린 선지
ㄱ. 기능주의 분석임 → 후기기능주의는 부패란 자기영속적인 것이며, 국가가 성장 발전한다고 해서 파괴되는 것이 아니라, 다양한 원인을 먹고 사는 하나의 유기체로 파악하였음
ㄷ. 제도적 분석임 → 구조적 분석은 공직사관 등 공무원들의 잘못된 의식구조 등 구조적인 요인이 부패의 원인이라고 보는 입장임

정답 ④

## 정답 및 해설

**107** 체제론적 접근이 아니라 제도론적 접근에 해당함 → 체제론적 접근은 부패가 그 나라의 문화적 특성, 제도상의 결함, 구조상의 모순, 관료의 도덕적 결함 등 다양한 요인에 의하여 복합적으로 나타난다고 보는 입장임
①③④

| 거버넌스적 접근 | 부패란 정부 주도의 독점적 통치구조에서 비롯된 것으로 정부와 시민 간의 동등한 참여나 상호보완적 감시에 의한 협력적 네트워크에 의하여 해결될 수 있다는 관점 |
|---|---|
| 사회문화적 접근 | ① 특정한 지배적 관습이나 경험적 습성과 같은 요인이 공무원 부패를 조장한다고 보는 접근방법<br>② 부패는 환경의 종속변수 |
| 도덕적 접근 | 부패는 개인의 윤리의식과 자질 때문에 발생 |

정답 ②

최욱진 행정학

## 108 ★

다음 〈보기〉 중 부패의 접근법에 대한 설명으로 옳지 않은 것만을 모두 고르면?

┌─────────── 보기 ───────────┐
ㄱ. 개인의 성격 및 독특한 습성과 윤리문제가 부패와 밀접한 관련이 있다고 보는 입장은 도덕적 접근법에 따른 것이다.
ㄴ. 특정한 관습이나 경험적 습성과 같은 것이 부패를 조장한다고 보는 입장은 제도적 접근법에 따른 것이다.
ㄷ. 사회의 법과 제도상의 결함이나 이러한 것들에 대한 관리기구와 운영상의 문제들이 부패의 원인으로 작용한다고 보는 입장은 사회문화적 접근법에 따른 것이다.
ㄹ. 부패란 어느 하나의 변수에 의해 설명되는 것이 아니라 문화적 특성, 제도적 결함, 구조적 모순, 공무원의 부정적 행태 등 다양한 요인에 의해 복합적으로 나타난다는 입장은 체제론적 접근법에 따른 것이다.
└───────────────────────────┘

① 1개
② 2개
③ 3개
④ 4개

## 109 ★

관료부패에 대한 다음 설명 중 옳지 않은 것은?

① 도덕적 접근법은 개인의 성격 및 습성과 윤리문제를 부패의 원인으로 본다.
② 구조적 접근법은 관료들의 잘못된 의식구조를 부패의 원인으로 본다.
③ 「공직자윤리법」, 「부패방지법」 등에 규정된 위법한 사익추구행위는 회색부패에 해당한다.
④ 부패척결은 공직윤리를 확립하기 위한 소극적 측면이다.

---

**정답 및 해설**

**108**
☑ **틀린 선지**
ㄴ. 사회문화적 접근법에 대한 내용임
ㄷ. 제도적 접근법에 대한 내용임

☑ **올바른 선지**
ㄱ. 도덕적 접근에 따르면 부패는 개인의 윤리의식과 자질 때문에 발생함
ㄹ. 체제론적 접근에 따르면 부패는 다양한 요인에 의해 발생함

정답 ②

---

**정답 및 해설**

**109** 「공직자윤리법」, 「부패방지법」 등에 규정된 위법한 사익추구행위는 부당하게 사익을 추구함으로써 사회체제에 명백하고 심각한 해를 끼치는 부패인 흑색부패임
① 도덕적 접근은 개인의 잘못된 윤리의식을 부패의 원인으로 간주함
② 구조적 접근은 공무원들의 잘못된 의식구조를 부패의 원인으로 봄
④ 소극적 측면에서 공직윤리는 부정부패를 하지 않는 것임 → 따라서 부패척결은 공직윤리를 확립하기 위한 소극적 측면임

정답 ③

## 110

★★★

「국가공무원법」상 징계에 대한 설명으로 옳은 것은?

① 파면과 해임은 징계위원회의 의결을 거치지 않고 각 임용권자 또는 임용권을 위임한 상급 감독기관의 장이 이를 행한다.
② 감봉 처분을 받은 자는 감봉 처분이 시작된 날부터 12개월간 승진이 제한된다.
③ 감봉은 1개월 이상 3개월 이하의 기간 동안 보수의 3분의 2를 감한다.
④ 중징계인 정직 처분을 받은 자는 1개월 이상 3개월 이하의 정직 기간 중 공무원의 신분은 보유하나 직무에 종사하지 못하며 보수의 전액을 감액한다.

## 111

★★★

우리나라의 공무원 복무와 징계에 대한 설명으로 옳은 것은?

① 공무원은 직무상의 관계가 있든 없든 그 소속 상관에게 증여하거나 소속 공무원으로부터 증여를 받아서는 아니 된다.
② 중징계의 일종인 파면의 경우 5년간 공무원으로 재임용될 수 없으나, 연금급여의 불이익은 없다.
③ 파면·해임·강등·정직 또는 감봉에 해당하는 징계 의결이 요구 중인 자에게 임용권자는 직위를 부여하지 아니할 수 있다.
④ 감봉은 경징계에 해당하며 1개월 이상 3개월 이하 기간 동안 직무에 종사하지 못하고, 보수의 1/3을 삭감하는 처분이다.

**정답 및 해설**

**110** 아래의 조항 참고

**국가공무원법 제80조 【징계의 효력】** ④ 정직은 1개월 이상 3개월 이하의 기간으로 하고, 정직 처분을 받은 자는 그 기간 중 공무원의 신분은 보유하나 직무에 종사하지 못하며 보수는 전액을 감한다.
③ 감봉은 1개월 이상 3개월 이하의 기간 동안 보수의 3분의 1을 감한다.

① 파면과 해임은 징계위원회의 의결을 거치며, 각 임용권자 또는 임용권을 위임한 상급 감독기관의 장은 징계위원회의 의결에 따라 징계처분을 하여야 함
② 감봉의 경우 감봉 처분의 집행이 끝난 날부터 12개월간 승진이 제한됨

정답 ④

**정답 및 해설**

**111** 아래의 조항 참고

**국가공무원법 제61조 【청렴의 의무】** ② 공무원은 직무상의 관계가 있든 없든 그 소속 상관에게 증여하거나 소속 공무원으로부터 증여를 받아서는 아니 된다.

② 중징계의 일종인 파면의 경우 5년간 공무원으로 재임용될 수 없으며, 연금급여의 불이익을 수반함
③ 선지에서 감봉을 삭제해야 함

**제73조의3 【직위해제】** ① 임용권자는 다음 각 호의 어느 하나에 해당하는 자에게는 직위를 부여하지 아니할 수 있다.
3. 파면·해임·강등 또는 정직에 해당하는 징계 의결이 요구 중인 자

④ 감봉은 경징계에 해당하며 1개월 이상 3개월 이하 기간 동안 보수의 1/3을 삭감하는 처분임(직무정지×)

정답 ①

# 112 ★★

**공무원의 강등과 강임에 관한 설명으로 옳은 것은?**

① 강등은 직위가 폐직되거나 하위의 직위로 변경되어 과원이 된 경우에 이루어진다.
② 강임은 결원을 보충하는 방법의 하나이다.
③ 강등된 공무원은 상위 직급에 결원이 생기면 우선승진의 대상이 된다.
④ 공무원 본인이 동의하지 않으면 강등할 수 없다.

# 113 ★★★

**공무원의 징계에 대한 설명으로 옳지 않은 것은 모두 몇 개인가?**

> ㉠ 감봉이란 1개월 이상 3개월 이하의 기간 동안 보수 2/3를 감하고 12개월 간 승급이 제한된다.
> ㉡ 정직이란 1개월 이상 3개월 이하의 기간 동안 공무원 신분은 보유하나 직무에 종사하지 못하며, 그 기간 중 보수의 2/3를 감한다.
> ㉢ 강임이란 1계급 아래로 직급을 내리고 공무원의 신분은 유지하나 3개월 간 직무에 종사하지 못하며, 그 기간 중 보수의 전액을 감한다.
> ㉣ 징계의결 등의 요구는 징계 등의 사유가 발생한 날부터 5년이 지나면 하지 못한다.
> ㉤ 직권면직은 징계의 종류 중 하나로 임용권자가 처분에 의해 직권으로 공무원의 신분을 박탈하는 임용행위를 말한다.

① 5개                    ② 4개
③ 3개                    ④ 2개

---

**정답 및 해설**

**112** 아래의 조항 참고

> **국가공무원법 제27조 【결원 보충 방법】** 국가기관의 결원은 신규채용·승진임용·강임·전직 또는 전보의 방법으로 보충한다.

①③
강임에 대한 내용임
④ 공무원 본인이 동의하지 않아도 징계사유가 명료하면 강등할 수 있음

정답 ②

---

**정답 및 해설**

**113**
☑ **틀린 선지**
보기는 모두 틀린 선지임
㉠ 감봉이란 1개월 이상 3개월 이하의 기간 동안 보수 1/3을 감하고 12개월 간 승급이 제한됨
㉡ 정직이란 1개월 이상 3개월 이하의 기간 동안 공무원 신분은 보유하나 직무에 종사하지 못하며, 그 기간 중 보수의 전액을 지급하지 않음
㉢ 강임은 임용권자가 직제 또는 정원의 변경이나 예산의 감소 등으로 직위가 폐직되거나 하위의 직위로 변경되어 과원이 된 경우 또는 본인이 동의한 경우에 소속 공무원을 1계급 아래로 직급을 내리는 것임 → 선지는 강등에 대한 설명임
㉣ 징계의결 등의 요구는 징계 등의 사유가 발생한 날부터 3년이 지나면 하지 못함 → 다만, 금품 및 향응수수, 공금의 횡령 유용의 경우에는 5년이 지나면 하지 못함
㉤ 직권면직은 법에서 정한 사유가 발생했을 때, 임용권자가 직권으로 공무원의 신분을 박탈하는 임용행위임 → 즉, 직권면직은 징계가 아님

정답 ①

# 114 ★

2022년 10월 14일 기준, 「국가공무원법」상 공무원으로 임용될 수 없는 사람은? (단, 다른 상황은 고려하지 않음)

① 2021년 10월 13일에 성년후견이 종료된 甲
② 파산선고를 받고 2021년 10월 13일에 복권된 乙
③ 2019년 10월 13일에 공무원으로서 징계로 파면처분을 받은 丙
④ 2017년 금고형을 선고받고 그 집행유예기간이 2019년 10월 13일에 끝난 丁

# 115 ★★

다음 중 직권면직 사유에 해당하지 않는 것은?

① 전직시험에서 세 번 이상 불합격한 자로서 직무수행 능력이 부족하다고 인정된 때
② 파면·해임·강등 또는 정직에 해당하는 징계의결이 요구 중일 때
③ 고위공무원단에 속하는 공무원이 적격 심사 결과 부적격 결정을 받은 때
④ 대기 명령을 받은 자가 그 기간에 능력 또는 근무성적의 향상을 기대하기 어렵다고 인정된 때

**정답 및 해설**

**114** 임용결격사유를 묻는 문항임. 「국가공무원법」 제33조(결격사유)에 따라, 징계에 의하여 해임처분을 받은 때로부터 3년, 파면처분을 받은 때로부터 5년간은 공무원으로 임용될 수 없음. 따라서 丙의 경우 2024.10.13.까지는 공무원으로 임용될 수 없음

① 피성년후견인은 공무원으로 임용될 수 없으나, 후견기간이 종료된 후에는 별도 기간제한 없이 임용이 가능함
② 파산선고를 받고 복권되지 아니한 자는 공무원으로 임용될 수 없으나, 복권된 후에는 별도 기간제한 없이 임용이 가능함
④ 금고 이상의 형의 경우, 집행유예는 종료일로부터 2년간, 선고유예는 종료일까지 공무원으로 임용될 수 없음

정답 ③

**정답 및 해설**

**115** 파면·해임·강등 또는 정직에 해당하는 징계의결이 요구 중인 자는 직위 해제 사유에 해당함
①③④

**제70조【직권면직】** ① 임용권자는 공무원이 다음 각 호의 어느 하나에 해당하면 직권으로 면직시킬 수 있다.
5. 제73조의3 제3항에 따라 대기명령을 받은 자가 그 기간에 능력 또는 근무성적향상을 기대하기 어렵다고 인정된 때
6. 전직시험에서 세 번 이상 불합격한 자로서 직무수행 능력이 부족하다고 인정된 때
9. 고위공무원단에 속하는 공무원이 적격심사 결과 부적격 결정을 받은 때

정답 ②

# 116 ★★

국가공무원법상에 규정된 직위해제 사유에 해당되지 않는 자는?

① 직무수행 능력이 부족한 자
② 휴직사유가 소멸된 후에도 직무에 복귀하지 않은 자
③ 근무성적이 극히 나쁜 자
④ 파면·해임에 해당하는 징계의결이 요구 중인 자

# 117 ★★

우리나라 공무원의 신분보장과 그 예외에 대한 다음 설명으로 옳은 것은?

① 모든 공무원은 형의 선고, 징계처분 또는 「국가공무원법」에서 정하는 사유에 따르지 아니하고는 본인의 의사에 반하여 휴직·강임 또는 면직을 당하지 아니한다.
② 임용권자는 직제와 정원의 개폐 또는 예산의 감소 등에 따라 폐직 또는 과원이 되었을 때 직위해제할 수 있다.
③ 임용권자는 직무수행능력이 부족하거나 근무성적이 극히 나쁜 공무원에 대하여 직권면직할 수 있다.
④ 징계의 경우 감사원에서 조사 중인 사건에 대하여는 조사개시 통보를 받은 날부터 징계 절차를 진행하지 못한다.

### 정답 및 해설

**116** ②는 직권면직 사유에 해당함

> **국가공무원법 제73조의3 【직위해제】** ① 임용권자는 다음 각 호의 어느 하나에 해당하는 자에게는 직위를 부여하지 아니할 수 있다.
> 2. 직무수행능력이 부족하거나 근무성적이 극히 나쁜 자
> 3. 파면·해임·강등 또는 정직에 해당하는 징계의결이 요구 중인 자

정답 ②

**117**

> **국가공무원법 제83조 【감사원의 조사와의 관계 등】** ① 감사원에서 조사 중인 사건에 대하여는 제3항에 따른 조사개시 통보를 받은 날부터 징계 의결의 요구나 그 밖의 징계 절차를 진행하지 못한다.

① 1급 공무원과 가급 고공단은 예외임 → 모든 공무원 ×
② 선지는 직권면직 사유에 해당함
③ 선지는 직위해제 사유에 해당함

정답 ④

# 118 ★

우리나라 공무원제도에 대한 설명으로 옳은 것만을 모두 고르면?

> ㄱ. 중앙정부·지방자치단체 및 그 하부기관에 근무하는 공무원은 직장협의회를 설립할 수 있으며, 하나의 기관에 복수의 협의회 설립이 가능하다.
> ㄴ. 금고 이상의 실형을 선고받고 그 집행이 종료되거나 집행을 받지 아니하기로 확정된 후 5년이 지나지 아니한 자는 임용결격사유에 해당한다.
> ㄷ. 공무원은 소청심사위원회를 통해 부당하다고 여겨지는 징계에 대한 구제를 신청할 수 있으며, 소청심사위원회의 결정은 처분청과 소청인 모두를 기속한다.
> ㄹ. 시보 임용기간 중에 있는 공무원이 근무성적·교육훈련성적이 나빠서 공무원으로서의 자질이 부족하다고 판단되는 경우에는 면직시킬 수 있다.

① 1개     ② 2개     ③ 3개     ④ 4개

### 정답 및 해설

**118**

☑ 올바른 선지

ㄴ.

> **제33조 【결격사유】** 다음 각 호의 어느 하나에 해당하는 자는 공무원으로 임용될 수 없다.
> 3. 금고 이상의 실형을 선고받고 그 집행이 종료되거나 집행을 받지 아니하기로 확정된 후 5년이 지나지 아니한 자

ㄹ.

> **국가공무원법 제29조 【시보 임용】** ③ 시보 임용 기간 중에 있는 공무원이 근무성적·교육훈련성적이 나쁘거나 이 법 또는 이 법에 따른 명령을 위반하여 공무원으로서의 자질이 부족하다고 판단되는 경우에는 제68조와 제70조에도 불구하고 면직시키거나 면직을 제청할 수 있다.

☑ 틀린 선지

ㄱ.

> **공무원직협법 제2조 【설립】** ① 국가기관, 지방자치단체 및 그 하부기관에 근무하는 공무원은 직장협의회(이하 "협의회"라 한다)를 설립할 수 있다.
> ② 협의회는 기관 단위로 설립하되, 하나의 기관에는 하나의 협의회만을 설립할 수 있다.

ㄷ. 소청인은 기속할 수 없음

> **국가공무원법 제15조 【결정의 효력】** 제14조에 따른 소청심사위원회의 결정은 처분 행정청을 기속(羈束)한다.

정답 ②

# 119
★★

「국가공무원법」상 직위해제 대상자에 대한 임용권자의 조치로 적법하지 않은 것은?

① 정직에 해당하는 징계의결 요구의 사유로 직위해제된 甲에게 그 사유가 소멸되어 지체 없이 직위를 부여하였다.

② 직무수행 능력 부족을 사유로 3개월의 대기 명령을 받은 乙이 그 기간에 직무수행 능력의 향상을 기대하기 어렵다고 인정되어 징계위원회의 동의를 받아 직권으로 면직시켰다.

③ 근무성적이 극히 나쁘다는 사유와 형사 사건으로 기소되었다는 사유가 경합하는 丙에게 전자의 사유로 직위해제 처분을 하였다.

④ 직무수행 능력 부족을 사유로 2개월의 대기 명령을 받은 丁에게 능력 회복을 위한 특별한 연구과제를 부여하였다.

## 정답 및 해설

**119** 근무성적이 극히 나쁘다는 사유와 형사 사건으로 기소되었다는 사유가 경합할 경우 후자의 사유로 직위해제 처분을 해야 함

**국가공무원법 제73조의3【직위해제】** ① 임용권자는 다음 각 호의 어느 하나에 해당하는 자에게는 직위를 부여하지 아니할 수 있다.
2. 직무수행 능력이 부족하거나 근무성적이 극히 나쁜 자
3. 파면·해임·강등 또는 정직에 해당하는 징계 의결이 요구 중인 자
4. 형사 사건으로 기소된 자
5. 고위공무원단에 속하는 일반직공무원으로서 적격심사를 요구받은 자
6. 금품비위, 성범죄 등 대통령령으로 정하는 비위행위로 인하여 감사원 및 검찰·경찰 등 수사기관에서 조사나 수사 중인 자로서 비위의 정도가 중대하고 이로 인하여 정상적인 업무수행을 기대하기 현저히 어려운 자
② 제1항에 따라 직위를 부여하지 아니한 경우에 그 사유가 소멸되면 임용권자는 지체 없이 직위를 부여하여야 한다.
③ 임용권자는 제1항제2호에 따라 직위해제된 자에게 3개월의 범위에서 대기를 명한다.
④ 임용권자 또는 임용제청권자는 제3항에 따라 대기 명령을 받은 자에게 능력 회복이나 근무성적의 향상을 위한 교육훈련 또는 특별한 연구과제의 부여 등 필요한 조치를 하여야 한다.
⑤ 공무원에 대하여 제1항 제2호의 직위해제 사유와 같은 항 제3호·제4호 또는 제6호의 직위해제 사유가 경합(競合)할 때에는 같은 항 제3호·제4호 또는 제6호의 직위해제 처분을 하여야 한다.

②

**국가공무원법 제70조【직권 면직】** ① 임용권자는 공무원이 다음 각 호의 어느 하나에 해당하면 직권으로 면직시킬 수 있다.
5. 제73조의3 제3항에 따라 대기 명령을 받은 자가 그 기간에 능력 또는 근무성적의 향상을 기대하기 어렵다고 인정된 때

정답 ③

## 120 ★★

공무원 신분의 변경과 소멸에 대한 설명으로 옳지 않은 것은?

① 직권면직은 법률상 징계의 종류로 규정되어 있지 않다.
② 일반직 공무원(우정직 공무원은 제외)이 승진하려면 7급은 2년 이상, 6급은 3년 6개월 이상 해당 계급에 재직하여야 한다.
③ 임용권자는 사정에 따라서는 공무원 본인의 의사에도 불구하고 휴직을 명해야 한다.
④ 임용권자는 직무수행 능력 부족을 이유로 직위해제를 받은 공무원이 직위해제 기간에 능력의 향상을 기대하기 어렵다고 인정된 때에 직권면직을 통해 공무원의 신분을 박탈할 수 있다.

## 121 ★

우리나라 공무원 노동조합에 대한 설명으로 옳은 것은?

① 공무원은 임용권자의 동의를 받아 노동조합으로부터 급여를 지급받으면서 노동조합의 업무에만 종사할 수 있다.
② 소방공무원, 퇴직공무원 그리고 교원은 노동조합 가입이 허용되지 않는다.
③ 공무원 노동조합은 2개 이상의 단위에 걸치는 노동조합이나 그 연합단체가 허용되지 않고 있다.
④ 6급 이하의 일반직 공무원만 노동조합에 가입할 수 있다.

**정답 및 해설**

**120** 7급은 1년 이상, 6급은 2년 이상 해당 계급에 재직하여야 함
①

> **국가공무원법 제79조【징계의 종류】** 징계는 파면·해임·강등·정직·감봉·견책으로 구분함

③ 선지는 직권휴직에 대한 내용임
④

> **국가공무원법 제70조【직권면직】** ① 임용권자는 공무원이 다음 각 호의 어느 하나에 해당하면 직권으로 면직시킬 수 있다.
> 5. 제73조의3 제3항에 따라 대기 명령을 받은 자(직무수행능력 부족을 이유로 직위해제를 받은 공무원)가 그 기간에 능력 또는 근무성적의 향상을 기대하기 어렵다고 인정된 때

정답 ②

**정답 및 해설**

**121** 아래의 조항 참고

> **공무원노조법 제7조【노동조합 전임자의 지위】** ① 공무원은 임용권자의 동의를 받아 노동조합으로부터 급여를 지급받으면서 노동조합의 업무에만 종사할 수 있다.

② 소방공무원, 퇴직공무원, 교육공무원도 2021.7.6. 이후부터는 공무원노조에 가입 가능함 → 다만, 교원은 「공무원노조법」에 의한 일반공무원노동조합이 아닌 교원노조에 가입이 가능함
③ 공무원 노동조합은 2개 이상의 단위에 걸치는 노동조합이나 그 연합단체도 허용되고 있음
④ 종래에는 6급 이하의 일반직 공무원만 노동조합에 가입할 수 있었으나, 최근 「공무원노조법」 개정(2021.7.6.시행)으로 직급 제한이 폐지되어 모든 일반직 공무원은 공무원노조에 가입할 수 있게 되었음

정답 ①

# 122 ★

## 지방소청심사위원회 및 교육소청심사위원회에 대한 내용으로 올바르지 않은 것은?

① 심사위원회에 위원장 1명을 두며, 위원장은 심사위원회 위촉위원 중에서 호선한다.

② 위촉되는 위원이 전체 위원의 2분의 1 이상이어야 한다.

② 위원은 시도지사 또는 교육감이 임명하거나 위촉한다.

④ 위촉되는 위원의 임기는 2년으로 하되, 한 번만 연임할 수 있다.

# 123 ★

## 인사혁신처에 설치된 소청심사위원회에 대한 설명으로 옳지 않은 것은?

① 정당법에 따른 정당의 당원, 공직선거법에 따라 실시하는 선거에 후보로 등록한 자는 소청심사위원회의 위원이 될 수 없다.

② 다른 법률로 정하는 바에 따라 특정직공무원의 소청을 심사 · 결정할 수 있다.

③ 인사혁신처에 설치된 소청심사위에는 위원장 1명을 포함한 5명 이상 9명 이내의 상임위원으로 구성하고, 상임위원 수의 2분의 1 이상인 비상임위원으로 구성하되, 위원장은 정무직으로 보한다.

④ 행정기관 소속 공무원의 징계처분, 그 밖에 그 의사에 반하는 불리한 처분이나 부작위에 대한 소청을 심사 · 결정한다.

---

**정답 및 해설**

**122** 위촉위원의 임기는 3년임

①②③

**지방공무원법 제13조【소청심사위원회의 설치】** 공무원의 징계, 그 밖에 그 의사에 반하는 불리한 처분이나 부작위(不作爲)에 대한 소청을 심사 · 결정하기 위하여 시 · 도에 지방소청심사위원회 및 교육소청심사위원회를 둔다.

**동법 제14조【심사위원회의 위원】** ① 심사위원회는 16명 이상 20명 이하의 위원으로 구성한다. 이 경우 위촉되는 위원이 전체 위원의 2분의 1 이상이어야 한다.

② 위원은 시 · 도지사 또는 교육감이 임명하거나 위촉한다.

③ 제2항에 따라 위촉되는 위원의 임기는 3년으로 하되, 한 번만 연임할 수 있다.

**동법 제15조【심사위원회의 위원장】** ① 심사위원회에 위원장 1명을 두며, 위원장은 심사위원회 위촉위원 중에서 호선한다.

정답 ④

---

**정답 및 해설**

**123** 인사혁신처에 설치된 소청심사위에는 위원장 1명을 포함한 5명 이상 7명 이내의 상임위원으로 구성하고, 상임위원 수의 2분의 1 이상인 비상임위원으로 구성하되, 위원장은 정무직으로 보함

①

**국가공무원법 제10조의2【소청심사위원회위원의 결격사유】** ① 다음 각 호의 어느 하나에 해당하는 자는 소청심사위원회의 위원이 될 수 없다.

1. 제33조 각 호의 어느 하나에 해당하는 자 → '결격사유'에 해당하는 자

2. 「정당법」에 따른 정당의 당원

정답 ③

# 124 ★

**우리나라 소청심사위원회에 대한 설명으로 옳은 것은?**

① 행정안전부에 설치된 소청심사위원회는 행정기관 소속 공무원뿐만 아니라 모든 국가기관 소속 공무원의 소청을 심사·결정한다.

② 소청심사위원회는 경력직과 특수경력직 공무원의 소청을 심사·결정할 수 있다.

③ 지방소청심사위원회는 광역자치단체별로 설치되며, 지방소청심사위원회위원은 자치단체의 장이 임명 또는 위촉한다.

④ 근무성적평정의 결과나 승진탈락도 소청심사의 대상이 될 수 있으며, 소청 사건의 결정은 재적위원 1/2 이상의 출석과 출석위원 과반수의 합의에 따른다.

# 125 ★

**다음 중 공무원의 소청심사 제도에 관한 설명으로 옳지 않은 것은?**

① 공무원이 그의 의사에 반하는 불이익 처분을 받은 경우 이를 심사해 구제해 주는 것이다.

② 소청의 처리가 진행되는 동안 임용권자는 업무의 공백을 메우기 위해 원칙적으로 후임자의 보충발령을 한다.

③ 특수경력직 공무원은 원칙적으로 소청심사대상에 포함되지 않는다.

④ 행정기관 소속 공무원의 소청심사업무는 인사혁신처 소속의 소청심사위원회가 담당한다.

---

**정답 및 해설**

**124** 아래의 조항 참고

> **지방공무원법 제14조 【심사위원회의 위원】** ① 심사위원회는 16명 이상 20명 이하의 위원으로 구성한다. 이 경우 위촉되는 위원이 전체 위원의 2분의 1 이상이어야 한다.
> ② 위원은 시·도지사 또는 교육감이 임명하거나 위촉한다.

① 소청심사위원회는 행정 기관 소속 공무원의 소청을 심사·결정하기 위하여 인사혁신처에 설치되며, 국회, 법원, 헌법재판소 및 선거관리위원회 소속 공무원의 소청에 관한 사항을 심사 결정하기 위하여 국회 사무처, 법원 행정처, 헌법재판소 사무처 및 중앙선거관리위원회 사무처에 각각 해당 소청심사위원회를 두고 있음 → 행정안전부×

② 소청심사위원회는 법률로 정하는 바에 따라 경력직(일반직과 특정직) 공무원의 소청을 심사·결정할 수 있음

④ 근무성적평정의 결과나 승진탈락은 소청 심사의 대상이 되지 않으며, 소청사건의 결정은 재적 위원 2/3 이상의 출석과 출석 위원 과반수의 합의에 따름

정답 ③

**125** 소청의 처리가 진행되는 동안에는 보충발령을 못하게 함으로써 공무원의 권익을 보호하고 있음

①②

> **국가공무원법 제76조 【심사청구와 후임자 보충 발령】** ① 제75조에 따른 처분사유 설명서를 받은 공무원이 그 처분에 불복할 때에는 그 설명서를 받은 날부터, 공무원이 제75조에서 정한 처분 외에 본인의 의사에 반한 불리한 처분을 받았을 때에는 그 처분이 있은 것을 안 날부터 각각 30일 이내에 소청심사위원회에 이에 대한 심사를 청구할 수 있다. 이 경우 변호사를 대리인으로 선임할 수 있다.
> ② 본인의 의사에 반하여 파면 또는 해임이나 제70조 제1항 제5호에 따른 면직처분을 하면 그 처분을 한 날부터 40일 이내에는 후임자의 보충발령을 하지 못한다.

③ 특수경력직 공무원은 소청대상에 포함되지 않음(원칙)

④

> **국가공무원법 제9조 【소청심사위원회의 설치】** ① 행정기관 소속 공무원의 징계처분, 그 밖에 그 의사에 반하는 불리한 처분이나 부작위(해야 할 의무를 다하지 않음)에 대한 소청을 심사·결정하게 하기 위하여 인사혁신처에 소청심사위원회를 둔다.

정답 ②

## 126 ★

고충처리제도와 소청심사제도에 대한 설명으로 가장 옳지 않은 것은?

① 소청심사제도는 공무원이 징계처분 기타 그 의사에 반하는 불이익 처분에 대해 이의를 제기하는 경우 이를 심사·결정하는 제도이다.
② 중앙고충심사위원회의 기능은 인사혁신처 소청심사위원회에서 관장한다.
③ 고충심사위원회와 소청심사위원회의 결정은 관계기관의 장을 기속한다.
④ 양자 모두 공무원의 권익보호를 위한 제도이다.

## 127 ★

소청심사제도에 대한 설명으로 옳은 것은?

① 소청심사위원회의 결정은 처분행정청에 대해 권고와 같은 효력이 있다.
② 강임과 면직은 심사 대상이나 휴직과 전보는 심사 대상에 해당되지 않는다.
③ 지방소청심사위원회는 기초자치단체별로 설치되어 있다.
④ 지방소청심사위원회 위원은 자치단체장이 임명 또는 위촉하나 위원장은 위촉위원 중에서 호선한다.

### 정답 및 해설

**126** 소청심사위원회의 결정은 구속력이 있지만 고충심사위원회의 결정은 구속력이 없음
① 소청심사제도는 징계처분 및 기타 그 의사에 반하는 불이익 처분을 받은 공무원이 그에 불복해 이의를 제기하는 경우 이를 심사해 구제해주는 제도임
②
☑ **고충심사와 소청심사의 차이**

| 구분 | 고충심사 | 소청심사 |
|---|---|---|
| 담당기구 | • 보통고충처리위원회(각 부처) : 6급 이하<br>• 중앙고충처리위원회(인사혁신처) : 5급 이상(소청심사위가 대행) | 인사혁신처 소청심사위원회 |
| 구속력 | 없음 | 있음 |

④ 고충심사는 직장 내 불편사항, 소청심사는 위법한 징계처분 등을 구제하는 제도임

정답 ③

### 정답 및 해설

**127**

**지방공무원법 제14조【심사위원회의 위원】** ① 심사위원회는 16명 이상 20명 이하의 위원으로 구성한다. 이 경우 위촉되는 위원이 전체 위원의 2분의 1 이상이어야 한다.
② 위원은 시·도지사 또는 교육감이 임명하거나 위촉한다.
③ 제2항에 따라 위촉되는 위원의 임기는 2년으로 하되, 연임할 수 있다.
**동법 제15조【심사위원회의 위원장】** ① 심사위원회에 위원장 1명을 두며, 위원장은 심사위원회 위촉위원 중에서 호선한다.

① 소청심사위원회의 결정은 처분행정청을 기속함
② 소청심사는 징계처분 및 기타 그 의사에 반하는 불이익 처분을 받은 공무원이 그에 불복해 이의를 제기하는 경우 이를 심사해 구제해주는 제도임 → 강임, 면직, 휴직, 전보는 모두 심사 대상에 포함됨(단, 근무평정결과나 승진탈락 등은 소청의 대상이 아님)
③ 지방소청심사위원회는 시·도에 임용권자별로 지방소청심사위원회 및 교육소청심사위원회를 둠

정답 ④

## 128 ★★

**우리나라의 공무원단체에 대한 설명으로 옳지 않은 것은?**

① 다른 공무원에 대하여 지휘·감독권을 행사하는 공무원은 노동조합에 가입할 수 없다.

② 공무원의 승진 및 전보에 관한 사항은 교섭 대상이 될 수 없다.

③ 경찰공무원과 소방공무원은 공무원직장협의회에 가입할 수 없다.

④ 공무원 노동조합의 경우 설립단위를 기준으로 복수의 노조를 형성할 수 있다.

## 129 ★

**공무원 노동조합에 대한 설명으로 옳은 것은?**

① 교정·수사 등에 관한 업무에 종사하는 공무원은 노동조합에 가입할 수 있다.

② 6급 이하의 일반직공무원만 노동조합에 가입할 수 있다.

③ 퇴직공무원도 노동조합에 가입할 수 있다.

④ 소방공무원과 경찰, 교원은 노동조합 가입이 허용되지 않는다.

## 130 ★

**우리나라 공무원 노동조합에 대한 설명으로 옳은 것은?**

① 퇴직한 공무원, 경찰공무원은 공무원 노동조합에 가입할 수 있다.

② 단체행동권을 가지고 있다.

③ 공공부문 인적자원 관리의 민주성을 증진하지만, 실적주의에는 영향을 미치지 않는다.

④ 공무원 노조 활동의 전임자를 인정하지만, 유급 휴직이다.

---

**정답 및 해설**

**128** 아래의 조항 참고

> **공무원직협법 제3조 【가입 범위】** ① 협의회에 가입할 수 있는 공무원의 범위는 다음 각 호와 같다.
> 1. 일반직공무원
> 2. 특정직공무원 중 다음 각 목의 어느 하나에 해당하는 공무원
>    가. 외무영사직렬·외교정보기술직렬 외무공무원
>    나. 경찰공무원
>    다. 소방공무원
> 5. 별정직공무원

정답 ③

**129** 퇴직공무원은 노동조합에 가입할 수 있음
① 교정·수사 등에 관한 업무에 종사하는 공무원은 노동조합에 가입할 수 없음
② 모든 일반직공무원은 노동조합에 가입할 수 있음
④ 소방공무원은 노동조합에 가입할 수 있음(경찰·교원×)

정답 ③

**정답 및 해설**

**130** 아래의 조항 참고

> **공무원노조법 제7조 【노동조합 전임자의 지위】** ① 공무원은 임용권자의 동의를 받아 노동조합으로부터 급여를 지급받으면서 노동조합의 업무에만 종사할 수 있다.
> ② 제1항에 따른 동의를 받아 노동조합의 업무에만 종사하는 사람[이하 "전임자"(專任者)라 한다]에 대하여는 휴직명령을 하여야 한다.

① 경찰공무원은 교정·수사에 대한 업무를 수행하는 공무원이므로 노동조합에 가입할 수 없음
② 우리나라 공무원 노조는 단체행동권이 없음
③ 공공부문 인적자원 관리의 민주성을 증진하지만, 실적주의를 저해할 수 있음

정답 ④

# 131 ★

공무원의 노동조합 설립 및 운영에 관한 설명으로 옳지 않은 것은?

① 공무원 노조를 설립하고자 하는 경우에는 고용노동부장관에게 노조설립 신고서를 제출하여야 한다.

② 공무원은 임용권자의 동의를 받아 노동조합으로부터 급여를 지급받으면서 노동조합의 업무에만 종사할 수 있다.

③ 행정부 노동조합 대표자는 보수, 복지, 임용권의 행사, 신규공무원의 채용기준과 절차 등에 대하여 인사혁신처장과 교섭하고 단체협약을 체결할 권한을 가진다.

④ 단체교섭이 결렬된 경우에는 당사자 어느 한쪽 또는 양쪽은 중앙노동위원회에 조정을 신청할 수 있으며, 중앙노동위원회는 조정신청 을 받은 날로부터 30일 내에 조정을 마쳐야 한다.

# 132 ★

공무원직장협의회의 설립·운영에 관한 법률상 공무원직장협의회에 가입할 수 없는 공무원은?

① 일반직 공무원

② 특정직 공무원 중 외무영사직렬 공무원, 경찰공무원, 소방공무원, 교육공무원

③ 별정직 공무원

④ 국가공무원법 제66조 제1항 단서에 따라 노동운동이 허용되는 공무원

---

**정답 및 해설**

**131** 행정부 노동조합 대표자는 그 노동조합에 관한 사항 또는 공무원의 보수·복지 그 밖의 근무조건에 관한 사항에 대하여 인사혁신처장과 교섭하고 단체협약을 체결할 권한을 지님 → 임용권 행사나 신규공무원의 채용기준과 절차는 단체협약의 대상이 아님 ①

**공무원노조법 제5조 【노동조합의 설립】** ② 노동조합을 설립하려는 사람은 고용노동부장관에게 설립신고서를 제출하여야 한다. ②

**공무원노조법 제7조 【노동조합 전임자의 지위】** ① 공무원은 임용권자의 동의를 받아 노동조합으로부터 급여를 지급받으면서 노동조합의 업무에만 종사할 수 있다. ④

**공무원노조법 제12조 【조정신청 등】** ① 제8조에 따른 단체교섭이 결렬된 경우에는 당사자 어느 한쪽 또는 양쪽은 중앙노동위원회에 조정(調停)을 신청할 수 있다.
④ 조정은 제1항에 따른 조정신청을 받은 날부터 30일 이내에 마쳐야 한다. 다만, 당사자들이 합의한 경우에는 30일 이내의 범위에서 조정기간을 연장할 수 있다.

정답 ③

---

**정답 및 해설**

**132** 선지에서 교육공무원을 제외해야 함

**공무원직협법 제3조 【가입 범위】** ① 협의회에 가입할 수 있는 공무원의 범위는 다음 각 호와 같다.
1. 일반직공무원
2. 특정직공무원 중 다음 각 목의 어느 하나에 해당하는 공무원
   가. 외무영사직렬·외교정보기술직렬 외무공무원
   나. 경찰공무원
   다. 소방공무원
5. 별정직공무원

정답 ②

PART

# 05

# 재무행정

# CHAPTER 01 예산제도의 발달 과정

◎ 기본서 p.304 - 310

## 01 ★★★

정부지출을 통제하고 회계공무원의 책임을 명확히 하려는 데 목적을 둔 예산제도는?

① 영기준예산제도
② 품목별 예산제도
③ 성과주의예산제도
④ 계획예산제도

## 02 ★

품목별 예산제도(LIBS)에 대한 설명으로 틀린 것은?

① 집행단계에서의 지출통제에 역점을 둔다.
② 관심의 범위는 투입에 국한한다.
③ 예산결정의 접근방법은 점증주의이다.
④ 행정체제 전반의 관리 및 계획책임은 집권적이다.

## 03 ★★★

품목별 예산제도에 대한 설명으로 옳지 않은 것은?

① 공무원들로 하여금 회계 책임에 민감하도록 엄격한 회계감사를 지원한다.
② 공공부문의 재량적 지출행위를 감소시키는 데 크게 기여했다.
③ 사업의 비용보다는 예산 운영방식에 대한 통제에 초점을 맞춘다.
④ 관리자들이 사업의 방식에 대한 관심이 낮아 예산 변경의 폭이 적은 편이다.

---

### 정답 및 해설

**01** 품목별 예산제도는 회계책임을 묻는 데 유용함 → 여기서 회계책임이란 품목별 지출의 정확성에 대한 책임임
① 영기준예산제도 : 전년도 예산에 대해 근본적으로 재편성하는 제도
③ 성과주의예산제도 : 정부활동을 중심으로 예산을 편성하는 제도
④ 계획예산제도 : 대규모 사업을 중심으로 예산을 편성하는 제도

**정답** ②

**02** 품목별 예산제도에서 관리 및 기획책임은 분산되어 있음
① 품목별 예산제도는 국회가 행정부를 통제하는 데 중점을 둔 예산제도임
② 품목별 예산제도는 투입중심 예산편성제도임 → 사업별 예산편성 ✕
③ 품목별 예산제도에서 예산안은 점증모형에 기초하여 편성됨

**정답** ④

### 정답 및 해설

**03** 품목별 예산제도는 예산 운영방식이나 사업의 성과보다는 투입되는 사업의 '비용'에 대해 초점을 맞춤
①②
품목별 예산제도는 통제지향적인 예산편성제도임
④ 품목별 예산제도는 경직적인 예산편성제도임 → 예산변경의 폭이 적은 편임

**정답** ③

## 04 ★★★

**예산제도의 특징에 대한 설명으로 옳은 것은?**

① 품목별 예산은 사업대안의 우선순위에 필요한 정보를 제공한다.

② 계획예산은 정보들을 의사결정 패키지별로 조직한다.

③ 영기준예산은 장기적 계획과 단기적 예산을 영(zero) 수준의 프로그래밍을 통해 연계한다.

④ 성과예산은 업무량 또는 활동별 지출을 단위비용으로 표현하고자 한다.

## 05 ★★★

**다음 중 성과주의 예산(PBS, Performance Budgeting System)의 장점으로 가장 거리가 먼 것은?**

① 프로그램을 이용하여 장기적인 계획과 연차별 예산이 유기적으로 연계된다.

② 사업별 총액배정을 통한 예산집행의 능률성 제고를 들 수 있다.

③ 투입·산출 간 비교와 평가가 쉬워 환류가 강화된다.

④ 과학적 계산에 의한 효율적인 자원배분으로 예산편성과 집행의 관리가 쉽다.

### 정답 및 해설

**04** 성과주의 예산에서 '예산 = 사업량 × 단위원가'임 ; 따라서 예산안을 편성할 때 업무량 또는 활동별 지출을 단위비용으로 표현함

① 품목별 예산은 투입중심 예산편성제도이므로 정책에 대한 정보를 제공하지 못함

② 예산에 대한 정보들을 의사결정 패키지별로 조직하는 것은 영기준 예산편성제도임

③ 계획예산제도는 장기적 계획과 그에 수반되는 단기적 예산을 프로그래밍을 통해 연계함

정답 ④

**05** 선지는 계획예산제도에 대한 내용임

② 성과주의 예산제도는 특정 사업에 얼마가 투입됐는지 나타낼 수 있음

③④ 성과주의 예산제도는 특정 사업에 대한 투입을 표현하는 까닭에 능률성 판단이 가능함

정답 ①

## 06 ★★★

**〈보기〉의 예산제도에 대한 설명으로 옳은 것만을 모두 고르면?**

┌─────── 보기 ┌─────

ㄱ. 성과주의 예산제도(Performance Budgeting System)는 계량화된 정보를 통해 재무행정의 관리개선에 기여할 수 있다는 장점이 있다.

ㄴ. 계획예산제도(Planning Programming Budgeting System)는 계획 - 사업 - 예산의 체계적 연계를 강조하며, 주요 관심 대상은 사업의 목표이나, 투입과 산출에도 관심을 둔다.

ㄷ. 품목별 예산제도는 주어진 재원 수준에서 달성한 산출물 수준을 성과지표에 포함한다.

ㄹ. 영기준 예산제도는 합리적 선택을 강조하는 총체주의 방식의 예산제도로 예산편성에 비용·노력의 과다한 투입을 요구한다는 비판을 받는다.

ㅁ. 프로그램 예산제도는 프로그램을 중심으로 예산을 편성하는 제도이며, 우리나라는 1998년 공식적으로 도입했다.

① ㄱ, ㄴ, ㄷ      ② ㄱ, ㄴ, ㄹ

③ ㄴ, ㄷ, ㄹ      ④ ㄴ, ㄷ, ㅁ

### 정답 및 해설

**06**

📝 **올바른 선지**

ㄱ. 성과주의 예산제도(Performance Budgeting System)는 단위원가 측정 등 계량화된 정보를 통해 합리적인 의사결정과 관리개선에 기여할 수 있는 관리지향적 제도임

ㄴ. 계획예산제도(Planning Programming Budgeting System)는 정책목표와 이를 달성하기 위한 대규모 사업을 결정한 후 장기적인 관점에서 예산을 배정하는바 주요 관심 대상은 사업의 목표이나, 투입과 산출에도 관심을 둠

ㄹ. 영기준 예산제도(Zero-based Budgeting System)는 합리적 선택을 강조하는 총체주의 방식의 예산제도로 예산편성에 비용·노력의 과다한 투입을 요구한다는 문제점 때문에 1981년 레이건 행정부가 집권하면서 폐기되었음

📝 **틀린 선지**

ㄷ. 품목별 예산제도(Line-item Budgeting System)는 투입을 중심으로 예산을 편성하는바 주어진 재원 수준에서 달성한 산출물 수준을 성과지표에 포함시키지 못함

ㅁ. 프로그램 예산제도는 프로그램을 중심으로 예산을 편성하는 제도이며, 우리나라는 중앙정부는 2007년, 지방자치단체는 2008년부터 프로그램예산을 채택하였음

정답 ②

# 07 ★★

아래의 내용은 계획예산제도와 영기준예산제도의 특징을 비교한 것이다. 옳지 않은 내용은 무엇인가?

| 구 분 | 계획예산제도 | 영기준예산제도 |
|---|---|---|
| ① | 하향식 | 상향식 |
| ② | 미시적 | 거시적 |
| ③ | 개방체제 | 폐쇄체제 |
| ④ | 장기적 | 단기적 |

# 08 ★★★

다음 중 예산제도에 대한 설명 중 옳은 것은 모두 몇 개인가?

> ㉠ 품목별 예산제도 − 지출의 세부적 사항에만 중점을 두므로 정부활동의 전체적인 상황을 알 수 없다.
> ㉡ 성과주의 예산제도 − 예산배정 과정에서 필요 사업량이 제시되지 않아사업계획과 예산을 연계할 수 없다.
> ㉢ 계획예산제도 − 모든 사업이 목표달성을 위해 유기적으로 연계되어 있는바 부처 간 경계를 뛰어넘는 자원배분의 합리화를 가져올 수 있다.
> ㉣ 영기준예산제도 − 모든 사업이나 대안을 총체적으로 분석하므로 시간이 많이 걸리고 노력이 과중할 뿐만 아니라 과도한 문서자료가 요구된다.
> ㉤ 목표관리예산제도(MBO) − 예산결정 과정에 관리자 참여가 어렵다는 점에서 집권적인 경향이 있다.

① 1개  ② 2개
③ 3개  ④ 4개

### 정답 및 해설

**08** ㉡과 ㉤을 제외하고 모두 올바른 선지임

☑ **올바른 선지**
㉠ 품목별 예산제도(LIBS) − 품목별 예산제도는 세부적인 지출사항에 중점을 두므로 정부 활동에 대한 정보를 제공하지 못함
㉢ 계획예산제도(PPBS) − 계획예산제도는 모든 사업이 목표 달성을 위해 유기적으로 연계되어 있으며, 대규모 정책 중심의 예산편성을 지향하므로 부처 간의 경계를 뛰어넘는 자원배분의 합리화를 가져올 수 있음
㉣ 영기준예산제도(ZBB) − 전년도 예산을 근본적으로 검토하는 과정에서 시간이 많이 걸리고 노력이 과중할 뿐만 아니라 과도한 문서자료가 요구됨

☑ **틀린 선지**
㉡ 성과주의 예산제도에서는 재원배정 과정에서 필요 사업량이 제시되기 때문에, 예산과 사업을 연계시킬 수 있음
㉤ 목표관리예산제도(MBO)는 관리자와 구성원 모두의 참여를 강조하며 조직구성원이 구체적인 목표를 설정해서 상관에게 제시한다는 면에서 분권적인 경향이 있음

### 정답 및 해설

**07** 아래의 표 참고
①②③④

| | | | | | |
|---|---|---|---|---|---|
| PPBS | 하향식 | 거시적 | 개방체제 | 장기적 | 계획지향 : 대규모 사업 및 정책 |
| ZBB | 상향식 | 미시적 | 폐쇄체제 | 단기적 | 감축지향 : 사업축소 |

정답 ②

정답 ③

## 09 ★★

다음 중에서 영기준예산제도(ZBB)에 대한 설명 중에서 가장 거리가 먼 것은?

① 새로운 사업의 구상보다는 기존 사업의 감축관리에 목적을 둔다.
② 예산에 관한 의사결정이 하향적(top down)으로 진행된다.
③ 사업 검토가 조직의 경계 내에서 진행되는 폐쇄적인 의사결정의 일종이다.
④ 상급 관리계층에게 정보홍수와 업무과다를 초래한다.

## 10 ★

다음 중 '결과지향적' 혹은 '성과주의' 예산제도에 대한 설명으로 가장 적절하지 않은 것은?

① 신공공관리론의 영향으로 등장하였다.
② 중·장기적 계획성을 반영한다.
③ 지출총액에 대한 집권적 통제와 지출 관련 행정권의 남용의 최소화를 목표로 한다.
④ 내부관리의 효율성 제고와 서비스 공급비용의 감소를 추구한다.

## 11 ★★★

다음은 다양한 예산제도에 대한 설명이다. 옳지 않은 것을 모두 고르면?

> ㉠ 품목별 예산(LIBS)은 상향적 의사결정구조를 지니며, 정부사업의 우선순위 파악이 용이하다.
> ㉡ 성과주의 예산(PBS)은 정부활동에 초점이 있으며, 회계책임을 명확히 할 수 있다.
> ㉢ 계획예산(PPBS)은 평가지향성을 지니며 체제분석 등을 활용한다.
> ㉣ 영기준예산(ZBB)은 집권화된 관리체계를 갖기 때문에 예산편성과정에 소수의 조직구성원만이 참여하게 된다.
> ㉤ 영기준예산(ZBB)은 단기적이고 신축적인 예산편성제도이다.

① 1개
② 2개
③ 3개
④ 4개

---

**정답 및 해설**

**09** 영기준예산제도는 예산에 관한 의사결정이 상향적으로 진행됨
① 영기준예산제도는 감축지향적인 예산편성제도임
③ 영기준예산제도는 부서별 예산편성을 추구하므로 폐쇄체제 관점임
④ 영기준예산제도에서 각 부서는 상급 관리계층에게 정책결정패키지를 제공함

**정답** ②

**10** 신성과주의 예산제도는 신공공관리를 예산운영에 적용한 것이므로 운영상의 재량과 성과책임을 강조함 → 지출 관련 행정권 남용의 최소화 ×
② 신성과주의는 장기적인 계획을 반영함으로서 사업추진의 안정성과 일관성을 유지하고, 재정건전성 등 중장기적 거시재정목표의 효과적인 추구를 위해 도입되었음
④ 신성과주의는 신공공관리적인 특성을 반영한 예산관리이므로 내부관리의 효율성 제고와 서비스 공급비용의 감소를 추구함

**정답** ③

**정답 및 해설**

**11**
📝 **틀린 선지**
㉠ 품목별예산(LIBS)은 상향적 의사결정 구조를 지니지만, 항목만을 강조하여 사업이나 정책의 우선순위를 파악하기 곤란함
㉡ 성과주의예산(PBS)은 정부활동에 초점이 있으나, 품목이 아닌 사업에 초점을 두기 때문에 회계책임 확보가 곤란함
㉢ 계획예산(PPBS)은 목표지향성을 지니며 체제분석 등을 활용함
㉣ 영기준예산(ZBB)은 분권화된 관리체계를 갖기 때문에 예산편성과정에 다수의 조직구성원이 참여함

📝 **올바른 선지**
㉤ 영기준예산(ZBB)은 전년도 예산을 매년 재검토하므로 단기적이고 신축적인 예산편성제도임

**정답** ④

# 12 ★★★

**예산제도에 대한 설명으로 옳은 것만을 모두 고르면?**

---

ㄱ. 영기준예산제도에서는 사업을 원점에서 재검토하여 예산을 편성하기 때문에 사업담당자들이 자신의 사업평가 과정에서 위협을 느끼게 된다.

ㄴ. 성과주의예산제도는 업무단위 선정이 곤란하지만 단위원가 계산은 용이하다.

ㄷ. 계획예산제도는 의사결정 집권화를 완화할 수 있고, 목표설정의 계량화를 용이하게 할 수 있다.

ㄹ. 품목별예산제도는 행정부의 예산집행 과정에서 유용이나 남용을 방지할 수 있고, 예산심의가 용이하여 행정부에 대한 의회의 권한을 강화할 수 있다.

---

① ㄱ, ㄴ         ② ㄱ, ㄹ

③ ㄴ, ㄷ         ④ ㄷ, ㄹ

---

## 정답 및 해설

**12**

☑ **올바른 선지**

ㄱ. 영기준예산제도에서는 사업담당자들이 전년도 사업을 원점에서 재검토하는 과정에서 업무부담을 느낄 수 있음

ㄹ. 품목별예산제도는 입법국가 시절에 등장한 예산편성제도이므로 행정부를 통제하기 용이함

☑ **틀린 선지**

ㄴ. 성과주의예산제도는 업무단위 선정의 곤란성과 단위원가 계산의 어려움이 있음

ㄷ. 계획예산제도는 장기적 목표를 엘리트가 설정하는바 의사결정의 집권화를 초래할 수 있음

정답 ②

# 우리나라의 재정개혁

📍기본서 p.311 - 316

PART
**05**
재무행정

## 13 ★★★

**예산과 재정운영제도에 대한 설명으로 옳지 않은 것은?**

① 국회는 국가재정운용계획과 예산안을 함께 심의하여 확정한다.

② 총액배분자율편성제도는 정부가 사전에 설정한 지출 한도에 맞추어 각 중앙부처가 예산을 편성하는 것을 의미한다.

③ 프로그램예산제도는 유사 정책을 시행하는 사업의 묶음인 프로그램별로 예산을 편성하는 제도로 우리나라의 경우 중앙정부와 지방정부 모두 도입하고 있다.

④ 정부는 국가재정운용계획을 회계연도 개시 120일 전까지 국회에 제출하여야 한다.

## 14 ★

**총액배분자율편성예산제도에 대한 설명으로 옳지 않은 것은?**

① 사전에 결정된 예산의 지출한도 내에서 각 부처가 자율적으로 예산을 편성해 운영한다.

② 자금관리의 분권화를 강조하지만 의사결정의 주된 흐름은 하향적이다.

③ 중앙예산기관이 부처별 개별사업을 집중적으로 검토하기 위한 예산제도이다.

④ 미래예측을 강조함으로써 점증주의적 예산편성관행을 바꾸는 데 기여할 수 있다.

---

### 정답 및 해설

**13** 국가재정운용계획은 예산안 첨부서류가 아니지만, 예산안과 함께 국회에 제출되어야 함 → 그러나 예산안과 함께 심의하여 확정되는 것은 아님 ; 국회는 예산안을 심의·의결할 수 있음

② 총액배분·자율편성제도는 NPM의 영향을 받아서 시행된 제도로서 정부가 사전에 설정한 지출한도에 맞추어 각 중앙부처가 예산을 편성하는 것을 의미함

③ 우리나라는 중앙정부가 2007년, 지방자치단체가 2008년부터 프로그램예산을 채택하고 있음

④

**국가재정법 제7조【국가재정운용계획의 수립 등】** ① 정부는 재정운용의 효율화와 건전화를 위하여 매년 당해 회계연도부터 5회계연도 이상의 기간에 대한 재정운용계획(이하 "국가재정운용계획"이라 한다)을 수립하여 회계연도 개시 120일 전까지 국회에 제출하여야 한다.

정답 ①

### 정답 및 해설

**14** 총액배분자율편성제도는 전략적인 국가재정운용계획과 연계하여 성과중심으로 예산을 운영하기 위하여 지출한도를 정해주고(하향식) 그 한도 내에서는 각 부처의 예산편성 자율성을 인정해 주는 제도로서 종래의 투입중심, 개별사업중심, 단년도중심 예산제도의 문제점을 타파하기 위하여 도입된 제도임

④ 총액배분자율편성제도는 작은 정부를 구현하기 위해 등장한 제도임

정답 ③

# 15

★

우리나라의 예산성과금제도에 대한 설명으로 가장 적절하지 않은 것은?

① 「국가재정법」제49조는 예산성과금의 기본조항이다
② 예산성과금을 지급하고자 하는 경우에는 예산성과금 심사위원회의 심사를 거쳐야 한다.
③ 예산의 집행방법 또는 제도의 개선 등으로 지출 절약 및수입 증대에 기여한 자에게 예산성과금을 지급할 수 있다.
④ 지급대상은 개인에 한정되며 조직은 포함되지 않는다.

# 16

★★

우리나라에서 현재 시행되고 있는 재정제도는?

ㄱ. 국가예산의 편성과정에 국민의 참여를 허용하는 참여예산제도
ㄴ. 지방예산의 편성시 세부내용을 미리 확정하기 곤란한 사업의 경우 총액규모만 반영하고 세부지출은 집행부서에 위임하는 총액계상예산제도
ㄷ. 국가재정지출에 있어서 낭비를 감시하고 그에 대한 책임을 추궁하는 납세자소송제도
ㄹ. 지방예산이 절약되거나 수입이 증대된 경우 그 일부를 기여자에게 보상으로 지급하는 예산성과금제도

① 1개　　② 2개
③ 3개　　④ 4개

## 정답 및 해설

**16**

☑ 올바른 선지

ㄱ. 현재 우리나라는 전국 지자체에서 운영되고 있는 주민참여예산제와 마찬가지로 국가예산편성에도 국민의 의사와 목소리가 직접 반영될 수 있도록 국민참여예산제도를 운영하고 있음
ㄹ. 지방예산이 절약되거나 수입이 증대된 경우 그 일부를 기여자에게 보상으로 지급하는 예산성과금제도

> **지방재정법 제48조 【예산 절약에 따른 성과금의 지급 등】** ① 지방자치단체의 장은 예산의 집행 방법이나 제도의 개선 등으로 예산이 절약되거나 수입이 늘어난 경우에는 절약한 예산 또는 늘어난 수입의 일부를 이에 기여한 자에게 성과금으로 지급하거나 다른 사업에 사용할 수 있다.

☑ 틀린 선지

ㄴ. 납세자 소송제도는 지방자치단체에만 적용하고 있음

> **지방자치법 제17조 【주민소송】** ① 제16조 제1항에 따라 공금의 지출에 관한 사항, 재산의 취득·관리·처분에 관한 사항, 해당 지방자치단체를 당사자로 하는 매매·임차·도급 계약이나 그 밖의 계약의 체결·이행에 관한 사항 또는 지방세·사용료·수수료·과태료 등 공금의 부과·징수를 게을리한 사항을 감사청구한 주민은 다음 각 호의 어느 하나에 해당하는 경우에 그 감사청구한 사항과 관련이 있는 위법한 행위나 업무를 게을리 한 사실에 대하여 해당 지방자치단체의 장을 상대방으로 하여 소송을 제기할 수 있다.

ㄷ. 총액계상예산제도는 중앙에서 사용되는 제도임

> **국가재정법 제37조 【총액계상】** ① 기획재정부장관은 대통령령이 정하는 사업으로서 세부내용을 미리 확정하기 곤란한 사업의 경우에는 이를 총액으로 예산에 계상할 수 있다.

## 정답 및 해설

**15** 예산성과금 지급대상은 개인뿐 아니라 조직도 포함됨 → 예산의 집행방법 또는 제도의 개선 등으로 인하여 수입이 증대되거나 지출이 절약된 때에는 이에 기여한 개인에게 성과금을 지급할 수도 있지만, 조직으로 하여금 절약된 예산을 다른 사업에 사용하게 할 수도 있음

> **국가재정법 제49조 【예산성과금의 지급 등】** ① 각 중앙관서의 장은 예산의 집행방법 또는 제도의 개선 등으로 인하여 수입이 증대되거나 지출이 절약된 때에는 이에 기여한 자에게 성과금을 지급할 수 있으며, 절약된 예산을 다른 사업에 사용할 수 있다.
> ② 각 중앙관서의 장은 제1항의 규정에 따라 성과금을 지급하거나 절약된 예산을 다른 사업에 사용하고자 하는 때에는 예산성과금심사위원회의 심사를 거쳐야 한다.

정답 ④

정답 ②

# 17 ★★

**프로그램 예산제도에 대한 설명으로 옳지 않은 것은?**

① 기능별 분류는 장(분야)·관(부문), 사업별 분류는 항(프로그램)·세항(단위사업)·세세항(세부사업)으로 대응된다.

② 자원배분의 투명성을 높일 수 있고, 일반 국민의 예산에 대한 이해도를 제고할 수 있다.

③ 우리나라에서는 지방자치단체가 2004년부터, 중앙정부는 2008년부터 공식적으로 도입했다.

④ 하향식 방법을 활용하여 예산을 편성한다.

# 18 ★★

**프로그램 예산제도에 대한 설명으로 옳지 않은 것을 모두 고르면?**

> ㉠ 동일한 정책목표를 가진 단위사업들을 하나의 프로그램으로 묶어 예산 및 성과 관리의 기본 단위로 삼는 제도이다.
> ㉡ 세부업무와 단가를 통해 예산을 산정하지 않고 정책 사업별로 총원가를 산정하는 제도이다.
> ㉢ 프로그램 예산에서 '장'과 '관'은 '부문'과 '분야'의 구조를 갖는다.
> ㉣ 국가재정운용계획 및 총액배분자율편성예산제도와 연계된 상향식·미시적·단기적 예산제도이다.
> ㉤ 프로그램 예산제도는 지출의 성격에 따라 일반회계, 특별회계, 기금을 포함한다.

① 1개      ② 2개
③ 3개      ④ 4개

---

**정답 및 해설**

**17** 우리나라에서 중앙정부는 2007년부터, 지방자치단체는 2008년부터 공식적으로 도입하였음

① 프로그램이란 동일한 정책목표를 달성하기 위한 단위사업의 묶음으로 정책적으로 독립성을 지닌 최소단위임 → 즉 프로그램은 단일관리자에 의해 책임이 부여되고 동일한 성격의 사업들로 구성이 되며 정책의 투입, 산출, 목표가 관리되고 성과관리가 이루어지는 기본단위임

② 프로그램 예산제도는 대규모 사업을 기준으로 예산을 편성하는바 국민의 예산이해도를 제고할 수 있음

④ 프로그램 예산제도는 국가재정운용계획과 연계하여 다년도 중심으로 기능, 분야, 부처별 지출한도를 설정하고 이를 우선순위에 맞게 배분하는 하향식(Top-down) 방법을 사용함

정답 ③

---

**정답 및 해설**

**18**

☑ **틀린 선지**

㉢ 프로그램예산에서 '장 - 관'은 '분야 - 부문'의 구조를 지님

㉣ 프로그램 예산은 국가재정운용계획 및 총액배분자율편성예산제도화 연계된 하향식·거시적·장기적 예산임

☑ **올바른 선지**

㉠, ㉡

프로그램 예산제도는 동일한 정책목표를 지닌 소규모 사업을 하나의 대규모 사업으로 묶어 예산 및 성과관리의 기본 단위로 삼는 제도임

㉤ 프로그램 예산제도는 지출의 성격에 따라 일반회계, 특별회계, 기금을 포함함 → 예를 들어, 국가보훈부는 보훈복지 프로그램 중 교육지원비용을 기금(보훈기금법에 기초한 보훈기금)에서 충당함

정답 ②

# 19 ★★

우리나라의 「국가재정법」은 총사업비가 500억원 이상이고 국가의 재정지원 규모가 300억원 이상인 대규모 사업에 대한 예산편성을 위하여 미리 예비타당성조사를 실시하도록 규정하고 있는데, 전술한 예비타당성조사 대상 사업에서 제외되지 않는 것은?

① 공공청사, 교정시설, 초·중등 교육시설의 신·증축 사업
② 문화재 복원사업
③ 국가안보와 관계되거나 보안이 필요한 국방 관련 사업
④ 행정, 보건, 사회복지, 교육, 문화, 환경, 교통, 물류, 과학기술, 재난안전, 치안, 국방, 에너지 등 소관 업무에 대한 지능정보화 사업

# 20 ★

우리나라 중앙예산부서의 재정관리 혁신에 대한 설명으로 옳지 않은 것은?

① 총사업비가 500억원 이상이고 국가재정 지원 규모가 300억원 이상인 신규사업 중 지능정보화사업은 예비타당성조사의 대상사업이 될 수 있다.
② 사회간접자본(SOC)에 대한 대규모 민간투자사업은 기획재정부가 결정한다.
③ 예산 절감이나 국가 수입 증대에 기여한 자에게 제공하는 예산성과금은 공무원뿐만 아니라 일반국민에게도 지급될 수 있다.
④ 총사업비가 500억원 이상인 건설사업과 총사업비가 200억원 이상인 건축사업은 총사업비 관리제도의 대상사업이 될 수 있다.

---

## 정답 및 해설

**19** ④를 제외한 나머지는 모두 예비타당성 조사 면제사업임

**국가재정법 제38조【예비타당성조사】** ① 기획재정부장관은 총사업비가 500억원 이상이고 국가의 재정지원 규모가 300억원 이상인 신규사업으로서 다음 각 호의 어느 하나에 해당하는 대규모사업에 대한 예산을 편성하기 위하여 미리 예비타당성조사를 실시하고, 그 결과를 요약하여 국회 소관 상임위원회와 예산결산특별위원회에 제출하여야 한다. 다만, 제4호의 사업은 제28조에 따라 제출된 중기사업계획서에 의한 재정지출이 500억원 이상 수반되는 신규 사업으로 한다.
1. 건설공사가 포함된 사업
2. 「지능정보화 기본법」 제14조제1항에 따른 지능정보화 사업
3. 「과학기술기본법」 제11조에 따른 국가연구개발사업
4. 그 밖에 사회복지, 보건, 교육, 노동, 문화 및 관광, 환경 보호, 농림해양수산, 산업·중소기업 분야의 사업
② 제1항에도 불구하고 다음 각 호의 어느 하나에 해당하는 사업은 대통령령으로 정하는 절차에 따라 예비타당성조사 대상에서 제외한다.
1. 공공청사, 교정시설, 초·중등 교육시설의 신·증축 사업
2. 문화재 복원사업
3. 국가안보와 관계되거나 보안이 필요한 국방 관련 사업
4. 남북교류협력과 관계되거나 국가 간 협약·조약에 따라 추진하는 사업
5. 도로 유지보수, 노후 상수도 개량 등 기존 시설의 효용 증진을 위한 단순개량 및 유지보수사업

정답 ④

## 정답 및 해설

**20** 사회기반시설사업(구 사회간접자본시설)에 대한 민간투자대상사업 지정은 주무관청이 하며 대통령령으로 정하는 일정 규모 이상의 대상사업의 경우에는 사업 타당성 분석 후 민간투자사업심의위원회의 심의를 거쳐 지정함

①

> **국가재정법 제38조 【예비타당성조사】** ① 기획재정부장관은 총사업비가 500억원 이상이고 국가의 재정지원 규모가 300억원 이상인 신규사업으로서 다음 각 호의 어느 하나에 해당하는 대규모사업에 대한 예산을 편성하기 위하여 미리 예비타당성조사를 실시하고, 그 결과를 요약하여 국회 소관 상임위원회와 예산결산특별위원회에 제출하여야 한다. 다만, 제4호의 사업은 제28조에 따라 제출된 중기사업계획서에 의한 재정지출이 500억원 이상 수반되는 신규 사업으로 한다.
> 2. 「지능정보화 기본법」제14조 제1항에 따른 지능정보화 사업

③

> **국가재정법 제49조 【예산성과금의 지급 등】** ① 각 중앙관서의 장은 예산의 집행방법 또는 제도의 개선 등으로 인하여 수입이 증대되거나 지출이 절약된 때에는 이에 기여한 재(일반 국민도 가능)에게 성과금을 지급할 수 있으며, 절약된 예산을 다른 사업에 사용할 수 있다.

④

> **국가재정법 제50조 【총사업비의 관리】** ① 각 중앙관서의 장은 완성에 2년 이상이 소요되는 사업으로서 대통령령이 정하는 대규모사업에 대하여는 그 사업규모·총사업비 및 사업기간을 정하여 미리 기획재정부 장관과 협의하여야 한다. 협의를 거친 사업규모·총사업비 또는 사업기간을 변경하고자 하는 때에도 또한 같다.

> **국가재정법 시행령**
> **제21조 【총사업비의 관리】** ① 법 제50조 제1항 전단에서 "대통령령이 정하는 대규모사업"이란 다음 각 호의 어느 하나에 해당하는 사업을 말한다.
> 1. 다음 각 목의 어느 하나에 해당하는 사업으로서 총사업비와 국가의 재정지원 규모가 법 제38조 제1항 각 호 외의 부분 본문에서 정하고 있는 규모(사업추진 과정에서 총사업비 또는 국가의 재정지원 규모가 증액되어 해당 기준을 충족하는 경우를 포함한다) 이상인 사업
>   가. 건설공사가 포함된 사업(총사업비가 500억원 이상이고 국가의 재정지원 규모가 300억원 이상인 신규 사업). 다만, 건축사업은 제외한다.
> 2. 건축사업 또는 연구개발사업으로서 총사업비가 200억원 이상(사업추진 과정에서 총사업비 규모가 증액되어 총사업비가 200억원 이상에 해당하는 경우를 포함한다)인 사업

**정답** ②

---

# 21 ★★★

## 예비타당성조사와 타당성조사에 대해서 틀린 설명은?

① 예비타당성조사는 기획재정부가 실시하며, 타당성조사는 사업주무부처가 실시한다.

② 예비타당성조사는 대형 신규사업의 신중한 착수와 재정투자의 효율성을 높이기 위한 제도이다.

③ 예비타당성조사는 경제적·정책적·기술적 측면에서 타당성을 검토하는 것이다.

④ 일반적으로 타당성 조사는 예비타당성 조사를 통과한 후 시행된다.

## 정답 및 해설

**21** 기술적 측면에서 타당성을 검토하는 것은 타당성 조사임
①②

**☑ 예비타당성 조사와 타당성 조사**

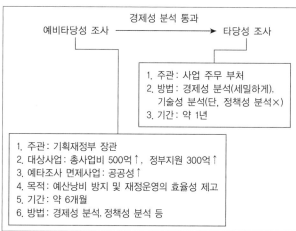

> 경제성 분석 통과
> 예비타당성 조사 ──────────→ 타당성 조사
>
> 1. 주관 : 사업 주무 부처
> 2. 방법 : 경제성 분석(세밀하게), 기술성 분석(단, 정책성 분석×)
> 3. 기간 : 약 1년
>
> 1. 주관 : 기획재정부 장관
> 2. 대상사업 : 총사업비 500억↑, 정부지원 300억↑
> 3. 예타조사 면제사업 : 공공성↑
> 4. 목적 : 예산낭비 방지 및 재정운영의 효율성 제고
> 5. 기간 : 약 6개월
> 6. 방법 : 경제성 분석, 정책성 분석 등

**정답** ③

## 22 ★★

우리나라 주민참여예산제도에 대한 설명으로 옳지 않은 것은?

① 주민참여예산은 재정민주주의를 강화하는 방안 중 하나이다.

② 「지방재정법」은 예산과정의 주민 참여 범위를 예산편성으로 제한하고 있다.

③ 예산의 심의, 결산의 승인 등 지방의회의 의결사항은 주민참여예산의 관여 범위가 아니다.

④ 주민참여예산제도의 운영을 위하여 지방자치단체장의 소속으로 주민참여예산기구를 둘 수 있다.

## 23 ★★★

예비타당성조사에 대한 설명으로 옳지 않은 것은?

① 총사업비가 500억 이상이고 국가의 재정지원 규모가 300억 이상인 사업을 대상으로 한다.

② 신규사업의 무분별한 착수를 막기 위한 것으로 경제성과 정책성 등을 분석한다.

③ 건설공사가 포함된 사업, 지능정보화 사업, 국가연구개발사업뿐만 아니라 사회복지, 보건, 교육, 노동, 문화분야의 사업에도 적용된다.

④ 중앙행정기관의 장 등은 예비타당성 조사를 실시하고 그 결과를 국회소관상임위원회와 예산결산특별위원회에 제출해야 한다.

**정답 및 해설**

**23** 기획재정부장관은 예비타당성조사를 실시하고 그 결과를 국회 소관 상임위원회와 예산결산특별위원회에 제출해야 함
①③④

**국가재정법 제38조【예비타당성조사】** ① 기획재정부장관은 총사업비가 500억원 이상이고 국가의 재정지원 규모가 300억원 이상인 신규사업으로서 다음 각 호의 어느 하나에 해당하는 대규모사업에 대한 예산을 편성하기 위하여 미리 예비타당성조사를 실시하고, 그 결과를 요약하여 국회 소관 상임위원회와 예산결산특별위원회에 제출하여야 한다. 다만, 제4호의 사업은 제28조에 따라 제출된 중기사업계획서에 의한 재정지출이 500억원 이상 수반되는 신규 사업으로 한다.
1. 건설공사가 포함된 사업
2. 「지능정보화 기본법」제14조 제1항에 따른 지능정보화 사업
3. 「과학기술기본법」제11조에 따른 국가연구개발사업
4. 그 밖에 사회복지, 보건, 교육, 노동, 문화 및 관광, 환경 보호, 농림해양수산, 산업·중소기업 분야의 사업

② 예비타당성조사는 작은 정부를 구현하기 위한 제도이며, 경제성과 정책성, 지역균형발전 등을 분석함

정답 ④

**정답 및 해설**

**22** 아래의 조항 참고

**지방재정법 제39조【지방예산 편성 등 예산과정의 주민참여】** ① 지방자치단체의 장은 대통령령으로 정하는 바에 따라 지방예산 편성 등 예산과정(지방의회의 의결사항은 제외)에 주민이 참여할 수 있는 제도(이하 이 조에서 "주민참여예산제도"라 한다)를 마련하여 시행하여야 한다.
② 지방예산 편성 등 예산과정의 주민 참여와 관련되는 다음 각 호의 사항을 심의하기 위하여 지방자치단체의 장 소속으로 주민참여예산위원회 등 주민참여예산기구를 둘 수 있다.

① 주민참여예산은 정부가 주민견해를 경청하면서 돈을 사용하는 재정민주주의와 관련된 제도임

정답 ②

# 24 ★★

우리나라의 주민참여예산제도에 대한 설명으로 옳지 않은 것은?

① 주민참여예산제도는 「지방재정법」에 근거를 두고 있으며, 모든 지방정부가 의무적으로 시행하도록 규정하고 있다.

② 지방자치단체의 장은 대통령령으로 정하는 바에 따라 지방 예산편성 등 예산과정에 주민이 참여할 수 있는 제도를 마련하여 시행하여야 한다.

③ 지방자치단체의 장은 예산 편성 과정에 참여한 주민의 의견을 수렴하여 그 의견서를 지방의회에 제출하는 예산안에 첨부해야 한다.

④ 기획재정부장관은 대통령령으로 정하는 바에 따라 자치단체별 주민참여예산제도의 운영에 대한 평가를 실시할 수 있다.

## 정답 및 해설

**24** 행정안전부장관은 대통령령으로 정하는 바에 따라 자치단체별 주민참여예산제도의 운영에 대한 평가를 실시할 수 있음
①②③

**지방재정법 제39조【지방예산 편성 등 예산과정의 주민참여】** ① 지방자치단체의 장은 대통령령으로 정하는 바에 따라 지방예산편성 등 예산과정(지방의회의 의결사항은 제외)에 주민이 참여할 수 있는 제도(이하 이 조에서 "주민참여예산제도"라 한다)를 마련하여 시행하여야 한다. ③ 지방자치단체의 장은 주민참여예산제도를 통하여 수렴한 주민의 의견서를 지방의회에 제출하는 예산안에 첨부하여야 한다.

정답 ④

# CHAPTER 03 예산결정모형

기본서 p.317 - 321

## 25 ★★

점증주의 예산이론에 대한 설명으로 가장 적절하지 않은 것은?

① 점증주의 예산이론은 환경의 불확실성과 인간 능력의 부족을 전제로 한다.
② 예산 결정은 전년도 예산을 기준으로 소폭의 변화만 이루어진다고 보았다.
③ 예산 결정을 정치적 과정으로 이해하기보다는 경제적 과정으로 이해한다.
④ 정치적 다원주의와 사회의 안정성을 전제로 한 예산 이론이다.

## 26 ★★

예산결정의 합리주의 결정방식에 대한 설명으로 옳지 않은 것은?

① 파레토 최적을 실현한 예산배분 상태이다.
② 목표를 합리적으로 달성할 수 있는 대안분석을 위해 체제분석을 한다.
③ PPBS에서 활용하는 예산결정모형이다.
④ 참여자 간의 합의를 중요시한다.

---

**정답 및 해설**

**25** 점증주의는 예산을 분석과 계산 등 경제적 과정으로 보기보다는 타협과 협상 등 정치적 과정으로 간주함 → 선지는 합리주의에 대한 내용임
① 점증주의 예산이론에서 의사결정자는 인지능력의 한계를 지니고 있음
② 점증주의에서 의사결정자는 모든 대안을 탐색하지 않고, 전년도 예산을 기준으로 소폭의 변화만 추구함
④ 점증주의는 정치적 합리성을 중시하는바 선진국에서 유용한 모형임

정답 ③

---

**정답 및 해설**

**26** ④는 국민 간 합의에 따라 예산을 결정하는 점증주의 모형의 특징에 해당함
① 합리모형은 능률성을 강조하는 의사결정모형임
② 합리모형은 목표를 합리적으로 달성할 수 있는 대안분석을 위해 비용편익분석과 같은 체제분석을 함
③ 계획예산제도는 목표를 달성할 수 있는 최선의 대규모 사업을 선택하는 과정에서 합리모형을 활용함

정답 ④

# 27 ★★

예산결정이론은 크게 총체주의(합리주의)와 점증주의로 구분할 수 있다. 이에 대한 설명으로 가장 적절하지 않은 것은?

① 자원의 합리적 배분을 중시하는 총체주의예산의 대표적인 예는 계획예산(PPBS)과 영기준예산(ZBB)이다.

② 총체주의예산은 합리적 모형을 적용하여 계획기능이 강화되므로 집권화를 초래할 위험이 있다.

③ 점증주의예산은 협상과 타협에 의한 정치적 합리성을 강조한다.

④ 예산통일성의 원칙이 지켜지는 영역에서는 점증주의가 타당하지 않으며, 그 예외(특별회계나 목적세) 영역에서 점증주의가 적합하다.

# 28 ★

자원의 희소성과 예산의 행태에 대한 설명 중 옳은 것은?

① 완화된 희소성 – 사업개발 및 ZBB를 고려한다.

② 만성적 희소성 – 지출통제보다 관리개선에 역점을 둔다.

③ 급성 희소성 – 허위적 회계처리 및 회피형 예산 편성을 한다.

④ 총체적 희소성 – 단기적·임기응변적 예산편성에 몰두한다.

---

**정답 및 해설**

**28** 아래의 표 참고

☑ **쉬크의 예산결정모형**

| 구분 | 희소성 | 현존 사업 | 증가분 | 신규 사업 |
|---|---|---|---|---|
| 총체적 희소성으로 갈수록 정부 재정 규모↓ | • 완화된 희소성<br>　– PPBS 고려 | ○ | ○ | ○ |
| | • 만성적 희소성<br>　– 지출통제보다는 관리개선에 역점<br>　– (새로운) 사업의 분석과 평가는 소홀<br>　– 만성적 희소성 인식이 확산되면 ZBB 고려 | ○ | ○ | |
| | 급성 희소성 | ○ | | |
| | • 총체적 희소성<br>　– 회피적·반복적 예산편성 | | | |

① 완화된 희소성 – 사업개발 및 PPBS 고려

③ 급성 희소성 – 단기적·임기응변적 예산편성에 몰두

④ 총체적 희소성 – 허위적 회계처리 및 회피형 예산편성

정답 ②

---

**정답 및 해설**

**27** 예산통일성의 원칙이 지켜지는 영역에서는 합리모형이 타당하지 않으며, 그 예외(특별회계나 목적세) 영역에서 합리모형이 적합함

① 계획예산(PPBS)과 영기준예산(ZBB)은 여러 대안을 비교하는 성격을 지니는 까닭에 합리모형을 적용함

② 총체주의예산은 점증모형에 비해 다수의 합의를 고려하지 않는바 집권화를 초래할 위험이 있음

③ 점증모형은 협상에 의한 소폭의 가감을 추구함 → 정치적 합리성 제고

정답 ④

## 29 ★

다음 항목 중 맞는 것을 모두 고르면?

> ㉠ 린드블롬(Lindblom)은 "어떠한 근거로 X달러를 B사업 대신 A사업에 배분하도록 결정하는가?"라는 질문을 통해 예산결정이론의 필요성을 역설하였다.
> ㉡ 루이스(Lewis)는 예산배분결정에 경제학적 접근법을 적용하여, '상대적 가치', '증분분석', '상대적 효과성'이라는 세 가지 분석명제를 제시한다.
> ㉢ 단절균형 예산이론(Punctuated Equilibrium Theory)은 급격한 단절적 예산변화를 설명하는 것이다.
> ㉣ 윌로비와 서메이어(Wiloughby & Thurmaier)의 다중합리성모형은 의원들의 복수의 합리성 기준이 의회의 예산결정에 미치는 영향을 주로 분석한다.

① ㉠, ㉡, ㉢
② ㉡, ㉢
③ ㉡, ㉢, ㉣
④ ㉠, ㉣

## 30 ★

다음 보기의 설명에 해당하는 예산 이론은 무엇인가?

> 정치가는 사회후생의 극대화를 달성하기 위해 총편익과 총비용의 차이인 순편익이 최대가 되는 수준에서 공공서비스를 공급하려고 한다. 하지만 관료들은 공공재의 비용보다는 편익에 더 많은 관심을 두어 실제 비용이 예산에 의해 충당되어야 한다는 점에 대해서만 신경을 쓴다. 따라서 관료들이 추구하는 관료적 최적 수준은 정치적 최적수준보다 월등히 높은 상태에서 의사결정이 이루어진다고 한다.

① 점증주의
② 합리주의
③ 공공선택이론
④ 단절균형모형

---

**정답 및 해설**

**29**

🔲 **올바른 선지**

㉡ 루이스는 예산배분결정에 경제학적 접근법을 적용하여, '상대적 가치', '증분분석', '상대적 효과성'이라는 세 가지 분석명제를 제시하고 있음 → 루이스는 증분분석에 의한 상대적 효율성에 의해 예산을 배분하고자 했음
  ➕ 참고: 증분은 증가한 분량을 의미하며, 증분분석은 증가하는 원인을 경제학적으로 분석하는 방법임

㉢ 단절균형모형: 예산의 균형이 지속되다가 특정 사건으로 인해 단절적인 변화가 발생하고, 다시 균형상태가 지속되는 현상을 설명한 모형 → 단, 단절균형 모형은 예산의 단절균형 발생시점을 예측할 수 없음

🔲 **틀린 선지**

㉠ Wildavsky가 아니라 V. O. Key임

㉣ 윌로비와 서메이어(Wiloughby & Thurmaier)의 다중합리성모형은 복수의 합리성 기준이 중앙예산실의 예산분석가들에게 미치는 영향을 주로 미시적으로 분석함

**정답 및 해설**

**30** 공공선택이론에 해당함

① 점증주의: 기존의 예산에 합의 등을 통해 가감하는 방식을 선호하는 모형

② 합리주의: 수지타산을 반영한 경제적 합리성을 중심으로 예산을 편성하는 모형

④ 단절균형모형: 예산의 균형이 지속되다가 특정 사건으로 인해 단절적인 변화가 발생하고, 다시 균형상태가 지속되는 현상을 설명한 모형

정답 ②

정답 ③

# 31 ★

윌다브스키(A. Wildavsky)의 예산행태 유형 중 국가의 경제력과 재정 예측력이 모두 높은 경우에 나타나는 행태는?

① 점증적 예산(Incremental Budgeting)
② 반복적 예산(Repetitive Budgeting)
③ 세입 예산(Revenue Budgeting)
④ 보충적 예산(Supplemental Budgeting)

# 32 ★

정부 예산에 대한 미시적 이론의 내용이다. ㄱ 연결이 옳은 것은?

| A. 다중합리성모형 | B. 단절균형모형 |
|---|---|
| C. 공공선택이론 | D. 합리주의모형 |

ㄱ. 특정 사건이나 상황에 따라 균형 상태에서 급격한 변화가 생기는 단절 현상 후 균형 지속
ㄴ. 신고전경제학의 가정에 기초해 예산관료의 행태 분석
ㄷ. 예산재원이 배분되는 것은 예산 결정 과정의 다양한 각 단계별 특성이 복합적으로 작용할 가능성 상존
ㄹ. 예산 배분 문제를 해결하기 위한 모형을 구성하고 최적의 해결 방안 모색

| | A | B | C | D |
|---|---|---|---|---|
| ① | ㄱ | ㄴ | ㄷ | ㄹ |
| ② | ㄷ | ㄱ | ㄴ | ㄹ |
| ③ | ㄱ | ㄹ | ㄷ | ㄴ |
| ④ | ㄷ | ㄴ | ㄹ | ㄱ |

**정답 및 해설**

**31** 윌다브스키(A. Wildavsky)의 예산문화론에 따른 예산행태 유형 중 국가의 경제력과 재정 예측력이 높은 경우에 나타나는 행태는 점증예산임

☑ **윌다브스키의 예산문화론**

| 구분 | | 국가의 경제력 | |
|---|---|---|---|
| | | 크다 | 작다 |
| 재정의 예측력 | 높다 | 점증예산 | 양입제출적(세입예산) |
| | 낮다 | 보충예산 | 반복예산 |

정답 ①

**정답 및 해설**

**32** ㄱ은 단절균형모형(B), ㄴ은 공공선택이론(C), ㄷ은 다중합리성모형(A), ㄹ은 합리주의모형(D)에 해당함

정답 ②

# CHAPTER 04 예산의 기초

📍 기본서 p.322 – 329

## 33 ★★★

우리나라의 예산(안)과 법률(안)에 관한 설명으로 옳지 않은 것은?

① 예산은 국가기관만을 구속하지만 법률은 국민과 국가기관 모두 구속한다.
② 예산은 공포가 불필요하지만 법률은 공포해야 효력이 발생한다.
③ 예산은 정부만이 제안권을 갖고 있고 국회는 제안권을 갖고 있지 않다.
④ 예산에 대해서는 대통령이 거부권을 행사할 수 있지만 법률에 대해서는 거부권을 행사할 수 없다.

## 34 ★★★

우리나라의 현행 예산제도의 관한 설명으로 옳지 못한 것은?

① 국회에서 정부의 동의 없이 삭감할 수는 있으나, 새 비목을 설치할 수는 없다.
② 국회에서 심의·확정된 예산안은 대통령이 공포해야 효력이 있다.
③ 우리나라의 예산은 의결의 형식으로 성립되므로 법률과 같은 형식적 요건을 갖출 필요가 없다.
④ 우리나라의 예산심의는 위원회 중심으로 이루어지고 있다.

### 정답 및 해설

**33** 반대로 되어야 옳음
①②③

| 구분 | 예산 | 법률 |
|---|---|---|
| 제출권자 | 정부 | 국회, 정부 |
| 제출기한 | 회계연도 개시 120일 전 | 제한 없음 |
| 심의기한 | 회계연도 개시 30일 전 | 제한 없음 |
| 대통령 거부권 | 거부권 행사 불가 | 거부권 행사 가능 |
| 국회심의의 범위 | 예산의 증액 및 새로운 비목 설치 불가능 → 정부의 동의가 있으면 가능 | 자유롭게 수정할 수 있음 |
| 대인적 효력 | 국가기관을 구속 | 국가기관 및 국민 모두를 구속 |
| 시간적 효력 | 회계연도에 국한 | 폐지할 때까지 계속적인 효력 |
| 지역적 효력 | 국내외 불구 효력 발생 | 원칙상 국내에 한정 |

정답 ④

### 정답 및 해설

**34** 예산은 법률의 형식이 아니므로 대통령의 공포가 효력 요건은 아님 국회에서 성립하면 효력이 인정됨
① 우리나라는 예산의결주의를 채택하고 있음
③ 우리나라의 예산은 의결의 형식으로 성립되므로 법률과 같은 형식적 요건, 예를 들어 공포절차가 필요없음
④ 우리나라의 예산심의에서 본회의 의결은 다소 형식적·상징적 의미를 지님

정답 ②

## 35 ★★

**우리나라 예산심의에 관한 설명으로 옳지 않은 것은?**

① 행정부의 동의 없이 증액할 수 없다.
② 양원제에 비해 예산심의가 신중하지 않다.
③ 예산결산특별위원회를 거친 후 각 상임위원회에서 예산을 심사한다.
④ 예산은 법률이 아니다.

**정답 및 해설**

**35** 상임위원회의 예비심사 후 예산결산특별위원회의 종합심사가 이루어짐

① 우리나라에서 국회는 예산편성권이 없으므로 행정부의 동의 없이 예산을 증액할 수 없음
② 우리나라는 단원제이므로 양원제에 비해 예산심의가 신중하지 않음
④ 예산과 법률은 다른 형식을 지니고 있음

정답 ③

## 36 ★★

**예산과 법률의 차이점에 대한 설명으로 옳지 않은 것은?**

① 법률안은 국회의원과 정부가 제출할 수 있지만, 예산안은 정부만이 제출할 수 있다.
② 발의·제출된 법률안에 대해 국회는 수정할 수 있지만, 예산안의 경우 국회는 정부의 동의 없이 제출된 지출예산 각항의 금액을 증가하거나 새 비목을 설치할 수 없다.
③ 법률안은 대외적 효력을 인정받기 위해 공포 절차를 거쳐야 하지만 예산안은 국회에서 의결되면 효력을 갖는다.
④ 대통령은 국회가 의결한 법률안에 대해 재의 요구를 할 수 있으나, 국회는 정부가 제출한 예산안에 대한 심의·의결 자체를 거부할 수 있다.

**정답 및 해설**

**36** 국회는 정부가 제출한 예산안에 대한 심의·의결해야 함

> **헌법 제54조** ① 국회는 국가의 예산안을 심의·확정한다.
> ② 정부는 회계연도마다 예산안을 편성하여 회계연도 개시 90일전까지 국회에 제출하고, 국회는 회계연도 개시 30일 전(12월 2일)까지 이를 의결하여야 한다.

① 예산편성권은 행정부의 권한임
② 발의·제출된 법률안에 대해 국회는 수정할 수 있지만, 예산안의 경우 국회는 예산편성권이 없음
③ 법률안은 대외적 효력을 인정받기 위해 공포 절차를 거쳐야 하지만 예산안은 그렇지 않음

정답 ④

# 37

★★★

**예산의 형식에 관한 설명으로 옳지 않은 것은?**

① 예산법률주의는 예산을 '법률의 형식'으로 국회의결을 얻는 것으로 미국에서 활용된다.

② 예산의결주의는 예산을 '예산의 형식'으로 국회의결을 얻는 것으로 우리나라에 활용된다.

③ 예산법률주의에 의하면 예산서의 세입과 세출 모두 구속력을 지니지만, 예산의결주의에 의하면 예산서의 세입만 구속력을 지니며 세출은 참고자료에 불과하다.

④ 조세와 관련하여 예산법률주의는 1년세 주의에 의하지만, 예산의결주의는 영구세주의에 의한다.

# 38

★★★

**다음은 전통적 예산의 원칙에 대한 설명이다. 괄호 안에 들어갈 내용으로 가장 적절하게 연결한 것은?**

가. 특별회계, 목적세, 기금, 수입대체경비는 ( ㉠ )의 예외이다.
나. 계속비, 예비비, 이월은 ( ㉡ )의 예외이다.
다. 전대차관(轉貸借款), 순계예산, 현물출자는 ( ㉢ )의 예외이다.
라. 사고이월, 준예산, 전용은 ( ㉣ )의 예외이다.

① ㉠ - 통일성의 원칙　㉡ - 한정성의 원칙
　㉢ - 완전성의 원칙　㉣ - 사전의결의 원칙
② ㉠ - 단일성의 원칙　㉡ - 한계성의 원칙
　㉢ - 정확성의 원칙　㉣ - 공개성의 원칙
③ ㉠ - 통일성의 원칙　㉡ - 명확성의 원칙
　㉢ - 완전성의 원칙　㉣ - 공개성의 원칙
④ ㉠ - 단일성의 원칙　㉡ - 명확성의 원칙
　㉢ - 정확성의 원칙　㉣ - 사전의결의 원칙

**정답 및 해설**

**38** 아래의 표 참고

| 구분 | 개념 | 예외 |
|---|---|---|
| 사전 승인 원칙 | 행정부가 집행하는 돈은 국회의 사전 심의·의결을 거쳐야 함 | 사고이월, 전용, 준예산, 긴급재정명령, 선결처분, 예비비 지출 등 |
| 통일성 원칙 | 세입은 국고를 거쳐 세출되어야 함 | ① 두문자 통목수특기 ② 예외: 목적세, 수입대체경비, 특별회계, 기금 → 목적성이 뚜렷한 돈에 대해서는 예외로 하자는 것 |
| 완전성 원칙 (예산 총계 주의) | 예산에 모든 세입과 세출이 명시적으로 나열되어 빠짐없이 계상되어야 한다는 것 | ① 두문자 완전차갑고 순수해서 현기증나 ② 예외: 전대차관, 차관물자대, 순계예산, 수입대체경비, 현물출자, 기금 ③ 전대차관, 차관물자대, 현물출자 등은 불확실성 차원에서 예외에 해당하며, 기금은 예산이 아님 ; 아울러 순계예산은 총계예산과 반대되는 개념임 |
| 한정성 원칙 | 의회가 지정한 (목적·금액·시기) 내에서 예산집행 | 목적(질적) 한정성 예외 : 이용, 전용 |
| | | 규모(양적) 한정성 예외 : 예비비, 추가경정예산 |
| | | 시간(시기) 한정성 예외 : 이월, 계속비, 국고채무부담행위 등 |

**정답 및 해설**

**37** 예산법률주의에 의하면 예산서의 세입과 세출 모두 구속력을 지니지만, 예산의결주의에 의하면 예산서의 세출은 구속력을 지니며, 세입은 참고자료에 불과함

① 예산법률주의는 예산을 세입법, 세출법 등 '법률의 형식'으로 국회의 의결을 얻는 것으로 영국과 미국에서 활용됨

② 예산의결주의는 행정부가 예산을 편성하고 의회가 의결을 통해 예산의 형식으로 확정함 → 우리나라에서 활용하고 있음

④ 예산법률주의는 세입법·세출법 제정에 따라 세법이 1년마다 개정됨 → 한편, 예산의결주의에서는 세법을 별도로 개정해야 함(영구세주의)

정답 ③

정답 ①

# 39

★★★

다음은 전통적 예산의 원칙에 대한 설명이다. 괄호 안에 들어갈 내용으로 가장 적절하게 연결한 것은?

> 가. 이월, 추가경정예산, 이용, 예비비는 ( ㉠ )의 예외이다.
> 나. 순계예산, 수입대체경비, 현물출자, 전대차관은 ( ㉡ )의 예외이다.
> 다. 예비비, 사고이월, 준예산, 전용은 ( ㉢ )의 예외이다.
> 라. 특별회계, 기금, 수입대체경비는 ( ㉣ )의 예외이다.

| | ㉠ | ㉡ | ㉢ | ㉣ |
|---|---|---|---|---|
| ① | 한정성의 원칙 | 예산총계주의 원칙 | 사전의결의 원칙 | 통일성의 원칙 |
| ② | 통일성의 원칙 | 예산총계주의 원칙 | 한정성의 원칙 | 사전의결의 원칙 |
| ③ | 한정성의 원칙 | 사전의결의 원칙 | 예산총계주의 원칙 | 통일성의 원칙 |
| ④ | 사전의결의 원칙 | 예산총계주의 원칙 | 통일성의 원칙 | 한정성의 원칙 |

# 40

★★★

다음 내용은 전통적 예산 원칙에 대한 것이다 ㉠과 ㉡에 공통적으로 들어갈 수 있는 것으로만 나열한 것은?

> • 이 원칙은 예산의 각 항목이 상호 명확한 한계를 지녀야 한다는 원칙이다. 즉, 정해진 목적을 위해, 정해진 금액을, 정해진 기간 내에 사용해야 한다는 것이다. 이 원칙의 예외로 ( ㉠ )을(를) 들 수 있다.
> • 이 원칙은 행정부의 예산집행 전에 입법부의 심의·의결을 얻어야 한다는 원칙이다. 이 원칙의 예외로 ( ㉡ )을(를) 들 수 있다.

① 추가경정예산, 사고이월
② 전용, 준예산
③ 예비비 지출, 전용
④ 예비비 지출, 계속비

## 정답 및 해설

**39** 아래의 표 참고

| 구분 | 개념 | 예외 |
|---|---|---|
| 사전승인원칙 | 행정부가 집행하는 돈은 국회의 사전 심의·의결을 거쳐야 함 | 사고이월, 전용, 준예산, 긴급재정명령, 선결처분, 예비비 지출 등 |
| 통일성원칙 | 세입은 국고를 거쳐 세출되어야 함 | ① **두문자** 통목수특기<br>② 예외: 목적세, 수입대체경비, 특별회계, 기금 → 목적성이 뚜렷한 돈에 대해서는 예외로 하자는 것 |
| 완전성원칙(예산총계주의) | 예산에 모든 세입과 세출이 명시적으로 나열되어 빠짐없이 계상되어야 한다는 것 | ① **두문자** 완전차갑고 순수해서 현기증나<br>② 예외: 전대차관, 차관물자대, 순계예산, 수입대체경비, 현물출자, 기금<br>③ 전대차관, 차관물자대, 수입대체경비, 현물출자 등은 불확실성 차원에서 예외에 해당하며, 기금은 예산이 아님 ; 아울러 순계예산은 총계예산과 반대되는 개념임 |
| 한정성원칙 | 의회가 지정한 (목적·금액·시기) 내에서 예산집행 | 목적(질적) 한정성 예외 : 이용, 전용<br>규모(양적) 한정성 예외 : 예비비, 추가경정예산<br>시간(시기) 한정성 예외 : 이월, 계속비, 국고채무부담행위 등 |

정답 ①

## 정답 및 해설

**40** ㉠은 한정성원칙, ㉡은 사전의결원칙임 → 예비비 지출, 전용은 두 원칙 모두의 예외임
① 추가경정예산은 국회의 사전의결이 필요함
② 준예산은 한정성 원칙의 예외가 아님
④ 계속비는 국회의 사전의결이 필요함

정답 ③

# 41 ★★★

다음 중 예산 원칙의 예외를 옳게 짝지은 것은?

| | 한정성 원칙 | 단일성 원칙 |
|---|---|---|
| ① | 목적세 | 특별회계 |
| ② | 예비비 | 목적세 |
| ③ | 이용과 전용 | 수입대체경비 |
| ④ | 계속비 | 기금 |

# 42 ★★★

예산의 원칙과 그 예외가 바르게 짝지어지지 않은 것은?

① 통일성의 원칙 - 목적세
② 단일성의 원칙 - 특별회계
③ 완전성의 원칙 - 전대차관
④ 사전의결의 원칙 - 예산의 이용

# 43 ★★

다음 중 「국가재정법」의 내용으로 가장 옳지 않은 것은?

① 정부는 예산이 온실가스 감축에 미치는 효과를 평가하고, 그 결과를 정부의 예산 편성에 반영하기 위하여 노력하여야 한다.
② 정부는 예산이 여성과 남성에게 미치는 효과를 평가하고, 그 결과를 정부의 예산 편성에 반영하기 위하여 노력하여야 한다.
③ 국가가 법률에 따른 것과 세출예산금액 또는 계속비의 총액의 범위 안의 것 외에 채무를 부담하는 행위를 하는 때에는 미리 예산으로써 국회의 의결을 얻어야 한다.
④ 국회는 정부의 동의 없이 정부가 제출한 지출예산 각 항의 금액을 증가하거나 새 비목을 설치할 수 없다.

## 정답 및 해설

**41** 한정성의 원칙은 의회가 정한 기준대로 예산을 활용해야 한다는 것으로서 이용과 전용, 계속비, 추경예산, 예비비 등을 예외로 하고 있으며, 단일성의 원칙은 단일한 회계장부에 기록해야 한다는 원칙이고, 그 예외로서 기금, 추가경정예산, 특별회계를 두고 있음
① 목적세는 통일성 원칙의 예외이고, 특별회계는 단일성과 통일성 원칙의 예외임
② 예비비는 한정성 원칙의 예외이고, 목적세는 통일성 원칙의 예외임
③ 이용과 전용은 한정성 원칙의 예외이고, 수입대체경비는 통일성 원칙의 예외임

정답 ④

**42** 예산의 이용은 장, 관, 항 간의 자금융통으로 국회의 사전승인을 받아야 함

**국가재정법 제47조【예산의 이용·이체】**① 각 중앙관서의 장은 예산이 정한 각 기관 간 또는 각 장·관·항 간에 상호 이용(移用)할 수 없다. 다만, 다음 각 호의 어느 하나에 해당하는 경우에 한정하여 미리 예산으로써 국회의 의결을 얻은 때에는 기획재정부장관의 승인을 얻어 이용하거나 기획재정부장관이 위임하는 범위 안에서 자체적으로 이용할 수 있다.

① 통일성의 원칙의 예외 : 목적세, 수입대체경비, 특별회계, 기금
② 단일성의 원칙의 예외 : 추가경정예산, 특별회계, 기금
③ 완전성의 원칙의 예외 : 전대차관, 차관물자대, 순계예산, 수입대체경비, 현물출자, 기금

정답 ④

## 정답 및 해설

**43** 선지는 헌법 제57조에 규정된 내용임(「국가재정법」 ×)
① 「국가재정법」 제16조(예산의 원칙)
② 「국가재정법」 제16조(예산의 원칙)
③ 「국가재정법」 제25조(국고채무부담행위)

정답 ④

# 44 ★★

국가재정법 및 같은 법 시행령에 따른 우리나라의 재정운용에 관한 설명으로 가장 적절하지 않은 것은?

① 국가가 보증채무를 부담하고자 하는 때에는 미리 국회의 동의를 얻어야 한다.
② 성인지 예산서는 기획재정부장관이 여성가족부장관과 협의하여 제시한 작성기준 및 방식 등에 따라 각 중앙관서의 장이 작성한다.
③ 정부는 재정운용의 효율화와 건전화를 위하여 매년 해당 회계연도부터 5회계연도 이상의 기간에 대한 재정운용계획을 수립하여 회계연도 개시 120일 전까지 국회에 제출하여야 한다.
④ 국회에 제출하는 예산안에는 온실가스감축인지 예산서를 첨부할 수 있다.

# 45 ★

다음은 우리나라의 건전재정을 위한 장치이다. 옳지 않은 것은?

① 국가채무관리계획의 수립
② 보증채무부담시 국회의 사후 승인
③ 추가경정예산의 편성 사유 제한
④ 국세감면율 제한

---

**정답 및 해설**

**44** 아래의 조항 참고

> **국가재정법 제34조 【예산안의 첨부서류】** 제33조의 규정에 따라 국회에 제출하는 예산안에는 다음 각 호의 서류를 첨부하여야 한다.
> 9의2. 온실가스감축인지 예산서

①

> **국가재정법 제92조 【국가보증채무의 부담 및 관리】** ① 국가가 보증채무를 부담하고자 하는 때에는 미리 국회의 동의를 얻어야 한다.

②

> **국가재정법 시행령 제9조 【성인지 예산서의 내용 및 작성기준 등】** ① 법 제26조에 따른 성인지 예산서(이하 "성인지 예산서"라 한다)에는 다음 각 호의 내용이 포함되어야 한다.
> ② 성인지 예산서는 기획재정부장관이 여성가족부장관과 협의하여 제시한 작성기준(성인지 예산서 작성 대상사업 선정 기준을 포함한다) 및 방식 등에 따라 각 중앙관서의 장이 작성한다.

③

> **국가재정법 제7조 【국가재정운용계획의 수립 등】** ① 정부는 재정운용의 효율화와 건전화를 위하여 매년 당해 회계연도부터 5회계연도 이상의 기간에 대한 재정운용계획(이하 "국가재정운용계획"이라 한다)을 수립하여 회계연도 개시 120일 전까지 국회에 제출하여야 한다.

**정답** ④

**정답 및 해설**

**45** 우리나라의 「국가재정법」은 국가가 보증채무를 부담하고자 하는 때에는 미리 국회의 동의를 얻도록 하고 있음

> **국가재정법 제92조 【국가보증채무의 부담 및 관리】** ① 국가가 보증채무를 부담하고자 하는 때에는 미리 국회의 동의를 얻어야 한다.

① 국가채무관리계획의 수립

> **국가재정법 제91조 【국가채무의 관리】** ① 기획재정부장관은 국가의 회계 또는 기금이 부담하는 금전채무에 대하여 매년 다음 각 호의 사항이 포함된 국가채무관리계획을 수립하여야 한다.

③ 추가경정예산의 편성 사유 제한

> **국가재정법 제89조 【추가경정예산안의 편성】** ① 정부는 다음 각 호의 어느 하나에 해당하게 되어 이미 확정된 예산에 변경을 가할 필요가 있는 경우에는 추가경정예산안을 편성할 수 있다.

④ 국세감면율 제한

> **국가재정법 제88조 【국세감면의 제한】** ① 기획재정부장관은 대통령령이 정하는 당해 연도 국세 수입총액과 국세감면액 총액을 합한 금액에서 국세감면액 총액이 차지하는 비율(이하 "국세감면율"이라 한다)이 대통령령이 정하는 비율 이하가 되도록 노력하여야 한다.

**정답** ②

CHAPTER

# 05 예산의 종류 및 분류

♥기본서 p.330 - 336

## 46 ★

**회계연도에 관한 설명으로 옳지 않은 것은?**

① 예산은 행정부의 정부예산안 편성과 국회 심의를 통해 결정되고 행정부가 집행한다.

② 예산은 2년 주기를 가지고 운영되며 정부는 1년 단위로 예산을 편성한다.

③ 헌법 제54조에 따라 국회는 매년 12월 2일까지 다음 연도 정부 예산을 의결해야 한다.

④ 예산은 계획의 의미가 있으며 정부가 사용할 수 있는 공공재원 자체이기도 하다.

## 47 ★★★

**우리나라 예산에 대한 설명으로 옳은 것은?**

① 세입세출예산은 일반회계와 특별회계 및 기금으로 구분한다.

② 세입예산은 관·항으로 구분한다.

③ 특별회계는 국가가 특정한 목적을 위해 특정한 자금을 신축적으로 운영하기 위해 법률로써 설치한다.

④ 국회에 예산안이 제출되면 상임위원회 회의에서 정부의 시정연설이 이루어진다.

---

**정답 및 해설**

**47** 정부의 세입예산은 관·항 혹은 관·항·목으로 구분됨

**국가재정법 제21조【세입세출예산의 구분】** ③ 세입예산은 제2항의 규정에 따른 구분에 따라 그 내용을 성질별로 관·항으로 구분하고, 세출예산은 제2항의 규정에 따른 구분에 따라 그 내용을 기능별·성질별 또는 기관별로 장·관·항으로 구분한다.

① 기금은 예산이 아님
③ 선지는 기금에 대한 내용임
④

**국회법 제84조【예산안·결산의 회부 및 심사】** ① 예산안과 결산은 소관 상임위원회에 회부하고, 소관 상임위원회는 예비심사를 하여 그 결과를 의장에게 보고한다. 이 경우 예산안에 대해서는 본회의에서 정부의 시정연설을 듣는다.

---

**정답 및 해설**

**46** 예산은 3년 주기를 가지고 운영됨 → 예를 들면, 2023년도 예산은 2022년에 편성·심의 결정된 것이고 국회가 의결한 정부예산은 2023년 1년 동안 집행되며 2024년도에 결산이 이루어짐

① 행정부가 예산안을 편성하고, 국회는 심의·의결하며 행정부가 이를 배정함
③ 국회는 회계연도 개시 30일 전, 즉 매년 12월 2일까지 다음 연도 정부 예산을 의결하는 것이 원칙임
④ 예산은 예정된 계산이며, 정부의 주요 재원임

정답 ②

정답 ②

## 48 ★★★

**우리나라 예산에 대한 설명으로 옳은 것은?**

① 세입세출예산은 일반회계와 특별회계 및 기금으로 구분한다.
② 국회의 예산에 예비금을 두며 국회의장이 이를 관리한다.
③ 세입예산은 관·항·목으로 구분한다.
④ 특별회계는 국가가 특정한 목적을 위해 특정한 자금을 신축적으로 운영하기 위해 법률로써 설치한다.

## 49 ★

**국가의 기업특별회계에 대한 설명으로 옳은 것은?**

① 우편사업 특별회계, 우체국보험특별회계, 양곡관리특별회계, 조달특별회계 및 책임운영기관 특별회계의 5가지가 있다.
② 모든 기업특별회계에 대해 정부기업예산법이 우선 적용된다.
③ 기관장의 신분상 안정성이 오랜 기간 보장된다.
④ 정부기업과 책임운영기관특별회계기관은 모두 정부조직이다.

### 정답 및 해설

**48** 세출예산과 세입예산의 구분항목은 서로 다름 → 세출예산은 장·관·항·세항·목으로 구분하지만 세입예산은 관·항·목으로 구분함
① 세입세출예산은 일반회계와 특별회계로 구분함(기금×)
② 「헌법」상 독립기관인 국회의 예산에는 예비금을 두며 국회사무총장이 이를 관리함
④ 기금에 대한 내용임

정답 ③

**49** 정부기업과 책임운영기관특별회계기관은 모두 정부조직이므로, 직원은 원칙적으로 공무원임
① 우리나라 기업특별회계(정부기업)는 우편사업특별회계, 우체국예금특별회계, 양곡관리특별회계, 조달특별회계 및 책임운영기관특별회계의 5가지임
② 책임운영기관특별회계는 「책임운영기관의 설치·운영에 관한 법률」이 우선 적용됨
③ 기관장이 정무직공무원 또는 임기제공무원으로 임용되기 때문에 오랜 정년이 보장되지 않음

정답 ④

## 50 ★★

**다음 특별회계 중 정부기업예산법의 적용을 받지 않는 것은?**

① 교통시설특별회계
② 양곡관리특별회계
③ 우편사업특별회계
④ 책임운영기관특별회계

### 정답 및 해설

**50** 정부기업예산법의 적용을 받는 것은 양곡사업, 조달사업, 우편사업, 우체국예금, 책임운영기관임
➕ 주의: 책임운영기관의 경우 정부기업예산법에 정부기업이라 규정하고 있지는 않으나 예산 및 회계에 대하여 일부 정부기업예산법의 적용을 받음

> **책임운영기관법 제30조 【「정부기업예산법」의 적용 등】** ① 책임운영기관특별회계기관의 사업은 「정부기업예산법」 제2조에도 불구하고 정부기업으로 본다.
> ② 특별회계의 예산 및 회계에 관하여 이 법에 규정된 것 외에는 「정부기업예산법」을 적용한다.

정답 ①

## 51 ★

우리나라 특별회계에 대한 설명으로 옳지 않은 것은?

① 특별회계 설립 주체에 따라 중앙정부 특별회계와 지방자치단체 특별회계로 구분한다.
② 특정한 사업을 운영하기 위한 중앙정부 특별회계의 일례로 교육비특별회계가 있다.
③ 지방공기업법에 따라 설립된 모든 지방직영기업은 지방자치단체 공기업특별회계 대상이다.
④ 중앙정부의 기업특별회계에는 책임운영기관특별회계와 정부기업예산법의 적용을 받는 우편사업·우체국예금·양곡관리·조달특별회계가 있다.

## 52 ★★★

특별회계에 대한 설명으로 옳은 것은?

① 특별회계에서 발생한 잉여금을 일반회계로 전입시킬 수 있다.
② 특별회계는 일반회계와는 달리 입법부의 심의를 받지 않는다.
③ 특별회계는 기금과는 달리 예산단일의 원칙에 부합한다.
④ 특별회계의 세입은 주로 조세수입으로 이루어진다.

### 정답 및 해설

**51** 지방자치단체 특별회계의 일례로 지방교육자치에 관한 법률에 의하여 설치된 교육비특별회계가 있음

**지방교육자치에 관한 법률 제38조【교육비특별회계】** 시·도의 교육·학예에 관한 경비를 따로 경리하기 위하여 해당 지방자치단체에 교육비특별회계를 둔다.

① 특별회계는 특별회계 설립 주체에 따라 중앙정부가 운영하는 특별회계와 지방자치단체가 운영하는 특별회계로 구분할 수 있음
③

**지방공기업법 제13조【특별회계】** 지방자치단체는 제2조에 해당하는 사업마다 특별회계를 설치하여야 한다.

④

**정부기업예산법 제3조【특별회계의 설치】** 정부기업을 운영하기 위하여 다음 각 호의 특별회계를 설치하고 그 세입으로써 그 세출에 충당한다.
1. 우편사업특별회계
2. 우체국예금특별회계
3. 양곡관리특별회계
4. 조달특별회계

**책임운영기관법 제30조【「정부기업예산법」의 적용 등】** ① 책임운영기관특별회계기관의 사업은 「정부기업예산법」 제2조에도 불구하고 정부기업으로 본다.

정답 ②

### 정답 및 해설

**52** 특별회계에서 발생한 잉여금을 일반회계로 전입시킬 수 있음
② 특별회계는 예산이므로 입법부의 심의를 받음
③ 특별회계는 단일성 원칙의 예외에 해당함
④ 특별회계의 세입은 주로 조세가 아닌 수입으로 구성됨

정답 ①

# 53 ★★★

다음은 기금에 대한 설명이다. 옳은 것끼리 잘 연결된 것은?

> ㉠ 특정한 목적을 위하여 특정한 자금을 운영할 필요가 있을 때 정부예산의 일부로 설치한다.
> ㉡ 신축성을 확보하기 위한 장치이지만 설치 시 법적 근거가 필요하며, 국회의 심의 및 결산의 대상이 된다.
> ㉢ 국회는 정부가 제출한 기금운용계획안의 주요 항목 지출 금액을 증액하거나 새로운 과목을 설치하고자 할 때에는 미리 정부의 동의를 얻어야 한다.
> ㉣ 주한 미군 기지 이전, 행정 중심 복합도시 건설 등 기존의 일반회계에서 처리하기 곤란한 대규모 국책사업을 실행하기 위해 운영된다.
> ㉤ 통일성의 원칙, 완전성의 원칙, 단일성의 원칙의 예외이다.

① ㉠, ㉡, ㉢
② ㉡, ㉢, ㉣
③ ㉡, ㉣, ㉤
④ ㉡, ㉢, ㉤

# 54 ★★★

중앙정부의 예산과 기금에 관한 설명으로 옳지 않은 것은?

① 2006년에 제정된 「국가재정법」은 예산과 기금을 함께 규율하고 있다.
② 특별회계와 기금의 공통점은 특정수입과 특정지출의 연계, 법률에 근거한 설치 등이다.
③ 일반회계는 조세수입 등을 주요 세입으로 하고, 특별회계는 특정한 자금을 보유하여 운용하고자 할 때 설치할 수 있다.
④ 기금운용계획(금융성 기금 제외) 중 주요항목 지출금액의 변경범위가 30% 이하인 경우에는 기금운용 계획변경안을 국회에 제출하지 않고 변경할 수 있다.

---

**정답 및 해설**

**53**

☑ 올바른 선지

㉡ 기금은 특정한 자금을 신축적으로 운용하기 위해 설치된 장치이지만, 설치시 법적근거가 필요하며 국회의 심의 및 결산의 대상임

㉢
> **국가재정법 제69조 【증액 동의】** 국회는 정부가 제출한 기금운용계획안의 주요항목 지출금액을 증액하거나 새로운 과목을 설치하고자 하는 때에는 미리 정부의 동의를 얻어야 한다.

㉤ 기금은 특정세입을 특정세출로 연계한다는 점에서 통일성의 원칙의 예외이며, 예산외로 운용된다는 점에서 완전성의 원칙의 예외이고, 예산과 별도의 기금운용계획안으로 작성된다는 점에서 단일성의 원칙의 예외임

☑ 틀린 선지

㉠ 기금은 특정한 목적을 위하여 특정한 자금을 신축적으로 운영할 필요가 있을 때 정부예산 외로 운영되는 자금임

㉣ 특별회계는 주한미군기지 이전, 행정중심복합도시 건설 등 기존의 일반회계에서 처리하기 곤란한 대규모 국책사업을 실행하기 위해 운영됨

정답 ④

---

**정답 및 해설**

**54** 금융성 기금 외의 기금은 주요항목 지출금액의 변경범위가 20% (30% ×) 이하인 경우에는 기금운용 계획변경안을 국회에 제출하지 않고 변경할 수 있음

①
> **국가재정법 제1조 【목적】** 이 법은 국가의 예산·기금·결산·성과관리 및 국가채무 등 재정에 관한 사항을 정함으로써 효율적이고 성과지향적이며 투명한 재정운용과 건전재정의 기틀을 확립하는 것을 목적으로 한다.

② 특별회계와 기금은 모두 통일성 원칙의 예외이며, 법률로 설치함
③ 일반회계는 조세수입 등을 주요 세입으로 국가의 일반적인 활동을 위해 사용되며, 특별회계는 국가균형발전 특별회계와 같이 특정한 자금을 보유하여 운용하고자 할 때 설치할 수 있음

정답 ④

## 55 ★★★

기금에 관한 설명으로 올바른 것은?

① 기금은 세입세출예산에 의하지 아니하고 운용할 수 없다.
② 기금은 대통령령으로 설치하며 무상적 급부를 원칙으로 한다.
③ 국회의 심의대상이 아니기 때문에 재정민주주의의 사각지대라는 비판을 받는다.
④ 기금은 특정 수입과 지출의 연계가 되므로 통일성 원칙의 예외에 해당한다.

## 56 ★★★

국가재정법상 기금에 관한 설명으로 옳지 않은 것은?

① 기금관리주체는 지출계획의 주요항목 지출금액의 범위 안에서 대통령령이 정하는 바에 따라 세부항목 지출금액을 변경할 수 있다.
② 정부는 주요항목 단위로 마련된 기금운용계획안을 회계연도 개시 90일 전까지 국회에 제출하여야 한다.
③ 국회는 정부가 제출한 기금운용계획안의 주요항목 지출금액을 증액하거나 새로운 과목을 설치하고자 하는 때에는 미리 정부의 동의를 얻어야 한다.
④ 정부는 기금이 여성과 남성에 미칠 영향을 미리 분석한 보고서를 작성하여야 한다.

### 정답 및 해설

**55** 목적세, 수입대체경비, 특별회계, 기금은 통일성 원칙의 예외에 해당함
① 기금은 세입세출예산에 의하지 아니하고 운용할 수 있음
② 기금은 반드시 법률에 근거하여 설치해야 함 → 예산은 조세수입을 재원으로 하며 무상급부를 원칙으로 하지만, 기금은 조세가 아닌 일반회계로부터 전입금이나 정부출연금 등에 의존하며 유상급부가 원칙임
③ 모든 기금의 운영계획과 결산은 국회의 심의·의결대상임

정답 ④

### 정답 및 해설

**56** 120일 전까지 국회에 제출하여야 함

**국가재정법 제68조【기금운용계획안의 국회제출 등】①** 정부는 주요항목 단위로 마련된 기금운용계획안을 회계연도 개시 120일 전까지 국회에 제출하여야 한다.

① 기금은 탄력적 운영을 위해 운영주체의 자율성을 보장하고 있음
③ 예산의결주의에 대한 설명임
④ 중앙정부는 성인지적 관점을 기금에도 적용하고 있음

정답 ②

## 57 ★★

**예산 불성립 시의 예산집행장치에 관한 설명으로 가장 적절하지 않은 것은?**

① 준예산은 전년도 예산을 기준으로 임시 예산을 편성해 운영하는 것으로 의회의 의결을 거쳐야 한다.
② 현재 우리나라는 준예산을 채택하고 있으며, 준예산으로 모든 예산을 편성해 집행할 수 있는 것은 아니다.
③ 가예산은 사용기간이 1개월로 제한되어 있으며, 우리나라 제1공화국에서 채택하였다.
④ 잠정예산은 영국, 캐나다 및 일본 등에서 사용되나 우리나라는 채택한 적이 없다.

## 58 ★★

**다음 중 준예산의 사용 목적에 해당하지 않는 것은?**

① 법률상 지출의무의 이행
② 전쟁이나 대규모 재해가 발생한 경우
③ 이미 예산으로 승인된 사업의 계속
④ 헌법에 의하여 설치된 기관 또는 시설을 유지·운영하는 경우

## 59 ★★★

**예산에 대한 설명 중 틀린 것은?**

① 준예산은 지출항목이 한정적이다.
② 영국과 미국은 잠정예산을 사용하고 있다.
③ 한국은 회계연도 개시 30일 전까지 예산안이 의결이 되지 않은 경우 준예산을 사용한다.
④ 준예산은 국회의 의결이 불필요하다.

**정답 및 해설**

**57** 준예산은 지출항목이 한정된 까닭에 의회의 의결을 필요로 하지 않음
② 우리나라는 1960년도 이후부터 준예산을 채택하고 있으며, 준예산으로 모든 예산을 편성해 집행할 수 있는 것은 아님
③④

| 종류 | 국회의 의결 | 지출항목 | 채택국가 | 기간 |
|---|---|---|---|---|
| 준예산 | 불필요 | 한정적 | 한국, 독일 | 제한 없음 |
| 잠정예산 | 필요 | 전반적 | 영국, 미국, 일본, 캐나다 | 제한 없음 |
| 가예산 | 필요 | 전반적 | 프랑스, 한국의 제1공화국 | 최초 1개월 |

정답 ①

**정답 및 해설**

**58** ②는 추가경정예산 편성사유에 해당함
①③④

> **헌법 제54조** ③ 새로운 회계연도가 개시될 때까지 예산안이 의결되지 못한 때에는 정부는 국회에서 예산안이 의결될 때까지 다음의 목적을 위한 경비는 전년도 예산에 준하여 집행할 수 있다.
> 1. 헌법이나 법률에 의하여 설치된 기관 또는 시설의 유지·운영
> 2. 법률상 지출의무의 이행
> 3. 이미 예산으로 승인된 사업의 계속

정답 ②

**59** 준예산은 '새로운 회계연도가 개시될 때까지' 예산안이 의결되지 못할 경우 사용할 수 있음
①②④

**☑ 예산불성립시 집행장치**

| 종류 | 국회의 의결 | 지출 항목 | 채택국가 | 기간 |
|---|---|---|---|---|
| 준예산 | 불필요 | 한정적 | 한국, 독일 | 제한 없음 |
| 잠정예산 | 필요 | 전반적 | 영국, 미국, 일본, 캐나다 | 제한 없음 |
| 가예산 | 필요 | 전반적 | 프랑스, 한국의 제1공화국 | 최초 1개월 |

정답 ③

최욱진 행정학

## 60 ★

국회에서 의결된 예산의 내용을 바꾸기 위해 사용하는 예산은?

① 추가경정예산     ② 수정예산
③ 잠정예산     ④ 준예산

## 61 ★★

예산제도에 관한 다음의 설명 중 옳지 않은 것끼리 짝지 어진 것은?

> ㄱ. 수정예산: 국회 의결 이전에 기존 예산안 내용의 일부를 수정해 다시 제출한 예산안
> ㄴ. 조세지출예산: 세제상의 혜택을 통한 직접적 예산지출
> ㄷ. 미국·일본·영국·캐나다는 준예산을 사용하고, 우리 나라는 1960년도 이후부터 잠정예산 사용
> ㄹ. 준예산: 예산안 의결될 때까지 전년도 예산에 준해 집 행할 권한을 정부에 부여
> ㅁ. 가예산: 제1공화국때 채택한 것으로, 1개월이라는 기 간제한이 있음

① ㄱ, ㄴ    ② ㄴ, ㅁ    ③ ㄷ, ㄹ    ④ ㄴ, ㄷ

### 정답 및 해설

**60** 의결한 예산에 일부 예산을 추가하는 것(바꾸는 것)은 추경예산임 → 수정예산은 국회가 예산을 심의하는 과정에서(의결하기 전에) 정부가 당초 예산안을 일부 수정하여 제출한 예산이며, ③과 ④는 예산이 성립되지 못했을 때 한시적으로 운용하는 예산임

정답 ①

**61**
■ 틀린 선지
ㄴ. 일반적인 예산지출이 직접적 예산 집행이라면, 조세지출예산은 세 제상의 혜택을 통한 간접적 예산지출임
ㄷ. 설명이 반대로 되어야 함 → 즉, 우리나라는 1960년도 이후부터 준 예산을 사용하고, 미국·일본·영국·캐나다는 잠정예산을 사용함

■ 올바른 선지
ㄱ. 수정예산: 국회에 예산안을 제출한 후 예산이 국회를 통과하기 전 에 변경하는 제도
ㄹ. 준예산: 예산불성립시 특정 경비에 대해 전 회계연도의 예산에 준 하여 집행하는 제도
ㅁ. 가예산: 예산불성립시 의회가 미리 1개월분 예산만 의결해 정부가 집행할 수 있도록 하는 예산

정답 ④

## 62 ★★★

예산의 유형에 대한 설명으로 옳지 않은 것은?

① 예산은 성립시기에 따라 본예산, 수정예산, 추가경정 예산으로 구분된다.
② 예산은 불성립시 대처방안으로 준예산, 가예산, 잠정 예산으로 구분된다.
③ 수정예산은 입법부에 제출된 예산이 의결로 확정되기 이전의 시점에 성립하는 반면, 추가경정예산은 입법 부에 제출된 예산이 확정된 이후에 성립한다.
④ 준예산은 잠정예산과 달리 국회의 의결이 필요하며 기간의 제한이 없다.

### 정답 및 해설

**62** 준예산은 잠정예산과 달리 국회의 의결이 불필요하며 기간의 제한 이 없음
①③
예산은 국회 의결여부, 즉 성립시기에 따라 본예산, 수정예산(의결 전), 추가경정예산(의결 후)으로 구분됨
② 예산은 불성립시 대처방안으로 준예산, 가예산, 잠정예산이 있으 며, 우리나라는 현재 준예산제도를 활용하고 있음

정답 ④

**280** Part 05 재무행정

# 63 ★★★

추가경정예산에 대한 다음 설명 중 옳은 것은?

① 전쟁이나 대규모 재해가 발생한 경우에 편성할 수 있다.
② 본예산과 별도로 성립되며 일단 성립되면 본예산과 별도로 운용한다.
③ 예산팽창의 원인이 될 수 있어 「국가재정법」에 편성 횟수를 제한하고 있다.
④ 정부는 국회에서 추가경정예산이 확정되기 전에 이를 미리 배정하거나 집행할 수 있다.

# 64 ★★★

우리나라 국가재정법에서는 추가경정예산안 편성사유를 제한하고 있는데, 그 내용 중 잘못된 것은?

① 전쟁이나 대규모 자연재해가 발생한 경우
② 경기침체·대량실업 등 대내·외 여건의 중대한 변화가 발생하였거나 발생할 우려가 있는 경우
③ 법령에 따라 국가가 지급하여야 하는 지출이 발생하거나 증가하는 경우
④ 전쟁이나 대규모 자연재해가 발생할 우려가 있는 경우

## 정답 및 해설

**63** 아래의 조항 참고

> **국가재정법 제89조 【추가경정예산안의 편성】** ① 정부는 다음 각 호의 어느 하나에 해당하게 되어 이미 확정된 예산에 변경을 가할 필요가 있는 경우에는 추가경정예산안을 편성할 수 있다.
> 1. 전쟁이나 대규모 재해가 발생한 경우

② 추가경정예산은 본예산과 별도로 성립되며, 일단 성립되면 본예산과 통합하여 집행됨
③ 추가경정예산은 예산팽창의 원인이 될 수 있어 「국가재정법」에 편성 횟수가 아닌 편성사유를 엄격하게 제한하고 있음
④ 정부는 국회에서 추가경정예산이 확정되기 전에 이를 미리 배정하거나 집행할 수 없음

정답 ①

## 정답 및 해설

**64** ④는 추가경정예산 편성사유에 해당하지 않음

> **국가재정법 제89조 【추가경정예산안의 편성】** ① 정부는 다음 각 호의 어느 하나에 해당하게 되어 이미 확정된 예산에 변경을 가할 필요가 있는 경우에는 추가경정예산안을 편성할 수 있다.
> 1. 전쟁이나 대규모 재해가 발생한 경우
> 2. 경기침체, 대량실업, 남북관계의 변화, 경제협력과 같은 대내·외 여건에 중대한 변화가 발생하였거나 발생할 우려가 있는 경우
> 3. 법령에 따라 국가가 지급하여야 하는 지출이 발생하거나 증가하는 경우

정답 ④

# 65 ★★★

**추가경정예산에 관한 설명 중 가장 적절한 것은?**

① 예산안이 제출된 이후 국회의결 이전에 기존안의 일부를 수정해 제출한 예산이다.

② 예산팽창의 원인이 될 수 있으므로 '국가재정법'에서 그 편성 사유를 제한하고 있다.

③ 예산심의가 종료된 후 발생한 변화에 대처하기 위하여 연1회 편성하는 예산이다.

④ 국회에서 확정되기 전에 정부가 미리 배정하거나 집행할 수 있는 예산이다.

# 66 ★

**회계연도 개시 전에 예산을 배정할 수 있는 경비가 아닌 것은?**

① 선박 운영에 소요되는 경비

② 관서에서 필요한 부식물의 매입경비

③ 공공기관의 공공요금

④ 조기 집행을 필요로 하는 공공사업비

## 정답 및 해설

**65** ②만 옳은 지문임 → 추경예산은 전쟁이나 대규모 자연재해, 경기침체나 대량실업 등의 경우에 한하여 편성할 수 있음

① 예산안이 제출된 이후 국회의결 이전에 기존안의 일부를 수정해 제출하는 예산은 수정예산임

③ 예산심의가 종료된 후 발생한 변화에 대처하기 위한 예산이긴 하지만 편성횟수에 제한은 없음

④ 국회에서 예산이 확정되기 전에 정부가 예산을 미리 배정하거나 집행할 수는 없음

정답 ②

**66** 공공요금은 해당되지 않음

☑ 「국가재정법」 시행령 제16조에 의한 긴급배정 대상경비

1. 외국에서 지급하는 경비
2. 선박의 운영·수리 등에 소요되는 경비
3. 교통이나 통신이 불편한 지역에서 지급하는 경비
4. 각 관서에서 필요한 부식물의 매입경비
5. 범죄수사 등 특수활동에 소요되는 경비
6. 여비
7. 경제정책상 조기집행을 필요로 하는 공공사업비
8. 재해복구사업에 소요되는 경비

정답 ③

# 67 ★★★

**예산에 대한 설명 중 옳지 않은 것은?**

① 국회에 제출하는 예산안에는 조세지출예산서가 포함되어야 한다.

② 예산은 세입세출의 성질에 따라 본예산, 수정예산, 추가경정예산으로 분류된다.

③ 예산은 한 국가나 지방정부의 경제정책을 조정하는 경제적 도구이며, 예산에는 자원배분, 소득 재분배, 경제안정 및 경제성장을 위한 재정정책들이 구현되어 있다.

④ 통합예산은 정부의 전체적인 예산규모 및 예산의 경제적 효과를 파악하려는 목적으로 만들어졌으며, 우리나라의 통합예산은 중앙 정부의일반회계, 특별회계, 기금 등을 포함하고 있다.

## 정답 및 해설

**67** 세입세출의 성질에 따라서는 일반회계(조세수입)와 특별회계(조세 외 수입)으로 분류할 수 있으며, 본예산, 수정예산, 추가경정예산은 예산의 제출 및 성립 시기에 따르는 분류임 → 본예산은 회계연도개시 120일 전까지(국가재정법) 정부가 제출하여 성립한 예산이고, 수정예산은 예산 제출 후, 의결 전에 수정하여 제출하는 예산이며, 추경예산은 예산 성립 후에 편성·제출하는 예산을 말함

①

**국가재정법 제34조【예산안의 첨부서류】** 국회에 제출하는 예산안에는 다음 각 호의 서류를 첨부하여야 한다.
10. 「조세특례제한법」 제142조의2에 따른 조세지출예산서

③ 예산의 경제적 기능에 대한 내용임

④ 통합재정은 비금융공공부문의 현금 총지출을 의미함 → 일반회계 + 특별회계 + 기금 - 내부거래 - 보전거래 → 예산순계로 작성

정답 ②

## 68 ★★

우리나라 성인지 예산제도에 관한 설명이다. 〈보기〉에서 옳은 것을 모두 고른 것은?

┌─ 보기 ─
ㄱ. 중앙부처 및 지방자치단체는 공히 성인지 결산서를 작성하여야 한다.
ㄴ. 성인지 예산서에는 성평등 기대효과, 성과목표, 성별 수혜분석 등을 포함하여야 한다.
ㄷ. 정부는 예산과 기금이 여성과 남성에게 미칠 영향을 미리 분석한 보고서를 작성하여야 한다.
ㄹ. 국회는 성인지 예산서와 결산서를 예산안이나 결산서와는 독립적인 안건으로 상정하여 심사를 진행하여야 한다.

① 1개    ② 2개    ③ 3개    ④ 4개

### 정답 및 해설

**68**

**☑ 올바른 선지**

ㄱ. 중앙부처 및 지방자치단체는 성인지적 관점에서 재무행정을 집행하므로 공히 성인지 결산서를 작성하여야 함

> **국가재정법 제57조【성인지 결산서의 작성】** ① 정부는 여성과 남성이 동등하게 예산의 수혜를 받고 예산이 성차별을 개선하는 방향으로 집행되었는지를 평가하는 보고서(이하 "성인지 결산서"라 한다)를 작성하여야 한다.
>
> **지방재정법 제36조의2【성인지 예산서의 작성·제출】** ① 지방자치단체의 장은 예산이 여성과 남성에게 미칠 영향을 미리 분석한 보고서[이하 "성인지 예산서"(性認知 豫算書)라 한다]를 작성하여야 한다.

ㄴ. 성인지 예산서에는 성평등 기대효과, 성과목표, 성별 수혜분석 등을 포함하여야 함

> **국가재정법 제26조【성인지 예산서의 작성】** ① 정부는 예산이 여성과 남성에게 미칠 영향을 미리 분석한 보고서[이하 "성인지(性認知) 예산서"라 한다]를 작성하여야 한다.
> ② 성인지 예산서에는 성평등 기대효과, 성과목표, 성별 수혜분석 등을 포함하여야 한다.

ㄷ. 정부는 예산과 기금이 여성과 남성에게 미칠 영향을 미리 분석한 보고서를 작성하여야 함

> **국가재정법 제68조의2【성인지 기금운용계획서의 작성】** ① 정부는 기금이 여성과 남성에게 미칠 영향을 미리 분석한 보고서(이하 "성인지 기금운용계획서"라 한다)를 작성하여야 한다.

**☑ 틀린 선지**

ㄹ. 성인지 예산서와 결산서는 예산안과 결산서의 첨부서류이므로 별도의 심사가 필요한 독립적인 안건이 아님

정답 ③

## 69 ★★

예산제도에 대한 설명으로 옳지 않은 것은?

① 통합재정은 일반회계, 특별회계, 기금 등을 포괄한 국가 전체 재정을 의미한다.
② 자본예산은 단식예산에 가까운 성격을 띠고 있다.
③ 성인지예산서는 예산이 남성과 여성에 미칠 영향을 미리 분석한 보고서로 정부가 예산안과 함께 국회에 제출해야 하는 첨부서류이다.
④ 예산제도는 통제지향 - 관리지향 - 계획지향의 단계로 발전되었다.

## 70 ★

자본예산의 장점으로 지적할 수 없는 것은?

① 정부의 재정계획의 수립에 편의를 준다.
② 국가재정의 기본구조에 대한 명확한 파악을 가능하게 한다.
③ 인플레이션 시기에 매우 효과적이다.
④ 경상적 지출과 자본적 지출을 구분함으로써 자본적 지출에 대한 검토와 분석을 가능하게 한다.

### 정답 및 해설

**69** 자본예산은 단식예산이 아니라 경상계정과 자본계정을 구분하는 복식예산임
① 비금융공공부문에서 1년 동안 지출하는 재원의 총체적인 규모
③ 우리나라는 국가재정법과 지방재정법에서 정부와 지방자치단체에 대해서 성인지 예산서와 결산서 작성을 의무화하고 있음
④ 예산제도는 통제지향 - 관리지향 - 계획지향 - 감축지향의 단계로 발전되었음

정답 ②

**70** 자본예산은 인플레의 경우 곤란하며 국채의 발행에 의하여 자본적 지출에 충당해도 좋다는 관념이 확립되면 인플레 시기에는 이러한 관념을 더욱 조장시킬 우려가 있음
① 자본예산제도는 순환적 균형예산을 추구하므로 정부의 재정계획의 수립에 편의를 제공함
②④ 자본예산제도는 국가재정을 경상적 지출과 자본적 지출을 구분하고 자본적 지출에 대한 검토와 분석을 가능케 함

정답 ③

# 71 ★

다음 중 자본예산제도의 특징으로 가장 옳지 않은 것은?

① 부채의 정당화
② 재정안정화 효과 증진
③ 중장기 예산 운용 가능
④ 예산의 적자 편성

# 72 ★

우리나라의 조세지출예산제도에 대한 설명으로 가장 적절하지 않은 것은?

① 정부가 세금을 줄여 주거나 받지 않는 등 세제지원을 통해 혜택을 준 재정지원을 예산지출로 인정하는 제도이다.
② 조세지출은 눈에 보이지 않는 간접보조금이라고도 한다.
③ 국회예산정책처장은 조세특례제한법 제142조의2에 따른 조세지출예산서를 작성하여야 한다.
④ 국가재정법에서는 조세지출예산서를 국회에 제출하는 예산안에 첨부하도록 하고 있다.

**72** 조세지출예산서는 기획재정부장관이 작성함

> **조세특례제한법 제142조의2 【조세지출예산서의 작성】** ① 기획재정부장관은 조세감면·비과세·소득공제·세액공제·우대세율적용 또는 과세이연 등 조세특례에 따른 재정지원(이하 "조세지출"이라 한다)의 직전 연도 실적과 해당 연도 및 다음 연도의 추정금액을 기능별·세목별로 분석한 보고서(이하 "조세지출예산서"라 한다)를 작성하여야 한다.

①②
조세지출은 합법적인 세금감면(정부의 간접적 지출)을 의미함 → 비가시적·경직적 지출
④

> **국가재정법 제34조 【예산안의 첨부서류】** 제33조의 규정에 따라 국회에 제출하는 예산안에는 다음 각 호의 서류를 첨부하여야 한다.
> 10. 「조세특례제한법」 제142조의2에 따른 조세지출예산서

정답 ③

**71** 자본예산제도는 재정안정화 효과를 감소시킬 수 있음 → 즉, 자본예산제도는 자본성 지출을 위해 국공채를 발행하는 과정에서 재정의 무리한 팽창을 야기할 수 있음
①③④
자본예산제도는 장기적 관점의 투자성 지출 등을 위해 부채를 지는 것을 의미함

정답 ②

## 73 ★★

**통합재정(1986년 기준)에 대한 설명으로 옳은 것은?**

① 일반회계와 특별회계는 통합재정에 포함되나, 기금은 제외된다.
② 통합재정의 기관범위에 공공기관은 포함되지만, 지방자치단체는 포함되지 않는다.
③ 통합재정 산정시 금융성 기금이 포함된다.
④ 내부거래와 보전거래를 제외하여 순계 개념으로 파악한다.

## 74 ★

**예산분류방식이 잘못 설명된 것은?**

① 우리나라에서 일반회계 세입예산은 수입원에 따라 조세수입과 세외수입으로 분류한다.
② 품목별 분류는 지출대상·구입물품의 종류 중심으로 분류한다.
③ 기능별 분류는 전문성이 높아 일반시민이 이해하기 힘들다.
④ 경제성질별 분류는 정부활동이 국민경제에 미치는 영향을 기준으로 하는 것이다.

**정답 및 해설**

**73** 통합재정은 정부부문에서 1년 동안 지출하는 재원의 총체적인 규모로서, 순계 개념상의 정부 예산 총괄표임 → 즉, 내부거래와 보전거래를 제외하여 작성함
① 일반회계와 특별회계, 기금은 통합재정에 포함됨
② 우리나라 통합재정에 지방자치단체의 재정은 포함되나 공공기관의 운영에 관한 법률상 기관인 공기업, 준정부기관, 기타공공기관은 제외됨
③ 통합재정 산정시 금융성 기금은 제외됨

정답 ④

**정답 및 해설**

**74** 기능별 분류는 시민들이 이해하기가 가장 용이하므로 시민을 위한 분류라고 함
① 일반회계 세입예산은 세수입과 세외수입으로 구분됨
② 품목별 분류는 투입 중심 예산분류에 해당함
④ 경제성질별 분류는 예산, 기금 등을 활용한 정부활동이 국민경제에 미치는 영향을 기준으로 하는 것임

정답 ③

## 75 ★

국가재정법 제19조상 행정부가 입법부에 제출하는 예산의 구성 요소가 아닌 것은?

① 예산총칙
② 세입세출예산
③ 사고이월비
④ 국고채무부담행위

## 76 ★★★

「국가재정법」상의 예산안 편성과정에 관한 설명으로 옳지 않은 것은?

① 기획재정부장관은 예산안편성지침에 중앙관서별 지출한도를 포함하여 통보할 수 있다.
② 기획재정부장관은 제출된 예산요구서가 예산안편성지침에 부합하지 아니하는 때에는 기한을 정하여 이를 수정 또는 보완하도록 요구할 수 있다.
③ 기획재정부장관은 대통령의 승인을 얻은 다음 각 중앙관서의 장에게 예산안편성지침을 통보하고 이 지침을 국회 예산결산특별위원회에 보고하여야 한다.
④ 기획재정부장관이 각 중앙관서의 장에게 제출하는 예산요구서에는 대통령령이 정하는 바에 따라 예산의 편성 및 예산관리기법의 적용에 필요한 서류를 첨부하여야 한다.

**정답 및 해설**

**76** 각 중앙관서의 장이 기획재정부장관에게 제출하는 예산요구서에는 대통령령이 정하는 바에 따라 예산의 편성 및 예산관리기법의 적용에 필요한 서류를 첨부하여야 함
①

**국가재정법 제29조【예산안편성지침의 통보】** ② 기획재정부장관은 제7조의 규정에 따른 국가재정운용계획과 예산편성을 연계하기 위하여 제1항의 규정에 따른 예산안편성지침에 중앙관서별 지출한도를 포함하여 통보할 수 있다.

②

**국가재정법 제31조【예산요구서의 제출】** ③ 기획재정부장관은 제1항의 규정에 따라 제출된 예산요구서가 제29조의 규정에 따른 예산안편성지침에 부합하지 아니하는 때에는 기한을 정하여 이를 수정 또는 보완하도록 요구할 수 있다.

③

**국가재정법 제30조【예산안편성지침의 국회보고】** 기획재정부장관은 각 중앙관서의 장에게 통보한 예산안편성지침을 국회 예산결산특별위원회에 보고하여야 한다.

**정답 및 해설**

**75** 사고이월비는 포함되지 않음 → 우리나라 예산의 형식은 예산총칙, 세입세출예산, 계속비, 명시이월비, 국고채무부담행위로 구성되어 있음

정답 ③

정답 ④

## 77 ★★★

우리나라 예산제도에 대한 설명으로 옳지 않은 것은?

① 국회법에 따르면 예산결산특별위원회는 소관 상임위원회의 예비심사 내용을 존중하여야 하며, 소관 상임위원회에서 삭감한 세출예산 각 항의 금액을 증가하게 하거나 새 비목을 설치할 경우에는 소관 상임위원회의 동의를 받아야 한다.

② 국가재정법에 따르면 기획재정부장관은 예산배정요구서에 따라 분기별 예산배정계획을 작성하여 국무회의의 심의를 거친 후 대통령의 승인을 얻어야 한다.

③ 우리나라의 예산주기는 1년이다.

④ 우리나라의 회계연도는 1년이다.

## 78 ★★★

우리나라의 예산과정에 대한 설명으로 옳은 것만을 〈보기〉에서 모두 고르면?

┌─── 보기 ───┐

ㄱ. 기획재정부장관은 국무회의 심의와 대통령 승인을 얻어 다음 연도의 예산안편성지침을 매년 1월 31일까지 중앙관서의 장에게 통보하여야 한다.

ㄴ. 중앙관서의 장은 소관부처의 세입세출예산, 계속비, 명시이월비 및 국고채무부담행위 요구서를 작성하여 매년 3월 31일까지 기획재정부장관에게 제출하여야 한다.

ㄷ. 헌법에 의하면 정부는 회계연도 개시 120일 전까지 정부 예산안을 국회에 제출하여야 한다.

ㄹ. 기획재정부장관은 국가결산보고서를 종합해 다음 연도 4월 20일까지 감사원에 제출하여야 한다.

ㅁ. 정부는 국가결산보고서를 다음 연도 6월 31일까지 국회에 제출하여야 한다.

① 없음　　　　② 2개
③ 3개　　　　④ 4개

---

### 정답 및 해설

**77** 우리나라의 예산주기는 3년임

①

**국회법 제84조 【예산안·결산의 회부 및 심사】** ⑤ 예산결산특별위원회는 소관 상임위원회의 예비심사 내용을 존중하여야 하며, 소관 상임위원회에서 삭감한 세출예산 각 항의 금액을 증가하게 하거나 새 비목(費目)을 설치할 경우에는 소관 상임위원회의 동의를 받아야 한다.

②

**국가재정법 제43조 【예산의 배정】** ① 기획재정부장관은 제42조의 규정에 따른 예산배정요구서에 따라 분기별 예산배정계획을 작성하여 국무회의의 심의를 거친 후 대통령의 승인을 얻어야 한다.

④ 예산이 집행되는 연도, 즉 예산이 효력을 갖는 일정기간을 회계연도라고 함 → 우리나라의 회계연도는 1년임

**정답** ③

### 정답 및 해설

**78**

🔖 틀린 선지

ㄱ. 기획재정부장관은 국무회의 심의와 대통령 승인을 얻어 다음 연도의 예산안편성지침을 매년 3월 31일까지 중앙관서의 장에게 통보하여야 함

ㄴ. 중앙관서의 장은 소관부처의 세입세출예산, 계속비, 명시이월비 및 국고채무부담행위 요구서를 작성하여 매년 5월 31일까지 기획재정부장관에게 제출하여야 한다.

ㄷ. 국가재정법에 의하면 정부는 회계연도 개시 120일 전까지 정부 예산안을 국회에 제출하여야 함

ㄹ. 기획재정부장관은 국가결산보고서를 종합해 다음 연도 4월 10일까지 감사원에 제출하여야 함

ㅁ. 정부는 국가결산보고서를 다음 연도 5월 31일까지 국회에 제출하여야 함

**정답** ①

# 79

★★★

다음은 우리나라 국가재정법에 대한 내용이다. 괄호 안의 내용을 올바르게 구성한 것은?

> **제28조 【중기사업계획서의 제출】** 각 중앙관서의 장은 매년 ( ㉠ )월 31일까지 해당 회계연도부터 5회계연도 이상의 기간 동안의 신규사업 및 기획재정부장관이 정하는 주요 계속사업에 대한 중기사업계획서를 기획재정부장관에게 제출하여야 한다.
>
> **제29조 【예산안편성지침의 통보】** ① 기획재정부장관은 국무회의의 심의를 거쳐 대통령의 승인을 얻은 다음 연도의 예산안편성지침을 매년 ( ㉡ )월 31일까지 각 중앙관서의 장에게 통보하여야 한다.
>
> **제30조 【예산안편성지침의 국회보고】** 기획재정부장관은 각 중앙관서의 장에게 통보한 예산안편성지침을 ( ㉢ )에 보고하여야 한다.
>
> **제31조 【예산요구서의 제출】** ① 각 중앙관서의 장은 예산안편성지침에 따라 그 소관에 속하는 다음 연도의 세입세출예산 · 계속비 · 명시이월비 및 국고채무부담행위 요구서(이하 "예산요구서"라 한다)를 작성하여 매년 ( ㉣ )월 31일까지 기획재정부장관에게 제출하여야 한다.
>
> **제33조 【예산안의 국회제출】** 정부는 대통령의 승인을 얻은 예산안을 회계연도 개시 ( ㉤ )일 전까지 국회에 제출하여야 한다.

| 구분 | ㉠ | ㉡ | ㉢ | ㉣ | ㉤ |
|------|-----|-----|-----------------|-----|------|
| ① | 1 | 3 | 예산결산<br>특별위원회 | 5 | 120 |
| ② | 3 | 1 | 상임위원회 | 3 | 90 |
| ③ | 1 | 3 | 예산결산<br>특별위원회 | 5 | 90 |
| ④ | 3 | 1 | 상임위원회 | 3 | 120 |

**정답 및 해설**

**79** 아래의 조항 참고

**국가재정법 제28조 【중기사업계획서의 제출】** 각 중앙관서의 장은 매년 1월 31일까지 해당 회계연도부터 5회계연도 이상의 기간 동안의 신규사업 및 기획재정부장관이 정하는 주요 계속사업에 대한 중기사업계획서를 기획재정부장관에게 제출하여야 한다.

**동법 제29조 【예산안편성지침의 통보】** ① 기획재정부장관은 국무회의의 심의를 거쳐 대통령의 승인을 얻은 다음 연도의 예산안편성지침을 매년 3월 31일까지 각 중앙관서의 장에게 통보하여야 한다.

**동법 제30조 【예산안편성지침의 국회보고】** 기획재정부장관은 각 중앙관서의 장에게 통보한 예산안편성지침을 국회 예산결산특별위원회에 보고하여야 한다.

**동법 제31조 【예산요구서의 제출】** ① 각 중앙관서의 장은 예산안편성지침에 따라 그 소관에 속하는 다음 연도의 세입세출예산 · 계속비 · 명시이월비 및 국고채무부담행위 요구서(이하 "예산요구서"라 한다)를 작성하여 매년 5월 31일까지 기획재정부장관에게 제출하여야 한다.

**동법 제33조 【예산안의 국회제출】** 정부는 대통령의 승인을 얻은 예산안을 회계연도 개시 120일 전까지 국회에 제출하여야 한다.

정답 ①

# 80 ★★

**예산집행의 신축성을 보장하기 위한 제도에 대한 설명으로 가장 적절한 것은?**

① 예산의 전용이란 정부조직 등에 관한 법령의 제정 또는 폐지로 인하여 그 직무권한에 변동이 있을 때에 예산도 이에 따라서 책임소관이 변경되는 것을 말한다.

② 예비비란 예측할 수 없는 예산 외의 지출 및 초과지출에 충당하기 위한 경비로서, 기획재정부장관은 예비비의 사용이 필요한 때에는 그 이유 및 금액과 추산의 기초를 명백히 한 명세서를 작성하여 국회에 제출하여야 한다.

③ 국고채무부담행위란 법률, 세출예산금액, 계속비 범위 안에서 정부가 채무를 부담하는 행위로서, 미리 예산으로서 국회의 의결을 얻어야 한다.

④ 계속비란 완성에 수년도를 요하는 공사나 제조 및 연구개발사업을 위하여 지출하는 경비로서, 원칙상 5년 이내로 국한하지만 기획재정부장관이 필요하다고 인정하는 때에는 국회의 의결을 거쳐 연장할 수 있다.

# 81 ★★★

**예산제도에 관한 설명 중 옳지 않은 것을 모두 고른 것은?**

> ㄱ. 이용은 국회의 의결을 거쳐야 하지만 기획재정부 장관의 승인을 얻을 필요는 없다.
> ㄴ. 명시이월이란 세출예산 중 경비의 성질상 연도 내에 지출을 끝내지 못할 것이 예측되는 때에 그 취지를 세입세출예산에 명시하여 미리 국회의 승인을 얻은 후 다음 연도에 이월하여 사용할 수 있는 제도이다.
> ㄷ. 공무원의 보수 인상을 위한 인건비 충당을 위하여서도 예비비의 사용목적을 지정할 수 있다.
> ㄹ. 국가가 국고채무부담행위에 의하여 지출할 수 있는 연한은 그 회계연도부터 5년 이내로 한다.

① ㄱ, ㄷ
② ㄷ, ㄹ
③ ㄱ, ㄷ, ㄹ
④ ㄱ, ㄴ, ㄷ, ㄹ

---

**정답 및 해설**

**80** 계속비는 완성에 수년도를 요하는 공사나 제조 및 연구개발사업의 경우 그 경비의 총액과 연부액(年賦額)을 정하여 미리 국회의 의결을 얻은 범위 안에서 수년에 걸쳐서 지출할 수 있는 경비를 말함

① 이체에 대한 설명임

② 각 중앙관서의 장은 예비비의 사용이 필요한 때에는 그 이유 및 금액과 추산의 기초를 명백히 한 명세서를 작성하여 기획재정부장관에게 제출하여야 함

③ 국고채무부담행위란 법률, 세출예산, 계속비 외에 정부가 채무를 부담하는 행위로서 미리 예산으로서 국회의 의결을 얻어야 함

**정답** ④

---

**정답 및 해설**

**81**

☑ **틀린 선지**

ㄱ. 이체는 국회의 의결을 거쳐 기획재정부 장관의 승인을 얻어야 함

ㄷ. 공무원의 보수 인상을 위한 인건비 충당을 위하여 예비비의 사용목적을 지정할 수는 없음

ㄹ. 국고채무부담행위가 아니라 계속비에 관한 규정임

☑ **올바른 선지**

ㄴ.

**국가재정법 제24조【명시이월비】** ① 세출예산 중 경비의 성질상 연도 내에 지출을 끝내지 못할 것이 예측되는 때에는 그 취지를 세입세출예산에 명시하여 미리 국회의 승인을 얻은 후 다음 연도에 이월하여 사용할 수 있다.

**정답** ③

# 82 ★

**국가재정법에 규정된 예산운영에 대한 다음 설명 중 틀린 것은?**

① 중앙관서의 장은 예산이 정한 각 기관 간 또는 각 장·관·항 간에 상호 이용(移用)할 수 없다. 다만, 예산집행 상 필요에 따라 미리 예산으로써 국회의 의결을 얻은 때에는 기획재정부장관의 승인을 얻어 이용할 수 있다.

② 기획재정부장관은 정부조직 등에 관한 법령의 제정·개정 또는 폐지로 인하여 중앙관서의 직무와 권한에 변동이 있는 때에는 그 중앙관서의 장의 요구에 따라 그 예산을 상호 이체(移替)할 수는 있으나 이용(移用)할 수는 없다.

③ 연도 내에 지출원인행위를 하고 불가피한 사유로 인하여 연도 내에 지출하지 못한 경비와 지출원인행위를 하지 아니한 그 부대경비는 재이월할 수 없다.

④ 중앙관서의 장은 예산의 집행방법 또는 제도의 개선 등으로 인하여 수입이 증대되거나 지출이 절약된 때에는 이에 기여한 자에게 성과금을 지급할 수 있으며, 절약된 예산을 다른 사업에 사용할 수 있다.

# 83 ★★★

**국회의 예·결산 심사과정에 대한 설명으로 옳지 않은 것은?**

① 국회는 정부가 제출한 지출예산 각 항의 금액을 증가하거나 새 비목을 설치하는 경우 정부의 동의를 얻어야 한다.

② 예산결산특별위원회는 소관 상임위원회에서 삭감한 세출예산 각 항의 금액을 증액하거나 새 비목을 설치할 경우에는 소관 상임위원회의 동의를 받아야 한다.

③ 국회는 정부가 제출한 예산안과 결산에 대해 시정연설을 들어야 한다.

④ 각 중앙관서의 장은 회계연도마다 소관 기금의 결산보고서를 중앙관서결산보고서에 통합하여 작성하여야 한다.

---

# 84 ★★★

예산집행의 신축성 유지 방안에 대한 설명으로 옳지 않은 것은?

① 법령의 제정, 개정, 폐지 등으로 그 직무와 권한에 변동이 있을 때, 관련되는 예산의 귀속을 변경시킨다.

② 구체적으로 용도를 제한하지 않고 포괄적인 지출을 허용한다.

③ 회계연도 개시 전에 대통령령이 정하는 바에 의해 기획재정부 장관이 예산을 배정한다.

④ 정기배정은 기획재정부가 중앙관서에 대해 예산을 지급하는 것이다.

# 85 ★

다음 중 예산집행의 시간적 제약을 완화하기 위해 도입된 제도로 볼 수 없는 것은?

① 총액계상예산 제도    ② 이월 제도

③ 계속비 제도    ④ 국고채무부담행위 제도

## 정답 및 해설

**84** 정기배정은 통제확보 방안에 속함

☑ **배정과 재배정이 통제확보 수단인 이유**

> ㉠ 예산집행은 예산의 배정으로부터 시작되는데, 이는 확정된 예산을 예산집행기관이 계획대로 집행할 수 있도록 허용하는 일종의 승인임
>
> ㉡ 기획재정부장관은 분기별로 예산배정계획을 작성하여 국무회의의 심의와 대통령의 승인을 얻은 후에 각 중앙관서의 장에게 예산을 배정하고, 배정된 예산은 다시 하급기관에 재배정됨 → 배정된 예산은 관련 법령에 따라 기획재정부장관이 작성하여 통지한 월별 세부자금계획의 범위 안에서 정해진 목적과 용도로 집행됨

① 예산의 이체에 해당함

② 총괄예산(총액 계상)제도에 해당함

③ 회계연도 개시 전 예산 배정으로, 외국에 지급하는 경비, 선박 경비 교통·통신이 불편한 지방에 지급하는 경비, 관서에서 필요한 부식물 매입경비, 정보비, 여비 등이 있음

정답 ④

**85** 총액계상예산제도는 예산집행과정에서 사업내용과 시행방법 상의 신축성을 부여하기 위한 장치임 → 이월, 계속비, 국고채무부담행위 등은 회계연도 독립원칙의 예외에 해당함

정답 ①

# 86 ★★

〈보기1〉의 괄호에 들어갈 개념에 대한 설명들을 〈보기2〉에서 모두 고른 것은?

┌─ 보기1 ─┐

**국가재정법 제19조【예산의 구성】**
예산은 예산총칙·세입세출예산·( )·( ) 및 ( )를 총칭한다.

┌─ 보기2 ─┐

ㄱ. 예측할 수 없는 예산 외의 지출이나 예산 초과 지출을 위해 정부가 상당하다고 인정되는 금액을 세입세출예산에 계상하여 국회 승인을 얻은 경비

ㄴ. 세출예산 중 연도 내에 그 지출을 하지 못할 것이 예측될 때, 미리 국회의 승인을 얻어 다음 연도에 이월하여 사용할 수 있도록 한 경비

ㄷ. 완성에 수년도를 요하는 공사나 연구개발에 대해 경비의 총액과 연부액을 정하여 미리 국회의 의결을 얻은 범위 안에서 수년도에 걸쳐 지출하도록 하는 경비

ㄹ. 정부가 중장기적 시각에서 해당 회계연도부터 5개년 단위의 재정운용 목표와 방향, 재원배분 및 투자계획 등을 제시하는 재정계획으로 매년 수정·보완하는 연동계획

ㅁ. 국가가 예산의 확보 없이 미리 채무(금전급부의무)를 지고 연도를 경과하여 다음 연도 이후에 채무이행(지출)을 할 수 있도록 하는 제도

① ㄴ, ㄷ, ㅁ    ② ㄱ, ㄴ, ㄷ

③ ㄷ, ㄹ, ㅁ    ④ ㄴ, ㄷ, ㄹ

## 정답 및 해설

**86** 아래의 조항 참고

**국가재정법 제19조【예산의 구성】** 예산은 예산총칙·세입세출예산·계속비·명시이월비 및 국고채무부담행위를 총칭한다.

☑ **올바른 선지**

ㄴ. 명시이월비, ㄷ. 계속비, ㅁ. 국고채무부담행위는 국가재정법 제19조에 규정된 예산형식에 해당함

☑ **틀린 선지**

ㄱ은 예비비, ㄹ은 국가재정운용계획임

정답 ①

# 87 ★★★

중앙정부의 예산집행에 관한 설명으로 옳은 것은 모두 몇 개인가?

┌─────── 보기 ───────
│ ㄱ. 기획재정부장관은 예산배정요구서에 따라 반기별 예산
│ 배정계획을 작성하여 국무회의 심의를 거친 후 대통령
│ 의 승인을 얻어야 한다.
│ ㄴ. 기획재정부장관은 필요한 때에는 대통령령으로 정하는
│ 바에 따라 회계연도 개시 전에 예산을 배정할 수 있다.
│ ㄷ. 세출예산의 재배정이란 기획재정부장관이 각 중앙관서
│ 의 장에게 배정한 예산을 각 중앙관서의 장이 산하기관
│ 에 다시 배정하는 것을 말한다.
└──────────────────

① 1개                    ② 2개
③ 3개                    ④ 없음

### 정답 및 해설

**87**

☑ 올바른 선지
ㄴ. 긴급배정에 대한 내용임
ㄷ. 세출예산의 재배정이란 중앙관서의 장이 산하기관에 배정하는 것
   을 의미함

☑ 틀린 선지
ㄱ. 기획재정부장관은 분기별 예산배정계획을 작성하여 국무회의
   심의를 거친 후 대통령의 승인을 얻어야 함

정답 ②

# 88 ★★

다음은 예산제도에 관한 설명이다. 옳지 않은 것은?

① 우리나라 예산은 장, 관, 항, 세항, 목 등의 예산으로 분류되는데 이 중에서 관 이상을 입법과목이라 한다.
② 계속비는 공사나 제조 및 연구개발사업과 같이 장기간에 걸쳐 사업이 지속되어야 효과가 나타나는 경우 회계연도를 탄력적으로 적용할 필요가 있을 때 허용된다.
③ 범죄수사 등 특수활동에 소요되는 경비, 여비, 경제정책상 조기 집행을 필요로 하는 공공사업비 등은 회계연도가 개시되기 이전에 예산을 배정할 수 있도록 허용하는 경우도 있다.
④ 국고채무부담행위는 외국인 고용이나 건물 임차 또는 국공채발행과 같이 다년도에 걸쳐 국고부담을 야기하는 채무를 체결할 수 있는 권한을 국회로부터 부여받는 것이다.

### 정답 및 해설

**88** 우리나라 세출예산은 장, 관, 항, 세항, 목 등의 예산으로 분류되는데 항 이상을 입법과목이라고 함 → 세항, 목은 행정과목임
②

**국가재정법 제23조【계속비】** ① 완성에 수년도를 요하는 공사나 제조 및 연구개발사업은 그 경비의 총액과 연부액(年賦額)을 정하여 미리 국회의 의결을 얻은 범위 안에서 수년도에 걸쳐서 지출할 수 있다.

③

**국가재정법 제43조【예산의 배정】** ③ 기획재정부장관은 필요한 때에는 대통령령이 정하는 바에 따라 회계연도 개시 전에 예산을 배정할 수 있다.

**국가재정법 시행령 제16조【예산의 배정】** ⑤ 법 제43조 제3항에 따라 회계연도 개시 전에 예산을 배정할 수 있는 경비는 다음 각 호와 같다.
1. 외국에서 지급하는 경비
2. 선박의 운영·수리 등에 소요되는 경비
3. 교통이나 통신이 불편한 지역에서 지급하는 경비
4. 각 관서에서 필요한 부식물의 매입경비
5. 범죄수사 등 특수활동에 소요되는 경비
6. 여비
7. 경제정책상 조기집행을 필요로 하는 공공사업비
8. 재해복구사업에 소요되는 경비

④

**국가재정법 제25조【국고채무부담행위】** ① 국가는 법률에 따른 것과 세출예산금액 또는 계속비의 총액의 범위 안의 것 외에 채무를 부담하는 행위를 하는 때에는 미리 예산으로써 국회의 의결을 얻어야 한다.

정답 ①

## 89

★★★

우리나라의 예산에 대한 설명으로 옳은 것만을 〈보기〉에서 모두 고르면?

┌─────── 보기 ───────┐

ㄱ. 국회에 제출되는 예산서는 예산총칙·세입세출예산·계속비·명시이월비 및 국고채무부담행위로 구성된다.

ㄴ. 세출예산 중 경비의 성질상 연도 내에 지출을 끝내지 못할 것이 예측되는 때에는 그 취지를 세입세출예산에 명시하여 미리 국회의 승인을 얻은 후 다음 연도에 이월하여 사용할 수 있다.

ㄷ. 예산의 이용(移用)은 정부조직 등에 관한 법령의 제정, 개정 또는 폐지로 인하여 중앙관서의 직무와 권한에 변동이 있을 때 예산을 이에 따라 변경하는 것을 의미한다.

ㄹ. 예산의 전용(轉用)은 확정된 예산에서 각 세항 또는 목의 금액을 서로 융통하여 사용하는 것을 의미한다.

ㅁ. 국회는 정부의 동의 없이 정부가 제출한 지출예산 각 항의 금액을 증가하거나 새 비목(費目)을 설치할 수 있다.

ㅂ. 예산안 심의 및 확정 그리고 조세법률주의는 헌법에 규정하고 있고, 예산총계주의와 국가재정운용계획의 수립은 국가재정법에서 규정하고 있다.

└───────────────────┘

① 1개  
② 2개  
③ 4개  
④ 6개

## 90

★★★

예산 집행 과정의 신축성 유지 방안에 대한 설명으로 옳은 것만을 모두 고르면?

┌───────────────────┐

ㄱ. 예산의 전용이란 각 기관·장·관·항 간에 상호 융통하는 것을 말한다.

ㄴ. 예산의 명시이월이란 예산 성립 후 연도 내 지출원인행위를 하고 불가피한 사유로 지출하지 못한 경비와 지출원인행위를 하지 아니한 그 부대경비의 금액에 대한 이월을 말한다.

ㄷ. 예비비란 예측할 수 없는 예산 외의 지출 또는 예산초과지출에 충당하기 위해 세입·세출예산에 계상한 금액을 말한다.

ㄹ. 예산의 이체란 정부조직 등에 관한 법령의 제정, 개정 또는 폐지로 인해 그 직무와 권한에 변동이 있을 때에 예산도 이에 따라 변경하는 것을 말한다.

└───────────────────┘

① ㄱ, ㄴ  
② ㄱ, ㄷ  
③ ㄴ, ㄹ  
④ ㄷ, ㄹ

---

**정답 및 해설**

**89**

☑ 올바른 선지

ㄱ. 예산의 구성에 대한 내용임

ㄴ. 명시이월비에 대한 내용임

ㄹ.

> 제46조【예산의 전용】① 각 중앙관서의 장은 예산의 목적범위 안에서 재원의 효율적 활용을 위하여 대통령령이 정하는 바에 따라 기획재정부장관의 승인을 얻어 각 세항 또는 목의 금액을 전용할 수 있다.

ㅂ. 예산안 심의 및 확정 그리고 조세법률주의는 헌법 제54조와 제57조에 규정하고 있고, 예산총계주의와 국가재정운용계획의 수립은 「국가재정법」 제17조, 제7조에서 규정하고 있음

☑ 틀린 선지

ㄷ. 이체에 대한 내용임

ㅁ. 국회는 정부의 동의 없이 정부가 제출한 지출예산 각항의 금액을 증가하거나 새 비목을 설치할 수 없음

정답 ③

**정답 및 해설**

**90**

☑ 올바른 선지

ㄷ.

> 국가재정법 제22조【예비비】① 정부는 예측할 수 없는 예산 외의 지출 또는 예산초과지출에 충당하기 위하여 일반회계 예산총액의 100분의 1 이내의 금액을 예비비로 세입세출예산에 계상할 수 있다. 다만, 예산총칙 등에 따라 미리 사용목적을 지정해 놓은 예비비(목적예비비)는 본문의 규정에 불구하고 별도로 세입세출예산에 계상할 수 있다.

ㄹ.

> 국가재정법 제47조【예산의 이용·이체】② 기획재정부장관은 정부조직 등에 관한 법령의 제정·개정 또는 폐지로 인하여 중앙관서의 직무와 권한에 변동이 있는 때에는 그 중앙관서의 장의 요구에 따라 그 예산을 상호 이용하거나 이체(移替)할 수 있다.

☑ 틀린 선지

ㄱ. 선지는 이용에 대한 내용임 → 전용이란 세항·목 간의 자금융통임

ㄴ. 선지는 사고이월에 대한 내용임

정답 ④

# 91 ★

국채 우선 상환 이후 세계잉여금의 사용 순서를 〈보기〉
에서 옳게 연결한 것은?

┌─────────────── 보기 ┌─────
ㄱ. 교부세 및 지방교육재정교부금 정산
ㄴ. 공적자금상환기금에 출연
ㄷ. 추가경정예산안의 편성에 사용
ㄹ. 다음 연도 세입에 이입
ㅁ. 기타 채무 상환
─────────────────────────

① ㄱ → ㄴ → ㄹ → ㅁ → ㄷ
② ㄱ → ㄴ → ㅁ → ㄷ → ㄹ
③ ㄱ → ㄴ → ㅁ → ㄹ → ㄷ
④ ㄴ → ㄱ → ㄹ → ㅁ → ㄷ

---

**정답 및 해설**

**91** 아래의 내용 참고

☑ **세계잉여금 사용의 우선순위**

┌─────────────────────────────
① 지방교부세 및 지방교육재정교부금의 정산
② 공적자금상환기금에 출연
　　㉠ 공적자금상환기금 : 금융기관이 부담한 채무의 원활한 상환을
　　　위하여 만든 자금
③ 국가채무 상환
④ 추가경정예산의 편성 : 결산의 결과 발생한 세계잉여금은 일부 추
　　가경정예산에 편성할 수 있음
⑤ 전술한 용도로 사용한 후에 남은 잔액은 다음 연도의 세입에 이입
─────────────────────────────

정답 ②

## 92 ★

현행 감사원법상 회계검사기관인 감사원에 관한 설명으로 옳지 않은 것은?

① 감사원은 국가의 세입세출의 결산과 공무원 직무감찰을 위해 대통령 소속하에 설치된 기관이다.

② 감사원은 직무에 관해 독립된 지위를 유지하며 그 직무수행상 정치적 압력이나 간섭을 받지 않는 특징이 있다.

③ 감사원장은 국회의 동의를 얻어 대통령이 임명하며, 감사위원의 경우는 감사원장의 제청으로 역시 대통령이 임명한다.

④ 감사원장의 임기는 4년, 감사위원의 임기는 2년이며 원장을 포함해 7인의 감사위원으로 구성한다.

## 93 ★

현금주의 회계방식과 발생주의 회계방식에 대한 설명으로 옳은 것은?

① 현금주의 회계방식은 재정상태표에 해당하며, 발생주의 회계방식은 재정운영표에 해당한다.

② 현금주의 회계방식은 정보의 적시성을 확보할 수 있으며, 발생주의 회계방식은 회계처리의 객관성 확보에 용이하다.

③ 현금주의 회계방식은 재정 건전성 확보가 가능하며, 발생주의 회계방식은 이해와 통제가 용이하다.

④ 현금주의 회계방식은 화폐자산과 차입금을 측정대상으로 하며, 발생주의 회계방식은 재무자원, 비재무자원을 포함한 모든 경제자원을 측정대상으로 한다.

---

### 정답 및 해설

**92** 감사위원의 임기는 4년임

> **헌법 제98조** ① 감사원은 원장을 포함한 5인 이상 11인 이하의 감사위원으로 구성한다.
> ② 원장은 국회의 동의를 얻어 대통령이 임명하고, 그 임기는 4년으로 하며, 1차에 한하여 중임할 수 있다.
> ③ 감사위원은 원장의 제청으로 대통령이 임명하고, 그 임기는 4년으로 하며, 1차에 한하여 중임할 수 있다.

①

> **헌법 제97조** 국가의 세입·세출의 결산, 국가 및 법률이 정한 단체의 회계검사와 행정기관 및 공무원의 직무에 관한 감찰을 하기 위하여 대통령 소속하에 감사원을 둔다.

②

> **감사원법 제2조【지위】** ① 감사원은 대통령에 소속하되, 직무에 관하여는 독립의 지위를 가진다.
> ② 감사원 소속 공무원의 임면(任免), 조직 및 예산의 편성에 있어서는 감사원의 독립성이 최대한 존중되어야 한다.

정답 ④

### 정답 및 해설

**93** 현금주의 회계방식은 화폐자산과 차입금 등 현금을 측정대상으로 하지만, 발생주의 회계방식은 재무자원(현금성 유동자원)과 비재무자원(고정자산, 고정부채 등 비유동성자원)을 포함한 모든 형태의 경제적 자원을 측정대상으로 함

① 재정상태표와 재정운영표 모두 발생주의가 적용됨

② 현금주의 회계방식은 정보의 적시성을 확보할 수 없으며, 발생주의 회계방식은 회계처리의 객관성 확보가 곤란함

③ 현금주의와 발생주의에 대한 내용이 바뀌었음

정답 ④

## 94 ★

**발생주의 회계제도에 대한 설명으로 옳은 것은?**

> 가. 재화의 감가상각 가치를 회계에 반영할 수 있다.
> 나. 부채규모와 총자산의 파악이 용이하지 않다.
> 다. 현금이 거래되는 시점을 중심으로 기록한다.
> 라. 복식부기 기장방식을 채택하는 것이 일반적이다.

① 가, 라
② 나, 라
③ 나, 다
④ 가, 다

---

**정답 및 해설**

**94**

**☑ 올바른 선지**

가. 발생주의 회계제도는 기록하는 사람의 주관적인 판단, 즉 재화의 감가상각 가치 등을 회계에 반영할 수 있음

라. 발생주의 회계제도는 단식부기(현금의 입출만 인식)가 아닌 복식부기와 어울리는 제도임

**☑ 틀린 선지**

나. 발생주의 회계로 기장하는 재정상태표는 부채규모와 총자산의 파악 등을 명시하고 있음

다. 발생주의 회계는 거래가 발생하는 시점을 중심으로 기록함

정답 ①

최욱진 행정학
단원별 예상문제집

PART

# 06

# 행정환류

# CHAPTER 01

# 행정책임과 통제

## 01 ★★

**행정책임에 대한 다음 설명으로 옳지 않은 것은?**

① 파이너(Finer)의 행정책임은 제도적 책임과 관련되며, 법률이나 규칙에 대한 책임, 의회에 대한 책임 등을 중시하였다.

② 프리드리히(Friedrich)에 의하면 도덕적 의무감, 전문성이나 윤리헌장 같은 내부통제 장치들을 통해 행정책임을 확보해야 한다.

③ 듑닉(Dubnick)과 롬젝(Romzek)에 의하면 현대사회에서 행정통제는 외부통제에서 내부통제로, 낮은 통제에서 높은 통제로 통제의 중점이 변화되어 오고 있다.

④ 정치행정이원론에서는 외재적 책임이 강조되며, 정치행정일원론에서는 내재적 책임이 강조된다.

## 02 ★★

**제도적 책임성(accountability)과 자율적 책임성(responsibility)에 대한 설명으로 옳지 않은 것은?**

① 제도적 책임성은 타율적이고 수동적인 행정책임을 의미한다.

② 자율적 책임성은 직업윤리와 책임감에 기반한 능동적인 책임성을 의미한다.

③ 제도적 책임성은 자율적 책임성보다 상대적으로 광범위한 행정책임을 의미한다.

④ 제도적 책임성은 법규와 규정에 따른 적절한 절차를 강조한다.

### 정답 및 해설

**01** 더브닉(Dubnick)과 롬젝(Romzek)은 통제의 중점이 외부통제에서 내부통제로, 높은 통제에서 낮은 통제로 변화되어 왔다고 주장함

① 파이너는 고전적 책임론, 즉 제도적 책임(수동적 책임)과 관련되며, 법률이나 규칙에 대한 책임, 의회에 대한 책임 등을 중시함

② 프리드리히(Friedrich)는 현대적 책임론, 즉 자율적 책임성을 강조하므로 내부통제 장치들을 통해 행정책임을 확보해야 함

④ 행정부의 역할이 많을수록 행정부 통제가 어려워지므로 내재적 책임이 중요함

정답 ③

### 정답 및 해설

**02** 자율적 책임성은 공무원들의 내면의 가치와 기준에 따라 국민의 만족을 위해 공무원의 의무를 다하는 책임이므로 구체적인 법에 기초한 제도적 책임성에 비해 상대적으로 광범위함

① 제도적 책임성은 공식적인 법이나 규칙에 기초한 타율적·수동적인 행정책임을 의미함

② 자율적 책임성은 공무원이 전문가로서의 직업윤리나 책임감에 기초해서 적극적이고 자발적인 재량을 발휘하여 확보되는 능동적인 책임성을 의미함

④ 제도적 책임성은 공식적인 법규와 제도, 규정에 따른 절차를 강조함

정답 ③

## 03 ★★

**책임성에 대한 설명으로 옳지 않은 것은?**

① 파이너(H. Finer)는 관료의 내면적 기준에 의한 내재적 책임을 강조하고, 프리드리히(C. Friedrich)는 법률, 입법부, 사법부, 국민 등에 의한 통제 등 외부적 힘에 의한 통제로 확보되는 외재적 책임을 강조한다.

② 롬젝(Romzek)과 더브닉(Dubnick)에 따르면 강조되는 책임성의 유형은 조직의 특성에 따라 달라진다.

③ 신공공관리론은 책임을 확보하기 위하여 객관적 · 체계적 성과 측정을 중시한다.

④ 책임성은 수단적 가치이다.

## 04 ★★

**듀브닉과 롬젝(Dubnic and Romzek)의 행정책임성 유형 중 외부지향적이고 통제의 강도가 높은 책임성은?**

① 정치적 책임성

② 법적 책임성

③ 전문가적 책임성

④ 관료적 책임성

---

**정답 및 해설**

**03** 프리드리히(C. Friedrich)는 관료의 내면적 기준에 의한 내재적 책임(현대적인 책임)을 강조하고, 파이너(H. Finer)는 법률, 입법부, 사법부, 국민 등에 의한 통제 등 외부적 힘에 의한 통제로 확보되는 외재적 책임(전통적 책임)을 강조함

② 롬젝(Romzek)과 더브닉(Dubnick)에 따르면 강조되는 책임성의 유형은 조직의 특성(관료 조직 통제의 원천 및 통제의 강도) 등에 따라 달라짐

| 구분 | | 관료 조직 통제의 원천 | |
|---|---|---|---|
| | | 내부 | 외부 |
| 통제의 강도 | 강 | 관료적 책임성 | 법률적 책임성 |
| | 약 | 전문적 책임성 | 정치적 책임성 |

③ 신공공관리론은 공무원의 책임을 확보하기 위하여 객관적 · 체계적 성과 측정을 중시함

④ 책임성, 투명성, 민주성 등은 수단적 가치에 해당함

**정답 및 해설**

**04** 듀브닉과 롬젝(Dubnic and Romzek)의 행정책임성 유형 중 외부지향적이고 통제의 강도가 높은 책임성은 법적 책임성임

①③④

📋 **듀브닉과 롬젝(Dubnic and Romzek)의 행정책임성 유형**

| 구분 | | 관료 조직 통제의 원천 | |
|---|---|---|---|
| | | 내부 | 외부 |
| 통제의 강도 | 강 | 관료적 책임성 | 법률적 책임성 |
| | 약 | 전문적 책임성 | 정치적 책임성 |

정답 ①

정답 ②

## 05 ★★★

길버트(Gilbert)는 행정통제를 통제자의 위치와 제도화 여부에 따라 다음과 같이 네 가지 유형으로 구분하였다. 각 유형에 해당되는 우리나라의 행정통제 방법으로 가장 적절하지 않은 것은?

| 제도화 여부＼통제자의 위치 | 외부 | 내부 |
|---|---|---|
| 공식적 | ㉠ | ㉡ |
| 비공식적 | ㉢ | ㉣ |

① ㉠ - 감사원에 의한 통제
② ㉡ - 교차기능조직에 의한 통제
③ ㉢ - 정당에 의한 통제
④ ㉣ - 행정윤리에 의한 통제

## 06 ★★

행정통제에 관한 다음 설명 중 옳지 않은 것은?

① 행정책임을 확보하기 위한 외재적이고 공식적인 통제 수단으로는 감사원의 회계검사, 직무감찰 등이 있다.
② 예비승인권 등은 입법통제로서 공식적 통제 중 하나이다.
③ 예산심의, 예산결정권은 입법통제 수단으로 행정의 외부통제에 해당한다.
④ 우리나라에서 행정통제를 수행하는 내부통제기관으로는 국무조정실, 국민권익위원회, 행정안전부 등이 있다.

## 07 ★★

옴부즈만 제도에 관한 설명으로 가장 적절하지 않은 것은?

① 입법부나 사법부가 행정통제의 기능을 제대로 못하게 되자, 보다 적극적으로 국민의 이익을 보호하려는 취지에서 1809년 스웨덴에서 처음 창설된 제도이다.
② 스웨덴의 옴부즈만은 우리나라에서와 같이 행정부에 설치되어 있다.
③ 우리나라는 1994년에 출범한 '국민고충처리위원회'가 옴부즈만 제도의 시초라 할 수 있다.
④ 옴부즈만은 일반적으로 직무상 독립성이 보장된다.

**06** 감사원의 회계검사, 직무감찰 등은 행정책임을 확보하기 위한 내재적이고 공식적인 통제수단임
②③
예산심의권 및 승인권은 국회의 권한이며, 국회는 외부·공식통제 수단임
④ 국무조정실, 국민권익위원회, 행정안전부(교차기능조직) 등은 내부·공식통제 수단임

정답 ①

**07** 우리나라는 국민권익위원회가 국무총리 소속이므로 행정부 소속형이지만 스웨덴의 옴부즈만은 의회옴부즈만으로 입법부 소속임
① 옴부즈만은 1809년 스웨덴에서 처음 창설된 제도임
③ 현재 우리나라의 옴부즈만은 국민권익위원회지만, 1994년에 출범한 국민고충처리위원회가 옴부즈만 제도의 시초임
④ 옴부즈만은 일반적으로 입법부 소속이지만 직무상으로는 독립성이 보장됨

정답 ②

**05** 감사원은 내부·공식적 통제에 해당함 → 외부·공식적 통제에는 입법부, 사법부, 옴부즈만에 의한 통제가 있음
②③④

📌 **행정통제의 유형**

| 외부 | 공식 | • 입법통제<br>• 사법통제<br>• 옴부즈만 |
|---|---|---|
| | 비공식 | • 민중통제(정당, 시민단체, 언론 등) |
| 내부 | 공식 | • 국무총리(실)<br>• 감사원<br>• 교차기능조직 → 인사혁신처·기획재정부 등<br>• 국민권익위원회 |
| | 비공식 | • 직업윤리<br>• 동료들의 평가와 비판 |

정답 ①

## 08 ★★

옴부즈만(Ombudsman)제도에 대한 설명으로 옳지 않은 것은?

① 스웨덴에서 처음 도입된 제도이다.
② 행정 내부통제의 한계를 보완하는 제도이다.
③ 시정을 촉구하거나 건의함으로써 국민의 권리를 구제하는 제도이다.
④ 대부분의 국가에서는 입법부에 소속되어 있다.

## 09 ★

국민권익위원회의 기능에 대한 설명으로 옳은 것은?

① 반부패총괄기구로서 부패방지 업무와 고충민원 처리만을 담당한다.
② 「부패방지 및 국민권익위원회 설치와 운영에 관한 법률」에 따라 설치된 대통령 소속기구이다.
③ 「부정청탁 및 금품등 수수의 금지에 관한 법률」 위반행위 발견 시 국민권익위원회에 신고할 수 있다.
④ 부위원장은 위원장의 제청으로 대통령이 임명한다.

## 10 ★★

서구의 옴부즈만과 우리나라의 국민권익위원회의 기능에 관한 다음 설명 중 서로 공통적으로 운영되는 것으로만 연결된 것은?

> ㉠ 결정을 취소하거나 변경할 수 없다.
> ㉡ 입법부 소속으로 직권조사권이 있다.
> ㉢ 사법기관보다 조사・처리 과정이 신속하다.
> ㉣ 위법한 사항만 취급하지, 부당한 행위에 대한 심사는 불가하다.

① ㉠, ㉡
② ㉠, ㉢
③ ㉡, ㉣
④ ㉢, ㉣

### 정답 및 해설

**08** 옴부즈만 제도는 다른 통제기관(입법부 혹은 사법부)들이 간과한 통제의 사각지대를 감시하는 데 유용한 제도임 → 즉, 옴부즈만제도는 입법・사법통제의 한계(외부통제의 한계)를 보완하는 제도임
①③④
옴부즈만 제도는 행정활동의 비약적인 증대에 따른 시민의 권리침해를 구제하기 위해 1809년 스웨덴에서 최초로 도입하였으며, 현재 유럽을 비롯한 다양한 국가에서 활용하고 있는 행정통제 수단임 → 옴부즈만은 입법부 소속형과 행정부 소속형으로 구분되는데, 일반적인 옴부즈만 제도는 전자에 해당함

정답 ②

**09** 「청탁금지법」 위반행위가 발생하였거나 발생하고 있다는 사실을 알게 된 경우에는 위반행위가 발생한 공공기관, 감독기관, 감사원, 수사기관 또는 국민권익위원회에 신고할 수 있음
① 국민권익위원회는 반부패총괄기구로서 부패방지 업무와 고충민원 처리 외에 행정심판 기능을 담당함
② 국민권익위원회를 비롯한 공정거래위원회, 금융위원회, 원자력안전위원회는 국무총리소속기구임
④ 위원장 및 부위원장은 국무총리의 제청으로 대통령이 임명함

정답 ③

### 정답 및 해설

**10** 아래의 표 참고

**옴부즈만과 국민권익위원회 비교**

| 구분 | 전형적인 스웨덴식 옴부즈만 | 국민권익위원회 |
| --- | --- | --- |
| 차이점 | 입법부 소속 | 행정부(국무총리) 소속 |
|  | 신청에 의한 조사 외에 직권에 의한 조사도 가능(직권조사권 있음) | 신청에 의한 조사 → 직권조사권 없음 |
| 공통점 | ㉠ 합법성 외에 합목적성 차원의 조사가능<br>㉡ 결정을 무효로 하거나 취소할 수 있는 권한은 없음 | |

정답 ②

# 11 ★★★

아래의 행정통제 유형 중 내부통제 방안에 해당하는 것은 모두 몇 개인가?

⊙ 입법부에 대한 통제
ⓒ 사법부에 의한 통제
ⓒ 감사원에 의한 통제
ⓔ 국민권익위원회에 의한 통제
ⓜ 중앙행정부처에 의한 통제
ⓑ 시민에 의한 통제
ⓢ 여론과 매스컴
ⓞ 옴부즈만 제도

① 3개 　　　　　② 4개
③ 5개 　　　　　④ 6개

# 12 ★

다음 중 우리나라 국민권익위원회에 대한 내용으로 옳은 것은?

① 고충민원의 처리와 이에 관련된 불합리한 행정제도를 개선하고, 부패의 발생을 예방하며 부패행위를 효율적으로 규제하도록 하기 위하여 대통령 소속으로 국민권익위원회를 둔다.
② 상임위원은 국무총리의 제청으로 대통령이 임명한다.
③ 위원장과 부위원장, 상임위원은 각각 정무직으로 보한다.
④ 위원장과 위원의 임기는 각각 3년으로 하되 1차에 한하여 연임할 수 있다.

정답 및 해설

**11** ⓒⓔⓜ은 내부통제, 즉 행정부 내부에서 이루어지는 행정통제 방안에 해당함

☑ 길버트 행정통제 유형

| 구분 | 내부통제 | 외부통제 |
|---|---|---|
| 공식 | • 행정수반(대통령) 및 국무조정실에 의한 통제<br>• 계층제(상관) 및 인사관리제도를 통한 통제<br>• 독립통제기관(감사원, 국민권익위원회 등)에 의한 통제<br>• 교차가능조직(기획재정부, 인사혁신처, 행정안전부 등)에 의한 통제 | • 입법부에 의한 통제<br>• 사법부에 의한 통제<br>• 옴부즈만에 의한 통제 |
| 비공식 | • 행정윤리(전문직업상의 행동규범)에 의한 통제<br>• 동료집단의 평가와 비판에 의한 통제<br>• 대표관료제 | • 민중통제<br>• 시민에 의한 통제<br>• 이익집단에 의한 통제<br>• 여론, 매스컴 등에 의한 통제<br>• 정당에 의한 통제 |

정답 ①

**12** 아래의 조항 참고

**부패방지권익위법 제16조【직무상 독립과 신분보장】** ① 위원회는 그 권한에 속하는 업무를 독립적으로 수행한다.
② 위원장과 위원의 임기는 각각 3년으로 하되 1차에 한하여 연임할 수 있다.

①

**부패방지권익위법 제11조【국민권익위원회의 설치】** ① 고충민원의 처리와 이에 관련된 불합리한 행정제도를 개선하고, 부패의 발생을 예방하며 부패행위를 효율적으로 규제하도록 하기 위하여 국무총리 소속으로 국민권익위원회(이하 "위원회"라 한다)를 둔다.

②

**부패방지권익위법 제13조【위원회의 구성】** ③ 위원장 및 부위원장은 국무총리의 제청으로 대통령이 임명하고, 상임위원은 위원장의 제청으로 대통령이 임명하며, 상임이 아닌 위원은 대통령이 임명 또는 위촉한다.

③

**부패방지권익위법 제13조【위원회의 구성】** ④ 위원장과 부위원장은 각각 정무직으로 보하고, 상임위원은 고위공무원단에 속하는 일반직공무원으로서「국가공무원법」제26조의5에 따른 임기제공무원으로 보한다.

정답 ④

## CHAPTER 02 행정개혁

📍 기본서 p.367 – 371

## 13 ★★★

조직의 변화에 따르는 저항 극복전략에 대한 설명으로 옳은 것만을 모두 고르면?

> ㄱ. 규범적 전략은 변화대상자의 참여기회 확대 등을 통해 변화의 정당성을 확보함으로써 저항을 극복하는 것이다.
> ㄴ. 공리적 전략은 변화 관련자들의 이익침해를 방지하고 보상을 제공함으로써 저항을 극복하는 것이다.
> ㄷ. 강제적 전략은 계서적 권한을 기반으로 강력한 지시나 명령을 통해 저항을 극복하는 것이다.

① ㄱ
② ㄱ, ㄴ
③ ㄴ, ㄷ
④ ㄱ, ㄴ, ㄷ

## 14 ★

행정개혁의 구조적 접근방법에 관한 설명으로 옳지 않은 것은?

① 행정체계의 구조적 설계를 개선함으로써 행정개혁의 목표를 달성하려는 접근방법이다.
② 분권화 수준의 개선, 권한배분의 개편, 명령계통의 수정, 작업집단의 설계 등을 추진한다.
③ 주된 목표는 기능중복의 제거 및 표준적 절차의 간소화 등이다.
④ 공무원의 의식개혁, 업무자세 및 태도 개선 등에 초점을 맞춘다.

### 정답 및 해설

**13** 모두 올바른 선지임

☑ **행정개혁시 저항 극복방안(애치오니)**

| | |
|---|---|
| 강제적 방법 | ① 위협, 제재 및 명령을 활용<br>② 강제적 방법은 저항을 근본적으로 해결하기보다는 단기적으로 또는 피상적으로 해결하는 방법으로써 장래에 더 큰 저항을 초래할 위험이 있음<br>③ 명령, 신분상의 불이익 부여, 긴장 고조(긴장 조성), 저항집단의 세력 약화(권력구조 개편) 등 |
| 공리·기술적 방법 | ① 개혁이 초래할 결과를 분석하여 손실에 대한 일정한 대가를 제공하거나 개혁의 시기를 조절하는 방법<br>② 호혜적 방법을 사용하여 행정개혁에 순응하는 경우에는 저항세력의 피해를 완화하고 이익을 증가시킴<br>③ 개혁의 시기조절(점진적인 추진), 경제적 손실에 대한 보상, 개혁이 가져오는 가치와 개인적 이득의 명확화(개혁의 공공성에 대한 홍보), 신분과 보수의 유지 및 약속(임용상 불이익 방지) 등 |
| 사회·규범적 방법 | ① 정당성 확보 → 자발적 협력과 수용을 유도하는 것<br>② 의사전달과 참여의 활성화, 불만 해소 기회 제공(가치갈등 해소), 사명감 고취(역할인식 강화), 자존감 충족, 교육훈련, 개혁지도자의 신망 혹은 카리스마 개선, 자기계발 기회 제공 등<br>③ 저항을 가장 근본적으로 해결하는 방법 → 단, 시간과 노력 ↑ |

➕ 참고 : 강제적 방법에서 사회·규범적 방법으로 갈수록 개혁에 소요되는 시간이 길어짐

**14** ④는 행태적 접근에 대한 내용임
①②③
☑ **구조적 접근(공식적 구조 개선)**

> 기능중복의 제거, 책임의 재규정, 조정 및 통제절차 개선, 표준절차 간소화, 의사전달체계 및 의사결정권 수정, 분권화 전략(권한의 재조정) 등

② 통솔범위의 조정, 명령계통의 수정, 작업집단 재설계 등

정답 ④

정답 ④

# 15 ★

**우리나라 정부조직 개편에 관한 설명으로 가장 적절하지 않은 것은?**

① 노무현 정부는 소방방재청을 신설하고, 국가보훈처를 장관급 기구로 격상하였다.

② 이명박 정부는 정보통신부를 폐지하고 방송통신위원회를 신설하였다.

③ 문재인 정부는 대통령경호실을 대통령경호처로 변경하고, 대통령경호처의 처장 직급을 장관급에서 차관급으로 조정하였다.

④ 윤석열 정부는 국가보훈처를 국가보훈부로 개편하고 국무총리 소속으로 디지털플랫폼정부위원회를 발족시켰다.

---

**정답 및 해설**

---

**15** 윤석열 정부는 국가보훈처를 국가보훈부로 개편하고 대통령 소속으로 디지털플랫폼정부위원회를 발족시켰음

① 노무현 정부는 소방방재청을 신설하고, 법제처와 국가보훈처를 장관급 기구로 격상하였음

② 이명박 정부는 정보통신부를 폐지하고 대통령 소속의 방송통신위원회를 신설하였음

③ 문재인 정부는 대통령경호실을 대통령경호처로 변경하고, 대통령경호처를 차관급으로 조정함

**정답** ④

최욱진 행정학
단원별 예상문제집

# PART
# 07

# 지방자치론

# CHAPTER 01 지방자치론의 기초

♀ 기본서 p.374 - 389

## 01 ★★★

**주민자치와 단체자치의 차이점으로 옳은 것은?**

① 자치권의 인식에서 주민자치는 전래권으로, 단체자치는 고유권으로 본다.
② 자치의 중점에서 주민자치는 주민의 실질적 참여, 단체자치는 지방자치단체의 중앙정부로부터 독립여부이다.
③ 사무구분에서 주민자치에서는 자치사무와 위임사무로 구분하지만, 단체자치에서는 이를 엄격하게 구분하지 않는다.
④ 권한부여 방법에서 주민자치는 포괄적 위임주의이고, 단체자치는 개별적 지정주의이다.

**정답 및 해설**

**01** 주민자치는 주민의 실질적 참여를 강조하며, 단체자치는 중앙정부가 부여한 자치권을 바탕으로 독립된 지방정부가 있는지를 중시함
① 주민자치는 자치권을 고유권으로, 단체자치는 국가로부터 전래된 권리로 봄
③ 단체자치에서는 자치사무와 위임사무를 구분하지만, 주민자치에서는 위임사무가 존재하지 않으므로 이를 엄격하게 구분하지 않음
④ 단체자치는 포괄적 위임주의, 주민자치는 개별적 지정주의임

정답 ②

## 02 ★★★

**단체자치에 대한 설명으로 옳은 것만을 모두 고르면?**

> 가. 자치권에 대한 인식은 전래권으로 본다.
> 나. 권한부여 방식은 포괄적 위임주의이다.
> 다. 중앙정부와 지방자치단체의 관계는 권력적 감독관계이다.
> 라. 유럽대륙을 중심으로 발전해 왔다.

① 가, 나
② 가, 다, 라
③ 나, 다, 라
④ 가, 나, 다, 라

**정답 및 해설**

**02**

📝 **올바른 선지**

가, 나, 다, 라

📝 **주민자치와 단체자치**

| 구분 | 주민자치 | 단체자치 |
|---|---|---|
| 발전국가 | 미국과 영국 등 | 독일과 프랑스 등 |
| 자치권의 본질 | 고유권설(지방권설) : 자치권은 주민의 천부적인 권리 | • 전래권설(국권설 · 승인설) : 국가에 의해 인정받은 실정법상의 권리<br>• 주로 헤겔(Hegel)의 영향을 받은 독일의 공법학자들이 주장 |
| 재량의 정도 | 광범위한 자치권 | 협소한 자치권 |
| 통제방식 | 입법통제와 사법통제 | 행정통제 |
| 지방자치의 성격 | 내용적 · 본질적 · 실질적 | 형식적 · 법제적 |
| 지방자치의 중점 | 주민참여 : 민주주의 강조 → 주민통제(아래로부터의 통제) | 중앙정부로부터의 독립 : 지방분권 강조 → 중앙통제(위로부터의 통제) |
| 권한부여 방식 | 개별적 수권주의 위주 : 대부분을 차지하는 고유사무를 제외한 일부 사무를 개별적으로 지정 | 포괄적 위탁주의 위주 : 통일적인 일을 위해 모든 자치단체에게 일반적인 권한을 법률로 위임하는 방식 |
| 기관구성 | 기관통합형 | 기관분리형 |
| 지방정부의 사무 | 고유사무 | 위임사무 + 고유사무 |
| 자치단체의 지위 | 순수한 자치단체 | 이중적 지위 (자치단체 + 일선기관) |
| 중앙과 지방의 관계 | 기능적 협력관계 | 권력적 감독관계 |

정답 ④

## 03 ★★★

**지방자치의 계보에 대한 설명으로 옳지 않은 것은?**

① 주민자치는 지방자치단체와 주민과의 관계에 초점을 두고 지방자치단체의 민주성을 강조한다.

② 단체자치는 지방자치단체의 자치권을 국가에 의해 부여된 권리로 받아들인다.

③ 단체자치는 국가의 위임사무와 지방자치단체의 자치사무를 구분하지 않는다.

④ 단체자치는 지방분권의 법률적 측면을 강조하는 반면, 주민자치는 주민참여의 정치적 측면을 강조한다.

## 04 ★★

**우리나라 자치재정권에 대한 설명으로 옳지 않은 것은?**

① 지방자치단체는 법률로 정하는 바에 따라 지방세를 부과·징수할 수 있다.

② 지방자치단체는 공공시설의 이용 또는 재산의 사용에 대하여 사용료를 징수할 수 있다.

③ 지방자치단체는 행정목적을 달성하기 위하여 특정한 자금을 운용하기 위한 기금을 설치할 경우 행정안전부 장관의 승인을 얻어야 한다.

④ 지방자치단체의 장이나 지방자치단체조합은 따로 법률이 정하는 바에 따라 지방채를 발행할 수 있다.

**PART 07** 지방자치론

### 정답 및 해설

**04** 재산의 보유, 기금의 설치·운용에 관하여 필요한 사항은 조례로 정함 → 행정안전부 장관의 승인은 필요 없음

①

**지방자치법 제152조【지방세】** 지방자치단체는 법률로 정하는 바에 따라 지방세를 부과·징수할 수 있다.

②

**지방자치법 제153조【사용료】** 지방자치단체는 공공시설의 이용 또는 재산의 사용에 대하여 사용료를 징수할 수 있다.

④

**지방자치법 제139조【지방채무 및 지방채권의 관리】** ① 지방자치단체의 장이나 지방자치단체조합은 따로 법률로 정하는 바에 따라 지방채를 발행할 수 있다.

### 정답 및 해설

**03** 단체자치는 국가의 위임사무와 지방자치단체의 자치사무를 구분함

① 주민자치는 지방자치단체와 주민과의 상호작용에 초점을 두는바 지방자치단체의 민주성을 강조함

② 단체자치는 전래권설에 기초함

④ 단체자치는 지방분권의 형식적 측면을 강조하는 반면, 주민자치는 주민의 실질적 참여를 강조함

**정답** ③

**정답** ③

# 05 ★

**조례와 규칙의 제정 및 공포 절차에 대한 설명으로 틀린 것은?**

① 지방자치단체는 법령의 범위에서 그 사무에 관하여 조례를 제정할 수 있다. 다만, 주민의 권리 제한 또는 의무부과에 관한 사항이나 벌칙을 정할 때에는 법률의 위임이 있어야 한다.

② 지방자치단체의 장은 법령 또는 조례의 범위에서 그 권한에 속하는 사무에 관하여 규칙을 제정할 수 있다.

③ 지방자치단체는 조례를 위반한 행위에 대하여 조례로써 1천만 원 이하의 과태료를 정할 수 있다.

④ 조례안이 지방의회에서 의결되면 의장은 의결된 날부터 5일 이내에 그 지방자치단체의 장에게 이를 이송하여야 하고, 지방자치단체의 장은 지방의회가 의결한 조례안을 이송 받으면 15일 이내에 공포하여야 하며, 조례와 규칙은 특별한 규정이 없으면 공포한 날부터 20일이 지나면 효력을 발생한다.

# 06 ★

**조례에 대한 설명으로 옳지 않은 것은?**

① 지방자치단체는 법령의 범위에서 그 사무에 관하여 조례를 제정할 수 있다.

② 조례는 법률의 위임이 있는 경우에는 주민의 권리제한이나 의무부과뿐만 아니라 벌칙도 제정할 수 있다.

③ 지방자치단체의 장이 조례안에 대해 재의요구를 할 경우 지방의회가 재적의원 과반수 출석과 출석의원 2/3 이상의 찬성으로 전과 같은 의결을 하면 그 조례안은 조례로 확정한다.

④ 법령에서 조례로 정하도록 위임한 사항은 그 법령의 하위 법령에서 그 위임의 내용과 범위를 제한하거나 직접 규정할 수 있다.

**정답 및 해설**

**05** 조례안이 지방의회에서 의결되면 의장은 의결된 날부터 5일 이내에 그 지방자치단체의 장에게 이를 이송하여야 하고, 지방자치단체의 장은 지방의회가 의결한 조례안을 이송받으면 20일 이내에 공포하여야 하며, 조례와 규칙은 특별한 규정이 없으면 공포한 날부터 20일 후 효력이 발생함

①

> **지방자치법 제28조【조례】** ① 지방자치단체는 법령의 범위에서 그 사무에 관하여 조례를 제정할 수 있다. 다만, 주민의 권리 제한 또는 의무부과에 관한 사항이나 벌칙을 정할 때에는 법률의 위임이 있어야 한다.

②

> **동법 제29조【규칙】** 지방자치단체의 장은 법령 또는 조례의 범위에서 그 권한에 속하는 사무에 관하여 규칙을 제정할 수 있다.

③

> **동법 제34조【조례 위반에 대한 과태료】** ① 지방자치단체는 조례를 위반한 행위에 대하여 조례로써 1천만원 이하의 과태료를 정할 수 있다.

정답 ④

**정답 및 해설**

**06** 법령에서 조례로 정하도록 위임한 사항은 그 법령의 하위 법령에서 그 위임의 내용과 범위를 제한하거나 직접 규정할 수 없음

①②④

> **지방자치법 제28조【조례】** ① 지방자치단체는 법령의 범위에서 그 사무에 관하여 조례를 제정할 수 있다. 다만, 주민의 권리 제한 또는 의무부과에 관한 사항이나 벌칙을 정할 때에는 법률의 위임이 있어야 한다.
> ② 법령에서 조례로 정하도록 위임한 사항은 그 법령의 하위 법령에서 그 위임의 내용과 범위를 제한하거나 직접 규정할 수 없다.

③

> **지방자치법 제32조【조례와 규칙의 제정 절차 등】** ④ 지방의회는 제3항에 따라 재의 요구를 받으면 조례안을 재의에 부치고 재적의원 과반수의 출석과 출석의원 3분의 2 이상의 찬성으로 전(前)과 같은 의결을 하면 그 조례안은 조례로서 확정된다.

정답 ④

## 07 ★

중앙집권과 지방분권을 비교하는 지표로 보기 어려운 것은?

① 특별지방행정기관의 수
② 국가공무원과 지방공무원의 수
③ 국세와 지방세의 대비
④ 중앙선거와 지방선거의 투표율

## 08 ★★★

지방자치단체의 기관구성 형태 중 기관통합형에 관한 설명으로 옳지 않은 것은?

① 영국의 의회형이 대표적이다.
② 기관 간의 마찰 없이 안정적으로 지방자치행정을 수행할 수 있다.
③ 견제와 균형 관계에서 기대되는 민주정치의 이익을 극대화할 수 있다.
④ 기관대립형에 비해 행정책임의 소재가 불분명하다.

**정답 및 해설**

**07** 투표율은 관련이 없음

☑ **중앙집권과 지방분권의 측정지표**

⑴ 특별지방행정기관의 종류와 수 : 그 수가 많으면 중앙집권적임
⑵ 지방자치단체의 중요 직위의 선임 방식 : 중앙정부에 의한 임명은 중앙집권적임
⑶ 국가공무원과 지방공무원 수의 대비 : 국가공무원 수가 많으면 중앙집권적임
⑷ 국가재정과 지방재정 규모의 대비 : 국가재정의 비중이 크면 중앙집권적임
⑸ 국세와 지방세의 대비 : 국세가 지방세보다 비중이 크면 중앙집권적임
⑹ 중앙정부의 지방정부예산 통제의 정도 : 중앙정부의 통제 강도와 빈도가 높으면 중앙집권적임
⑺ 지방자치단체의 사무구성비율 : 자치사무보다 위임사무의 비율이 높거나 그 중에서 기관위임사무의 비율이 높으면 중앙집권적임
⑻ 민원사무의 배분비율 : 중앙정부가 민원사무를 담당하는 경우라면 중앙집권적임
⑼ 감사 및 보고의 횟수 : 중앙정부로부터 감사나 보고의 요구 횟수가 높으면 중앙집권적임

**정답** ④

**정답 및 해설**

**08** 정치 상황에 따라서는 의회와 집행기관 간 견제와 균형 관계가 요구되는데, 기관통합형은 의회와 집행부가 통합되어 있기 때문에 권력이 의회에 집중이 되어 민주정치의 이익을 희생시키는 문제가 초래됨
① 영국과는 달리, 일본, 미국의 일부 지역, 이탈리아, 우리나라에서는 기관대립형을 택하고 있음
② 기관통합형은 의회와 집행부가 통합되어 있기 때문에 임기 동안 지방자치행정을 기관 간 마찰 없이 안정적으로 수행할 수 있음
④ 기관대립형은 집행부장을 주민이 선출하기 때문에 집행부의 장은 행정에 대한 책임을 명확하게 질 수 있음

**정답** ③

PART

07

지방자치론

# 09 ★★★

지방자치단체의 계층 구조에서 중층제의 장·단점에 대한 설명으로 가장 옳지 않은 것은?

① 일정한 지역 내에 법인격을 가진 지방자치단체가 계층의 형태(두 개 이상의 지방자치단체)를 이루면서 지방사무를 종합적으로 처리하도록 하는 제도이다.

② 중층제에서는 기초자치단체 간 갈등을 광역자치단체가 효율적으로 조정할 수 있다.

③ 중층제에서는 광역자치단체와 기초자치단체 간의 업무가 명확하게 구분되지 않으면 행정의 중복으로 인한 낭비가 초래될 가능성이 있다.

④ 중층제에서는 기초자치단체의 의사가 중앙정부에 신속하게 전달될 수 있다.

# 10 ★★★

우리나라 지방자치단체의 유형과 특징에 관한 설명으로 옳지 않은 것은?

① 지방자치단체에는 특별시, 광역시, 도, 특별자치도, 특별자치시와 시·군·구(자치구)가 포함된다.

② 두 개 이상의 지방자치단체가 특정한 목적을 위하여 법인으로서의 특별지방자치단체를 설치할 수 있다.

③ 특별시, 광역시 및 특별자치시가 아닌 인구 100만 이상의 시는 특례시 명칭을 부여받고 광역시의 법적지위를 지닌다.

④ 특별시·광역시 또는 특별자치시가 아닌 인구 50만 이상의 시는 자치구가 아닌 구를 둘 수 있다.

## 정답 및 해설

**10** 특별시, 광역시 및 특별자치시가 아닌 인구 100만 이상의 시는 특례시 명칭을 부여받음 → 특례시는 기초자치단체의 법적지위를 지님 (광역시의 법적지위 ×)

> **지방자치법 제198조【대도시 등에 대한 특례 인정】** ② 제1항에도 불구하고 서울특별시·광역시 및 특별자치시를 제외한 다음 각 호의 어느 하나에 해당하는 대도시 및 시·군·구의 행정, 재정 운영 및 국가의 지도·감독에 대해서는 그 특성을 고려하여 관계 법률로 정하는 바에 따라 추가로 특례를 둘 수 있다.
> 1. 인구 100만 이상 대도시(이하 "특례시"라 한다)
> 2. 실질적인 행정수요, 국가균형발전 및 지방소멸위기 등을 고려하여 대통령령으로 정하는 기준과 절차에 따라 행정안전부장관이 지정하는 시·군·구

① 우리나라 지방자치단체에는 광역지방자치단체인 특별시, 광역시, 도, 특별자치도, 특별자치시와 기초지방자치단체인 시·군·구(자치구)가 있음

②

> **지방자치법 제199조【설치】** ① 2개 이상의 지방자치단체가 공동으로 특정한 목적을 위하여 광역적으로 사무를 처리할 필요가 있을 때에는 특별지방자치단체를 설치할 수 있다.

④

> **지방자치법 제3조【지방자치단체의 법인격과 관할】** ③ 특별시·광역시 또는 특별자치시가 아닌 인구 50만 이상의 시에는 자치구가 아닌 구(예: 경기도 수원시 팔달구)를 둘 수 있고, 군에는 읍·면을 두며, 시와 구(자치구를 포함한다)에는 동을, 읍·면에는 리를 둔다.

정답 ③

## 정답 및 해설

**09** 중층제에서는 중앙정부와 기초자치단체 사이에 광역자치단체가 있기 때문에 단층제에 비해 중앙정부와 기초자치단체 사이에 의사전달이 신속하게 전달될 수 없음
① 중층제는 특정 지역에 지방자치단체가 두 개 이상이 있는 체제임
②③
중층제에서는 광역지방자치단체가 중간관리자 역할을 수행함 → 다만, 광역과 기초 간 업무분담이 제대로 되지 않으면 비능률성이 발생할 수 있음

정답 ④

## 11 ★★

우리나라 지방자치계층 및 지방행정계층에 대한 설명으로 틀린 것은?

① 제주특별자치도와 세종특별자치시를 제외할 경우, 지방자치계층은 기본적으로 광역과 기초의 2계층제이다.
② 특별시, 광역시 및 특별자치시가 아닌 인구 100만 이상의 시는 특례시 명칭을 부여받는다.
③ 2023년 윤석열 정부에서 강원특별자치도가 출범하였다.
④ 강원특별자치도, 전북특별자치도는 기초자치단체인 자치구를 두고 있다.

## 12 ★★★

지방자치단체의 계층구조에 대한 설명이다. 옳지 않은 것은?

① 단층제는 이중행정의 폐단을 방지하고 능률적인 행정을 도모한다.
② 중층제는 국토가 넓고 인구가 많은 나라에서 채택하는 것이 바람직하다.
③ 단층제는 중앙정부의 과도한 확산을 방지할 수 있다.
④ 중층제는 기초자치단체와 중앙정부의 의사소통이 원활하지 못할 수 있다.

### 정답 및 해설

**11** 강원특별자치도, 전북특별자치도는 기초자치단체인 시와 군을 두고 있음(자치구×)
① 우리나라의 자치계층은 제주도와 세종시를 제외하고 중층제로 운영되고 있음
② 예를 들어, 수원시는 현재 특례시임
③ 윤석열 정부에서 강원특별자치도가 출범하였으며, 국가는 해당 지역의 발전을 위하여 「지방자치분권 및 지역균형발전에 관한 특별법」의 지역균형발전특별회계에 별도 계정을 설치하여 지원할 수 있음

정답 ④

**12** 중층제는 광역지자체가 중간관리자 역할을 수행하므로 중앙정부의 과도한 확산을 방지할 수 있음 → 단, 기초와 중앙의 소통이 원활하지 못할 수 있음
① 단층제는 지방정부가 중앙정부와 직접적인 상호작용을 하는바 이중행정의 폐단을 방지하고 능률적인 행정을 도모함
② 중층제는 특정 지역에 지방정부가 두 개 이상인 시스템이므로 국토가 넓고 인구가 많은 나라에서 채택하는 것이 바람직함

정답 ③

## 13 ★

자치경찰제에 관한 설명으로 옳지 않은 것은?

① 2006년 제주특별자치도 자치경찰제 시범도입에 이어 2021년부터 본격적으로 자치경찰제가 시행되었다.
② 자치경찰사무로 지역 내 주민의 생활안전 활동과 교통활동에 관한 사무가 있다.
③ 광역자치단체장 소속으로 시·도자치경찰위원회가 자치경찰사무를 관장한다.
④ 시·도 자치경찰위원회는 시·도지사의 지휘감독을 받아 자치경찰사무를 수행한다.

### 정답 및 해설

**13**

**국가경찰과 자치경찰의 조직 및 운영에 관한 법률 제18조【시·도자치경찰위원회의 설치】** ① 자치경찰사무를 관장하게 하기 위하여 특별시장·광역시장·특별자치시장·도지사·특별자치도지사 소속으로 시·도자치경찰위원회를 둔다.
② 시·도자치경찰위원회는 합의제 행정기관으로서 그 권한에 속하는 업무를 독립적으로 수행한다.

① 2006년 제주특별자치도에 자치경찰제가 시범적으로 도입, 2021년 「국가경찰과 자치경찰의 조직 및 운영에 관한 법률」 제정에 따라 2021년부터 본격적인 자치경찰제 시행
②

**경찰법 제4조【경찰의 사무】** ① 경찰의 사무는 다음 각 호와 같이 구분한다.
1. 국가경찰사무: 제3조에서 정한 경찰의 임무를 수행하기 위한 사무. 다만, 제2호의 자치경찰사무는 제외한다.
2. 자치경찰사무: 제3조에서 정한 경찰의 임무 범위에서 관할 지역의 생활안전·교통·경비·수사 등에 관한 다음 각 목의 사무
가. 지역 내 주민의 생활안전 활동에 관한 사무

정답 ④

PART 07 지방자치론

# 14 ★

부산광역시의 해운대구와 금정구의 관할 구역 경계를 변경하기 위하여 필요한 조치로 가장 옳은 것은?

① 부산광역시의 규칙 개정
② 부산광역시의 조례 개정
③ 대통령령 개정
④ 지방자치법 개정

# 15 ★★★

우리나라 지방자치단체의 사무에 대한 설명으로 옳지 않은 것은?

① 자치사무와 단체위임사무의 처리를 위해 자치단체는 조례를 제정하는 것이 가능한데, 기관위임사무는 원칙적으로 조례제정대상이 아니다.
② 축산물·수산물 및 양곡의 수급 조절과 수출입 사무는 지방자치단체의 사무에 해당하지 않는다.
③ 기관위임사무의 처리에 필요한 경비는 수임한 지방자치단체가 전액 부담한다.
④ 기관위임사무는 전국적으로 획일적인 행정을 강조함으로써 지방적 특수성이 희생되기도 한다.

---

**정답 및 해설**

**14**   지방자치단체의 구역변경 중 관할 구역 경계변경은 대통령령으로 정함

☑ **지방자치단체의 명칭과 구역**

| 구분 | 지자체 및 행정구역 | 폐치 및 분합 | 명칭 및 구역변경 | 한자명칭 변경 | 경계 변경 |
|---|---|---|---|---|---|
| 보통 지방 자치 단체 | 광역 지자체 | 1. 지방의회 의견 혹은 주민투표 + 2. 법률 | 1. 지방의회 의견 혹은 주민투표 + 2. 법률 | 1. 지방의회 의견 혹은 주민투표 + 2. 대통령령 | 대통령령 |
| | 기초 지자체 | 1. 지방의회 의견 혹은 주민투표 + 2. 법률 | 1. 지방의회 의견 혹은 주민투표 + 2. 법률 | 1. 지방의회 의견 혹은 주민투표 + 2. 대통령령 | 대통령령 |
| 행정 구역 | 읍·면·동 (자치구가 아닌 구 포함) | 1. 행안부장관 승인후 2. 조례로 정함 | 1. 조례로 정한 후 2. 광역단체 장에게 보고 | · | · |
| | 리 | 조례로 정함 | 조례로 정함 | · | · |

**정답 및 해설**

**15**   기관위임사무의 소요경비는 위임기관이 전액 부담하는 것이 원칙임
① 자치사무와 단체위임사무는 해당 자치단체의 사무이므로 지방의회에 의한 조례제정이 가능하지만, 기관위임사무는 원칙적으로 하급 집행기관으로서 자치단체장에게 위임된 사무이므로 지방의회에 의한 조례제정의 대상이 아님
② 축산물·수산물 및 양곡의 수급 조절과 수출입 사무는 국가사무임
④ 기관위임사무는 국가사무이므로 지방적 특수성이 희생될 수 있음

정답 ③

정답 ③

## 16 ★★★

**지방자치단체가 수행하는 기관위임사무에 대한 설명으로 옳은 것은?**

① 기관위임사무의 처리에 필요한 경비는 수임한 지방자치단체가 전액 부담한다.
② 상·하수도 설치 및 관리, 주민등록관리, 공유재산 관리는 기관위임사무이다.
③ 기관위임사무는 지방자치단체의 장과 지방의회가 공동으로 수임주체가 된다.
④ 지방자치단체가 그 권한에 속하는 사무의 일부를 소속 행정기관에 위임할 때는 개별적인 법령의 근거가 필요하지 않다.

## 17 ★★

**지방자치에 관한 설명으로 옳지 않은 것은?**

① 지방의회는 매년 2회 정례회를 개최한다.
② 지방의회 의원에 대한 징계의 종류로는 '공개회의에서의 경고, 공개회의에서의 사과, 30일 이내의 출석정지, 제명'이 있으며, 제명의 경우 출석의원 2분의 1 이상의 찬성이 있어야 한다.
③ 지방자치단체의 장은 지방의회에 재의를 요구한 사항이 재의결된 경우, 재의결된 사항이 법령에 위반된다고 인정되면 재의결된 날부터 20일 이내에 대법원에 소를 제기할 수 있다.
④ 인구 50만 명 이상의 기초자치단체인 시 아래에 있는 구는 행정구이다.

### 정답 및 해설

**16** ④만 옳은 지문임 → 기관위임사무란 개별법령의 근거 없이 자치단체의 장에게 위임된 국가사무로서 지방자치단체의 장은 개별법령의 근거가 없이도 조례나 규칙으로 정하는 바에 따라 그 권한에 속하는 사무의 일부를 보조기관, 소속 행정기관 또는 하부행정기관에 위임할 수 있음

> **지방자치법 제117조 【사무의 위임 등】** ① 지방자치단체의 장은 조례나 규칙으로 정하는 바에 따라 그 권한에 속하는 사무의 일부를 보조기관, 소속 행정기관 또는 하부행정기관에 위임할 수 있다.

① 기관위임사무의 경비는 전액 국가가 부담하는 것이 원칙임
② 모두 기관위임사무가 아니라 「지방자치법」 제13조의 규정에 의한 자치단체의 사무(자치사무와 단체위임사무)에 속함
③ 자치단체의 장과 지방의회가 공동으로 위임받는 사무는 기관위임사무가 아니라 단체위임사무임

정답 ④

### 정답 및 해설

**17** 지방의회 의원에 대한 징계의 종류로는 '공개회의에서의 경고, 공개회의에서의 사과, 30일 이내의 출석정지, 제명'이 있으며, 제명의 경우 출석의원이 아니라 '재적의원' 3분의 2 이상의 찬성이 있어야 함
①

> **지방자치법 제53조 【정례회】** ① 지방의회는 매년 2회 정례회를 개최한다.

③

> **지방자치법 제192조 【지방의회 의결의 재의와 제소】** ④ 지방자치단체의 장은 제3항에 따라 재의결된 사항이 법령에 위반된다고 판단되면 재의결된 날부터 20일 이내에 대법원에 소를 제기할 수 있다. 이 경우 필요하다고 인정되면 그 의결의 집행을 정지하게 하는 집행정지결정을 신청할 수 있다.

④

> **지방자치법 제3조 【지방자치단체의 법인격과 관할】** ③ 특별시·광역시 또는 특별자치시가 아닌 인구 50만 이상의 시에는 자치구가 아닌 구를 둘 수 있고, 군에는 읍·면을 두며, 시와 구(자치구를 포함한다)에는 동을, 읍·면에는 리를 둔다.

정답 ②

# 18 ★★

**지방자치단체 장에 관한 설명으로 옳지 않은 것은?**

① 단체장은 자신이 속한 자치단체를 외부에 대표하는 제1인자이다.

② 주민들의 청구를 통해 지방의회는 단체장에 대한 불신임권을 행사할 수 있다.

③ 단체장은 법령 또는 조례의 범위에서 규칙을 정할 수 있다.

④ 지방자치단체 장의 선결처분은 지방의회의 사후승인을 받아야 한다.

# 19 ★★

**우리나라 지방자치제도에 관한 설명으로 옳은 것은?**

① 자치구가 아닌 행정구 읍·면·동의 명칭과 폐치·분합은 법률로 결정한다.

② 시·도를 달리하는 시·군·구간의 자치단체 조합의 설치는 지방의회 의결을 거쳐 시·도지사의 승인을 받아야 한다.

③ 지방자치단체의 사무 중 단체위임사무는 지방자치단체의 장에게 위임하여 처리하는 사무이다.

④ 주민발안제에 있어 사용료의 부과, 행정기구 변경 및 공공시설 설치 반대 등의 사항은 주민에 의한 청구대상이 되지 않는다.

---

**정답 및 해설**

**18** 지방의회는 단체장에 대한 불신임권이 없음 → 단, 지방의회의 의장에 대한 불신임 의결권은 인정함

① 지방자치단체장의 통할대표권에 대한 내용임

③

**지방자치법 제29조【규칙】** 지방자치단체의 장은 법령 또는 조례의 범위에서 그 권한에 속하는 사무에 관하여 규칙을 제정할 수 있다.

④ 선결처분의 사후승인은 지방의회가 지방자치단체에 대하여 행사할 수 있는 권한임

정답 ②

---

**정답 및 해설**

**19**

① 자치구가 아닌 행정구 읍·면·동의 명칭과 폐치·분합은 해당 자치단체의 조례로 정함

②

**지방자치법 제159조【지방자치단체조합의 설립】** ① 2개 이상의 지방자치단체가 하나 또는 둘 이상의 사무를 공동으로 처리할 필요가 있을 때에는 규약을 정하여 그 지방의회의 의결을 거쳐 시·도는 행정안전부장관의, 시·군 및 자치구는 시·도지사의 승인을 받아 지방자치단체조합을 설립할 수 있다. 다만, 지방자치단체조합의 구성원인 시·군 및 자치구가 2개 이상의 시·도에 걸치는 지방자치단체조합은 행정안전부장관의 승인을 받아야 한다.

③ 지방자치단체의 사무 중 기관위임사무는 지방자치단체의 장에게 위임하여 처리하는 사무임

정답 ④

## 20 ★★

현행 우리나라 지방자치법상 지방의회의 권한에 관한 내용으로 옳지 않은 것은?

① 지방의회는 재적의원 3분의 2 이상의 출석과 출석의원 3분의 2 이상의 찬성으로 그 자치단체장을 불신임할 수 있다.
② 지방의회는 조례의 제정·개정 및 폐지, 기금의 설치·운용, 청원의 수리와 처리 등에 관한 사항을 의결한다.
③ 지방의회는 매년 1회 그 지방자치단체의 사무에 대하여 시·도에서는 14일의 범위에서, 시·군 및 자치구에서는 9일의 범위에서 감사를 실시한다.
④ 지방의회의 의장은 의결에서 표결권을 가지며, 찬성과 반대가 같으면 부결된 것으로 본다.

## 21 ★★

지방자치단체장의 권한 및 기능에 해당하지 않는 것은?

① 지방의회에 조례안을 제출할 수 있다.
② 교육기관을 설치, 이전 및 폐지할 수 있다.
③ 주민에게 과도한 부담을 주거나 중대한 영향을 미치는 지방자치단체의 주요 결정사항 등에 대하여 주민투표에 부칠 수 있다.
④ 법령 또는 조례의 범위에서 그 권한에 속하는 사무에 관하여 규칙을 제정할 수 있다.

### 정답 및 해설

**20** 지방의회는 자치단체장에 대해 불신임권을 행사할 수 없음 → 단, 지방의회의 자율권으로서 지방의회 의장에 대한 불신임은 할 수 있음 (불신임 의결은 재적의원 1/4 이상의 발의와 재적의원 과반수 찬성으로 함)
② 선지는 지방의회 의결사항을 나열하고 있음
③

**지방자치법 제49조【행정사무 감사권 및 조사권】** ① 지방의회는 매년 1회 그 지방자치단체의 사무에 대하여 시·도에서는 14일의 범위에서, 시·군 및 자치구에서는 9일의 범위에서 감사를 실시하고, 지방자치단체의 사무 중 특정 사안에 관하여 본회의 의결로 본회의나 위원회에서 조사하게 할 수 있다.

④

**지방자치법 제73조【의결정족수】** ② 지방의회의 의장은 의결에서 표결권을 가지며, 찬성과 반대가 같으면 부결된 것으로 본다.

정답 ①

### 정답 및 해설

**21** 교육기관의 설치, 이전 및 폐지는 자치단체의 장이 아니라 교육감의 권한임
① 자치단체장은 지방의회에 조례안 등 의안을 제출(발의)할 수 있음 (「지방자치법」 제76조)
③ 주민에게 과도한 부담을 주거나 중대한 영향을 미치는 지방자치단체의 주요 결정사항 등에 대하여 주민투표에 부칠 수 있음(「지방자치법」 제18조)
④ 법령 또는 조례의 범위에서 그 권한에 속하는 사무에 관하여 규칙을 제정할 수 있음(「지방자치법」 제29조).

정답 ②

## 22 ★★

**지방자치에 관한 설명으로 옳지 않은 것은?**

① 지방의회의 사무직원은 지방의회의 의장의 추천에 따라 그 지방자치단체의 장이 임명한다.

② 인구 50만 명 이상의 기초자치단체인 시에 대하여는 광역자치단체인 도가 처리하는 사무의 일부를 직접 처리하게 할 수 있다.

③ 지방자치단체의 장은 지방의회에 재의를 요구한 사항이 재의결된 경우, 재의결된 사항이 법령에 위반된다고 인정되면 재의결된 날부터 20일 이내에 대법원에 소를 제기할 수 있다.

④ 지방의회 의원에 대한 징계의 종류로는 '공개회의에서의 경고, 공개회의에서의 사과, 30일 이내의 출석정지, 제명'이 있으며, 제명의 경우 재적의원 3분의 2 이상의 찬성이 있어야 한다.

---

**정답 및 해설**

---

**22** 아래의 조항 참고

> **지방자치법 제103조【사무직원의 정원과 임면 등】** ① 지방의회에 두는 사무직원의 수는 인건비 등 대통령령으로 정하는 기준에 따라 조례로 정한다.
> ② 지방의회의 의장은 지방의회 사무직원을 지휘·감독하고 법령과 조례·의회규칙으로 정하는 바에 따라 그 임면·교육·훈련·복무·징계 등에 관한 사항을 처리한다.

②

> **지방자치법 제14조【지방자치단체의 종류별 사무배분기준】** ① 제9조에 따른 지방자치단체의 사무를 지방자치단체의 종류별로 배분하는 기준은 다음 각 호와 같다.
> 2. 시·군 및 자치구
>    제1호에서 시·도가 처리하는 것으로 되어 있는 사무를 제외한 사무. 다만, 인구 50만 이상의 시에 대하여는 도가 처리하는 사무의 일부를 직접 처리하게 할 수 있다.

③

> **지방자치법 제192조【지방의회 의결의 재의와 제소】** ④ 지방자치단체의 장은 제3항에 따라 재의결된 사항이 법령에 위반된다고 판단되면 재의결된 날부터 20일 이내에 대법원에 소를 제기할 수 있다. 이 경우 필요하다고 인정되면 그 의결의 집행을 정지하게 하는 집행정지결정을 신청할 수 있다.

④

> **지방자치법 제100조【징계의 종류와 의결】** ① 징계의 종류는 다음과 같다.
> 1. 공개회의에서의 경고
> 2. 공개회의에서의 사과
> 3. 30일 이내의 출석정지
> 4. 제명
> ② 제명에는 재적의원 3분의 2 이상의 찬성이 있어야 한다.

정답 ①

## 23 ★★★

다음 중 지방의회의 의결사항이 아닌 것을 모두 고르면?

> ㉠ 법령에 규정된 지방세 또는 사용료·수수료의 부과와 징수
> ㉡ 외국 지방자치단체와의 교류협력에 관한 사항
> ㉢ 기금의 설치·운용
> ㉣ 지방자치단체의 장의 불신임 의결

① 1개      ② 2개
③ 3개      ④ 4개

## 24 ★

지방자치법 상 지방자치단체의 인사 관련 규정에 대한 설명으로 옳지 않은 것은?

① 지방자치단체의 장이 출장·휴가 등 일시적 사유로 직무를 수행할 수 없으면 부단체장이 그 직무를 대리한다.
② 지방의회의원의 임기는 4년으로 한다.
③ 인구 500만 이상의 광역시나 도는 3명을 초과하지 아니하는 범위에서 부시장 및 부지사를 둘 수 있다.
④ 지방자치단체의 장이나 지방자치단체조합은 따로 법률로 정하는 바에 따라 지방채를 발행할 수 있다.

### 정답 및 해설

**23**

㉠㉡㉢

> **지방자치법 제47조 【지방의회의 의결사항】** ① 지방의회는 다음 각 호의 사항을 의결한다.
> 4. 법령에 규정된 것을 제외한 사용료·수수료·분담금·지방세 또는 가입금의 부과와 징수
> 5. 기금의 설치·운용
> 10. 외국 지방자치단체와의 교류·협력

㉣ 지방자치단체의 장의 불신임의결은 현재 우리나라에서 인정되지 않고 있음

정답 ②

### 정답 및 해설

**24** 500만을 800만으로 수정해야 함
①

> **지방자치법 제124조 【지방자치단체의 장의 권한대행 등】** ③ 지방자치단체의 장이 출장·휴가 등 일시적 사유로 직무를 수행할 수 없으면 부단체장이 그 직무를 대리한다.

② 지방의회 의원의 임기는 4년이며, 연임제한이 없음
④

> **지방자치법 제139조 【지방채무 및 지방채권의 관리】** ① 지방자치단체의 장이나 지방자치단체조합은 따로 법률로 정하는 바에 따라 지방채를 발행할 수 있다.

정답 ③

# 25 ★★

**지방자치단체장의 권한에 대한 다음 설명 중 옳지 않은 것은?**

① 단체장은 지방의회의 의결이 법령에 위반되거나 공익을 현저히 해한다고 인정되는 경우뿐만 아니라 이의가 있는 경우에도 재의결을 요구할 수 있다.

② 단체장은 지방의회에서 재의결된 사항이 법령에 위반되거나 공익을 현저히 해한다고 판단되면 재의결된 날로부터 20일 내에 대법원에 제소할 수 있다.

③ 단체장은 지방의회의 의결사항 가운데 주민의 생명과 재산의 보호를 위하여 긴급하게 필요한 사항에 대하여 일정한 경우 지방의회의 의결을 거치지 않고 선결처분할 수 있다.

④ 선결처분은 지방의회에 지체 없이 보고하여 승인을 얻어야 하며 승인을 얻지 못한 때에는 그 때부터 효력을 상실한다.

**정답 및 해설**

**25** 단체장은 지방의회에서 재의결된 사항이 법령에 위반된다고 판단되면 재의결된 날로부터 20일 내에 대법원에 제소할 수 있음 → 따라서 공익을 현저히 해한다고 판단되는 사항에 대해서는 대법원에 제소할 수 없음

①

> **지방자치법 제32조【조례와 규칙의 제정 절차 등】** ③ 지방자치단체의 장은 이송받은 조례안에 대하여 이의가 있으면 제2항의 기간에 이유를 붙여 지방의회로 환부(還付)하고, 재의(再議)를 요구할 수 있다. 이 경우 지방자치단체의 장은 조례안의 일부에 대하여 또는 조례안을 수정하여 재의를 요구할 수 없다.
>
> **지방자치법 제120조【지방의회의 의결에 대한 재의 요구와 제소】** ① 지방자치단체의 장은 지방의회의 의결이 월권이거나 법령에 위반되거나 공익을 현저히 해친다고 인정되면 그 의결사항을 이송받은 날부터 20일 이내에 이유를 붙여 재의를 요구할 수 있다.

③

> **지방자치법 제122조【지방자치단체의 장의 선결처분】** ① 지방자치단체의 장은 지방의회가 지방의회의원이 구속되는 등의 사유로 제73조에 따른 의결정족수에 미달될 때와 지방의회의 의결사항 중 주민의 생명과 재산 보호를 위하여 긴급하게 필요한 사항으로서 지방의회를 소집할 시간적 여유가 없거나 지방의회에서 의결이 지체되어 의결되지 아니할 때에는 선결처분(先決處分)을 할 수 있다.
> ② 제1항에 따른 선결처분은 지체 없이 지방의회에 보고하여 승인을 받아야 한다.
> ③ 지방의회에서 제2항의 승인을 받지 못하면 그 선결처분은 그때부터 효력을 상실한다.

정답 ②

## 26 ★★

라이트(Wright)의 정부 간 관계이론에 대한 설명으로 적절하지 않은 것은?

① 분리형은 정부 간 인사 및 재정이 완전히 독립된 관계를 말한다.
② 중첩형은 정치적 타협과 협상에 의한 정부 간 상호 의존 관계를 말한다.
③ 포괄형은 지방정부가 중앙정부에 완전히 종속된 경우를 말한다.
④ 라이트는 분리형을 이상적인 형태로 제시하였다.

## 27 ★

지방자치의 타당성을 주장하는 이론이 아닌 것은?

① 보충성의 원칙
② 다원주의
③ 티부가설
④ 딜런의 법칙

### 정답 및 해설

**26** 라이트는 중첩형을 가장 이상적인 실천모형으로 제시하였음
①②③
☑ 라이트(Wright)의 정부 간 관계모형

| 분리권위형 | 중앙과 지방이 완전히 분리됨 → 조정권위형이라고도 함 |
| --- | --- |
| 포괄권위형 | 중앙정부가 지방정부를 완전히 포괄(내포형, 포함형)·통제함 |
| 중첩권위형 | 중앙과 지방이 각자 고유한 영역을 가지면서 동시에 동일한 관심과 책임영역을 갖는 상호 의존적 관계로서, 가장 이상적인 실천모형임 |

정답 ④

### 정답 및 해설

**27** 딜런의 법칙에 따르면 지방정부는 주정부의 피조물에 해당함 → 즉, 지방정부에 대한 주정부의 통제를 강조하며, 이는 엽관주의로 인해 발생한 지방정부의 부패와 무능을 해결하려는 의도를 담고 있음 ①

**지방자치법 제11조【사무배분의 기본원칙】** ② 국가는 제1항에 따라 사무를 배분하는 경우 지역주민생활과 밀접한 관련이 있는 사무는 원칙적으로 시·군 및 자치구의 사무로, 시·군 및 자치구가 처리하기 어려운 사무는 시·도의 사무로, 시·도가 처리하기 어려운 사무는 국가의 사무로 각각 배분하여야 한다.

② 다원주의: 지방분권을 강조하는바 지방자치의 타당성을 주장하는 내용에 해당함
③ 티부가설: 소규모 지방정부 간 경쟁체제 강조

정답 ④

## 28 ★

사무배분 방식 중 개별적 수권주의에 대한 설명으로 틀린 것은?

① 각 지방자치단체에게 신축성 및 탄력성을 부여한다.
② 포괄적 수권주의에 비하여 자치권의 범위가 넓다.
③ 주로 주민자치 전통에서 활용하는 권한부여 방식이다.
④ 중앙통제는 주로 입법적·사법적 통제를 행한다.

## 29 ★★

「지방자치법」상 지방자치단체 종류별 사무배분의 기준에 대한 설명으로 옳지 않은 것은?

① 국가와 시·군 및 자치구 사이의 연락·조정 등의 사무는 시·도의 사무이다.
② 시·군 및 자치구가 독자적으로 처리하기 어려운 사무는 시·도의 사무이다.
③ 지방자치단체의 구역, 조직, 행정관리 등은 시·도와 시·군 및 자치구에 공통된 사무이다.
④ 인구 30만 이상의 시에 대해서는 도가 처리하는 사무의 일부를 직접 처리하게 할 수 있다.

## 30 ★★

우리나라 「지방자치법」 제11조에서 정하는 사무배분의 원칙에 대한 설명으로 가장 옳지 않은 것은?

① 국가는 지방자치단체가 사무를 종합적·자율적으로 수행할 수 있도록 국가와 지방자치단체 간 또는 지방자치단체 상호 간의 사무를 주민의 편익증진, 집행의 효과 등을 고려하여 서로 중복되지 아니하도록 배분하여야 한다.
② 국가는 지역주민생활과 밀접한 관련이 있는 사무는 원칙적으로 시·군 및 자치구의 사무로, 시·군 및 자치구가 처리하기 어려운 사무는 시·도의 사무로, 시·도가 처리하기 어려운 사무는 국가의 사무로 각각 배분하여야 한다.
③ 국가가 지방자치단체에 사무를 배분하거나 지방자치단체가 사무를 다른 지방자치단체에 재배분할 때에는 사무를 배분받거나 재배분 받는 지방자치단체가 그 사무를 자기의 책임하에 종합적으로 처리할 수 있도록 관련 사무를 포괄적으로 배분하여야 한다.
④ 국가 및 지방자치단체는 민간부문의 자율성을 존중하여 국가 또는 지방자치단체의 관여를 최소화하여야 하며, 민간의 행정참여기회를 확대하여야 한다.

### 정답 및 해설

**28** 개별적 수권주의는 자치단체별로 일일이 사무의 종류를 법령에 규정하는 방식임 → 신축성 및 탄력성 결여
②③
개별적 수권주의는 주로 주민자치에서 활용하는 방식이므로 지방자치단체는 위임사무를 수행하지 않음 → 따라서 포괄적 수권주의에 비하여 자치권의 범위가 넓음
④ 개별적 수권주의는 주민자치를 의미하는바 중앙통제는 주로 입법적·사법적 통제를 행함

**정답** ①

**29** 인구 50만 이상의 시는 자치구가 아닌 구를 둘 수 있으며, 도의 사무의 일부를 직접 처리할 수 있음(「지방자치법」 제14조)
①②③ 모두 「지방자치법」 제14조에 규정된 내용임

**정답** ④

### 정답 및 해설

**30** ④는 과거 '지방분권법'에 명시된 내용이었으나, 해당 법은 현재 폐지되었음
①②③

**지방자치법 제11조【사무배분의 기본원칙】** ① 국가는 지방자치단체가 사무를 종합적·자율적으로 수행할 수 있도록 국가와 지방자치단체 간 또는 지방자치단체 상호 간의 사무를 주민의 편익증진, 집행의 효과 등을 고려하여 서로 중복되지 아니하도록 배분하여야 한다.
② 국가는 제1항에 따라 사무를 배분하는 경우 지역주민생활과 밀접한 관련이 있는 사무는 원칙적으로 시·군 및 자치구의 사무로, 시·군 및 자치구가 처리하기 어려운 사무는 시·도의 사무로, 시·도가 처리하기 어려운 사무는 국가의 사무로 각각 배분하여야 한다.
③ 국가가 지방자치단체에 사무를 배분하거나 지방자치단체가 사무를 다른 지방자치단체에 재배분할 때에는 사무를 배분받거나 재배분받는 지방자치단체가 그 사무를 자기의 책임하에 종합적으로 처리할 수 있도록 관련 사무를 포괄적으로 배분하여야 한다.

**정답** ④

# 31

★

광역행정이 필요한 이유로 볼 수 없는 것은?

① 교통과 통신의 발달로 인한 생활권 확대
② 도시활동의 외부효과나 사회적 비용 분담
③ 서비스의 지역 간 형평성 구축
④ 서비스의 민주성 제고

# 32

★

광역행정 중 여러 자치단체를 포괄하는 단일정부를 설립하여 그 정부의 주도로 사무를 광역적으로 처리하는 광역행정방식은?

① 연합방식
② 통합방식
③ 공동처리방식
④ 행정협의회방식

# 33

★★★

지방자치법상 특별지방자치단체에 대한 설명으로 가장 옳지 않은 것은?

① 2개 이상의 지방자치단체가 공동으로 특정한 목적을 위하여 광역적으로 사무를 처리할 필요가 있을 때 설치할 수 있다.
② 특별지방자치단체는 법인으로 한다.
③ 특별지방자치단체의 설치는 최종적으로 대통령령의 승인을 받아야 한다.
④ 지방의회의원은 특별지방자치단체의 의회의원을 겸할 수 있다.

**정답 및 해설**

**31** 광역행정은 규모의 경제나 외부효과가 발생하는 재화를 두 개 이상의 자치단체가 공동으로 처리하는 것을 의미하며, 재화나 서비스 제공의 능률성을 제고시키기 위한 것임 → 단, 지방정부 간 협력체가 형성되면 주민의 참여가 곤란해지기 때문에 서비스의 민주성을 저해할 수 있음

정답 ④

**32**
① 연합방식은 둘 이상의 지방자치단체가 법인격을 그대로 유지하면서 새로운 단체를 구성하여 사무를 처리하는 방식임
③ 공동처리는 둘 이상의 자치단체 또는 지방행정기관이 상호 협력관계를 통하여 광역행정사무를 공동으로 처리하는 방식임
④ 행정협의회방식은 둘 이상의 지방자치단체의 관련된 사무의 일부를 공동으로 처리하기 위하여 구성하는 방식임

정답 ②

**정답 및 해설**

**33** 대통령이 아니라 행정안전부장관의 승인을 받아야 함

**지방자치법 제199조【설치】** ① 2개 이상의 지방자치단체가 공동으로 특정한 목적을 위하여 광역적으로 사무를 처리할 필요가 있을 때에는 특별지방자치단체를 설치할 수 있다. 이 경우 특별지방자치단체를 구성하는 지방자치단체(이하 "구성 지방자치단체"라 한다)는 상호 협의에 따른 규약을 정하여 구성 지방자치단체의 지방의회 의결을 거쳐 행정안전부장관의 승인을 받아야 한다.
③ 특별지방자치단체는 법인으로 한다.

④

**지방자치법 제204조【의회의 조직 등】** ① 특별지방자치단체의 의회는 규약으로 정하는 바에 따라 구성 지방자치단체의 의회 의원으로 구성한다.
② 제1항의 지방의회의원은 제43조제1항에도 불구하고 특별지방자치단체의 의회 의원을 겸할 수 있다.

정답 ③

# 34

★

밑줄 친 부분에 들어가야 할 내용을 순서대로 나열한 것은?

> 2개 이상의 _____가 하나 또는 둘 이상의 사무를 공동으로 처리할 필요가 있을 때에는 _____(을, 를) 정하여 지방자치단체의 _____(을, 를) 설립할 수 있다.

① 지방의회, 조례, 행정협의회
② 지방의회, 규칙, 행정협의회
③ 지방자치단체, 규약, 협의체
④ 지방자치단체, 규약, 행정협의회

# 35

★

다음 중 지방자치단체 상호 간 협력 혹은 분쟁조정을 위한 수단이 아닌 것은?

① 국무총리실 행정협의조정위원회 설치
② 행정협의회 설치
③ 자치단체조합 설치
④ 자치단체분쟁조정위원회의 설치

---

**정답 및 해설**

**34** 아래의 조항 참고

> **지방자치법 제169조【행정협의회의 구성】** ① 지방자치단체는 2개 이상의 지방자치단체에 관련된 사무의 일부를 공동으로 처리하기 위하여 관계 지방자치단체 간의 행정협의회(이하 "협의회"라 한다)를 구성할 수 있다. 이 경우 지방자치단체의 장은 시·도가 구성원이면 행정안전부장관과 관계 중앙행정기관의 장에게, 시·군 또는 자치구가 구성원이면 시·도지사에게 이를 보고하여야 한다.
> <u>② 지방자치단체는 협의회를 구성하려면 관계 지방자치단체 간의 협의에 따라 규약을 정하여 관계 지방의회에 각각 보고한 다음 고시하여야 한다.</u>
> ③ 행정안전부장관이나 시·도지사는 공익상 필요하면 관계 지방자치단체에 대하여 협의회를 구성하도록 권고할 수 있다.

정답 ④

**정답 및 해설**

**35**
① 국무총리실 행정협의조정위원회의 설치는 중앙정부와 지방정부 간 분쟁과 갈등을 해결하기 위한 수단임
② 행정협의회는 둘 이상의 지방자치단체에 관련된 사무를 공동으로 처리하기 위해 협의회를 구성하는 방식임
③ 자치단체조합은 둘 이상의 지방자치단체로 구성하는 법인격이 있는 특별지방자치단체임
④ 권한쟁의심판은 헌법재판소가 지방자치단체 상호 간 권한분쟁에 대해 심판하는 것임

정답 ①

# 36 ★★★

우리나라 중앙정부와 지방자치단체 간 또는 지방자치단체 상호 간의 관계에 대한 기술로 틀린 것은?

① 행정안전부장관은 공익상 필요하면 지방자치단체조합의 설립이나 해산을 명할 수 있다.

② 지방자치단체 간 의견이 달라 분쟁이 생길 경우 당사자의 신청 없이도 조정을 할 수 있다.

③ 중앙행정기관의 장과 지방자치단체의 장 간에 의견을 달리하는 경우 대통령 소속으로 행정협의조정위원회를 두어 조정한다.

④ 지방자치법상 인정되는 지방자치단체 간의 협력방안으로 지방자치단체조합의 설립, 사무위탁, 행정협의회의 구성 등이 있다.

## 정답 및 해설

**36** 중앙행정기관의 장과 지방자치단체의 장 간에 의견을 달리하는 경우 국무총리 소속으로 행정협의조정위원회를 두어 조정함

①

> **지방자치법 제180조【지방자치단체조합의 지도·감독】** ② 행정안전부장관은 공익상 필요하면 지방자치단체조합의 설립이나 해산 또는 규약 변경을 명할 수 있다.

②

> **지방자치법 제165조【지방자치단체 상호 간의 분쟁조정】** ① 지방자치단체 상호 간 또는 지방자치단체의 장 상호 간에 사무를 처리할 때 의견이 달라 다툼(이하 "분쟁"이라 한다)이 생기면 다른 법률에 특별한 규정이 없으면 행정안전부장관이나 시·도지사가 당사자의 신청을 받아 조정할 수 있다. 다만, 그 분쟁이 공익을 현저히 해쳐 조속한 조정이 필요하다고 인정되면 당사자의 신청이 없어도 직권으로 조정할 수 있다.

④ 지방자치법상 인정되는 지방자치단체 간의 협력방안으로 지방자치단체조합의 설립, 사무위탁, 행정협의회, 협의체 구성 등이 있음

**정답** ③

## 37 ★

현행 「지방자치법」에 근거하는 제도에 해당하지 않는 것은?

① 주민감사청구제
② 주민투표제
③ 주민참여예산제
④ 주민소송제

## 38 ★

우리나라의 주민참여제도 중에서 주민 외의 주체가 직접 청구할 수 있는 제도는 무엇인가?

① 감사청구
② 주민소환
③ 주민투표
④ 주민소송

## 39 ★★★

다음 중 조례제정개폐청구 대상이 될 수 있는 것은?

① 법령을 위반하는 사항
② 지방세·사용료·수수료·부담금의 부과·징수 또는 감면에 관한 사항
③ 공공시설의 설치 요구에 관한 사항
④ 행정기구를 설치하거나 변경하는 것에 관한 사항

---

**정답 및 해설**

**37** 「지방자치법」에 근거한 제도에 해당하지 않는 것은 주민참여예산제도임. 주민참여예산제도는 「지방재정법」에 규정되어 있음
① 주민감사청구제는 「지방자치법」에 근거가 있음
② 주민투표제는 「지방자치법」에 근거가 있고 발의요건과 절차 등 구체적인 사항은 「주민투표법」에 규정되어 있음
④ 주민소송제는 「지방자치법」에 근거가 있고 「행정소송법」을 준용함

정답 ③

**38** 주민투표는 반드시 주민이 직접 청구하는 경우에만 가능한 것은 아님 → 즉, 의회가 청구할 수도 있고, 자치단체장이 직권으로 부칠 수도 있는 제도임

정답 ③

---

**정답 및 해설**

**39** 📋 **주민조례청구 제외 대상**

> ㉠ 법령을 위반하는 사항
> ㉡ 지방세·사용료·수수료·부담금의 부과·징수 또는 감면에 관한 사항
> ㉢ 행정기구의 설치·변경에 관한 사항 또는 공공시설의 설치를 반대(요구×)하는 사항

정답 ③

# 40 ★★★

**우리나라 주민조례발안제도에 대한 내용으로 올바르지 않은 것은?**

① 18세 이상의 주민은 해당 지방자치단체의 의회에 조례를 제정하거나 개정 또는 폐지할 것을 청구할 수 있다.

② 지방의회의 의장은 해당 지방자치단체의 조례로 정하는 기간 이내에 주민조례청구를 수리하거나 각하하여야 한다.

③ 지방의회는 주민청구조례안이 수리된 날부터 1년 이내에 주민청구조례안을 의결하여야 한다.

④ 행정안전부는 청구권자의 주민조례청구를 활성화하기 위하여 주민조례청구의 요건, 참여·서명 방법 및 절차 등을 홍보하여야 한다.

# 41 ★★★

**「지방자치법」상 주민참여 수단에 대한 설명으로 옳은 것은?**

① 주민투표는 자치단체장에게, 주민감사청구는 감사원에, 주민소송은 관할 행정법원에, 주민소환은 관할 선거관리위원회에 청구한다.

② 18세 이상의 주민은 그 지방자치단체와 그 장의 권한에 속하는 사무의 처리가 법령에 위반되거나 공익을 현저히 해친다고 인정되면 감사를 청구할 수 있다.

③ 주민소환의 투표 청구권자·청구요건·절차 및 효력 등에 관하여는 따로 조례로 정한다.

④ 주민투표에 부쳐진 사항은 주민투표권자 총수의 3분의 1 이상의 투표와 유효투표수 3분의 2 이상의 득표로 확정된다.

---

**정답 및 해설**

**40** 아래의 조항 참고

> **제3조【주민조례청구권의 보장 등】** ③ 국가 및 지방자치단체는 청구권자의 주민조례청구를 활성화하기 위하여 주민조례청구의 요건, 참여·서명 방법 및 절차 등을 홍보하여야 한다.

①

> **주민조례발안법 제2조【주민조례청구권자】** 18세 이상의 주민으로서 다음 각 호의 어느 하나에 해당하는 사람(「공직선거법」 제18조에 따른 선거권이 없는 사람은 제외한다. 이하 "청구권자"라 한다)은 해당 지방자치단체의 의회(이하 "지방의회"라 한다)에 조례를 제정하거나 개정 또는 폐지할 것을 청구(이하 "주민조례청구"라 한다)할 수 있다.

②

> **주민조례발안법 제12조【청구의 수리 및 각하】** ① 지방의회의 의장은 다음 각 호의 어느 하나에 해당하는 경우로서 요건에 적합한 경우에는 주민조례청구를 수리하고, 요건에 적합하지 아니한 경우에는 주민조례청구를 각하하여야 한다. 이 경우 수리 또는 각하 사실을 대표자에게 알려야 한다.
> ② 지방의회의 의장은 다음 각 호의 구분에 따른 기간의 범위에서 해당 지방자치단체의 조례로 정하는 기간 이내에 제1항에 따라 주민조례청구를 수리하거나 각하하여야 한다.

③

> **주민조례발안법 제13조【주민청구조례안의 심사 절차】** ① 지방의회는 제12조제1항에 따라 주민청구조례안이 수리된 날부터 1년 이내에 주민청구조례안을 의결하여야 한다. 다만, 필요한 경우에는 본회의 의결로 1년 이내의 범위에서 한 차례만 그 기간을 연장할 수 있다.

**41** 선지는 주민감사청구제도에 대한 내용임

① 주민투표는 자치단체장에게, 주민감사청구는 감사원이 아니라 상급단체장이나 주무부장관에게, 주민소송은 관할 행정법원에, 주민소환은 관할 선거관리위원회에 청구한다. 부패행위에 대하여 국민이 감사원에 감사를 청구하는 것은 주민감사청구제도가 아니라 국민감사청구제도임(「부패방지 및 국민권익위원회의 설치·운영에 관한 법률」)

③ 주민소환의 투표 청구권자·청구요건·절차 및 효력 등에 관하여는 따로 법률로 정함

④ 주민투표에 부쳐진 사항은 주민투표권자 총수의 4분의 1 이상의 투표와 유효투표수 과반수의 득표로 확정됨

**정답** ④

**정답** ②

## 42 ★★★

### 우리나라의 주민투표제에 대한 설명 중 옳지 않은 것은?

① 지방의회는 주민투표의 청구권자가 될 수 없다.
② 주민투표사무는 관할 선거관리위원회가 담당한다.
③ 지방자치단체의 예산이나 지방세에 관한 사항은 주민투표의 대상에서 제외된다.
④ 국가정책의 수립에 관하여 주민의 의견을 듣기 위하여 필요한 경우에도 가능하다.

### 정답 및 해설

**42** 주민투표는 주민, 지방의회, 단체장의 청구로 실시될 수 있음 → 다만, 단체장이 주민투표를 직권으로 실시하고자 하는 경우에는 사전에 지방의회의 동의를 얻어야 함

②
**주민투표법 제3조【주민투표사무의 관리】** ① 주민투표사무는 이 법에 특별한 규정이 있는 경우를 제외하고는 특별시 · 광역시 · 특별자치시 · 도 또는 특별자치도(이하 "시 · 도"라 한다)는 시 · 도선거관리위원회가, 시 · 군 또는 구(자치구를 말하며, 이하 "시 · 군 · 구"라 한다)는 구 · 시 · 군선거관리위원회가 관리한다.

③
**주민투표법 제7조【주민투표의 대상】** ② 제1항에도 불구하고 다음 각 호의 어느 하나에 해당하는 사항은 주민투표에 부칠 수 없다.
3. 지방자치단체가 수행하는 다음 각 목의 어느 하나에 해당하는 사무의 처리에 관한 사항
  가. 예산 편성 · 의결 및 집행
  나. 회계 · 계약 및 재산관리
3의2. 지방세 · 사용료 · 수수료 · 분담금 등 각종 공과금의 부과 또는 감면에 관한 사항

④
**주민투표법 제8조【국가정책에 관한 주민투표】** ① 중앙행정기관의 장은 지방자치단체를 폐지하거나 설치하거나 나누거나 합치는 경우 또는 지방자치단체의 구역을 변경하거나 주요시설을 설치하는 등 국가정책의 수립에 관하여 주민의 의견을 듣기 위하여 필요하다고 인정하는 때에는 주민투표의 실시구역을 정하여 관계 지방자치단체의 장에게 주민투표의 실시를 요구할 수 있다. 이 경우 중앙행정기관의 장은 미리 행정안전부장관과 협의하여야 한다.

정답 ①

## 43 ★★★

### 주민참여 제도에 대한 설명으로 옳지 않은 것은?

① 주민투표에 부쳐진 사항은 주민투표권자 총수의 4분의 1 이상의 투표와 유효투표수 2분의 1 이상의 득표로 확정된다.
② 시 · 도지사의 소환청구 요건은 주민투표권자 총수의 100분의 10 이상이다.
③ 특별시 및 인구 800만 이상의 광역시 · 도는 청구권자 총수의 150분의 1 이상의 연서로 주민조례를 청구할 수 있다.
④ 주민은 시 · 도는 300명, 인구 50만명 이상 대도시는 200명, 그 밖의 시 · 군 및 자치구는 150명을 넘지 아니하는 범위에서 그 지방자치단체의 조례로 정하는 18세 이상의 주민 수 이상의 연서로 감사를 청구할 수 있다.

### 정답 및 해설

**43** 청구권자 총수의 200분의 1로 고쳐야 함

☑ 주민조례청구 요건

**주민조례발안법 제5조** ① 청구권자가 주민조례청구를 하려는 경우에는 다음 각 호의 구분에 따른 기준 이내에서 해당 지방자치단체의 조례로 정하는 청구권자 수 이상이 연대 서명하여야 한다.
1. 특별시 및 인구 800만 이상의 광역시 · 도: 청구권자 총수의 200분의 1
2. 인구 800만 미만의 광역시 · 도, 특별자치시, 특별자치도 및 인구 100만 이상의 시: 청구권자 총수의 150분의 1
3. 인구 50만 이상 100만 미만의 시 · 군 및 자치구: 청구권자 총수의 100분의 1
4. 인구 10만 이상 50만 미만의 시 · 군 및 자치구: 청구권자 총수의 70분의 1
5. 인구 5만 이상 10만 미만의 시 · 군 및 자치구: 청구권자 총수의 50분의 1
6. 인구 5만 미만의 시 · 군 및 자치구: 청구권자 총수의 20분의 1

정답 ③

## 44 ★★★

우리나라의 주민참여제도에 대한 설명으로 가장 적절하지 않은 것은?

① 주민투표제도 - 주민투표에 부쳐진 사항은 주민투표권자 총수의 4분의 1 이상의 투표와 유효투표수 과반수의 득표로 확정된다.

② 주민감사청구제도 - 주무부장관이나 시·도지사는 감사청구를 수리한 날부터 60일 이내에 감사 청구된 사항에 대하여 감사를 종료하여야 한다.

③ 주민소송제도 - 주민의 감사청구를 전심절차로 하되, 소송대상을 재무행정에 관한 사항으로 한정하고 있다.

④ 주민소환제도 - 주민은 그 지방자치단체의 장뿐만 아니라 지방에 속한 모든 의회의원까지도 소환할 권리를 가진다.

## 45 ★

아래의 보기 중 틀린 것을 고르시오.

> 남원시장 주민소환투표 청구추진위원회(추진위)는 허위 학력 기재 등을 이유로 최 시장에 대한 주민소환투표 청구인 서명부를 최근 남원시 선거관리위원회에 제출했다고 24일 밝혔다. 추진위는 "청구인 1만1639명의 서명을 받아 소환투표를 위한 최소 인원 1만154명을 넘겼다"고 설명했다.
> 현 주민소환법은 시장·군수·자치구 구청장(기초자치단체장)의 경우, 지방자치단체의 주민소환투표 청구권자 총수(㉠ 19살 이상) 중에서 ㉡ 100분의 15 이상이 돼야 ㉢ 선관위에 주민소환투표 실시를 청구할 수 있다고 규정하고 있다. 우리나라에서 주민소환제를 통해 ㉣ 주민소환이 확정된 지방자치단체장이나 지방의회의원은 없기 때문에 최 시장에 대한 주민소환투표가 언제쯤 가능하고, 실제 투표가 진행될지에 대한 관심이 쏠린다.
> — 한겨레신문 2023. 12. 25일 기사 中 —

① ㉠      ② ㉡

③ ㉢      ④ ㉣

**정답 및 해설**

**45** 지금까지 광역단체장과 기초단체장의 주민소환 확정 사례는 없으며 하남시 의원 2명이 유일한 소환 사례(2007년)임
①②③

**주민소환법 제3조【주민소환투표권】** ① 제4조제1항의 규정에 의한 주민소환투표인명부 작성기준일 현재 다음 각 호의 어느 하나에 해당하는 자는 주민소환투표권이 있다.

1. 19세 이상의 주민으로서 당해 지방자치단체 관할구역에 주민등록이 되어 있는 자(「공직선거법」 제18조의 규정에 의하여 선거권이 없는 자를 제외한다)

**동법 제7조【주민소환투표의 청구】** ① 전년도 12월 31일 현재 주민등록표 및 외국인등록표에 등록된 제3조제1항제1호 및 제2호에 해당하는 자(이하 "주민소환투표청구권자"라 한다)는 해당 지방자치단체의 장 및 지방의회의원(비례대표선거구 시·도의회의원 및 비례대표선거구 자치구·시·군의회의원은 제외하며, 이하 "선출직 지방공직자"라 한다)에 대하여 다음 각 호에 해당하는 주민의 서명으로 그 소환사유를 서면에 구체적으로 명시하여 관할선거관리위원회에 주민소환투표의 실시를 청구할 수 있다.

2. 시장·군수·자치구의 구청장: 당해 지방자치단체의 주민소환투표청구권자 총수의 100분의 15 이상

**정답 및 해설**

**44** 주민이 직접 선출하는 지방자치단체의 장 및 지방의회의원을 대상으로 하고 비례대표 의원은 제외함

① 주민투표제도 - 주민투표에 부쳐진 사항은 주민투표권자 총수의 4분의 1 이상의 투표와 유효투표수 과반수의 득표로 확정됨

② 주민감사청구제도 - 주무부장관이나 시·도지사는 감사청구를 수리한 날부터 60일 이내에 감사 청구된 사항에 대하여 감사를 종료하여야 함

③ 주민소송제도 - 주민의 감사청구를 전심절차로 하되, 소송대상을 재무행정에 관한 사항으로 한정하고 있음

정답 ④

정답 ④

# 46 ★★★

**주민투표법의 주요 내용 중 틀린 것은?**

① 주민투표에 관한 사무는 관할 선거관리위원회가 담당한다.

② 주민에게 과도한 부담을 주거나 중대한 영향을 미치는 지방자치단체의 주요결정 사항 중 조례로 정하는 사항은 주민투표에 부칠 수 있다.

③ 중앙행정기관의 장은 지방자치단체의 폐지·분합이나 지역에 주요 국가시설을 설치하고자 하는 경우에는 주민투표를 요구할 수 있다.

④ 주민투표에 부쳐진 사항은 주민투표권자 총수의 4분의 1 이상의 투표와 유효투표수 과반수의 득표로 확정된다.

# 47 ★★★

**우리나라에서 채택하고 있는 주민참여제도에 대한 설명으로 옳지 않은 것은?**

① 주민발안제도를 통해 주민들이 지방자치단체의 조례의 제정 및 개폐를 지방의회에 청구할 수 있다.

② 지방자치단체장, 지방의회의원에 대한 주민소환제도는 임기 만료 1년 미만일 때는 청구할 수 없다.

③ 주민들이 지방자치단체의 주요 현안을 직접 결정하기 위해서 주민투표의 실시를 청구할 수 있다.

④ 주민참여예산제도는 「지방재정법」상 지방자치단체의 의무이므로, 주민참여예산제도를 통해 수렴된 주민의 의견은 예산에 반영되어야만 한다.

---

## 정답 및 해설

**46** 아래의 조항 참고

> **주민투표법 제7조【주민투표의 대상】** ① 주민에게 과도한 부담을 주거나 중대한 영향을 미치는 지방자치단체의 주요결정사항은 주민투표에 부칠 수 있다.

①

> **주민투표법 제3조【주민투표사무의 관리】** ① 주민투표사무는 이 법에 특별한 규정이 있는 경우를 제외하고는 특별시·광역시·특별자치시·도 또는 특별자치도(이하 "시·도"라 한다)는 시·도선거관리위원회가, 시·군 또는 구(자치구를 말하며, 이하 "시·군·구"라 한다)는 구·시·군선거관리위원회가 관리한다.

③

> **주민투표법 제8조【국가정책에 관한 주민투표】** ① 중앙행정기관의 장은 지방자치단체를 폐지하거나 설치하거나 나누거나 합치는 경우 또는 지방자치단체의 구역을 변경하거나 주요시설을 설치하는 등 국가정책의 수립에 관하여 주민의 의견을 듣기 위하여 필요하다고 인정하는 때에는 주민투표의 실시구역을 정하여 관계 지방자치단체의 장에게 주민투표의 실시를 요구할 수 있다. 이 경우 중앙행정기관의 장은 미리 행정안전부장관과 협의하여야 한다.

④

> **주민투표법 제24조【주민투표결과의 확정】** ① 주민투표에 부쳐진 사항은 주민투표권자 총수의 4분의 1 이상의 투표와 유효투표수 과반수의 득표로 확정된다.

정답 ②

# 48 ★★★

**우리나라 주민참여예산제도에 대한 설명으로 옳은 것은?**

① 주민참여예산제도는 '지방자치법'에 근거를 두고 있으며 지방예산 편성 등 예산과정에 주민이 참여할 수 있는 제도를 시행하도록 의무화하고 있다.

② 주민참여예산 제도 운영 등 관련 사항을 심의하기 위해 지방자치단체장 소속으로 주민참여예산위원회 등 주민참여예산기구를 두어야 한다.

③ 지방자치단체장은 주민참여예산제도를 통해 수렴된 주민의견을 검토하고 그 결과를 예산과정에 반영하여야 한다.

④ 지방자치단체장은 예산편성과정에 참여한 주민의 의견을 수렴하여 그 의견서를 지방의회에 제출하는 예산안에 첨부하여야 한다.

---

**정답 및 해설**

**47** 주민참여예산제도는 「지방재정법」상 지방자치단체의 의무이나, 주민참여예산제도를 통해 수렴된 주민의 의견은 예산에 반영되지 않을 수 있음

> **지방재정법 제39조 【지방예산 편성 등 예산과정의 주민 참여】** ① 지방자치단체의 장은 대통령령으로 정하는 바에 따라 지방예산 편성 등 예산과정(「지방자치법」 제39조에 따른 지방의회의 의결사항은 제외한다. 이하 이 조에서 같다)에 주민이 참여할 수 있는 제도(이하 이 조에서 "주민참여예산제도"라 한다)를 마련하여 시행하여야 한다.
>
> **지방재정법 시행령 제46조 【지방예산 편성과정에의 주민참여 절차】** ② 지방자치단체의 장은 제1항의 규정에 의하여 수렴된 주민의견을 검토하고 그 결과를 예산편성시 반영할 수 있다.

①

> **주민조례발안에 관한 법 제2조 【주민조례청구권자】** 18세 이상의 주민으로서 다음 각 호의 어느 하나에 해당하는 사람(「공직선거법」 제18조에 따른 선거권이 없는 사람은 제외한다. 이하 "청구권자"라 한다)은 해당 지방자치단체의 의회(이하 "지방의회"라 한다)에 조례를 제정하거나 개정 또는 폐지할 것을 청구(이하 "주민조례청구"라 한다)할 수 있다.

②

> **주민소환법 제8조 【주민소환투표의 청구제한기간】** 제7조제1항 내지 제3항의 규정에 불구하고, 다음 각 호의 어느 하나에 해당하는 때에는 주민소환투표의 실시를 청구할 수 없다.
> 1. 선출직 지방공직자의 임기개시일부터 1년이 경과하지 아니한 때
> 2. 선출직 지방공직자의 임기만료일부터 1년 미만일 때
> 3. 해당 선출직 지방공직자에 대한 주민소환투표를 실시한 날부터 1년 이내인 때

③

> **주민투표법 제9조 【주민투표의 실시요건】** ① 지방자치단체의 장은 다음 각 호의 어느 하나에 해당하는 경우에는 주민투표를 실시할 수 있다. 이 경우 제1호 또는 제2호에 해당하는 경우에는 주민투표를 실시하여야 한다.
> 1. 주민이 제2항에 따라 주민투표의 실시를 청구하는 경우

**정답** ④

---

**정답 및 해설**

**48** 아래의 조항 참고

> **지방재정법 제39조 【지방예산 편성 등 예산과정의 주민참여】** ③ 지방자치단체의 장은 주민참여예산제도를 통하여 수렴한 주민의 의견서를 지방의회에 제출하는 예산안에 첨부하여야 한다.

① 주민참여예산제도는 '지방재정법'에 근거를 두고 있음
② 지방자치단체장 소속으로 주민참여예산위원회 등 주민참여예산기구를 둘 수 있음
③ 지방자치단체장은 주민참여예산제도를 통해 수렴된 주민의견을 검토하고 그 결과를 예산과정에 반영할 수 있음

**정답** ④

PART
**07**
지방자치론

# 49 ★★★

다음 중 아래의 주민소환에 대한 「주민소환법」에 들어갈 내용이 모두 맞는 것은?

---

**주민소환법 제3조【주민소환투표의 청구】**① 다음 각 호의 어느 하나에 해당하는 자는 주민소환투표권이 있다.
1. ( ㉠ )세 이상의 주민으로서 당해 지방자치단체 관할 구역에 주민등록이 된 자

**동법 제7조【주민소환투표의 청구】**① 주민소환투표청구권자는 해당 선출직 지방공직자에 대하여 다음 각 호에 해당하는 주민의 서명으로 그 소환사유를 서면에 구체적으로 명시하여 관할선거관리위원회에 주민소환투표의 실시를 청구할 수 있다.
1. 특별시장·광역시장·도지사(이하 "시·도지사"라 한다) : 당해 지방자치단체의 주민소환투표청구권자 총수의 100분의 ( ㉡ ) 이상
2. 시장·군수·자치구의 구청장 : 당해 지방자치단체의 주민소환투표청구권자 총수의 100분의 ( ㉢ ) 이상
3. 지역선거구시·도의회의원 및 지역선거구자치구·시·군의회의원 : 당해 지방의회의원의 선거구 안의 주민소환투표청구권자 총수의 100분의 ( ㉣ ) 이상

---

| 구분 | ㉠ | ㉡ | ㉢ | ㉣ |
|---|---|---|---|---|
| ① | 18 | 10 | 15 | 20 |
| ② | 18 | 15 | 20 | 25 |
| ③ | 19 | 10 | 20 | 15 |
| ④ | 19 | 10 | 15 | 20 |

**49** 아래의 조항 참고

**주민소환법 제3조【주민소환투표의 청구】**① 다음 각 호의 어느 하나에 해당하는 자는 주민소환투표권이 있다.
1. 19세 이상의 주민으로서 당해 지방자치단체 관할구역에 주민등록이 되어 있는 자

**동법 제7조【주민소환투표의 청구】**① 주민소환투표청구권자는 해당 선출직 지방공직자에 대하여 다음 각 호에 해당하는 주민의 서명으로 그 소환사유를 서면에 구체적으로 명시하여 관할선거관리위원회에 주민소환투표의 실시를 청구할 수 있다.
1. 특별시장·광역시장·도지사(이하 "시·도지사"라 한다) : 당해 지방자치단체의 주민소환투표청구권자 총수의 100분의 10 이상
2. 시장·군수·자치구의 구청장 : 당해 지방자치단체의 주민소환투표청구권자 총수의 100분의 15 이상
3. 지역선거구시·도의회의원(이하 "지역시·도의원"이라 한다) 및 지역선거구자치구·시·군의회의원(이하 "지역구자치구·시·군의원"이라 한다) : 당해 지방의회의원의 선거구 안의 주민소환투표청구권자 총수의 100분의 20 이상

정답 ④

# 50 ★★

법령상 주민이 지방자치단체에 요구할 수 있는 권리에 대한 설명으로 옳은 것은?

① 시·도는 500명을 넘지 아니하는 범위에서 그 지방자치단체의 조례로 정하는 수 이상의 주민이 연대 서명하여 해당 지방자치단체의 장에게 감사를 청구할 수 있다.

② 지방자치단체의 장은 지방자치단체가 수행하는 회계·계약 및 재산관리 사무에 속하는 사항이더라도 주민에게 과도한 부담을 주거나 중대한 영향을 미치는 지방자치단체의 주요 결정사항 등에 대하여 주민투표에 부칠 수 있다.

③ 주민은 주무부장관이나 시·도지사에게 감사를 청구한 날부터 60일이 지나도 감사 청구된 사항에 대하여 감사를 끝내지 아니한 경우에 주무부장관을 상대로 소송을 제기할 수 있다.

④ 주민은 행정기구를 설치하거나 변경하는 사항에 대해 지방자치단체의 조례 제·개정 및 폐지를 청구할 수 없다.

# 51 ★★★

우리나라의 주민투표제도에 대한 설명으로 옳은 것은?

① 주민에게 과도한 부담을 주거나 중대한 영향을 미치는 자치단체의 주요 결정사항 중에서 조례로 정하는 사항은 주민투표에 부칠 수 있다.

② 「지방자치법」은 주민투표의 대상·발의자·발의요건, 그 밖에 투표절차 등에 관한 사항을 규정하고 있다.

③ 지방자치단체의 장은 주민 또는 지방의회의 청구나 중앙 행정기관의 요구가 있을 때 뿐만 아니라 직권으로도 주민투표를 실시할 수 있다.

④ 주민투표는 주민투표권자 과반수 이상의 투표와 유효투표수 과반수의 득표로 확정되며, 전체 주민투표자의 수가 투표권자 총수의 과반수에 미달하는 때에는 개표를 하지 아니한다.

**정답 및 해설**

**50** 아래의 조항 참고

제4조【주민조례청구 제외 대상】다음 각 호의 사항은 주민조례청구 대상에서 제외한다.
1. 법령을 위반하는 사항
2. 지방세·사용료·수수료·부담금을 부과·징수 또는 감면하는 사항
3. 행정기구를 설치하거나 변경하는 사항
4. 공공시설의 설치를 반대하는 사항

① 500명을 300명으로 수정해야 함
② 회계·계약 및 재산관리 사무에 속하는 사항은 주민투표에 부칠 수 없음
③ 주민소송은 지방자치단체장을 상대로 소송을 제기하는 제도임

정답 ④

**51** 지방자치단체의 장은 주민 또는 지방의회의 청구나 중앙행정기관의 요구가 있을 때뿐만 아니라 지방의회의 동의를 얻어 직권으로도 주민투표를 실시할 수 있음
①

주민투표법 제7조【주민투표의 대상】① 주민에게 과도한 부담을 주거나 중대한 영향을 미치는 지방자치단체의 주요결정사항은 주민투표에 부칠 수 있다.

② 「주민투표법」은 주민투표의 대상·발의자·발의요건, 그 밖에 투표절차 등에 관한 사항을 규정하고 있음
④ 주민투표는 주민투표권자 1/4 이상의 투표와 유효투표수 과반수의 득표로 확정되며, 주민투표를 실시한 경우에는 모두 개표함

정답 ③

# 52 ★★★

**주민감사청구에 대한 설명으로 옳은 것은?**

① 지방자치단체의 19세 이상의 주민은 시도는 500명, 인구 50만 이상 대도시는 300명, 그 밖의 시·군 및 자치구는 200명 이내에서 그 자치단체의 조례로 정하는 수 이상의 주민이 연대서명하여 감사를 청구할 수 있다.

② 주민감사청구는 해당 지방자치단체와 그 장의 권한에 속하는 사무의 처리가 법령에 위반되거나 공익을 현저히 해한다고 인정되는 경우에만 청구할 수 있다.

③ 수사나 재판에 관여하게 되는 사항이나 개인의 사생활 침해의 우려가 있는 사항이라도 사무의 처리가 법령에 위반된다면 주민감사청구의 대상이 된다.

④ 주민감사청구는 사무처리가 있었던 날이나 끝난 날부터 2년이 지나면 제기할 수 없다.

# 53 ★

**「지방자치법」상 주민감사청구 대상에 포함되지 않는 것만을 모두 고른 것은?**

> ㉠ 법령을 위반하는 사항
> ㉡ 다른 기관에서 감사하였거나 감사중인 사항
> ㉢ 동일한 사항에 대하여 소송이 계속 중이거나 그 판결이 확정된 사항
> ㉣ 공공시설의 설치를 반대하는 사항

① ㉠

② ㉠, ㉡

③ ㉡, ㉢

④ ㉠, ㉡, ㉢

---

**정답 및 해설**

**52** 주민감사청구는 해당 지방자치단체와 그 장의 권한에 속하는 사무의 처리가 법령에 위반되거나 공익을 현저히 해한다고 인정될 때 청구할 수 있음

① 지방자치단체의 18세 이상의 주민은 시·도는 300명, 인구 50만 이상 대도시는 200명, 그 밖의 시·군 및 자치구는 150명 이내에서 그 자치단체의 조례로 정하는 수 이상의 주민이 연대서명하여 감사를 청구할 수 있음

③ 수사나 재판에 관여하게 되는 사항이나 개인의 사생활 침해의 우려가 있는 사항은 주민감사청구의 대상이 아님

④ 주민감사청구는 사무처리가 있었던 날이나 끝난 날부터 3년이 지나면 제기할 수 없음

정답 ②

---

**정답 및 해설**

**53** ㉠, ㉣은 조례의 제정과 개폐 청구 제외사항임

✅ **주민감사청구제외대상**

> ① 수사 또는 재판에 관여하게 되는 사항
> ② 개인의 사생활을 침해할 우려가 있는 사항
> ③ 다른 기관에서 감사하였거나 감사 중인 사항
> ④ 동일한 사항에 대하여 소송이 계속 중이거나 그 판결이 확정된 사항

정답 ③

# CHAPTER 04 지방자치단체의 재정

📍기본서 p.410 ~ 424

## 54 ★

지방자치단체의 예산 변경과 승인권자의 연결이 틀린 것은?

① 예산의 이체 – 지방자치단체의 장
② 이용 – 지방의회
③ 전용 – 지방자치단체의 장
④ 명시이월 – 지방자치단체의 장

## 55 ★

지방재정법에 규정된 예산의 내용이 아닌 것은?

① 예산총칙　　② 세입·세출예산
③ 계속비　　④ 국고채무부담행위

### 정답 및 해설

**54** 해당 문제는 중앙정부의 재무관리 방식을 그대로 적용하면 됨 → 세출예산 중 경비의 성질상 그 회계연도에 그 지출을 마치지 못할 것으로 예상되어 명시이월비로서 세입·세출예산에 그 취지를 분명하게 밝혀 미리 지방의회의 의결을 얻은 금액은 다음 회계연도에 이월하여 사용할 수 있음

① 지방자치단체의 장은 지방자치단체의 기구·직제 또는 정원에 관한 법령이나 조례의 제정·개정 또는 폐지로 인하여 관계 기관 사이에 직무권한이나 그 밖의 사항이 변동되었을 때에는 그 예산을 상호 이체(移替)할 수 있음
② 지방자치단체의 장은 세출예산에서 정한 각 정책사업 간에 서로 이용할 수 없다. 다만, 예산 집행에 필요하여 미리 예산으로서 지방의회의 의결을 거쳤을 때에는 이용할 수 있음
③ 지방자치단체의 장은 대통령령으로 정하는 바에 따라 각 정책사업 내의 예산액 범위에서 각 단위사업 또는 목의 금액을 전용(轉用)할 수 있음

정답 ④

**55** 국가재정법은 국고채무부담행위, 지방재정법은 채무부담행위임

**지방재정법 제40조【예산의 내용】** ① 예산은 예산총칙, 세입·세출예산, 계속비, 채무부담행위 및 명시이월비(明示移越費)를 총칭한다.

정답 ④

## 56 ★

다음 중 현행 지방재정조정제도의 형태가 아닌 것은?

① 국고보조금　　② 지방교부세
③ 국가균형발전특별회계　　④ 조정교부금

## 57 ★

지방재정의 사전예산관리제도로 옳지 않은 것은?

① 지방재정위기 사전 경보 시스템
② 지방재정투융자심사
③ 성별영향평가제도
④ 지방채 발행

### 정답 및 해설

**56** 국가균형발전특별법에 의한 국가균형발전특별회계는 현재 폐지된 제도임 → 현재는 지방분권균형발전법에 기초한 지역균형발전특별회계가 있음
①②
중앙정부에 의한 지방재정조정제도임
④ 광역지자체에 의한 지방재정조정제도임

정답 ③

**57** 지방재정위기 사전 경보 시스템(재정분석 및 진단제도)이란 지방재정위기를 사전에 예측하고 선제적으로 대응하여 지방재정의 건전성과 신뢰성을 제고시키기 위해 행정안전부가 2011년 도입·구축한 제도임 → 그러나 이는 자치단체의 사후재정정보(결산보고 등) 등을 토대로 위기상황을 판단·관리하는 제도로, 사후적 예산관리제도에 해당함
②③④

| 사전 재정관리제도<br>(집행 전 재정관리제도) | 사후 재정관리제도<br>(집행 후 재정관리제도) |
|---|---|
| • 중기지방재정계획<br>• 재정투자심사(과거 명칭: 지방재정투융자심사)<br>• 지방자치단체 예산편성기준<br>• 예산제도, 성인지예산제도<br>• 지방채 발행<br>• 성별영향평가 | • 결산제도, 성인지결산제도<br>• 재정분석 및 진단제도(지방재정위기관리제도) → 과거 명칭은 지방재정위기 사전경보시스템<br>• 국고보조사업평가 등 |

정답 ①

# 58 ★★

**지방자치법상 지방자치단체의 예산과 결산에 대한 설명으로 가장 옳지 않은 것은?**

① 지방자치단체의 회계연도는 매년 1월 1일에 시작하여 그 해 12월 31일에 끝난다.

② 시·도, 시·군 및 자치구의 지방자치단체의 장은 회계연도마다 예산안을 편성하여 회계연도 시작 50일전까지 지방의회에 제출하여야 한다.

③ 지방의회는 지방자치단체의 장의 동의 없이 지출예산 각 항의 금액을 증가시키거나 새로운 비용항목을 설치할 수 없다.

④ 지방자치단체의 장은 예비비로 사용한 금액의 명세서를 「지방자치법」 제150조제1항에 따라 지방의회의 승인을 받아야 한다.

# 59 ★★★

**지방세의 구조를 볼 때 특별시·광역시세에 해당하지 않는 것은?**

① 취득세

② 지방소비세

③ 등록면허세

④ 레저세

# 60 ★

**다음 중 조세의 유형이 상이한 것은?**

① 소득세

② 교육세

③ 등록면허세

④ 재산세

---

**정답 및 해설**

**58** 아래의 조항 참고

> **지방자치법 제142조【예산의 편성 및 의결】**① 지방자치단체의 장은 회계연도마다 예산안을 편성하여 시·도는 회계연도 시작 50일 전까지, 시·군 및 자치구는 회계연도 시작 40일 전까지 지방의회에 제출하여야 한다.

① 우리나라 지방정부의 회계연도는 1년임

③ 지방의회는 예산편성권이 없음

④ 예비비 지출은 의회의 사후승인을 받아야 함

정답 ②

---

**정답 및 해설**

**59** 등록면허세는 도세와 자치구세에 해당함

①②④

| 구분 | 지방세 유형 | 특별시·광역시세 | 자치구세 | 도세 | 시·군세 |
|---|---|---|---|---|---|
| 지방세 | 보통세 | 1. 주민세<br>2. 레저세<br>3. 자동차세<br>4. 취득세<br>5. 담배소비세<br>6. 지방소비세<br>7. 지방소득세 | 1. 등록면허세<br>2. 재산세 | 1. 지방소비세<br>2. 레저세<br>3. 등록면허세<br>4. 취득세 | 1. 담배소비세<br>2. 지방소득세<br>3. 주민세<br>4. 재산세<br>5. 자동차세 |
| | 목적세 | 1. 지방교육세<br>2. 지역자원시설세 | | 1. 지방교육세<br>2. 지역자원시설세 | |

정답 ③

**60** 교육세는 목적세(국세)이며, 나머지는 보통세에 해당함

정답 ②

# 61 ★★

과세주체별로 부과할 수 있는 지방세의 연결이 옳지 않은 것은?

① 경상남도 창원시세 – 재산세, 자동차세
② 서울특별시 강남구세 – 등록면허세, 재산세
③ 부산광역시 기장군세 – 지방소득세, 지방교육세
④ 제주특별자치도세 – 취득세, 지역자원시설세

# 62 ★★★

다음 중 지방세의 분류가 잘못된 것은?

① 시·군세 – 자동차세, 담배소비세, 등록면허세
② 자치구세 – 등록면허세, 재산세
③ 도세 – 취득세, 지방소비세, 지역자원시설세
④ 특별시·광역시세 – 자동차세, 지방소득세, 레저세

## 정답 및 해설

**61** 지방교육세는 광역자치단체의 지방세로서 목적세임 → 따라서 기초자치단체인 기장군은 부과할 수 없음
① 시·군세 – 담배소비세, 지방소득세, 주민세, 재산세, 자동차세
② 자치구세 – 등록면허세, 재산세임
④ 제주특별자치도세 – 취득세는 도세이며, 지역자원시설세는 목적세임

정답 ③

**62** 자동차세와 담배소비세는 시·군세이지만 등록면허세는 도세 혹은 자치구세임
②③④

☑ **지방세의 유형**

| 구분 | 지방세 유형 | 특별시 및 광역시세 | 자치구세 | 도세 | 시·군세 |
|---|---|---|---|---|---|
| 지방세 | 보통세 | 1. 주민세<br>2. 레저세<br>3. 자동차세<br>4. 취득세<br>5. 담배소비세<br>6. 지방소비세<br>7. 지방소득세 | 1. 등록면허세<br>2. 재산세 | 1. 취득세<br>2. 레저세<br>3. 등록면허세<br>4. 지방소비세 | 1. 담배소비세<br>2. 지방소득세<br>3. 자동차세<br>4. 주민세<br>5. 재산세 |
| | 목적세 | 1. 지방교육세<br>2. 지역자원시설세 | | 1. 지방교육세<br>2. 지역자원시설세 | |

정답 ①

# 63 ★★★

다음 중 서울특별시가 자치구에 교부하는 조정교부금의 재원이 될 수 없는 것은?

① 지방소득세          ② 담배소비세
③ 취득세             ④ 지방교육세

# 64 ★★

우리나라의 지방재정에 대한 설명으로 옳지 않은 것은?

① 지방자치단체의 세입재원 중 자주재원에는 지방세와 세외수입이 있고, 의존재원에는 국고보조금과 지방교부세 등이 있다.
② 지방자치단체 간의 재정적 불균형을 조정하는 지방교부세의 종류로는 보통교부세, 특별교부세, 부동산교부세 등이 있다.
③ 지방세 중 목적세로는 지방교육세와 지방소비세가 있다.
④ 지방재정조정제도의 종류에는 조정교부금과 국고보조금 등이 있다.

## 정답 및 해설

**63** 지방교육세는 목적세이므로 자치구 조정교부금의 재원이 될 수 없음 → 즉, 자치구 조정교부금의 재원은 보통세임

> **지방재정법 제29조의2【자치구 조정교부금】** 특별시장 및 광역시장은 대통령령으로 정하는 보통세 수입의 일정액을 조정교부금으로 확보하여 조례로 정하는 바에 따라 해당 지방자치단체 관할구역의 자치구 간 재정력 격차를 조정하여야 한다.

정답 ④

**64** 지방세 중 목적세로는 지방교육세와 지역자원시설세가 있음
① 지방자치단체의 자주재원에는 지방세와 세외수입이 있고, 의존재원에는 국고보조금, 지방교부세, 조정교부금 등이 있음
② 두문자 보특부소
④ 지방재정조정제도(의존재원)의 종류에는 지방교부세, 조정교부금, 국고보조금 등이 있음

정답 ③

PART **07** 지방자치론

# 65 ★

지방자치단체의 세외수입에 관한 설명으로 가장 적절하지 않은 것은?

① 사용료는 지방자치단체의 공공재산을 사용함으로써 얻는 편익에 대한 대가로서 징수하는 공과금이다.
② 재산임대수입은 경상적 세외수입이며, 재산매각수입은 임시적 세외수입이다.
③ 분담금이란 지방자치단체의 재산 또는 공공시설로 특별한 이익을 받는 자에게 징수하는 공과금을 말한다.
④ 지방자치단체의 운동장 이용료과 쓰레기 종량제 봉투 판매수입은 모두 사용료 수입에 해당한다.

# 66 ★★

〈보기〉에서 설명하는 지방자치단체 재원에 해당하지 않는 것은?

┌─── 보기 ───┐
지방자치단체 세외수입 중 계속성과 안정성이 확보되고 매 회계연도마다 계속적으로 반복하여 조달되는 예측가능한 수입이다.
└─────────┘

① 사용료 수입
② 수수료 수입
③ 재산임대 수입
④ 재산매각 수입

# 67 ★★

국세이면서 내국세 중 직접세에 해당되는 것으로만 묶인 것은?

① 개별소비세, 인지세, 부가가치세, 주세
② 소득세, 상속세, 증여세, 종합부동산세, 법인세
③ 취득세, 재산세, 자동차세, 등록면허세
④ 관세, 법인세, 소득세, 상속세

## 정답 및 해설

**65** 주민등록등본, 인감증명 등의 발급수수료, 쓰레기처리봉투 판매수입 등은 수수료임 → 아울러 운동장 이용료는 사용료임
①③

> 제153조【사용료】지방자치단체는 공공시설의 이용 또는 재산의 사용에 대하여 사용료를 징수할 수 있다.
>
> 제155조【분담금】지방자치단체는 그 재산 또는 공공시설의 설치로 주민의 일부가 특히 이익을 받으면 이익을 받는 자로부터 그 이익의 범위에서 분담금을 징수할 수 있다.

② 사용료, 수수료, 재산임대수입은 경상적 세외수입이며, 분담금, 재산매각수입은 임시적 세외수입임

**정답** ④

## 정답 및 해설

**66** 보기는 경상적 세외수입에 해당함 → 재산매각 수입은 임시적 세외수입임
①②③

📋 **세외수입의 유형**

| 경상적 세외수입 | 사용료, 수수료, 재산임대, 사업, 징수교부금, 이자수입 |
| --- | --- |
| 임시적 세외수입 | 분담금, 재산매각, 이월금, 전입금. 과징금, 기부금 |

**정답** ④

**67**
① 간접세에 해당함
③ 취득세, 재산세, 자동차세, 등록면허세는 지방세임
④ 관세는 내국세가 아님

**정답** ②

# 68 ★★

## 우리나라의 지방세에 대한 다음 설명 중 옳은 것은?

① 광역시 안에 군을 두고 있는 경우에는 도세와 시·군세의 세목구분이 적용된다.

② 목적세인 지방교육세와 지방소득세는 기초자치단체가 부과할 수 없다.

③ 취득세와 등록면허세는 특별시·광역시세이나, 담배소비세와 재산세는 자치구세이다.

④ 서울특별시의 주민세는 공동과세를 적용하고 있다.

# 69 ★★

## 현행 우리나라의 지방세제에 대한 설명 중 옳지 않은 것은?

① 현재 지방세는 보통세 9개, 목적세 2개의 세목으로 구성되어 있다.

② 통일성의 원칙에 반하는 세목으로는 지방교육세, 지역자원시설세가 있다.

③ 지방소비세는 국세인 부가가치세의 일부를 지방세로 전환한 세금이다.

④ 특별시·광역시·도는 목적세를 부과할 수 없다.

---

### 정답 및 해설

**68** 아래의 조항 참고

> **지방세기본법 제8조 【지방자치단체의 세목】** ① 특별시세와 광역시세는 다음 각 호와 같다. 다만, 광역시의 군(郡) 지역에서는 도세를 광역시세로 한다.

② 목적세인 지방교육세와 지역자원시설세는 기초자치단체가 부과할 수 없음

③ 취득세와 담배소비세는 특별시·광역시세이나, 등록면허세와 재산세는 자치구세임

④

> **지방세기본법 제9조 【특별시의 관할구역 재산세의 공동과세】** ① 특별시 관할구역에 있는 구의 경우에 재산세는 제8조에도 불구하고 특별시세 및 구세인 재산세로 한다.

정답 ①

---

### 정답 및 해설

**69** 목적세인 지방교육세와 지역자원시설세는 광역자치단체의 세목임

① 현재 지방세는 보통세 9개와 목적세 2개, 총 11개 세목으로 구성되어 있음

② 목적세는 통일성 원칙의 예외이므로 지방교육세, 지역자원시설세는 통일성 원칙이 적용되지 않음

③ 지방소비세는 부가가치세의 21%를 광역자치단체에 이전하는 세원 공유방식의 지방세임

정답 ④

# 70 ★★

**다음 중 지방교부세에 대한 설명으로 옳은 것은?**

① 지방교부세의 재원은 내국세 총액의 19.24%와 담배에 부과되는 개별소비세로 구성된다.

② 보통교부세를 교부받지 못한 지방자치단체는 특별한 재정수요가 생기더라도 특별교부세를 교부받을 수 없다.

③ 보통교부세와 부동산교부세는 일반재원인 반면, 특별교부세와 소방안전교부세는 특정재원의 성격을 지닌다.

④ 소방안전교부세는 담배에 부과하는 개별소비세 총액의 45%를 재원으로 하며, 기초자치단체에 교부한다.

# 71 ★★★

**지방재정조정제도에 대한 설명으로 옳은 것은?**

① 교부세의 재원에는 내국세 총액의 19.24%, 종합부동산세 총액, 담배에 부과하는 개별소비세 총액의 45%가 포함된다.

② 부동산교부세는 지방교부세 중 가장 최근에 신설되었다.

③ 소방안전교부세는 담배소비세 총액의 100분의 20을 재원으로 하였으나 2020년 100의 40으로 상향 조정되었다.

④ 특별교부세는 그 교부 주체가 기획재정부장관으로 통합·일원화되었다.

---

**정답 및 해설**

**70** 보통교부세와 부동산교부세는 용도가 정해져 있지 않는 일반재원이지만, 특별교부세와 소방안전교부세는 용도를 정하여 교부할 수 있어 특정재원의 성격을 지님

① 지방교부세의 재원은 내국세 총액의 19.24%와 종합부동산세 전액 및 담배에 부과되는 개별소비세 총액의 45%로 구성됨

② 보통교부세를 교부받지 못한 지방자치단체라도 「지방교부세법」이 정한 사유 발생시 특별교부세를 교부받을 수 있음

④ 소방안전교부세는 담배에 부과하는 개별소비세 총액의 45%를 재원으로 하며, 자치단체의 소방 및 안전시설 현황, 소방 및 안전 시설 투자 소요, 재난 예방 및 안전강화 노력, 재정여건 등을 고려하여 광역자치단체에 교부함

정답 ③

---

**정답 및 해설**

**71** 아래의 조항 참고

> **지방교부세법 제4조【교부세의 재원】** ① 교부세의 재원은 다음 각 호로 한다.
> 1. 해당 연도의 내국세(목적세 및 종합부동산세, 담배에 부과하는 개별소비세 총액의 100분의 45 및 다른 법률에 따라 특별회계의 재원으로 사용되는 세목의 해당 금액은 제외한다. 이하 같다) 총액의 1만분의 1,924에 해당하는 금액
> 2. 「종합부동산세법」에 따른 종합부동산세 총액
> 3. 「개별소비세법」에 따라 담배에 부과하는 개별소비세 총액의 100분의 45에 해당하는 금액

② 지방교부세 중 가장 최근에 신설된 것은 2015년 1월 신설된 소방안전교부세임

③ 소방안전교부세 재원은 종전 담배개별소비세 총액의 100분의 20이었으나 2020년 4월 1일부터 100의 45로 상향 조정되었음

④ 특별교부세는 교부주체는 행정안전부장관임

정답 ①

## 72 ★★

「지방교부세법」상 특별교부세제도에 대한 설명으로 가장 옳지 않은 것은?

① 기준재정수요액의 산정방법으로는 파악할 수 없는 지역 현안에 대한 특별한 재정수요가 있는 경우에는 특별교부세 재원의 100분의 20에 해당하는 금액을 교부한다.

② 보통교부세의 산정기일 후에 발생한 재난을 복구하거나 재난 및 안전관리를 위한 특별한 재정수요가 생기거나 재정수입이 감소한 경우에는 특별교부세 재원의 100분의 50에 해당하는 금액을 교부한다.

③ 국가적 장려사업, 국가와 지방자치단체 간에 시급한 협력이 필요한 사업, 지역 역점시책 또는 지방행정 및 재정운용 실적이 우수한 지방자치단체에 재정지원 등 특별한 재정수요가 있을 경우에는 특별교부세 재원의 100분의 10에 해당하는 금액을 교부한다.

④ 행정안전부장관은 지방자치단체의 장이 특별교부세의 교부를 신청하는 경우에는 이를 심사하여 특별교부세를 교부한다. 다만, 행정안전부장관이 필요하다고 인정하는 경우에는 신청이 없는 경우에도 일정한 기준을 정하여 특별교부세를 교부할 수 있다.

### 정답 및 해설

**72** 20%를 40%로 고쳐야 함

②③

| 특별교부세 (특정재원) | ① 기준재정수요액으로는 산정할 수 없는 특별한 재정수요 발생 | 40% (3% 中) | 내국세 총액의 19,24% + 정산액의 3% |
|---|---|---|---|
| | ② 보통교부세 산정 후 발생한 재난복구 및 안전관리를 위한 특별한 재정수요 발생 혹은 재정수입 감소 | 50% (3% 中) | |
| | ③ 국가적 장려, 국가와 지방 간 시급한 협력, 역점시책, 재정운용실적 우수 등 특별한 재정수요 발생 | 10% (3% 中) | |

④

**지방교부세법 제9조 【특별교부세의 교부】** ② 행정안전부장관은 지방자치단체의 장이 제1항 각 호에 따른 특별교부세의 교부를 신청하는 경우에는 이를 심사하여 특별교부세를 교부한다. 다만, 행정안전부장관이 필요하다고 인정하는 경우에는 신청이 없는 경우에도 일정한 기준을 정하여 특별교부세를 교부할 수 있다. → 이 때문에 특별교부세는 중앙정부가 지방정부를 통제하기 위한 수단으로 사용된다는 비판도 있음

정답 ①

## 73 ★★★

지방교부세에 대한 다음 설명 중 옳은 것은?

① 보통교부세는 재정이 풍족한 지방자치단체(기준재정수요액보다 기준재정수입액이 더 많은 지방자치단체)에도 교부한다.

② 특별교부세의 지급에는 행정안전부장관의 주관적 판단과 재량이 다소 개입된다.

③ 부동산교부세는 내국세인 종합부동산세 총액의 20%를 재원으로 하여 전액 교부한다.

④ 소방안전교부세는 담배에 부과하는 개별소비세의 총액을 재원으로 하여 행정안전부장관이 지방자치단체에 전액 교부한다.

### 정답 및 해설

**73** 아래의 조항 참고

**지방교부세법 제9조 【특별교부세의 교부】** ② 행정안전부장관은 지방자치단체의 장이 제1항 각 호에 따른 특별교부세의 교부를 신청하는 경우에는 이를 심사하여 특별교부세를 교부한다. 다만, 행정안전부장관이 필요하다고 인정하는 경우에는 신청이 없는 경우에도 일정한 기준을 정하여 특별교부세를 교부할 수 있다.

① 보통교부세는 재정이 풍족한 지방자치단체(기준재정수요액보다 기준재정수입액이 더 많은 지방자치단체)에는 교부하지 않음

③ 부동산교부세는 내국세인 종합부동산세의 총액을 재원으로 하여 전액 교부함

④ 소방안전교부세는 담배에 부과하는 개별소비세 총액의 45%를 재원으로 하여 행정안전부 장관이 지방자치단체에 전액 교부함

정답 ②

PART **07** 지방자치론

# 74 ★★

## 국고보조금에 대한 다음 설명 중 옳지 않은 것은?

① 지방자치단체가 행정기능을 수행하는 데 소요되는 경비의 일부 또는 전액을 충당하기 위한 자금으로 교부금은 기관위임사무에, 부담금은 단체위임사무에 지급된다.

② 국고보조금의 경우 대부분 기준보조율 제도가 활용되고 있으며, 기획재정부장관은 필요하다고 인정되는 보조사업에 대하여 차등보조율을 적용할 수도 있다.

③ 기준보조율은 모든 사업에 대하여 50% 보조를 규정하고 있어 사업비의 절반은 지방자치단체가 부담해야 한다.

④ 보조사업자는 보조금을 다른 용도에 사용하면 안된다.

# 75 ★★

## 우리나라의 국고보조금에 대한 다음 설명 중 옳지 않은 것은?

① 지방자치단체장 등 보조사업을 수행하려는 자는 매년 중앙관서의 장에게 보조금의 예산 계상을 신청해야 한다.

② 중앙관서의 장은 보조사업을 수행하려는 자로부터 신청 받은 보조금의 명세 및 금액을 조정하여 행정안전부장관에게 보조금 예산을 요구해야 한다.

③ 각 중앙관서의 장은 지방자치단체 및 민간에 지원한 국고보조금의 교부실적과 해당 보조사업자의 보조금 집행실적을 기획재정부장관, 국회 소관 상임위원회 및 예산결산특별위원회에 각각 제출하여야 한다.

④ 국고보조금은 신청주의를 원칙으로 한다.

---

### 정답 및 해설

**74** 국고보조금은 「보조금 관리에 관한 법률」에 기준보조율제도를 규정하고 있으며, 기획재정부장관이 필요한 경우 차등보조율을 적용하도록 규정하고 있음 → 아울러 기준보조율을 적용하는 경우에도 모든 사업을 50% 지원하는 것이 아니라 예산상황에 따라 각 사업별로 보조율이 상이함

①

**지방재정법 제21조 【부담금과 교부금】** ① 지방자치단체나 그 기관이 법령에 따라 처리하여야 할 사무로서 국가와 지방자치단체 간에 이해관계가 있는 경우에는 원활한 사무처리를 위하여 국가에서 부담하지 아니하면 아니 되는 경비는 국가가 그 전부 또는 일부를 부담한다.
② 국가가 스스로 하여야 할 사무를 지방자치단체나 그 기관에 위임하여 수행하는 경우 그 경비는 국가가 전부를 그 지방자치단체에 교부하여야 한다.

④ 중앙정부는 지방자치단체가 보조금을 다른 용도로 사용한 경우, 보조금 교부 결정을 취소 후 보조금을 반환하게 할 수 있음

정답 ③

### 정답 및 해설

**75** 중앙관서의 장은 보조사업을 수행하려는 자로부터 신청받은 보조금의 명세 및 금액을 조정하여 기획재정부장관에게 보조금 예산을 요구해야 함

①

**보조금 관리에 관한 법률 제4조 【보조사업을 수행하려는 자의 예산 계상 신청 등】** ① 보조사업을 수행하려는 자는 매년 중앙관서의 장에게 보조금의 예산 계상(計上)을 신청하여야 한다.

③

**국가재정법 제54조 【보조금의 관리】** 각 중앙관서의 장은 지방자치단체 및 민간에 지원한 국고보조금의 교부실적과 해당 보조사업자의 보조금 집행실적을 기획재정부장관, 국회 소관 상임위원회 및 예산결산특별위원회에 각각 제출하여야 한다.

④ 국고보조금은 신청주의를 원칙으로 하며 각 중앙관서의 예산에 반영되어야 함

정답 ②

## 76 ★★

**지방재정자립도에 대한 다음 설명 중 옳지 않은 것은?**

① 일반회계만을 고려하고 특별회계와 기금을 반영하지 못해 총재정규모를 파악하기 곤란하다.

② 지방재정의 세입을 중심으로 산정되므로 세출구조를 파악하기 곤란하다.

③ 지방재정력과 상충할 가능성이 있으며, 의존재원의 성격을 파악하기 곤란하다.

④ 지방채 수입을 자주재원에 산입하여 평가하여 재정건전성에 대한 고려가 미흡하다.

## 77 ★

**지방재정과 관련된 지표 중에서 재정자립도 지표의 산정 방식은?**

① 기준재정수요액 대비 기준재정수입액의 비율

② 일반회계 세입에서 지방세와 세외수입의 비율

③ 일반회계 및 특별회계 세입에서 지방세와 세외수입의 비율

④ 일반회계 세입에서 자주재원과 지방교부세를 합한 일반재원의 비율

## 78 ★

**지방자치단체 재정자립도 개념의 한계에 대한 설명으로 옳은 것은?**

① 지방자치단체의 일반회계, 특별회계, 기금을 종합적으로 고려하므로 지방자치단체의 실제 재정력을 파악할 수 있다.

② 일반회계에서 차지하는 자체재원의 비율이 높을수록 재정자립도가 높게 산정되므로 지방교부세를 받은 지방자치단체는 재정력이 커짐에도 불구하고 재정자립도는 반대로 낮아지게 된다.

③ 지방자치단체의 세출을 중심으로 산정되기 때문에 지방자치 단체의 재정력을 효과적으로 파악하기 곤란하다.

④ 지방자치단체 간 재정규모의 차이를 분석할 수 있는 장점이 있다.

---

**정답 및 해설**

**76** 지방재정자립도는 자주재원(지방세 수입 + 세외수입) / 일반회계 세입 총액 × 100으로 계산함 → 지방자치법 시행령상으로는 자립도 산정시 지방채를 분자에서 뺌

③ 재정자립도가 같아도 재정력은 다를 수 있음 → 예를 들어, 세입총액 1000억 중 자주재원이 700억인 경우와 세입총액 1조 원 중 자주재원이 7000억인 자치단체의 재정자립도는 동일하지만 재정력은 다름(상대적 재정규모 평가×)

정답 ④

**77** 재정자립도는 일반회계 세입에서 지방세와 세외수입의 비율임

① 재정력지수에 관한 내용임

③ 재정자립도는 특별회계를 고려하지 않음

④ 재정자주도에 대한 내용임

정답 ②

**정답 및 해설**

**78** 지방교부세가 증가하면 재정력은 증가하지만 재정자립도는 오히려 낮아지며, 지방자치단체의 사정과 관계없이 중앙정부가 지방교부세 지원을 줄이면 재정력은 약화되지만 재정자립도는 올라감

① 정부의 재정자립도 지표는 특별회계·기금을 고려하지 않고 일반회계만 고려함 → 따라서 지방재정을 종합적으로 고려하지 못하므로 실제의 재정력이 과소평가됨

③ 세입 측면만 고려하므로 경상적 경비 비율, 투자적 경비 비율 등 세출구조를 고려하지 못하므로 재정력을 효과적으로 파악하기 곤란함

④ 자치단체의 재정규모와 자치단체 간 상대적 재정규모나 재정력을 고려하지 못하고 개별자치단체의 자주재원 비율만 보여줌

정답 ②

PART **07** 지방자치론

# 79 ★★

**지방자치단체의 재정에 대한 설명으로 옳은 것은?**

① 국고보조금은 대부분 용도와 수행조건 등을 특정하지 않고 교부한다.

② 지방세 중 목적세로 분류되는 지방교육세와 지역자원 시설세는 시군세에 속한다.

③ 자치구 조정교부금뿐 아니라 시·군 조성교부금도 이 전재원의 예이다.

④ 지방자치단체의 장은 회계연도마다 예산안을 편성하 여 시·도는 회계연도 시작 40일 전까지, 시·군 및 자치구는 회계연도 시작 30일 전까지 지방의회에 제 출하여야 한다.

# 80 ★★

**지방자치단체의 재정자립도에 대한 설명으로 가장 옳지 않은 것은?**

① 재정자립도는 세입총액에서 지방세수입과 세외수입 이 차지하는 비율을 나타낸다.

② 자주재원이 적더라도 중앙정부가 지방교부세를 증액 하면 재정자립도는 올라간다.

③ 재정자립도가 높다고 지방정부의 실질적 재정이 반드 시 좋다고 볼 수는 없다.

④ 국세의 지방세 이전은 재정자립도 증대에 도움이 된다.

# 81 ★

**대통령령인 '보조금 관리에 관한 법률 시행령 별표 3'에 따르면 재정자주도는 다음과 같다. ㉠에 들어갈 내용으로 옳은 것은?**

$$재정자주도 = \frac{지방세 + 세외수입 + ㉠}{일반회계예산} \times 100$$

① 지방교부세 + 조정교부금

② 지방교부세 + 조정교부금 + 국고보조금

③ 지방교부세 + 국고보조금

④ 조정교부금 + 국고보조금

### 정답 및 해설

**80** 재정자립도란 일반회계 세입 중에서 자주재원(지방세+세외수입)이 차지하는 비중을 의미함 → 재정자립도를 올리기 위해서는 자주재 원이 많아져야 하고, 의존재원인 지방교부세 및 국고보조금을 증액하 면 재정자립도는 낮아짐

③ 예를 들어, 재정자립도는 지방교부세 등을 고려하지 못함

④ 지방세는 자주재원에 포함되는바 올바른 선지임

정답 ②

**81** 재정자주도는 일반회계세입 중 자체수입(지방세·세외수입)과 의 존재원인 일반재원(지방교부세·조정교부금)이 차지하는 비율임

• 재정자주도(%)

$$= \frac{지방세 + 세외수입 + 지방교부세 + 조정교부금}{일반회계예산} \times 100$$

정답 ①

### 정답 및 해설

**79** 조정교부금은 광역지방자치단체가 재정력이 취약한 기초지방자치 단체로의 재원을 이전(대가 없이 지급하는 금전적 이동)시키는 제도임

① 국고보조금은 대부분 용도와 수행조건 등을 특정하여 교부함

② 지방세 중 목적세로 분류되는 지방교육세와 지역자원시설세는 특 별시·광역시·도세에 속함

④ 지방자치단체의 장은 회계연도마다 예산안을 편성하여 시·도는 회계연도 시작 50일 전까지, 시·군 및 자치구는 회계연도 시작 40일 전까지 지방의회에 제출하여야 함

정답 ③

## 82 ★

우리나라의 지방채에 대한 다음 설명으로 옳지 않은 것은?

① 단체장은 지방채를 발행하려면 재정 상황 및 채무 규모 등을 고려하여 대통령령으로 정하는 지방채 발행 한도액의 범위에서 지방의회의 의결을 얻어야 한다.

② 단체장은 이미 발행한 지방채의 차환을 목적으로 지방채를 발행할 수 있다.

③ 단체장은 지방채 발행 한도액 범위더라도 외채를 발행하는 경우에는 행정안전부장관의 승인을 받기 전에 지방의회의 의결을 거쳐야 한다.

④ 지방자치단체조합의 장이 지방채를 발행하려면 행정안전부장관의 승인을 받은 범위에서 조합의 구성원인 각 지방자치단체 지방의회의 의결을 얻어야 한다.

## 83 ★

행정안전부장관의 승인이 필요한 것만을 모두 고르면?

> ㄱ. 지방채 중 외채의 발행
> ㄴ. 시·도의 지방공사 설립
> ㄷ. 행정구의 명칭변경과 읍·면·동의 구역변경

① ㄱ   ② ㄷ
③ ㄱ, ㄴ   ④ ㄴ, ㄷ

---

### 정답 및 해설

**83**

📝 **올바른 선지**

ㄱ. 지방자치단체의 지방채 발행

| 구분 | 지방의회 의결 | 행정안전부장관 승인 |
|---|---|---|
| 대통령으로 정한 한도액 범위 내 발행 | ○ | × |
| 외채발행 | ○ | ○ 행정안전부장관 승인이 먼저임 |
| (어느 정도) 한도액 초과 발행 | ○ | 행정안전부장관과 협의 |
| 대통령으로 정한 한도액 범위 초과발행 | ○ | ○ 행정안전부장관 승인이 먼저임 |

📝 **틀린 선지**

ㄴ. 시·도의 지방공사 설립

> **지방공기업법 제49조【설립】** ① 지방자치단체는 제2조에 따른 사업을 효율적으로 수행하기 위하여 필요한 경우에는 지방공사를 설립할 수 있다. 이 경우 공사를 설립하기 전에 특별시장, 광역시장, 특별자치시장, 도지사 및 특별자치도지사(이하 "시·도지사"라 한다)는 행정안전부장관과, 시장·군수·구청장(자치구의 구청장을 말한다)은 관할 특별시장·광역시장 및 도지사와 협의하여야 한다.

ㄷ. 행정구의 명칭 변경과 읍면동의 구역변경 : 조례로 정한 후 광역단체장에게 보고해야 함

정답 ①

---

### 정답 및 해설

**82** 행정안전부 장관의 승인이 먼저임

①②③

| 구분 | 지방의회 의결 | 행정안전부장관 승인 |
|---|---|---|
| 대통령령으로 정한 한도액 범위 내 발행 | ○ | × |
| 외채발행 | ○ | ○ 행정안전부장관 승인이 먼저임 |
| (어느 정도) 한도액 초과 발행 | ○ | 행정안전부장관과 협의 |
| 대통령령으로 정한 한도액 범위 초과발행 | ○ | ○ 행정안전부장관 승인이 먼저임 |

④

| 구분 | 지방의회 의결 | 행정안전부장관 승인 |
|---|---|---|
| 지방자치단체조합 | ○ | ○ 행정안전부장관 승인이 먼저임 |
| | 지방채에 대한 상환과 이자의 지급에 있어서 연대책임 | |

정답 ③

PART 07 지방자치론

# 84 ★

지방자치단체 등이 발행하는 지방채에 대한 설명으로 옳지 않은 것은?

① 지방자치단체의 장이나 지방자치단체조합은 따로 법률이 정하는 바에 따라 지방채를 발행할 수 있다.
② 지방채 발행 한도액의 범위라도 외채를 발행하는 경우에는 지방의회의 의결을 거친 후 행성안전부장관의 승인을 받아야 한다.
③ 지방자치단체조합의 장이 그 조합의 지방채를 발행할 때에는 행정안전부장관의 승인을 받은 범위에서 조합의 구성인인 각 지방자치단체 지방의회의 의결을 얻어야 한다.
④ 지방채는 세대 간 부담의 형평성 제고에 도움이 되나, 원리금 상환을 할 때 지방자치단체의 재정력을 약화시키고 건전재정을 저해할 수 있다.

# 85 ★

지방재정법은 지방자치단체의 장이 특정한 목적을 위해 자금이 필요할 때 지방채를 발행할 수 있도록 규정하고 있다. 지방채를 발행할 수 있는 사유가 아닌 것은?

① 공유재산의 조성 등 소관 재정투자사업과 그에 직접적으로 수반되는 경비의 충당
② 사회복지사업
③ 재해예방 및 복구사업
④ 지방채의 차환

---

**정답 및 해설**

**84** 지방채 발행 한도액의 범위라도 외채를 발행하는 경우에는 지방의회의 의결을 거치기 전에 행정안전부장관의 승인을 받아야 함
①

> **지방자치법 제139조【지방채무 및 지방채권의 관리】**① 지방자치단체의 장이나 지방자치단체조합은 따로 법률로 정하는 바에 따라 지방채를 발행할 수 있다.

③

> **지방재정법 제11조【지방채의 발행】**④ 지방자치단체조합(이하 "조합"이라 한다)의 장은 그 조합의 투자사업과 긴급한 재난복구 등을 위한 경비를 조달할 필요가 있을 때 또는 투자사업이나 재난복구사업을 지원할 목적으로 지방자치단체에 대부할 필요가 있을 때에는 지방채를 발행할 수 있다. 이 경우 행정안전부장관의 승인을 받은 범위에서 조합의 구성원인 각 지방자치단체 지방의회의 의결을 얻어야 한다.

④ 지방채는 수직적 형평 제고에 도움이 되나, 원리금 상환시 지방자치단체의 재정력을 약화시키고 건전재정을 저해할 수 있음

정답 ②

---

**정답 및 해설**

**85** ②는 지방재정법에서 제시하고 있는 사유가 아님

> **지방재정법 제11조【지방채의 발행】**① 지방자치단체의 장은 다음 각 호를 위한 자금 조달에 필요할 때에는 지방채를 발행할 수 있다. 다만, 제5호 및 제6호는 교육감이 발행하는 경우에 한한다.
> 1. 공유재산의 조성 등 소관 재정투자사업과 그에 직접적으로 수반되는 경비의 충당
> 2. 재해예방 및 복구사업
> 3. 천재지변으로 발생한 예측할 수 없었던 세입결함의 보전
> 4. 지방채의 차환

정답 ②

PART

# 08

# 기타:
# 제도 및 법령 등

# CHAPTER 01 행정학 총론

9 기본서 p.428 - 437

## 01 ★★★

우리나라의 중앙행정기관 소속 책임운영기관에 대한 설명으로 옳은 것은?

① 「정부조직법」에 근거하여 설치 및 운영된다.

② 소속중앙행정기관의 장은 소속책임운영기관의 조직 및 운영에 관한 기본운영규정을 제정하여야 한다.

③ 기관장은 전 직원에 대한 임용권을 갖는다.

④ 기관장은 공개모집절차에 따라 5년 범위 내에서 임기제공무원으로 채용한다.

## 02 ★★★

정부가 도입한 책임운영기관에 관한 설명으로 옳지 않은 것은?

① 기관의 지위에 따라 소속책임운영기관과 중앙책임운영기관으로 구분된다.

② 우리나라는 책임운영기관의 설치·운영에 관한 법률 등에 의해 운영되고 있다.

③ 정부가 사업적·집행적 성격이 강한 기관을 분리시켜 유연한 경영 방식을 도입한 것이다.

④ 예산 편성 및 집행상의 자율권을 확보하기 위하여 특별위원회를 두며, 예산의 전용·이월 등이 허용되지 않는다.

### 정답 및 해설

**02** 아래의 책임운영기관 설치 및 운영에 관한 법에 따르면 예산의 전용 혹은 이월 등이 허용됨

> **책임운영기관법 제36조【예산의 전용】** ① 기관장은 「국가재정법」 제46조와 「정부기업예산법」 제20조에도 불구하고 예산 집행에 특히 필요한 경우에는 대통령령으로 정하는 바에 따라 특별회계의 계정별 세출예산 또는 일반회계의 세출예산 각각의 총액 범위에서 각 과목 간에 전용(轉用)할 수 있다.
>
> **책임운영기관법 제37조【예산의 이월】** ① 매 회계연도의 특별회계 또는 일반회계 세출예산 중 부득이한 사유로 그 회계연도 내에 지출하지 못한 경상적 성격의 경비는 대통령령으로 정하는 범위에서 다음 회계연도에 이월(移越)하여 사용할 수 있다.

①②
우리나라는 책임운영기관의 설치·운영에 관한 법률 등에 의해 책임운영기관을 운영하고 있으며, 책임운영기관은 기관의 지위에 따라 소속책임운영기관과 중앙책임운영기관으로 구분됨

③ 책임운영기관은 정부가 사업적·집행적 성격이 강한 기관을 분리시켜 유연한 경영 방식을 도입한 제도로써 기관장에게 재량권을 부여하여 자율적인 경영과 그 성과에 대한 책임을 지게 함

### 정답 및 해설

**01** 소속책임운영기관의 장은 공직내외에서 공개모집절차에 따라 5년 범위 내에서 최소한 2년 이상의 임기제공무원으로 임용됨

① 「정부조직법」이 아니라 「책임운영기관의 설치·운영에 관한 법률」 및 동법 시행령에 근거하여 설치·운영됨

② 기본운영규정은 소속중앙행정기관장이 아니라 소속책임운영기관장이 자율적으로 제정하여야 함

③ 임용권의 일부를 소속책임운영기관장에게 위임할 수 있을 뿐 소속공무원에 대한 일체의 임용권은 중앙행정기관장이 가짐

정답 ④

정답 ④

# 03

★★★

**책임운영기관에 대한 설명으로 옳지 않은 것은?**

① 조직 일원화 전략의 산물이다.

② 신공공관리론 조직원리에 따라 등장한 정부조직 형태이다.

③ 책임운영기관의 설치 · 운영에 관한 법률상 소속책임운영기관장은 임기제 공무원이다.

④ 기관장에게 행정 및 재정상의 자율성을 부여하고, 그 운영 성과에 대해 책임을 지도록 한다.

# 04

★★★

**책임운영기관의 설치 · 운영에 관한 법률의 내용으로 옳지 않은 것은?**

① 행정안전부장관은 5년 단위로 책임운영기관의 관리 및 운영 전반에 관한 중기관리계획을 수립한다.

② 중앙책임운영기관의 장의 임기는 2년으로 하되, 한 차례만 연임할 수 있다.

③ 소속책임운영기관의 사업성과를 평가하고 소속책임운영기관의 운영에 관한 중요 사항을 심의하기 위하여 소속책임운영기관 장의 소속으로 소속책임운영기관운영심의회를 둔다.

④ 중앙책임운영기관의 장은 고위공무원단에 속하는 공무원을 제외한 소속 공무원에 대한 일체의 임용권을 가진다.

**정답 및 해설**

**04** 아래의 조항 참고

> **책임운영기관법 제12조 【소속책임운영기관운영심의회】** ① 소속책임운영기관의 사업성과를 평가하고 소속책임운영기관의 운영에 관한 중요 사항을 심의하기 위하여 중앙행정기관의 장의 소속으로 소속책임운영기관운영심의회(이하 "심의회"라 한다)를 둔다.

①

> **책임운영기관법 제3조의2 【중기관리계획의 수립 등】** ① 행정안전부장관은 5년 단위로 책임운영기관의 관리 및 운영 전반에 관한 기본계획(이하 "중기관리계획"이라 한다)을 수립하여야 한다.

②

> **책임운영기관법 제40조 【중앙책임운영기관의 장의 임기】** 중앙책임운영기관의 장의 임기는 2년으로 하되, 한 차례만 연임할 수 있다.

④

> **책임운영기관법 제47조 【인사 관리】** ① 중앙책임운영기관의 장은 「국가공무원법」 제32조 제1항 및 제2항이나 그 밖의 공무원 인사 관계 법령에도 불구하고 고위공무원단에 속하는 공무원을 제외한 소속 공무원에 대한 일체의 임용권을 가진다.

**정답 및 해설**

**03** 책임운영기관은 운영상의 재량을 보유하면서 특정한 업무를 책임지고 집행하는 조직임 → 조직 이원화 전략

②④

책임운영기관은 신공공관리론의 영향으로 등장한 조직형태이므로 기관장에게 행정 및 재정상의 자율성을 부여하고, 그 운영성과에 대해 책임을 지도록 함

③

> **책임운영기관법 제7조 【기관장의 임용】** ① 소속중앙행정기관의 장은 공개모집 절차에 따라 행정이나 경영에 관한 지식 · 능력 또는 관련 분야의 경험이 풍부한 사람 중에서 기관장을 선발하여 「국가공무원법」 제26조의5에 따른 임기제공무원으로 임용한다.

**정답** ①

**정답** ③

# 05 ★★

다음 중 책임운영기관이 갖는 의의와 거리가 먼 것을 모두 고르면?

> ㉠ 시장경제원리의 도입을 통해 행정서비스의 질 개선 및 결과에 대한 책임 강화
> ㉡ 성과측정 기준의 개발과 측정이 가능한 사무에 적용
> ㉢ 정책기획 기능과 정책집행 및 서비스 기능을 통합하여 정부기능의 효율성 강화
> ㉣ 행정의 과정중심에서 결과중심으로 전환함으로써 조직의 생산성 증대 도모
> ㉤ 집행기관이 추구하는 장기적 실적이 단기적 실적보다 상승

① ㉠, ㉡  　　　② ㉠, ㉡, ㉣
③ ㉡, ㉣, ㉤ 　　④ ㉢, ㉤

# 06 ★★

우리나라의 책임운영기관 제도에 대한 설명으로 옳지 않은 것은?

① 행정안전부장관은 기획재정부 및 해당 중앙행정기관의 장과 협의하여 책임운영기관을 설치하거나 해제할 수 있다.
② 기관의 지위에 따라 중앙책임운영기관과 소속책임운영기관으로 구분된다.
③ 소속책임운영기관의 장은 공개모집 절차에 따라 「국가공무원법」상 임기제 공무원으로 임용된다.
④ 책임운영기관은 「공공기관의 운영에 관한 법률」상 종합평가의 대상이다.

---

## 정답 및 해설

**05**

☑ 틀린 선지
㉢ 책임운영기관은 정부 기능 중 집행 및 서비스 기능을 정책·기획 기능으로부터 분리하여 집행기능의 효율성을 강화하는 데 목적을 두고 있음
㉤ 책임운영기관은 성과관리요소를 도입한 행정기관이기에 단기적 실적에 치중할 우려가 있음

☑ 올바른 선지
㉠ 책임운영기관은 신공공관리 운영방식을 정부에 적용한 것이므로 시장경제원리의 도입을 통해 행정서비스의 질 개선 및 결과에 대한 성과책임을 강화시킬 수 있음
㉡
> 책임운영기관법 제4조 【책임운영기관의 설치 및 해제】 ① 책임운영기관은 그 사무가 다음 각 호의 기준 중 어느 하나에 맞는 경우에 대통령령으로 설치한다.
> 1. 기관의 주된 사무가 사업적·집행적 성질의 행정서비스를 제공하는 업무로서 성과측정기준을 개발하여 성과를 측정할 수 있는 사무
> 2. 기관 운영에 필요한 재정수입의 전부 또는 일부를 자체적으로 확보할 수 있는 사무

㉣ 책임운영기관은 성과평가를 통해 조직의 생산성 제고를 도모함

---

## 정답 및 해설

**06** 책임운영기관은 정부기업이며, 책임운영기관법상 종합평가 대상임

①
> 책임운영기관법 제4조 【책임운영기관의 설치 및 해제】 ② 행정안전부장관은 기획재정부 및 해당 중앙행정기관의 장과 협의하여 제1항에 따른 책임운영기관을 설치하거나 해제할 수 있다.

②
> 제2조 【정의】 ② 책임운영기관은 기관의 지위에 따라 다음 각 호와 같이 구분한다.
> 1. 소속책임운영기관 : 중앙행정기관의 소속 기관으로서 제4조에 따라 대통령령으로 설치된 기관
> 2. 중앙책임운영기관 : 「정부조직법」 제2조 제2항에 따른 청(廳)으로서 제4조에 따라 대통령령으로 설치된 기관

③
> 동법 제7조 【기관장의 임용】 ① 소속중앙행정기관의 장은 공개모집 절차에 따라 행정이나 경영에 관한 지식·능력 또는 관련 분야의 경험이 풍부한 사람 중에서 기관장을 선발하여 임기제공무원으로 임용한다.

정답 ④

정답 ④

## 07 ★

기존 전자정부 대비 지능형 정부의 특징에 대한 설명으로 가장 옳지 않은 것은?

① 국민주도로 정책결정이 이루어진다.
② 현장 행정에서 복합문제의 해결이 가능하다.
③ 생애주기별 맞춤형 서비스를 제공한다.
④ 서비스 전달방식은 수요기반 온·오프라인 멀티채널이다.

## 08 ★

공공가치론에 대한 설명으로 옳은 것만을 모두 고르면?

ㄱ. 무어(Moore)는 공공가치 실패를 진단하는 도구로 '공공가치 지도그리기(mapping)'를 제안한다.
ㄴ. 보즈만(Bozeman)은 공공기관에 의해 생산된 순(純) 공공가치를 추정하는 '공공가치 회계'를 제시했다.
ㄷ. '전략적 삼각형' 모델은 정당성과 지지, 운영 역량, 공공가치로 구성된다.
ㄹ. 시장과 공공부문이 공공가치 실현에 필수적으로 요구되는 재화와 서비스를 제공하지 못할 때 '공공가치 실패'가 일어난다.

① ㄱ, ㄴ  ② ㄱ, ㄹ
③ ㄴ, ㄷ  ④ ㄷ, ㄹ

### 정답 및 해설

**08**

☑ 올바른 선지

ㄷ. 전략적 삼각형

| 정당성과 지지 | 시민의 지지와 이로부터 생겨난 정당성 등 |
|---|---|
| 운영 역량 | 정책을 구현하는 데 요구되는 조직관리능력 |
| 공공가치 | 조직비전과 미션 등 |

ㄹ. 선지는 보즈만의 공공가치 실패에 대한 정의를 다루고 있음

☑ 틀린 선지

ㄱ. 보즈만은 공공가치실패 진단도구로서 공공가치 지도그리기를 제안함
ㄴ. 무어는 공공기관에 의해 생산된 순(純) 공공가치를 추정하는 공공가치 회계를 제시함

☑ 공공가치 회계

| 비용 | 수익 |
|---|---|
| • 투입된 재정적 비용<br>• 의도치 않은 부정적 결과 | • 사회적 성과달성 및 미션달성<br>• 의도치 않은 긍정적 결과<br>• 정의 및 형평 등 |

➕ 참고: 수익과 비용을 계량적으로 표현한 뒤, 수익에서 비용을 빼면 순 공공가치임

**정답 ④**

### 정답 및 해설

**07** 생애주기별 맞춤형 서비스는 전자정부 3.0에 대한 내용임 → 지능형 정부는 4차 산업을 적용한 정부형태로서 생애주기를 넘어 틈새수요까지 알아서 인지하고, '희·노·애·락' 등 감성을 이해할 수 있는 국민을 위한 개인비서형 서비스를 제공함

➕ 예시: 1인 여성가구를 위한 안심귀가, 여성 가스검침원방문 등 일상 속 안전을 위한 공공서비스를 개인화하여 제공
①과 ②는 동일한 내용이므로 문제를 풀 때 소거해야 함
③ 지능형 정부는 인공지능을 활용하여 현장 행정에서 복합문제의 해결이 가능함

➕ 예시: 주민센터에 들어오는 민원인을 로봇이 인지한 이후 환영인사와 대화를 통해 필요서비스를 탐색하여 제안 및 처리

**정답 ③**

# CHAPTER 02 행정학 각론

## 09 ★★★

다음 중 규제영향분석에 대한 설명으로 옳지 않은 것은?

① 규제영향분석은 새롭게 만들어지거나 현존하는 규제의 사회적 편익과 비용을 점검하고 측정하는 체계적인 의사결정도구이다.

② 규제영향분석은 1970년대 이후 세계의 여러 국가에서 도입했지만 우리나라는 아직 도입하지 못하고 있다.

③ 규제영향분석은 정부가 합리적인 의사결정을 할 수 있도록 정보를 제공한다.

④ 규제영향분석은 정치적 이해관계의 조정과 수렴의 기회를 제공한다.

## 10 ★★★

다음 중 현행 「행정규제기본법」에서 규정하고 있는 내용으로 옳은 것은?

① 규제개혁위원회는 위원장 1명을 포함한 20명 이상 25명 이하의 위원으로 구성된다.

② 정부의 규제정책을 심의·조정하고 규제의 심사·정비 등에 관한 사항을 종합적으로 추진하기 위하여 대통령 소속으로 규제개혁위원회를 두고 있다.

③ 규제의 존속기한은 원칙적으로 10년을 초과할 수 없다.

④ 심사기간의 연장이 불가피한 경우 규제개혁위원회의 결정으로 10일을 넘지 않는 범위에서 한 차례만 연장할 수 있다.

---

### 정답 및 해설

**09** 우리나라에서도 1998년 규제개혁위원회를 통한 신설 강화 규제심사에 규제영향분석의 중요한 항목으로 포함시켰음

①③④

> **행정규제기본법 제7조 【규제영향분석 및 자체심사】** ① 중앙행정기관의 장은 규제를 신설하거나 강화하려면 다음 각 호의 사항을 종합적으로 고려하여 규제영향분석을 하고 규제영향분석서를 작성하여야 한다.
> 1. 규제의 신설 또는 강화의 필요성
> 2. 규제 목적의 실현 가능성
> 3. 규제 외의 대체 수단 존재 여부 및 기존규제와의 중복 여부
> 4. 규제의 시행에 따라 규제를 받는 집단과 국민이 부담하여야 할 비용과 편익의 비교 분석
> 5. 규제의 시행이 「중소기업기본법」 제2조에 따른 중소기업에 미치는 영향
> 6. 경쟁제한적 요소의 포함 여부

정답 ②

### 정답 및 해설

**10**

① 규제개혁위원회는 위원장 2명을 포함한 20명 이상 25명 이하의 위원으로 구성됨

③ 규제의 존속기한은 원칙적으로 5년을 초과할 수 없음

④ 심사기간의 연장이 불가피한 경우 규제개혁위원회의 결정으로 15일을 넘지 않는 범위에서 한 차례만 연장할 수 있음

정답 ②

## 11 ★★

### 넛지이론에 대한 설명으로 틀린 것은?

① 행동경제학에서 말하는 행동적 시장실패를 해결하기 위한 정부역할의 필요성에 관한 규범적 근거와 이에 적합한 정책 수단을 제시해준다.

② 넛지이론은 정부가 사람들의 선택과 자유를 존중하면서 보다 나은 의사결정을 하도록 도와주어야 한다는 자유주의적 개입주의의 입장을 취한다.

③ 넛지는 기본적으로 간접적이고 유도적인 방식의 정부 개입방식으로 촉매적 정책수단의 성격을 띠고 있다.

④ 넛지는 엄격하게 검증된 증거에 기반한 정책 선택을 강조하며, 주로 연역적 방법을 활용한다.

## 12 ★

### 넛지(nudge)이론의 특성으로 옳은 것만을 모두 고르면?

> ㄱ. 넛지이론의 이론적 기반은 행동경제학이다.
> ㄴ. 넛지는 어떤 선택을 금지하거나 경제적 유인을 크게 변화시키고자 한다..
> ㄷ. 정부는 사람들의 선택의 자유를 존중하면서 보다 나은 의사결정을 하도록 도와줄 수 있다는 것이다.

① ㄱ, ㄴ          ② ㄱ, ㄷ
③ ㄴ, ㄷ          ④ ㄱ, ㄴ, ㄷ

**정답 및 해설**

**12**

☑ **올바른 선지**

ㄱ, ㄷ

☑ **신공공관리론과 넛지이론**

| 구분 | 신공공관리론 | 넛지이론 |
|---|---|---|
| 이론의 학문적 토대 | 신고전학파 경제학 | 행동경제학 |
| 합리성 | 경제적 합리성 | 제한된 합리성 |
| 정부역할의 이념적 기초 | 신자유주의, 시장주의 | 자유주의적 개입주의 |
| 공무원상 | 공공기업가 | 선택설계자 |
| 정책정책의 목표 | 고객주의, 개인의 이익 증진 | 행동변화를 통한 삶의 질 제고 |
| 정책수단 | 경제적 인센티브 | 넛지 |
| 정부개혁 모델 | 기업가적 정부 | 넛지 정부 |

☑ **틀린 선지**

ㄴ. 넛지는 어떤 선택을 금지하거나 경제적 유인을 크게 변화시키지 않으면서 예측가능한 방향으로 사람들의 행동을 변화시키는 선택설계의 제반 요소를 의미하는 것임(Thaler & Sunstein)

**정답** ②

**정답 및 해설**

**11** 넛지는 엄격하게 검증된 증거에 기반하여 정책을 선택하거나 결정하는 것을 강조하며, 검증을 위해 귀납적 방법을 많이 활용함

① 넛지이론은 행동경제학에서 말하는 행동적 시장실패를 해결하기 위한 정부개입을 찬성함

➕ 행동적 시장실패: 자신의 결정이 본인에게 손실을 초래하는 현상

②③
넛지이론은 개인의 선택을 보장하는 정부개입을 주장함 → 자유주의적 개입주의

**정답** ④

## 13 ★

넛지(Nudge) 이론에 대한 설명으로 옳은 것은?

① 자유주의적 개입주의 원리에 따라 시장기반의 경제적 인센티브 수단을 선호한다.

② 행동경제학에 기반하여 실험을 통한 귀납적 분석보다는 가정에 기초한 연역적 분석을 지향한다.

③ 정부의 역할 및 정책수단으로서 선택설계의 개념을 도입한다.

④ 인간의 휴리스틱은 인지적 오류와 행동편향을 방지한다.

## 14 ★

정책수단에 대한 Salamon의 설명으로 틀린 것은?

① 정책수단의 특징을 강제성, 직접성, 자동성, 가시성으로 나누어 정리하였다.

② 직접성은 재화나 서비스 제공을 정부가 직접 하느냐 아니면 제3자를 통해 또는 민관이 공동으로 제공하느냐의 기준이다.

③ 자동성은 재화나 서비스를 제공하기 위해서 새로운 기구나 방법을 도입하지 않고 기존의 수단을 그대로 사용할 수 있는지의 여부로서, 조세지출은 자동성이 낮은 도구이다.

④ 가시성은 정책수단을 적용할 때 정책과정이 가시적인지의 여부로서, 보조금이나 벌금은 가시성이 높다.

**정답 및 해설**

**14** 자동성은 재화나 서비스를 제공하기 위해서 새로운 기구나 방법을 도입하지 않고 기존의 수단을 그대로 사용할 수 있는지의 여부로서, 손해책임법이나 조세지출은 자동성이 높은 도구임

①②④

☑ 살라몬의 정책수단 분류기준

| 의의 | | 살라몬은 정책수단을 강제성(How), 직접성(Who), 자동성, 가시성으로 분류함 |
|---|---|---|
| 분류<br>기준 | 강제성 | ① 정부가 정책수단을 활용할 때 정책대상의 자율성을 고려하는 정도<br>② 예 규제는 강제성이 높음 |
| | 직접성 | ① 서비스 제공을 정부가 직접하는지 혹은 제3자 등을 통해 제공하는지 여부<br>② 예 공공정보는 직접성이 높음 |
| | 자동성 | ① 서비스를 제공하기 위해서 새로운 방법을 도입하지 않고 기존 수단을 그대로 사용할 수 있는지 여부<br>② 예 조세지출은 자동성이 높음 |
| | 가시성 | ① 정책수단을 적용할 때 정책과정이 가시적인지 여부<br>② 예 보조금이나 벌금은 가시성이 높음 |

**정답 및 해설**

**13** 넛지이론에서 정부는 선택설계자(choice architect) 역할을 수행함 → 즉, 넛지이론에 따르면 국민의 자유로운 선택을 통해 정부는 정책목표를 달성할 수 있음

① 넛지이론은 경제적 유인에 따른 동기부여를 비판하면서 사람의 행동을 은연 중에 좋은 방향으로 이끌어 내는 것을 선호함

② 넛지이론은 심리학을 경제학에 적용한 행동경제학에 기반하는바 실험을 통한 귀납적 분석을 중시함

④ 인간의 휴리스틱은 인지적 오류와 행동편향을 야기함

정답 ③

정답 ③

## 15 ★★★

현재 우리나라의 정부조직 구성에 대한 설명 중 옳지 않은 것끼리 묶인 것은?

> ㉠ 부는 고유의 행정사무를 수행하기 위한 기능별·대상별 기관으로 행정안전부를 포함하여 16개의 부가 있다.
> ㉡ 재외동포청은 외교부의 외청이다.
> ㉢ 청은 행정각부의 소속으로 업무의 독자성이 높고 집행위주의 사무를 수행하며 기상청, 특허청 등이 이에 속한다.
> ㉣ 해양경찰청은 행정안전부의 외청이다.
> ㉤ 국가보훈처는 국무총리 소속으로 장관급 기구이다.

① ㉠㉡㉢　　　　② ㉠㉢㉣
③ ㉡㉢㉤　　　　④ ㉠㉣㉤

## 16 ★★★

정부조직체계에서 청 단위기관과 소속부처의 연결로 옳은 것을 모두 고른 것은?

> ㄱ. 재외동포청 - 외교부
> ㄴ. 교육청 - 교육부
> ㄷ. 경찰청 - 행정안전부
> ㄹ. 특허청 - 기획재정부
> ㅁ. 해양경찰청 - 국방부

① ㄱ, ㄷ　　　　② ㄱ, ㄹ
③ ㄴ, ㄹ　　　　④ ㄴ, ㅁ

## 17 ★★★

현재 우리나라 중앙정부 구조에 대한 설명으로 옳지 않은 것은?

① 국가보훈처는 국가보훈부로 격상되었다.
② 외교부의 외청으로 재외동포청이 신설되었다.
③ 금융위원회는 정부조직법 상의 중앙행정기관이다.
④ 해양경찰청은 정부조직법 상의 중앙행정기관이다.

---

### 정답 및 해설

**16**

☑ **올바른 선지**

ㄱ, ㄷ.
재외동포청은 외교부 소속, 소방청·경찰청은 행정안전부 소속의 외청임

☑ **틀린 선지**

ㄴ. 교육부는 외청이 없음 → 교육청은 각 지방 교육감 소속의 행정기관임
ㄹ. 특허청은 산업통상자원부 소속의 외청임
ㅁ. 해양경찰청은 해양수산부 소속의 외청임

정답 ①

**17** 금융위원회는 「금융위원회의 설치 등에 관한 법률」 상 중앙행정기관임
①②
윤석열 정권에서 진행한 정부조직개편 내용임
④ 해양경찰청은 정부조직법에서 규정한 중앙행정기관임(부·처·청)

정답 ③

---

### 정답 및 해설

**15**

☑ **틀린 선지**

ㄱ. 부는 고유의 행정사무를 수행하기 위한 기능별·대상별 기관으로 행정안전부를 포함하여 19개의 부가 있음
ㄹ. 해양경찰청은 해양수산부의 외청임
ㅁ. 국가보훈처는 국가보훈부로 승격되었음

☑ **올바른 선지**

ㄴ. 외교부는 본래 외청이 없었으나 재외동포청이 신설되었음
ㄷ. 청은 행정각부의 소속으로 업무의 독자성이 높고 집행위주의 사무를 수행하며 기상청, 특허청 등이 이에 속함

정답 ④

# 18 ★★★

## 정부조직에 대한 설명으로 옳지 않은 것은?

① 감사원은 「헌법」에서 정하는 합의제 행정기관에 해당한다.

② 소청심사위원회는 인사혁신처 소속으로 행정기관 소속 공무원의 징계처분에 관한 사무를 관장한다.

③ 각 부(部) 밑에 처(處)를 두고, 각 위원회 밑에 청(廳)을 둔다.

④ 특허청은 행정 및 재정상의 자율성이 부여되고 성과에 대해 책임을 지도록 하는 책임운영기관에 해당한다.

# 19 ★★

## 윤석열 정부 조직도에 대한 내용 중 올바른 것을 모두 고르시오.

> ⊙ 외교부의 외청으로 재외동포청이 신설되었다.
> ⊙ 국가보훈처가 국가보훈부로 격상되었다.
> ⊙ 과학기술정보통신부 소속으로 우주항공청을 신설했다.
> ⊙ 문화체육관광부 소속의 문화재청을 국가유산청으로 명칭을 변경했다.

① 1개      ② 2개

③ 3개      ④ 4개

---

**정답 및 해설**

**18** 처는 국무총리(대통령 경호처는 대통령 밑에 둠) 밑에 두고, 청은 각 부(部) 밑임

① 감사원은 헌법기관이며, 감사원장과 감사위원 간 합의에 따라 의사결정하는 조직임

②

> **국가공무원법 제9조【소청심사위원회의 설치】** ① 행정기관 소속 공무원의 징계처분, 그 밖에 그 의사에 반하는 불리한 처분이나 부작위(해야 할 의무를 다하지 않음)에 대한 소청을 심사·결정하게 하기 위하여 인사혁신처에 소청심사위원회를 둔다.

④ 특허청은 책임운영기관 중 중앙책임운영기관에 해당함

정답 ③

---

**정답 및 해설**

**19** 모두 올바른 선지임

☑ **윤석열 정부조직 주요 변경사항**

> ① 국가보훈처를 국가보훈부로 승격
> ② 외교부 산하 재외동포청 신설
> ③ 과학기술정보통신부 산하 우주항공청 신설
> ④ 문화재청 명칭을 국가유산청으로 변경
> ⑤ 대통령 소속으로 디지털플랫폼정부위원회 설치
> ⑥ 대통령 집무실 이전: 청와대 → 용산

정답 ④

## 20 ★★

우리나라 행정각부와 외청의 연결이 틀린 것은 모두 몇 개인가?

> ㄱ. 산림청 – 환경부
> ㄴ. 방위사업청 – 산업통상자원부
> ㄷ. 재외동포청 – 보건복지부
> ㄹ. 특허청 – 기획재정부
> ㅁ. 국가유산청 – 국가보훈부

① 0개          ② 2개
③ 3개          ④ 5개

## 21 ★

우리나라 각 부처의 소관업무의 연결이 옳지 않은 것은?

① 기획재정부 – 공공기관 관리
② 과학기술정보통신부 – 과학기술정책 및 우편에 관한 사무
③ 행정안전부 – 국정에 대한 홍보
④ 국가보훈부 – 국가유공자 및 그 유족에 대한 보훈

### 정답 및 해설

**20** 모두 틀린 선지임

☑ **틀린 선지**
ㄱ. 산림청 – 농림축산식품부
ㄴ. 방위사업청 – 국방부
ㄷ. 재외동포청 – 외교부
ㄹ. 특허청 – 산업통산자원부
ㅁ. 국가유산청 – 문화체육관광부

정답 ④

**21** 국정에 대한 홍보는 문화체육관광부 소관 사무임

정답 ③

## 22 ★

다음 중 현행지방 공기업법에 규정된 지방 공기업 대상 사업이 아닌 것은?

① 공업용수도사업
② 궤도사업(도시철도사업 포함)
③ 지방도로사업(무료도로사업 포함)
④ 주택사업

### 정답 및 해설

**22** 지방도로사업은 유료도로사업만 해당됨

> **지방공기업법 제2조 【적용 범위】** ① 이 법은 다음 각 호의 어느 하나에 해당하는 사업 중 제5조에 따라 지방자치단체가 직접 설치 · 경영하는 사업으로서 대통령령으로 정하는 기준 이상의 사업(이하 "지방직영기업"이라 한다)과 제3장 및 제4장에 따라 설립된 지방공사와 지방공단이 경영하는 사업에 대하여 각각 적용한다.
> 1. 수도사업(마을상수도사업은 제외한다)
> 2. 공업용수도사업
> 3. 궤도사업(도시철도사업을 포함한다)
> 4. 자동차운송사업
> 5. 지방도로사업(유료도로사업만 해당한다)
> 6. 하수도사업
> 7. 주택사업
> 8. 토지개발사업·
> 9. 주택(대통령령으로 정하는 공공복리시설을 포함한다) · 토지 또는 공용 · 공공용건축물의 관리 등의 수탁
> 10. 「도시 및 주거환경정비법」 제2조 제2호에 따른 공공재개발사업 및 공공재건축사업

정답 ③

PART
08

기타: 제도 및 법령 등

# 23 ★★★

**현행 '정부업무평가기본법'에 대한 설명으로 옳지 않은 것은?**

① 정부업무평가위원회는 위원장 2인을 포함한 15인 이내의 위원으로 구성한다.

② 행정안전부장관은 정부업무평가위원회의 심의·의결을 거쳐 정부업무의 성과관리 및 정부업무평가에 관한 정책목표와 방향을 설정한 정부업무평가기본계획을 수립하여야 한다.

③ 국무총리는 정부업무평가를 통합적으로 수행하기 위하여 전자통합평가체계를 구축하고, 각 기관 및 단체가 이를 활용하도록 할 수 있다.

④ 공공기관에 대한 평가는 공공기관의 특수성·전문성을 고려하고 평가의 객관성 및 공정성을 확보하기 위하여 공공기관 외부의 기관이 실시하여야 한다.

**정답 및 해설**

**23** 행정안전부 장관이 아니라 국무총리가 정부업무평가기본계획을 수립하여야 함

①

**정부업무평가기본법 제10조 【위원회의 구성 및 운영】** ① 위원회는 위원장 2인을 포함한 15인 이내의 위원으로 구성한다.
② 위원장은 국무총리와 제3항 제2호의 자 중에서 대통령이 지명하는 자가 된다.

③

**동법 제13조 【전자통합평가체계의 구축 및 운영】** ① 국무총리는 정부업무평가를 통합적으로 수행하기 위하여 전자통합평가체계를 구축하고, 각 기관 및 단체가 이를 활용하도록 할 수 있다.

④

**동법 제22조 【공공기관에 대한 평가】** ① 공공기관에 대한 평가는 공공기관의 특수성·전문성을 고려하고 평가의 객관성 및 공정성을 확보하기 위하여 공공기관 외부의 기관이 실시하여야 한다.

**정답** ②

# 24 ★★★

**우리나라의 정부업무평가에 관한 설명으로 틀린 것은?**

① 평가대상기관은 중앙행정기관, 지방자치단체, 중앙행정기관 또는 지방자치단체의 소속기관, 공공기관 등이다.

② 국무총리는 정부업무평가기본계획을 수립하고 최소한 3년마다 계획을 수정·보완해야 한다.

③ 국무총리는 중앙행정기관의 자체평가결과를 확인·검토 후 평가의 객관성·신뢰성에 문제가 있다고 판단되면 직권으로 재평가를 실시할 수 있다.

④ 중앙행정기관 및 그 소속기관에 대한 평가는 이 법의 규정에 의하여 통합하여 실시되어야 한다.

**정답 및 해설**

**24** 아래의 조항 참고

**정부업무평가기본법 제17조 【자체평가결과에 대한 재평가】** 국무총리는 중앙행정기관의 자체평가결과를 확인·점검 후 평가의 객관성·신뢰성에 문제가 있어 다시 평가할 필요가 있다고 판단되는 때에는 위원회(정부업무평가위원회)의 심의·의결을 거쳐 재평가를 실시할 수 있다.

①

**정부업무평가기본법 제2조 【정의】** 이 법에서 사용하는 용어의 정의는 다음과 같다.
2. "정부업무평가"라 함은 국정운영의 능률성·효과성 및 책임성을 확보하기 위하여 다음 평가대상기관이 행하는 정책등을 평가하는 것을 말한다.
   가. 중앙행정기관(대통령령이 정하는 대통령 소속기관 및 국무총리 소속기관·보좌기관을 포함한다. 이하 같다)
   나. 지방자치단체
   다. 중앙행정기관 또는 지방자치단체의 소속기관
   라. 공공기관

②

④

**정부업무평가기본법 제3조 【통합적 정부업무평가제도의 구축】** ② 중앙행정기관 및 그 소속기관에 대한 평가는 이 법의 규정에 의하여 통합하여 실시되어야 한다.

**정답** ③

## 25

★★★

「정부업무평가 기본법」상 정부업무평가에 대한 설명으로 옳은 것만을 모두 고르면?

ㄱ. 정부업무평가의 실시와 평가기반의 구축을 체계적·효율적으로 추진하기 위하여 행정안전부장관 소속하에 정부업무평가위원회를 둔다.
ㄴ. 정부업무평가위원회는 위원장 2인을 포함한 15인 이내의 위원으로 구성한다.
ㄷ. 행정안전부장관은 매년 각종 평가결과보고서를 종합하여 이를 국무회의에 보고하거나 평가보고회를 개최하여야 한다.
ㄹ. 정부업무평가의 대상에는 중앙행정기관 또는 지방자치단체의 소속기관이 포함된다.

① ㄱ, ㄷ  　　　　② ㄱ, ㄹ
③ ㄴ, ㄷ  　　　　④ ㄴ, ㄹ

## 26

★

공공기관과 지방공기업에 대한 설명으로 옳은 것은?

① 「공공기관의 운영에 관한 법률」상 기획재정부장관은 경영실적 평가 결과 경영실적이 부진한 공기업·준정부기관에 대하여 공공기관운영위원회의 심의·의결을 거쳐 기관장·상임이사의 임명권자에게 그 해임을 건의하거나 요구할 수 있다.
② 지방자치단체는 다른 지방자치단체와 공동으로 「지방공기업법」상 지방공사를 설립할 수 없다.
③ 공공기관의 운영에 관한 법령상 시장형 공기업은 자산규모가 2조 원 이상이거나 총수입액 중 자체수입액이 차지하는 비중이 50% 이상인 공기업이다.
④ 「지방공기업법」상 지방공사의 자본금은 그 전액을 지방자치단체가 출자하며, 민간출자를 허용하지 않는다.

---

**정답 및 해설**

**25**

☑ 올바른 선지

ㄴ.

> **정부업무평가기본법 제10조【위원회의 구성 및 운영】** ① 위원회는 위원장 2인을 포함한 15인 이내의 위원으로 구성한다.

ㄹ.

> **동법 제2조【정의】** 이 법에서 사용하는 용어의 정의는 다음과 같다.
> 2. "정부업무평가"라 함은 국정운영의 능률성·효과성 및 책임성을 확보하기 위하여 다음 평가대상기관이 행하는 정책등을 평가하는 것을 말한다.
> 　가. 중앙행정기관
> 　나. 지방자치단체
> 　다. 중앙행정기관 또는 지방자치단체의 소속기관
> 　라. 공공기관

☑ 틀린 선지

ㄱ.

> **동법 제9조【정부업무평가위원회의 설치 및 임무】** ① 정부업무평가의 실시와 평가기반의 구축을 체계적·효율적으로 추진하기 위하여 국무총리 소속하에 정부업무평가위원회를 둔다.

ㄷ.

> **동법 제27조【평가결과의 보고】** ① 국무총리는 매년 각종 평가결과보고서를 종합하여 이를 국무회의에 보고하거나 평가보고회를 개최하여야 한다.

정답 ④

**26** 아래의 조항 참고

> **공공기관의 운영에 관한 법률 제48조【경영실적 평가】** ⑧ 기획재정부장관은 제7항에 따른 경영실적 평가 결과 경영실적이 부진한 공기업·준정부기관에 대하여 운영위원회의 심의·의결을 거쳐 제25조 및 제26조의 규정에 따른 기관장·상임이사의 임명권자에게 그 해임을 건의하거나 요구할 수 있다.

②

> **지방공기업법 제50조【공동설립】** ① 지방자치단체는 상호 규약을 정하여 다른 지방자치단체와 공동으로 공사를 설립할 수 있다.

③ 공공기관의 운영에 관한 법령상 시장형 공기업은 자산규모가 2조 원 이상이면서 총수입액 중 자체수입액이 차지하는 비중이 85% 이상인 공기업임
④ 지방공사의 경우 자본금의 2분의 1을 넘지 아니하는 범위에서 지방자치단체 외의 자(외국인 및 외국법인을 포함한다)로 하여금 공사에 출자하게 할 수 있음

정답 ①

## 27 ★

다음 공공기관 가운데 그 유형이 다른 하나는?

① 예금보험공사
② 한국지역난방공사
③ 신용보증기금
④ 한국무역보험공사

## 28 ★★

「공공기관의 운영에 관한 법률」과 그 시행령의 내용에 대한 설명으로 옳지 않은 것은?

① 공기업은 시장형과 준시장형으로, 준정부기관은 위탁집행형과 기금관리형으로 구분된다.
② 공기업의 장은 기획재정부 장관의 제청으로 대통령이 임명한다.
③ 공기업과 준정부기관은 직원 정원 300명 이상, 수입액 200억 이상, 자산규모 30억원 이상을 기준으로 구분한다.
④ 시장형 공기업과 자산규모가 2조 원 이상인 준시장형 공기업에는 감사위원회를 설치하여야 한다.

## 29 ★★

다음 중 「공공기관의 운영에 관한 법률」상 공공기관에 대한 설명으로 옳지 않은 것을 모두 고른 것은?

가. 우리나라의 공공기관 중 준정부기관은 기금관리형과 위탁집행형으로 구분할 수 있다.
나. 공공기관의 운영에 관한 법률의 적용을 받는 공기업의 상임이사에 대한 원칙적인 임명권자는 기획재정부장관이다.
다. 기획재정부장관은 매년 직원 정원 100인 이상, 총수입액 30억 원 이상, 자산규모 10억 원 이상의 공공기관 중에서 공기업과 준정부기관을 지정한다.
라. 한국방송공사는 「공공기관의 운영에 관한 법률」상 준시장형 공기업으로 분류할 수 있다.
마. 기획재정부장관은 지방자치단체가 설립하고 그 운영에 관여하는 기관을 공공기관으로 지정할 수 없다.

① 가, 나       ② 다, 라
③ 나, 다, 마      ④ 나, 다, 라

---

**정답 및 해설**

**27** ②는 시장형 공기업에 해당함
①③④
해당 기관은 모두 기금관리형 준정부기관임

정답 ②

**28** 공기업의 장은 임원추천위원회가 복수로 추천하여 운영위원회의 심의·의결을 거친 사람 중에서 주무기관의 장의 제청으로 대통령이 임명함
① 우리나라 공공기관은 시장형과 준시장형 공기업, 위탁집행형 및 기금관리형 준정부기관, 기타공공기관으로 구분됨
③ 공기업과 준정부기관은 직원 정원 300명 이상, 수입액 200억 이상, 자산규모 30억원 이상을 기준으로 구분되며, 공기업은 자체수입 비중이 50% 이상, 준정부기관은 50% 미만임
④ 시장형 공기업과 자산규모가 2조 원 이상인 준시장형 공기업은 감사위원회 설치가 의무사항임

정답 ②

# 30 ★

모건(Morgan)이 제시한 조직의 8가지 이미지에 대한 내용 중 틀린 것은?

① 기계장치로서 조직 : 베버의 관료제처럼 조직을 정교한 기계로 간주한다.
② 정치적 존재로서 조직 : 조직을 상호 대립적인 이익을 추구하는 다양한 세력의 경쟁과 갈등의 장이자 타협을 이뤄가는 장이라고 이해한다.
③ 심리적 감옥으로서 조직 : 집단사고 등을 그 예시로 볼 수 있다.
④ 두뇌로서 조직 : 절대적 합리성에 기초한 조직의 의사결정을 설명할 수 있다.

## 29
☑ 틀린 선지
나. 상임이사의 임명권자는 공기업이든 준정부기관이든 모두 공공기관장임

**공공기관의 운영에 관한 법률 제25조【공기업 임원의 임면】** ② 공기업의 상임이사는 공기업의 장이 임명한다.

다. 기획재정부장관은 매년 직원 정원 300인 이상, 총수입액 200억 원 이상, 자산규모 30억 원 이상의 공공기관 중에서 공기업과 준정부기관을 지정함
라. 한국방송공사(KBS)나 교육방송공사(EBS) 등은 공공기관으로 지정할 수 없음

**공공기관의 운영에 관한 법률 제4조【공공기관】** ② 제1항의 규정에 불구하고 기획재정부장관은 다음 각 호의 어느 하나에 해당하는 기관을 공공기관으로 지정할 수 없다.
1. 구성원 상호 간의 상호부조·복리증진·권익향상 또는 영업질서 유지 등을 목적으로 설립된 기관
2. 지방자치단체가 설립하고, 그 운영에 관여하는 기관
3. 방송법에 따른 한국방송공사와 한국교육방송공사법에 따른 한국교육방송공사

☑ 올바른 선지
가. 우리나라의 공공기관에는 공기업, 준정부기관, 기타공공기관이 있는데, 이 중에서 준정부기관은 기금관리형과 위탁집행형으로 구분할 수 있음
마. 기획재정부장관은 지방자치단체가 설립하고 그 운영에 관여하는 기관을 공공기관으로 지정할 수 없음

**공공기관의 운영에 관한 법률 제4조【공공기관】** ② 제1항의 규정에 불구하고 기획재정부장관은 다음 각 호의 어느 하나에 해당하는 기관을 공공기관으로 지정할 수 없다.
2. 지방자치단체가 설립하고, 그 운영에 관여하는 기관

정답 ④

**30** 두뇌로서 조직은 제한된 합리성에 기초한 조직의 의사결정을 설명할 수 있음
① 기계장치로서 조직 : 조직을 효과적으로 작동하는 기계와 같은 존재로 인식하는 관점
② 정치적 존재로서 조직 : 조직을 정치적 존재로 인식함으로써 갈등과 권력 대립이 벌어지고 있는 조직 상황을 이해할 수 있음
③ 심리적 감옥으로서 조직 : 조직구성원들이 만든 규칙 등에 스스로 그 속에 갇혀버리고 마는 심리적 감옥으로 조직을 바라보는 시각

정답 ④

## 31 ★

공공기관 기업지배구조의 이념형적 모델인 주주(share-holder) 자본주의 모델과 이해관계자(stakeholder) 자본주의 모델에 대한 설명으로 옳지 않은 것은?

① 주주 자본주의 모델은 주주가 기업의 주인이라고 보며, 주주의 이익극대화가 경영목표이다.
② 주주 자본주의 모델의 기업규율방식에는 이사회의 경영감시 등이 있다.
③ 이해관계자 자본주의 모델은 기업을 하나의 공동체로 보며, 이해관계자의 이익 극대화가 경영목표이다.
④ 이해관계자 자본주의 모델에서 근로자의 경영 참여는 종업원 지주제도 등을 통해서 이루어지며 단기 업적주의를 추구한다.

## 32 ★

아래의 그림은 켈리의 팔로워십에 대한 내용이다. 켈리가 분류한 팔로워 유형 중 조직관리시 임파워 전략에 적합한 팔로워는 무엇인가?

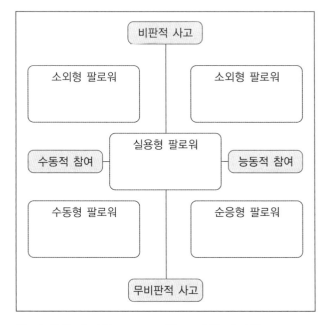

① 소외형 팔로워     ② 모범형 팔로워
③ 수동형 팔로워     ④ 순응형 팔로워

**정답 및 해설**

32  아래의 그림 참고

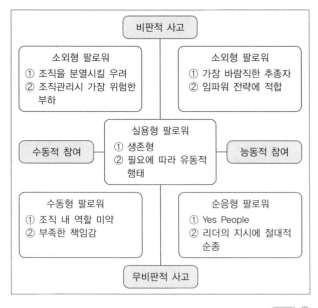

정답 ②

**정답 및 해설**

31  선지는 주주 자본주의모델에 대한 내용임
①②③
☑ 주주 자본주의 모델과 이해관계자 자본주의 모델

| 구분 | 주주 자본주의모델 | 이해관계자 자본주의모델 |
|---|---|---|
| 기업의 본질 | 주주 주권주의 (주주가 기업의 주인) | 기업공동체주의 (기업은 하나의 공동체) |
| 경영목표 | 주주이익 극대화 | 이해관계자 이익극대화 |
| 기업규율 방식 | ① 이사회의 경영감시 ② 시장에 의한 규율 | 이해관계자 경영참여 |
| 근로자 경영참여 | 종업원지주제 (주식을 보유한 종업원만 참여) | 근로자 경영참여 |
| 기업의 사회적 책임 | ① 단기업적주의 ② 주주이익 우선주의 | ① 장기적 성장촉진 ② 기업의 사회적 책임 ③ 이해관계자 전체 이익추구 |

정답 ④

## 33 ★★

**전문경력관제도에 대한 설명으로 옳지 않은 것은?**

① 계급 구분과 직군 및 직렬의 분류를 적용하지 않는다.

② 직무의 특성, 난이도 및 직무에 요구되는 숙련도 등에 따라 가군, 나군, 다군으로 구분한다.

③ 소속 장관은 해당 기관의 일반직공무원 직위 중 순환보직이 곤란하거나 장기 재직 등이 필요한 특수 업무 분야의 직위를 전문경력관직위로 지정할 수 있다.

④ 전직시험을 거쳐 다른 일반직공무원을 전문경력관으로 전직시킬 수 있으나, 전문경력관을 다른 일반직공무원으로 전직시킬 수는 없다.

## 34 ★

**다양성 관리(Diversity Management)에 대한 설명으로 옳지 않은 것은?**

① 조직 내 다양성에 보다 적극적이고 전략적으로 대응하는 관리적 차원의 노력이다.

② 다양성의 유형 중 출신 지역, 학교, 성적(性的) 지향, 종교는 가시성(visibility)이 높다.

③ 협의로는 균형인사정책에 한정되지만, 광의로는 일·삶의 균형정책까지 확대된다.

④ 이질적인 조직구성원 간의 소통과 교류를 통해 조직의 효과성과 만족도를 높이려고 노력한다.

**정답 및 해설**

**33** 임용권자는 아래에 해당하는 경우, 전직시험을 거쳐 전문경력관을 다른 일반직공무원으로 전직시키거나 다른 일반직공무원을 전문경력관으로 전직시킬 수 있음

✚ 전문경력관 : 「국가공무원법」 및 「공무원임용령」에 따른 계급 구분, 직군 및 직렬의 분류를 적용하지 아니하고 특수 업무 분야에 종사하는 직위를 의미함 → 선지가 모두 「전문경력관 규정」의 조항들로 구성되었다는 점에서 다소 지엽적인 출제이기는 하나, 전문경력관이 '계급구분을 적용하지 않는 일반직공무원'임을 알고 있으면 답을 유추할 수 있는 문항이었음 ②

**전문경력관규정 제4조【직위군 구분】** ① 전문경력관직위의 군은 직무의 특성·난이도 및 직무에 요구되는 숙련도 등에 따라 가군, 나군 및 다군으로 구분한다.

③

**전문경력관규정 제3조【전문경력관직위 지정】** ① 소속 장관은 해당 기관의 일반직공무원 직위 중 순환보직이 곤란하거나 장기 재직 등이 필요한 특수 업무 분야의 직위를 전문경력관직위로 지정할 수 있다.

정답 ④

**정답 및 해설**

**34** 다양성의 유형 중 출신 지역, 학교, 종교 등은 가시성(visibility)이 낮음

① 다양성 관리에 대한 일반적인 정의임

③ 다양성 관리는 좁은 의미로 대표관료제, 즉 균형인사정책에 한정되지만, 광의로는 유연근무제, 일·삶의 균형정책까지 확대됨

④ 다양성 관리는 다양성을 조직관리에 반영하는바 이질적인 조직구성원 간의 소통과 교류를 통해 조직의 효과성과 만족도를 높이려고 노력함

정답 ②

# 35
★★

「인사혁신처 예규」상 탄력근무제에 해당하지 않는 것은?

① 재택근무형
② 시차출퇴근형
③ 재량근무형
④ 근무시간 선택형

# 36
★

공무원 A는 주5일 대중교통으로 출퇴근한다. 코로나19 사태로 인해 재택근무를 하고 싶으나 그가 맡은 업무는 정형적이면서도 보안을 유지해야 하는 특성이 있어 집에서 일할 수 없고 반드시 주5일 출근을 해야만 한다. 대중교통 이용 시 사람들과의 접촉을 최소화하기 위하여 A가 택할 수 있는 가장 적합한 탄력근무 방식으로 묶인 것은?

| |
|---|
| ㉠ 시간선택제 전환근무 |
| ㉡ 시차출퇴근제 |
| ㉢ 원격근무제 |
| ㉣ 재량근무제 |
| ㉤ 근무시간선택제 |

① ㉠㉡　　　　　② ㉠㉣
③ ㉡㉤　　　　　④ ㉢㉣

**35** 재택근무형은 탄력근무제가 아니라 원격근무제 유형 중 하나임 → 유연근무제의 구분기준은 다양한데 설문은 인사혁신처예규상 탄력근무제를 물은 것이므로 ②③④와 집약근무형만 해당함
②③④

✅ 탄력근무제 유형

| 시차출퇴근형 | 1일 8시간 근무, 주 5일 근무 → 출근시간 선택가능 |
|---|---|
| 근무시간 선택형 | 1일 4~12시간 근무, 주 5일 근무 |
| 집약근무형 (압축근무형) | ① 1일 10~12시간 근무, 주 3.5~4일 근무<br>② 주 40시간 근무를 주 3~4일로 압축하여 근무 |
| 재량근무형 | ① 출퇴근 의무 없이 전문 프로젝트 수행으로 주 40시간 인정<br>② 고도의 전문적 지식과 기술이 필요해 업무수행 방법이나 시간배분을 담당자의 재량에 맡길 필요가 있는 분야에 적용 |

**36** 보안을 유지해야 하므로 원격근무, 재량근무제(출퇴근 의무 없이 전문 프로젝트 수행으로 주 40시간 근무를 인정하는 제도)는 해당 사항이 아님 → 따라서 근무시간 선택제(1일 4~12시간 근무, 주 5일 근무)와 시차출퇴근제도(1일 8시간 근무체제 유지하되, 출근시간 선택 가능)가 가장 적합한 탄력근무 방식임
㉠ 시간선택제 전환근무는 탄력근무제의 유형이 아님

정답 ①

정답 ③

## 37 ★

우리나라 유연근무제도에 대한 설명으로 틀린 것은?

① 시간선택제 채용공무원(15시간 이상 35시간 이하)을 통상적인 근무시간 근무 공무원으로 임용하는 경우, 어떠한 우선권도 인정하지 않는다.

② 시간선택제 전환공무원의 근무시간은 주당 15시간 이상 35시간 이하의 범위에서 소속 장관이 정한다.

③ 탄력근무제의 유형에는 시차출퇴근형, 근무시간선택형, 집약근무형, 재량근무형 등이 있다.

④ 근무시간 선택형은 1일 10시간~12시간까지 근무시간을 선택할 수 있으며, 주3.5일 내지 4일 근무하는 형태를 말한다.

## 38 ★

다음 중 내부고발자 제도에 대한 내용으로 틀린 것은?

① 조직구성원이 불법·부당한 것이라고 보는 조직 내 일을 대외적으로 폭로하는 행위이다.

② 내부고발은 조직 외부의 관점에서 봤을 때 비리를 폭로하는 이타주의적인 성격을 지닌다.

③ 공익신고자의 동의없이 공익신고자의 인적사항 등을 다른 사람에게 알려주거나 공개할 경우, 징역 또는 벌금 등 법적 제재 대상이다.

④ 현행 국가공무원법에서는 공무원이 공익신고나 부패행위 신고 등을 하지 못하도록 방해하거나 취소를 강요하는 행위를 금지하고 있으나, 지방공무원법에서는 아직 법제화되지 못했다.

**정답 및 해설**

**37** ④는 집약근무형임 → 근무시간 선택형은 1일 4시간~12시간 근무하되, 주5일 근무하는 형태임

③④

| 탄력<br>근무제 | 개념 | 주 40시간 근무하되, 출·퇴근시각·근무시간·근무일을 자율적으로 조정하는 제도 |
| --- | --- | --- |
| | 시차출퇴근형 | 1일 8시간 근무, 주 5일 근무 → 출근시간 선택가능 |
| | 근무시간 선택형 | 1일 4~12시간 근무, 주 5일 근무 |
| | 집약근무형<br>(압축근무형) | ① 1일 10~12시간 근무, 주 3.5~4일 근무<br>② 주 40시간 근무를 주 3~4일로 압축하여 근무 |
| 유형 | 재량근무형 | ① 출퇴근 의무 없이 전문 프로젝트 수행으로 주 40시간 인정<br>② 고도의 전문적 지식과 기술이 필요해 업무수행 방법이나 시간배분을 담당자의 재량에 맡길 필요가 있는 분야에 적용 |

①

**공무원임용령 제3조의3 【시간선택제채용공무원의 임용】** ③ 시간선택제채용공무원을 통상적인 근무시간 동안 근무하는 공무원으로 임용하는 경우에는 어떠한 우선권도 인정하지 아니한다.

②

**공무원임용령 제57조의3 【시간선택제 근무의 전환 등】** ① 임용권자 또는 임용제청권자는 공무원이 원할 때에는 통상적인 근무시간보다 짧은 시간을 근무하는 공무원으로 지정할 수 있다.
② 시간선택제전환공무원의 근무시간은 주당 15시간 이상 35시간 이하의 범위에서 소속 장관이 정한다.

정답 ④

**정답 및 해설**

**38** 현행 국가공무원법과 지방공무원법에 모두 명시되어 있음
① 내부고발에 대한 정의임
② 내부고발은 신고자가 조직에서 발생할 수 있는 위험부담을 안고 진행되는 까닭에 이타주의적인 성격을 지님
③ 공익신고자보호법 내용임 → 5년 이하의 징역 또는 5천만원 이하의 벌금

정답 ④

## 39 ★

다음 중 개정된 청탁금지법 시행령에 대한 내용으로 틀린 것은?

| 구분 | | 개정 전 | 개정 후 |
|---|---|---|---|
| ① | 선물 | 5만 원 | 5만 원 |
| ② | 축의금·조의금 | 5만 원 | 5만 원 |
| ③ | 음식물 | 3만 원 | 5만 원 |
| ④ | 선물 중 농수산물 및 농수산 가공품 | 10만 원 | 15만 원 (설날·추석 기간 20만 원) |

## 40 ★★

다음은 청탁금지법의 일부이다. 괄호 안에 들어갈 말로 옳게 짝지은 것은?

> **제8조 【금품 등의 수수 금지】** ① 공직자 등은 직무 관련 여부 및 기부·후원·증여 등 그 명목에 관계없이 동일인으로부터 1회에 ( ㄱ ) 또는 매 회계연도에 ( ㄴ )을 초과하는 금품 등을 받거나 요구 또는 약속해서는 아니 된다.

|  | ㄱ | ㄴ |
|---|---|---|
| ① | 100만원 | 200만원 |
| ② | 100만원 | 300만원 |
| ③ | 200만원 | 400만원 |
| ④ | 200만원 | 500만원 |

### 정답 및 해설

**39** 농수산물 및 농수산 가공품은 설날·추석 기간에 30만 원임

| 구분 | 개정 전 | 개정 후 |
|---|---|---|
| 선물 | 5만 원 | 5만 원 |
| 축의금·조의금 | 5만 원 | 5만 원 |
| 음식물 | 3만 원 | 5만 원 |
| 선물 중 농수산물 및 농수산 가공품 | 10만 원 | 15만 원 (설날·추석 기간 30만 원) |

정답 ④

### 정답 및 해설

**40** 공직자 등은 직무 관련 여부 및 기부·후원·증여 등 그 명목에 관계없이 동일인으로부터 1회에 100만원 또는 매 회계연도에 300만원을 초과하는 금품 등을 받거나 요구 또는 약속해서는 안 됨

정답 ②

# 41 ★

## 이해충돌방지법에 관한 내용으로 옳지 않은 것은?

① 공직자는 직무관련자가 사적이해관계자임을 안 날부터 30일 이내에 소속기관장에게 그 사실을 신고하면 회피신청이 면제된다.

② 공직자는 직무수행 중 알게 된 비밀 또는 소속 공공기관의 미공개정보를 사적 이익을 위하여 이용하거나 제3자로 하여금 이용하게 하여서는 아니 된다.

③ 공직자는 직무관련자에게 사적으로 노무 또는 조언·자문 등을 제공하고 대가를 받는 행위를 하여서는 아니 된다.

④ 공직자의 이해충돌 방지법의 위반행위는 감사원, 수사기관, 국민권익위원회 등에 신고할 수 있으며 위반행위가 발생한 기관도 포함된다.

# 42 ★

## 우리나라 이해충돌방지법에 대한 내용으로 올바른 것을 모두 고르면?

> ㉠ '어느 누구도 자신이 연루된 사건의 재판관이 되어서는 안된다'는 원칙을 적용한다.
> ㉡ 이해충돌이란 공직자가 직무를 수행할 때 자신의 사적 이해관계가 관련되어 공정하고 청렴한 직무수행이 저해되거나 저해될 우려가 있는 상황을 뜻한다.
> ㉢ 공무원, 공직유관단체·공공기관 임직원, 국공립학교장·교직원, 사립학교 교직원, 언론인 등이 적용대상이다.

① 1개 　　　　② 2개
③ 3개 　　　　④ 없음

---

**정답 및 해설**

**41** 아래의 조항 참고

> **이해충돌방지법 제5조【사적이해관계자의 신고 및 회피·기피 신청】** ① 다음 각 호의 어느 하나에 해당하는 직무를 수행하는 공직자는 직무관련자가 사적이해관계자임을 안 경우 안 날부터 14일 이내에 소속기관장에게 그 사실을 서면(전자문서를 포함한다. 이하 같다)으로 신고하고 회피를 신청하여야 한다.

②

> **이해충돌방지법 제14조【직무상 비밀 등 이용 금지】** ③ 공직자는 직무수행 중 알게 된 비밀 또는 소속 공공기관의 미공개정보를 사적 이익을 위하여 이용하거나 제3자로 하여금 이용하게 하여서는 아니 된다.

③

> **이해충돌방지법 제10조【직무 관련 외부활동의 제한】** 공직자는 다음 각 호의 행위를 하여서는 아니 된다. 다만, 「국가공무원법」 등 다른 법령·기준에 따라 허용되는 경우는 그러하지 아니하다.
> 1. 직무관련자에게 사적으로 노무 또는 조언·자문 등을 제공하고 대가를 받는 행위

④

> **이해충돌방지법 시행령 제19조【위반행위의 신고】** 법 제18조제1항에 따라 법 위반행위가 발생하였거나 발생하고 있다는 사실을 신고하려는 자는 다음 각 호의 사항을 적은 서면을 법 위반행위가 발생한 공공기관, 감독기관, 감사원 또는 수사기관(이하 "조사기관"이라 한다)이나 국민권익위원회에 제출해야 한다.

정답 ①

**정답 및 해설**

**42**
☑ **올바른 선지**
㉠㉡
이해충돌방지법에서 이해충돌은 업무처리에 있어서 공직자의 이해관계가 관련되어 공정한 업무처리를 저해할 수 있는 상황을 뜻함 → ㉠의 경우 해당 내용을 다룬 선지임

☑ **틀린 선지**
㉢ 선지에서 사립학교 교직원과 언론인은 포함되지 않음

정답 ②

# 43 ★

지방공무원법 상 인사위원회에 대한 설명으로 가장 옳은 것은?

① 인사위원회의 위원장은 부단체장 등이 되고 부위원장은 위원회에서 호선한다.
② 인사위원회는 광역지방자치단체의 장의 지휘 감독을 받는 의결 집행기관이다.
③ 지방의회의 현직 의원은 인사위원이 될 수 없으나 정당의 당원은 인사위원이 될 수 있다.
④ 위촉위원의 임기는 3년이며 연임할 수 없다.

# 44 ★

우리나라 고위공직자의 인사청문제도에 대한 설명 중 옳은 내용을 모두 고른 것은?

가. 인사청문특별위원회 위원장은 인사청문경과를 국회 본회의에 보고한 후, 대통령에게 인사청문경과보고서를 송부한다.
나. 국회는 임명동의안이 제출된 날로부터 20일 이내에 인사청문을 마쳐야 한다.
다. 소관상임위원회 인사청문에서 상임위원회가 경과보고서를 채택하지 않는 경우에, 대통령이 후보자를 임명하는 것은 실정법으로 금지된다.
라. 대법원장·헌법재판소장·국무총리·감사원장 및 대법관은 인사청문특별위원회에서 인사청문이 이루어진다.

① 가, 나, 라
② 가, 다
③ 나, 다
④ 나, 라

**43** 아래의 조항 참고

> **지방공무원법 제9조 【인사위원회의 기관】** ① 인사위원회에 위원장·부위원장 각 1명을 두며, 위원장은 시·도의 국가공무원으로 임명하는 부시장·부지사·부교육감, 시·도의회의 사무처장, 시·군·구의 부시장·부군수·부구청장, 시·군·구의회의 사무국장 또는 사무과장이 되고, 부위원장은 해당 인사위원회에서 호선(互選)한다. 다만, 임용권을 위임받은 기관에 두는 인사위원회의 위원장과 부위원장은 해당 인사위원회에서 호선한다.

② 인사위원회는 광역·기초지방자치단체에 임용권자별로 설치하는 것으로 이들 기관들은 인사에 관한 일정한 사무를 지방자치단체장으로부터 독립하여 결정 또는 집행하는 기관임
③ 정당의 당원, 지방의회의원 등은 인사위원이 될 수 없음
④ 위원의 임기는 3년으로 하되, 한 번 연임할 수 있음

정답 ①

**44**
☑ 올바른 선지
나. 국회는 임명동의안 등이 제출된 날부터 20일 이내에 그 심사 또는 인사청문을 마쳐야 함
라.

> **국회법 제46조의3 【인사청문특별위원회】** ① 국회는 다음 각 호의 임명동의안 또는 의장이 각 교섭단체 대표의원과 협의하여 제출한 선출안 등을 심사하기 위하여 인사청문특별위원회를 둔다.
> 1. 헌법에 따라 그 임명에 국회의 동의가 필요한 대법원장·헌법재판소장·국무총리·감사원장 및 대법관(13명)에 대한 임명동의안

☑ 틀린 선지
가. 대통령에게 인사청문보고서를 송부하는 사람은 국회의장임
다. 인사청문결과 자체는 대통령을 법적으로 구속하지 못함 → 따라서 인사청문 경과보고서가 채택되지 않은 경우에도 대통령은 후보자를 임명할 수 있음

정답 ④

# 45 ★

현행 지방자치법에서 규정하고 있는 인사청문회에 대한 설명으로 틀린 것은?

① 지방자치단체의 장은 지방자치법에서 정하고 있는 인사청문 대상 직위 중 조례로 정하는 직위의 후보자에 대하여 지방의회에 인사청문을 요청할 수 있다.

② 인사청문 대상직위에는 정무직 지방공무원으로 보하는 부시장·부지사, 제주특별자치도 행정시장, 지방공사의 사장과 지방공단의 이사장 등이 있다.

③ 지방의회의 의장은 인사청문 요청이 있는 경우 인사청문회를 실시한 후 그 경과를 지방자치단체의 장에게 송부하여야 한다.

④ 기타 인사청문회의 절차 및 운영 등에 필요한 사항은 조례로 정한다.

# 46 ★

다음 중 국가채무에 포함되지 않는 채무가 아닌 것은?

① 재정증권 또는 한국은행으로부터의 일시차입금

② 채권 중 국가의 회계 또는 기금이 인수 또는 매입하여 보유하고 있는 채권

③ 차입금 중 국가의 다른 회계 또는 기금으로부터의 차입금

④ 국가의 회계 또는 기금의 국고채무부담행위

---

## 정답 및 해설

**45** 아래의 조항 참고

> **지방자치법 제47조의2【인사청문회】** ① 지방자치단체의 장은 다음 각 호의 어느 하나에 해당하는 직위 중 조례로 정하는 직위의 후보자에 대하여 지방의회에 인사청문을 요청할 수 있다.
> 1. <u>제123조제2항에 따라 정무직 국가공무원으로 보하는 부시장·부지사 → 서울특별시 행정부단체장</u>
> 2. 「제주특별자치도 설치 및 국제자유도시 조성을 위한 특별법」 제11조에 따른 행정시장
> 3. 「지방공기업법」 제49조에 따른 지방공사의 사장과 같은 법 제76조에 따른 지방공단의 이사장
> 4. 「지방자치단체 출자·출연 기관의 운영에 관한 법률」 제2조제1항 전단에 따른 출자·출연 기관의 기관장

② 지방의회의 의장은 제1항에 따른 인사청문 요청이 있는 경우 인사청문회를 실시한 후 그 경과를 지방자치단체의 장에게 송부하여야 한다.

③ 그 밖에 인사청문회의 절차 및 운영 등에 필요한 사항은 조례로 정한다.

정답 ②

## 정답 및 해설

**46** 국가재정법에서 규정하고 있는 금전채무는 아래와 같음
㉠ 국가의 회계 또는 기금이 발행한 채권
㉡ 국가의 회계 또는 기금의 차입금
㉢ <u>국가의 회계 또는 기금의 국고채무부담행위 등</u>

☑ **국가채무 불포함 채무**

> ① 재정증권 또는 한국은행으로부터의 일시차입금
> ② 채권 중 국가의 회계 또는 기금이 인수 또는 매입하여 보유하고 있는 채권
> ③ 차입금 중 국가의 다른 회계 또는 기금으로부터의 차입금

정답 ④

## 47 ★

지방자치분권 및 지역균형발전에 관한 특별법상 지방자치분권에 대한 내용으로 옳은 것은?

① 대통령 소속의 자치분권위원회는 지방자치분권 및 지역균형발전을 효과적으로 추진하기 위하여 관계 중앙행정기관의 장과 협의하고 지방자치단체의 의견을 수렴한 후 5년을 단위로 하는 지방시대종합계획을 수립한다.

② 지역균형발전특별회계는 행정안전부장관이 관리한다.

③ 풀뿌리자치의 활성화와 민주적 참여의식 고양을 위하여 읍면동에 해당 행정구역의 주민으로 구성되는 주민자치회를 둘 수 있다.

④ 지방시대위원회는 위원장 및 부위원장 각 1명을 포함하여 39명 이내의 위원으로 구성하며, 위원은 당연직위원과 위촉위원으로 구분하되, 위촉위원의 임기는 5년으로 하고, 위원장 및 부위원장은 위촉위원 중에서 대통령이 위촉한다.

## 48 ★

주민자치위원회와 주민자치회에 대한 설명으로 가장 옳지 않은 것은?

① 주민자치위원회 위원은 시군구청장이 위촉하고, 주민자치회위원은 읍면동장이 위촉한다.

② 주민자치회가 주민자치위원회보다 더 주민대표성이 강하다.

③ 주민자치위원회는 읍면동의 자문기구이고, 주민자치회는 주민자치의 협의·실행기구이다.

④ 지방자치단체와의 관계는 주민자치회가 주민자치위원회보다 더 대등한 협력적 관계이다.

---

**정답 및 해설**

**47** 아래의 조항 참고

> **지방분권균형발전법 제40조【주민자치회의 설치 등】**① 풀뿌리자치의 활성화와 민주적 참여의식 고양을 위하여 읍·면·동에 해당 행정구역의 주민으로 구성되는 주민자치회를 둘 수 있다.
> ② 제1항에 따라 자치회가 설치되는 경우 관계 법령, 조례 또는 규칙으로 정하는 바에 따라 지방자치단체 사무의 일부를 자치회에 위임하거나 위탁할 수 있다.
> ④ 자치회의 위원은 조례로 정하는 바에 따라 지방자치단체의 장이 위촉한다.

① 대통령 소속의 지방시대위원회는 지방자치분권 및 지역균형발전을 효과적으로 추진하기 위하여 관계 중앙행정기관의 장과 협의하고 지방자치단체의 의견을 수렴한 후 5년을 단위로 하는 지방시대 종합계획을 수립함

② 지역균형발전특별회계는 기획재정부장관이 관리함

④ 지방시대위원회는 위원장 및 부위원장 각 1명을 포함하여 39명 이내의 위원으로 구성하며, 위원은 당연직위원과 위촉위원으로 구분하되, 위촉위원의 임기는 2년으로 하고, 위원장 및 부위원장은 위촉위원 중에서 대통령이 위촉함

정답 ③

**정답 및 해설**

**48** 주민자치위원회 위원은 읍·면·동장이 위촉하고, 주민자치회 위원은 시·군·구청장이 위촉함

> **지방분권법 제29조【주민자치회의 구성 등】**① 주민자치회의 위원은 조례로 정하는 바에 따라 지방자치단체의 장이 위촉한다.

②③④

| 구분 | 주민자치위원회 | 주민자치회 |
|---|---|---|
| 법적 근거 | 없음<br>(지방자치단체 개별 조례) | 지방분권균형발전법 |
| 위촉권자 | 읍·면·동장 | 지방자치단체장 |
| 대표성 | 낮음 | 높음<br>→ 지방자치단체와 대등한 협력관계 |
| 기능 | 자문기구 | 협의·실행기구<br>㉠ 주민총회 개최<br>㉡ 지방정부 위임·위탁 사무 수행 |

정답 ①

## 49 ★

현행 지방자치법에서 규정하고 있는 지방의회의 교섭단체에 대한 설명으로 틀린 것은?

① 지방의회에 교섭단체를 둘 수 있다.
② 대통령령으로 정하는 수 이상의 소속의원을 가진 정당은 하나의 교섭단체가 된다.
③ 다른 교섭단체에 속하지 아니하는 의원 중 조례로 정하는 수 이상의 의원은 따로 교섭단체를 구성할 수 있다.
④ 기타 교섭단체의 구성 및 운영 등에 필요한 사항은 조례로 정한다.

### 정답 및 해설

**49** 지방의회에 교섭단체를 둘 수 있으며, 이 경우 조례로 정하는 수 이상의 소속의원을 가진 정당은 하나의 교섭단체가 됨
①③④

> **지방자치법 제63조의2【교섭단체】** ① 지방의회에 교섭단체를 둘 수 있다. 이 경우 조례로 정하는 수 이상의 소속의원을 가진 정당은 하나의 교섭단체가 된다.
> ③ 그 밖에 교섭단체의 구성 및 운영 등에 필요한 사항은 조례로 정한다.

정답 ②

## 50 ★

다음 중 전부 개정된 지방자치법에 새롭게 추가된 내용 중 틀린 것은?

① 사무배분의 명확화를 위해 보충성의 원칙을 추가하였다.
② 지방의회 인사권 독립을 위해 지방의회 소속 사무직원 임용권을 지방의회 의장에게 부여하였다.
③ 2개 이상의 자치단체가 공동으로 광역사무 처리를 위해 특별지방자치단체 설치·운영 근거 규정을 두었다.
④ 특별시·광역시 또는 특별자치시가 아닌 인구 50만 이상의 시에는 자치구가 아닌 구를 둘 수 있도록 명시하였다.

### 정답 및 해설

**50** ④는 새롭게 추가된 내용이 아님
①

> **지방자치법 제11조【사무배분의 기본원칙】** ② 국가는 제1항에 따라 사무를 배분하는 경우 지역주민생활과 밀접한 관련이 있는 사무는 원칙적으로 시·군 및 자치구의 사무로, 시·군 및 자치구가 처리하기 어려운 사무는 시·도의 사무로, 시·도가 처리하기 어려운 사무는 국가의 사무로 각각 배분하여야 한다.

②

> **지방자치법 제103조【사무직원의 정원과 임면 등】** ② 지방의회의 의장은 지방의회 사무직원을 지휘·감독하고 법령과 조례·의회규칙으로 정하는 바에 따라 그 임면·교육·훈련·복무·징계 등에 관한 사항을 처리한다.

③

> **지방자치법 제199조【설치】** ① 2개 이상의 지방자치단체가 공동으로 특정한 목적을 위하여 광역적으로 사무를 처리할 필요가 있을 때에는 특별지방자치단체를 설치할 수 있다. 이 경우 특별지방자치단체를 구성하는 지방자치단체(이하 "구성 지방자치단체"라 한다)는 상호 협의에 따른 규약을 정하여 구성 지방자치단체의 지방의회 의결을 거쳐 행정안전부장관의 승인을 받아야 한다.

정답 ④

최욱진

**주요 약력**

고려대학교 정경대학 행정학과 졸업
고려대학교 일반대학원 행정학과 행정학 전공
현) 박문각 공무원 행정학 전임교수

**주요 저서**

• 2025 최욱진 행정학 기본서(전2권)
• 2025 최욱진 행정학 단원별 7·9급 기출문제집
• 2025 최욱진 행정학 단원별 예상문제집
• 2025 최욱진 행정학 천지문 OX

# 최욱진 행정학 ✧✦ 단원별 예상문제집

**초판 인쇄** | 2025. 1. 20.   **초판 발행** | 2025. 1. 24.   **편저자** | 최욱진
**발행인** | 박 용   **발행처** | (주)박문각출판   **등록** | 2015년 4월 29일 제2019-000137호
**주소** | 06654 서울시 서초구 효령로 283 서경 B/D 4층   **팩스** | (02)584-2927
**전화** | 교재 문의 (02)6466-7202

저자와의
협의하에
인지생략

정가 28,000원
ISBN 979-11-7262-531-3